Claus Leggewie

Politische Zeiten

INHALT

Wir sind Kinder der Zeit,
die Zeit ist politisch.

Wisłama Szymborska

Gut gegangen:
Deutschland nach dem Krieg

Köln, Nikolausplätzchen, um 1954

Der Anfang sieht nicht vielversprechend aus. Schüchtern sitzt ein Junge im Matrosenanzug auf der steinernen Einfassung eines Sandkastens. Im Hintergrund blecken Ruinen, einen Steinwurf rechts davon lag der unversehrte Ziegelbau einer Hutfabrik. Dort hatte das im Krieg zerstörte Apostelgymnasium Aufnahme gefunden, und die Familie des neuen Direktors, meines

Vaters, durfte 1950 die Beletage beziehen. Sülz heißt der Kölner Stadtteil, der eigenartige Name geht wohl zurück auf den römischen Feldherrn Sulpicius, die Besiedlung auf eine Benediktinerabtei im Mittelalter – man befand sich hier im abendländischen Sektor von Europa. Den Jungen, der ich damals war, interessierten eher das nahe gelegene Vereinsgelände des 1. FC und die Aussicht in den Schulhof, wo die Großen Pause machten, darunter die Mädchen vom benachbarten Hildegardis-Gymnasium.

Petticoats, klassische Bildung, Ballsport für Jungen – wo war besser aufwachsen als auf diesem Trümmerfeld? Einmal entdeckten wir eine Fliegerbombe, eilig wurde die Feuerwehr herbeitelefoniert. Der Zünder war nicht mehr scharf, aber wir Nachkriegshelden kamen in die Zeitung. So was kommentiert man in Köln mit der Redensart: *Et hät noh emmer jot jejange* (Es ist noch immer gut gegangen). Der Spruch ist mir ob seiner kölschen Leichtfertigkeit suspekt, hier passt er wohl. Der Autor hat das »Nikolausplätzchen« (so hieß der Spielplatz vor der Nikolauskirche) glücklich hinter sich gelassen und erlebte mit, wie sich sein Land holprig, aber nachhaltig mit der Welt versöhnte.

Aus Ruinen schöpften um 1950 Geborene ihren Optimismus. Wir genossen die Gnade einer wirklich späten Geburt und stürzten uns leichten Sinnes und voller Zuversicht ins Getümmel. Die Umrisse ferner Kontinente fuhren wir in der Hoffnung auf wirkliche Entdeckungsfahrten mit dem Zeigefinger im Diercke-Weltatlas ab, probierten uns in Schülerzeitungen aus und misstrauten den unklaren Reden der Älteren über die Gründe für versehrte Gebäude, Körper und Seelen. So konnte es nicht gewesen sein, wie war es dann? Was steckte dahinter? Und wie konnte man es besser machen?

Das Wirtschaftswunder, das sich auf dem kargen Agfa-Klick-Foto nicht einmal andeutet, war bei uns angekommen. In einem Stadtviertel, in dem noch viele Mitschüler fürs Klassenbuch »arbeitslos« als Beruf des Vaters angaben, waren Beamte im höheren Dienst ebenso eine Ausnahme wie der Aufzugfabrikant, mit dessen Sohn, Hüter einer beneidenswert kompletten Sammlung von Sicu-Modellautos, ich mich zusammentat. Waschmaschine und Fernseher kamen 1957 ins Haus, bald darauf der lindgrüne VW-Käfer. Zum Wohlstand gehörte die Sommerfrische. Wir reisten in den nahen Taunus, in den regnerischen Schwarzwald und in die Ehrfurcht gebietenden Ötztaler Alpen. Am Wochenende unternahmen wir Ausflüge nach Belgien und Holland, auch um billige Butter in unzulässiger Menge einzuführen und das Auto samt Reservekanister vollzutanken. In Ostende, weit im Westen, hielt ich erstmals den großen Zeh in ein Meer. Von der Rückbank aus schaute ich gespannt zu, wie man eine Grenze mit Schlagbaum und damals noch ziemlich strenger Passkontrolle überwand: Richtung Venlo, Amsterdam, Paris. Alsbald London, irgendwann New York. Der Orient und der deutsche Osten kamen später.

Von Köln im Jahr 1950 aus füge ich in diesem Buch Mosaikstücke einer politischen Bildung und Selbsterziehung zusammen. Zu berichten sind weniger, wie bei vielen meiner Generation, Lesefrüchte aus Hauptwerken als vielmehr Begebenheiten und Begegnungen der Zeitgeschichte aus der Nähe. Wie Geschichte läuft, habe ich eher aus eigenem Erleben und bisweilen buchstäblich im Tumult der Straße gelernt. Da ich dem Gedächtnis (und meiner Lust am Fabulieren) misstraue, habe ich die fast in einem Rutsch geschriebenen Erinnerungen durch Nachfragen bei Menschen korrigiert, die dabei waren (ohne dass ich Zeitzeugen grundsätzlich mehr Präzision zutraue), und, man sehe mir den nach Akte klingenden Begriff nach, durch Wiedervorlage in Gestalt historischer Quellen (deren Aussagekraft ich wiederum nicht überschätzen möchte).

Stets ist es die Frage, was an einer Lebensgeschichte verallgemeinerbar ist und sich eventuell zum Narrativ einer ganzen politischen Generation fügen kann. Im vorliegenden Fall sind es wohl die Klärung unbesprochener Vergangenheiten, die Berührung mit fremden Gottheiten und Kulturen, der Gleichklang von populärer Musik (plus Fußball, Autos und Kunst) mit der Politik, deren außerparlamentarische Anstiftung und wissenschaftliche Beratung. Der Beruf des Professors, der mir vom Klinikarzt seltsamerweise schon am ersten Tag meiner Existenz prophezeit wurde, die Debattierfreude, zu der Schüchterne nicht gerade prädestiniert scheinen, und das Schreiben sind mir zur zweiten Natur geworden. Vieles ist typisch Spät-68er, einiges (wie Fußball und Autos) ziemlich deutsch, manches fällt aus der Rolle: der antikommunistische Linke, der katholisch fühlende Agnostiker, der angeschlossene Außenseiter, der respektvolle Grenzverletzer.

Der Junge im Sonntagsanzug, der ich war, ist allein auf dem Foto. Wochentags füllte sich der armselig wirkende Spielplatz, doch das Gefühl der Fremdheit verlor sich nicht leicht. Ich wollte dazugehören, und weil ich über den Schlüssel zum Schulhof verfügte, konnte ich Spielgefährten zu den Turngeräten, zum Grammofon im Musiksaal auf dem Dachboden und hinab in den dunklen, halb eingestürzten Luftschutzkeller führen. Oder auf den Dachboden, wo herrenlose Utensilien verstaubten und über den später zu erfahren war, während des Krieges hätten dort 120 ukrainische Zwangsarbeiter für die »Arbeitsgemeinschaft Eisen und Metall« schuften müssen. So nah war *die* Vergangenheit. In der spärlich gefüllten Weitsprunggrube übte ich Torwarthechten, und Torhüter durften bei uns oft die Mannschaften einteilen. Bernd, der zwei Jahre ältere Nachbarjunge aus der vierten Etage, sorgte für Sicherheit, wenn es wild zuging. Daraus wurde der »generische« Bernd, das bedeutet: eine ganze Reihe angenommener älterer Brüder, als die ich später einige Kollegen und Freunde empfand, nicht zu vergessen die Begegnungen mit Freundinnen und Kolleginnen. Mein Gesichtskreis weitete sich, und die Schüchternheit wich, allmählich konnte sich das innere Engagement nach außen wenden.

Eine kleine Leseanleitung: Ich erzähle von 1959 an weitgehend chronologisch, greife aber gelegentlich vor und schaue zurück – im Zweifel bietet die Zeittafel Orientierung. Alle Kapitel können für sich gelesen werden, ein Register legt einen roten Faden aus zwischen Personen und Themen.

I.
Schocks & Spleens

Anmut sparet nicht noch Mühe
Leidenschaft nicht noch Verstand
Daß ein gutes Deutschland blühe
Wie ein andres gutes Land.

Daß die Völker nicht erbleichen
Wie vor einer Räuberin
Sondern ihre Hände reichen
Uns wie andern Völkern hin.

Bertolt Brecht/Hanns Eisler,
Kinderhymne, *1950*

1. Weihnachten '59:
Wie Politik in mein Leben trat

Mein Vater war ein viel beschäftigter Mann, ebenso angesehener wie gefürchteter Gymnasialdirektor mit Leib und Seele, ein Schwarzseher, der im Grunde seines Herzens jedoch ein fröhlicher Mensch war, der gern mit seiner Familie lachte, um die er sich andererseits dauernd sorgte. Mit 1,89 Metern war er für mich ein Riese, dessen Nachkriegsmagerkeit allmählich schwand. Der linke Arm war von einer Kriegsverletzung versteift. Hin und wieder nahm er mich an die andere Hand, und wir spazierten »in die Stadt«, wie wir das Zentrum Kölns zwischen Neumarkt und Dom nannten. Den Weg säumten gähnend leere oder schon hastig gefüllte Trümmergrundstücke. Krönender Abschluss unseres Fußmarschs war meist die Hohenzollernbrücke, unter deren wiederaufgerichteten Eisenfachwerkbögen schwere Dampfloks über den Rhein rumpelten. Ich liebte diese Spaziergänge, sie stehen für eine glückliche, unbesorgte Kindheit und ein Grundvertrauen in die Eltern.

Auch am Weihnachtstag 1959 spazierten wir früh los, wohlgestimmt durch die am Vorabend ausgetauschten Geschenke – für mich die Märklin-Bahn, Kalle-Blomquist-Krimis, Marzipankartoffeln. Als wir den Rathenauplatz überquerten, schien die Hand des Vaters zu erstarren. Ruckartig blieb er stehen und blickte stumm auf akkurat gepinselte Hakenkreuze an den Wänden der Synagoge, vor der Polizeiwagen parkten. Mit neundreiviertel Jahren konnte ich das Menetekel nicht deuten, doch schoss mir eine Art elektrischer Schock durch Mark und

Kölner Synagoge, Hakenkreuzschmierereien an Weihnachten 1959

Bein und deutete den Ernst der Lage an: Zwei Jahrzehnte nach der »Reichskristallnacht« hatte es jemand für gut gehalten, ein jüdisches Gotteshaus zu schänden.

Was ich nicht wissen konnte: Die Kölner Synagoge, eingeweiht zur Jahrhundertwende, war 1938 durch den nationalsozialistischen Mob verwüstet und später in einer Bombennacht des Zweiten Weltkriegs völlig zerstört worden. Bundeskanzler Konrad Adenauer, der vormalige Oberbürgermeister der Stadt, trieb die von der Mehrheit der Deutschen abgelehnte Wiedergutmachung eher still und leise voran, auf seine Initiative hin war auch die neuromanische Synagoge, die durch ihren Tuffstein unserer Nikolauskirche in Sülz ähnelte, originalgetreu wiederaufgebaut und im September 1959 feierlich eingeweiht worden. Der Architekt Helmut Goldschmidt hatte Auschwitz und Buchenwald überlebt, nur wenige Wochen später prangten an seinem Bau die Swastika und der böse Spruch »Juden raus«.

Verwirrt schaute ich hoch, der Vater schüttelte nur leicht den

Kopf. Auch heute kann ich nur spekulieren, was sich darin abgespielt haben könnte, nie haben wir später über dieses Ereignis gesprochen. Wie ich nach seinem Tod anhand der Entnazifizierungsurkunde herausfand, war mein Vater im November 1937 mit vielen Volksgenossen in die NSDAP eingetreten, er wohl, um nach Referendariat und Wehrdienst seiner Lebensaufgabe als Studienrat für Latein und Griechisch nachgehen zu können. Das von den Nazis ein Jahr später inszenierte Pogrom hatte er als 28-Jähriger erlebt und die Synagoge verwüstet gesehen. Am nahen Rudolfplatz, im Terrassenpavillon des Opernhauses, hatten sich meine damals frisch verlobten Eltern zum Rendezvous verabredet. In der Manier des damaligen Bildungsbürgertums wurden Nazis ob ihres schlechten Benehmens als »Proleten« missbilligt. Die Schändung eines Gotteshauses dürfte sie dem gläubigen Katholiken noch suspekter gemacht haben. Dass ihm beim Vorbeimarsch einer SA-Kolonne der Hut vom Kopf geschlagen wurde, weil er den Braunen den Respekt versagte, hatte er öfter erzählt. Auch dass jeder in Verruf geriet, der an Fronleichnam bei der Prozession mitging – was ich als Messdiener gerade einmal jährlich tat und nicht im Mindesten zu beanstanden fand.

So wie für spätere Leser Hitler der war, der das rosa Kaninchen stahl, waren die Nazis für mich Antichristen, die meinen Vater bedrohten und Gotteshäuser anzündeten. Intuitiv teilte ich sein Erschrecken – oder hatte er eher ein Schuldgefühl? Und konnte man ihm vertrauen? Das Familienalbum und eine braune Tüte unsortierter Fotos waren voll von unerklärten Bildern eines militärischen Zeremoniells aus dieser Zeit, und zwar unter erkennbar führender, kaum abgeneigt wirkender Beteiligung meines Wehrdienst leistenden Vaters – unter ebenjenem Hakenkreuz, das da so unfromm an der Synagoge aufgemalt war. Dass Hitler 1936 das von Frankreich kontrollierte Rheinland hatte »wiederbesetzen« lassen und damit eine wesentliche Bestimmung (und Kränkung) des Versailler Vertrags einseitig revidierte, war ganz im Sinne des rheinisch-borussischen Staatsdieners gewesen. Mit diesem Gewaltakt, den Europa hinnahm, fing Hitler das ihm weniger freundlich gesinnte Bürgertum ein. Bei »Ausbruch« des Krieges im September 1939 soll mein Vater sogar verärgert gewesen sein, als Reserveoffizier der Wehrmacht nicht gleich eingezogen worden zu sein, um im Feldzug gegen Polen seine vaterländische Pflicht zu erfüllen.

Mein Vater meinte sich nazifizieren zu müssen, um den erwünschten Beruf zu ergreifen, und musste sich nach dem Krieg entnazifizieren lassen, um ihn ausüben zu können. Dazwischen lagen, woran auch immer er sich dabei selbst schuldig gemacht haben mag, fünf lange Soldatenjahre mit schrecklichen Erfahrungen. Dachte mein Vater jetzt daran? Er zog mich wortlos an der Synagoge vorbei und tat so, als wäre nichts geschehen. Zu Hause redete er über einen »Dummejungenstreich« und darüber, wie ungehörig es sei, Häuserwände vollzuschmieren.

Mit Episoden wie diesen sind die Vergangenheitsbewältigungen in unserem Hause schon aufgezählt, bis auf eine ganz unpassende. In unserer Straße stand ein Kiosk, in Köln »Büdchen« genannt, wo wir für ein paar Pfennige Kamellen und Lakritze kaufen durften (und ausdrücklich *keine* Donald-Duck-Heftchen, die als amerikanischer Schund galten). Auf der schmalen Ablage der einfachen, aus abblätternden Holzbalken gezimmerten Bude (sie steht heute noch fast unverändert da) waren Einmachgläser mit diesen Köstlichkeiten aufgereiht, und wenn wir uns daraus bedient hatten, tauchte hinterm Schiebefenster eine mürrisch blickende Frau mit wirrgrauem Haar auf, um die Pfennigbeträge in Empfang zu nehmen. Tommy Engel, der prominenteste Sohn des Stadtviertels und als Gründer der Band *Bläck Fööss* heute noch der ungekrönte König von Sülz, erinnert sich daran, dass sie Kroeber hieß und ihm ebenfalls etwas unheimlich war.

Warum? Wenn meine Eltern über sie redeten, fiel bisweilen der mit gesenkter Stimme gewisperte Satz: »Die ist jüdisch«. Ein mir bis dahin unbekanntes Eigenschaftswort, weshalb ich der ersten Jüdin meines Lebens vorsichtshalber aus dem Weg ging. War sie überhaupt eine? Vielleicht entsprach sie in einem noch unverblümt antisemitischen Klima nur den geläufigen Vorstellungen von einer solchen Person: Kauffrau, Hakennase, Knoblauchfahne. Dann muss es der bedauernswürdigen Frau schlecht gegangen sein, wenn sie wie eine Hexe beäugt und betuschelt wurde. Aber noch schlechter, sollte sie tatsächlich Jüdin gewesen sein, was nach Lage der Dinge ja hieß, eine überlebende *Displaced Person* aus den Camps, die nun im Land der Täter ihr Leben fristete, indem sie blonden Rotznasen Bonbons verkaufte und sich verspotten lassen musste.

Am Weihnachtstag 1959 ist die Politik mit einer, so der Fachterminus, »transgenerationellen Affektübertragung« heftig in mein Leben getreten und hat meine bis dahin wohlbehütete Existenz aufgescheucht. Der Tag, an dem ich gewissermaßen die Unschuld verlor, ist auch als markante Zäsur in die Geschichte der Bundesrepublik eingegangen. Die rasch gefassten Hakenkreuzschmierer waren zwei 25 Jahre alte Mitglieder der rechtsradikalen Deutschen Reichspartei (DRP), wegen Sachbeschädigung wurden sie zu einigen Monaten Haft verurteilt. Dutzende Nachahmungstaten folgten, die nun auch Bundeskanzler Adenauer als »Dummejungenstreiche« verharmloste, während Franz Josef Strauß, damals Verteidigungsminister, das in rechten Kreisen bis heute am Leben gehaltene Gerücht in die Welt setzte, Anstifter seien das DDR-Ministerium für Staatssicherheit oder der sowjetische KGB gewesen. (Armin Mohler, der bekennende Faschist und Strauß-Getreue, wollte mir später weismachen, die Burschen seien vom tschechoslowakischen Geheimdienst gedungen worden.)

Des Öfteren schon hatten Rechtsradikale am 9. November antisemitische Fanale setzen wollen, um den Mythos von den »Novemberverbrechern« am Leben zu halten. Nicht zufällig fielen ja der Hitlerputsch 1923 und die »Reichskristallnacht« auf das Datum der deutschen Revolution von 1918. Nicht nur ich war nun gegen diesen Versuch, die Geschichte zurückzudrehen, geimpft. Mit der gleichen Aversion reagierte auch die westdeutsche Demokratie, die sich dem Aufschrei der liberalen Presse und der Drohung eines Ansehensverlusts im Ausland ausgesetzt sah, in Form eines Gesetzes gegen Volksverhetzung. Die 1958 gegründete Ludwigsburger Zentrale Stelle der Landesjustizverwaltungen zur Aufklärung nationalsozialistischer Verbrechen erfasste bis dahin unbehelligt gebliebene NS-Täter, solitäre Staatsanwälte wie Fritz Bauer stellten sie vor Gericht, und eine gut ausgestattete politische Bildung leistet seither eine systematische »Aufarbeitung der Vergangenheit«.

Die hatte Theodor W. Adorno in einem programmatischen Vortrag gefordert, durchaus im Zweifel, »wie weit es geraten sei, bei Versuchen zu öffentlicher Aufklärung aufs Vergangene einzugehen, und ob nicht gerade die Insistenz darauf trotzigen Widerstand und das Gegenteil dessen bewirke, was sie bewirken soll«. Man muss nicht erwähnen, wie unsauber das alles vor sich ging: Der erste Leiter der Ludwigsburger Stelle, Erwin Schüle, war selber SA- und NSDAP-Mitglied gewesen, im Inland verübte Verbrechen und solche von Wehrmachtsangehörigen wurden ausgeklammert. Das Hauptproblem der »Vergangenheitsbewältigung« war natürlich, dass sie sich notorisch an uns, die »jüngere Generation«, richtete, während sie doch eigentlich die Älteren anging. Immerhin bürgerte sich auch bei denen die verbale Abrüstung des Nationalsozialismus ein, meine Verwandten redeten nicht länger offen von »reichen Juden« und »jüdischen Nasen«. Weihnachten 1959 wendete sich die Republik zum Besseren, wobei man nicht verkennen darf, dass Synagogen heute noch rund um die Uhr gegen alte und neue Antisemiten bewacht werden müssen.

Der Antifaschismus entsprang bei mir einem körperlichen Entsetzen, das ich als Erwachsener wissenschaftlich und publizistisch verarbeitet habe. Dabei kämpft man an zwei Fronten: gegen den Druck von rechts, der in Deutschland an sich nicht weniger stark ist als anderswo, und gegen einen selbstgerechten Alarmismus, wie er sich beispielsweise zeigt, wenn BAP-Fans den

Refrain des gut gemeinten Songs »Et rüsch noh Kristallnaach« grölen und sich dabei irgendwie gut fühlen.

Noch immer sinne ich der Sprachlosigkeit meines Vaters an diesem Morgen nach, die sich *post festum* nicht auflöste und mir kein plausibles Bild von der Vergangenheit lieferte. Wir waren von ihr verschont geblieben, nun aber sprang sie uns mit ihren materiellen und vor allem moralischen Hinterlassenschaften hinterrücks an und holte auch uns existenziell ein. Anderthalb Jahre später begann in Jerusalem der Prozess gegen Adolf Eichmann, einen der Hauptorganisatoren der »Endlösung«, den der israelische Mossad zu meiner großen Bewunderung aus seinem Unterschlupf in Argentinien entführt hatte. Jetzt blickte ich schon etwas mehr durch, und im Fernsehen konnte man zuschauen, wie der Angeklagte in seinem Glaskäfig das Gesicht verzog und kaum hörbar Ausreden nuschelte. Im Mai 1962 wurde er hingerichtet, seine Asche ins Meer gestreut, was die Höchststrafe in meinen Augen noch verschärfte. Hannah Arendts Gerichtsreportage »Eichmann in Jerusalem« sollte zu den prägenden Leseerlebnissen meines Lebens gehören, auch wenn ich überzeugt bin, dass Eichmann, der »Hanswurst«, über den Arendt oft laut gelacht hat, das radikal Böse und nicht dessen Banalität verkörpert.

Erklärt bekam ich das Menschheitsverbrechen an den deutschen und europäischen Juden zu Hause dann nicht weiter. Einmal schickten mich meine Eltern mit meiner acht Jahre älteren Schwester ins Kino, damit wir uns Erwin Leisers Dokumentation *Mein Kampf* anschauten, von der FSK ab zwölf Jahren freigegeben. Die grausigen Bilder aus dem Warschauer Ghetto und aus Auschwitz, wo entkleidete Mütter mit Babys auf dem Arm vor den Gaskammern anstanden, trafen mich noch einmal jäh, doch sie verwandelten den Schock in Wissbegierde und Verhinderungswillen.

Womöglich hat mein Vater angesichts des weihnachtlichen Flashback weder Scham noch Schuld empfunden, sondern ist in der traumatischen Verwirrung befangen geblieben, die viele Männer aus dem Krieg mitgebracht (und ihre Frauen miterlitten) hatten, ohne sie uns, ihren Kindern, mitteilen zu können. Mein Patenonkel, der Bruder meiner Mutter, konnte, wie es mir vorkam, stundenlang an der Kaffeetafel oder in einem Auto sitzen, ohne auch nur ein Wort zu sagen. Auf dieses »kollektive Beschweigen« haben wir erst verstört, dann mit ärgerlichem Einspruch und aggressiver Beschuldigung reagiert. Auch wenn ich es dem Philosophen Hermann Lübbe nicht abnehme, wenn er in einer berühmt-berüchtigten Rede im Berliner Reichstag 1983 das stillschweigende Einverständnis zwischen Tätern, Mitläufern und Opfern zum unumgänglichen Schritt in die Demokratie adelt, verdient die Generation meines Vaters nachgetragenes Mitleid. Vorbilder mussten wir uns freilich anderswo suchen.

2. Ein großes Volk: Der französische Freund

Eines Tages im September 1962 bekamen wir schulfrei und jubelten, die Trikolore schwenkend, einem Autokorso in der Kölner Innenstadt zu. Zurück winkte etwas hölzern Charles de Gaulle, der französische Präsident, der am Tag zuvor auf der Treppe des Bonner Rathauses in Deutsch die berühmten Worte gesprochen hatte: »Wenn ich Sie alle so um mich versammelt sehe, wenn ich Ihre Kundgebungen höre, empfinde ich noch stärker als zuvor die Würdigung und das Vertrauen, das ich für Ihr großes Volk – jawohl, für das große deutsche Volk – hege.«

Für solche Komplimente, die er in Köln wiederholte, war ich anfällig. Meine frankophile Schwester Grit war bereits als Austauschschülerin in der Nähe von Lille gewesen und wollte Dolmetscherin für Französisch werden. Das allein schon pflanzte mir eine Grundsympathie für das Nachbarland ein, das gerade eben, wie Ältere selten zu erwähnen vergaßen, noch unser Erbfeind gewesen war. Den baumlangen General, der alle um Haupteslänge überragte und dessen imposante Nase nicht nur den Karikaturisten unseres abonnierten Hausblattes, der *Köl-*

Charles de Gaulle vor dem Bonner Rathaus, 1962

nischen Rundschau, inspirierte, fanden wir skurril, doch in den frenetischen Jubel stimmten wir begeistert ein. Jawohl, wir waren ein großes Volk, und das galt ja wohl auch uns Jungen mit dem blau-weiß-roten Fähnchen in der Hand. Obwohl von Nationalbewussten umgeben, herrschte auch nach dem WM-Titel der deutschen Fußballer in Bern eher eine resignierte Bescheidenheit, die der französische Präsident, der nach der deutschen Besatzung auch sein Land moralisch aufgerichtet und an den Siegertisch der Großen Drei zurückgeführt hatte, geschickt zu zerstreuen verstand. Seine Botschaft lautete, ähnlich der von Stalin: Die Hitler kommen und gehen, aber die Deutschen bleiben ein großes Volk.

Einen solchen Massenauflauf kannte ich bis dato nur vom Karneval und von Begegnungen im Müngersdorfer Stadion. Dort gab es Tore zu bejubeln und Elfmeter zu fordern, aber was sich in der Kölner Altstadt abspielte, war offensichtlich eine Nummer größer. In der ausgelassenen Stimmung formte sich mir ein Bild des Politischen: hochgeachtete Staatsmänner, die sich hüftsteif umarmten und allem Anschein nach Frieden schlossen. Der war aus Sicht eines Heranwachsenden damals ein schwer bedrohtes Gut. Bei jeder neuen Berlin-Krise raunten ernst dreinblickende

Erwachsene, es werde bald Krieg geben, zuletzt beim Bau der Mauer in Berlin, was wir während der Sommerferien in den Ötztaler Alpen mitbekamen. Als das ein Mitschüler bei der Kuba-Krise neunmalklug wiederholte, versetzte ich ihm, selbst ganz erschrocken, im Affekt eine Ohrfeige. Krieg hieß für mich, dass ein Onkel, dem ich angeblich aus dem Gesicht geschnitten ähnelte, »gefallen« war und dass Brandbomben mein Geburtshaus in Wanne-Eickel in Flammen gesetzt hatten. *Das* durfte nicht mehr passieren, und deshalb war es gut, wenn sich Erbfeinde nun umarmten. Bei Verdun und am Hartmannswillerkopf, den Schlachtfeldern des Ersten Weltkriegs, haben sich Kohl und Mitterrand, eine fast intime Geste, die Hände gehalten ebenso wie jüngst an letzterem Ort die Präsidenten Hollande und Gauck.

Die Deutschlandfahrt de Gaulles und der im Jahr darauf geschlossene Freundschaftsvertrag lösten nicht nur bei mir nachhaltige Schwärmerei aus. Sie bezog sich nicht nur auf Literaten wie Jean-Paul Sartre (*Les Mots – Die Wörter*), Albert Camus (*L'Étranger – Der Fremde*) und alle folgende »Franzosentheorie«, ebenso wichtig waren Chansons von Françoise Hardy, Juliette Greco, Charles Aznavour und Jacques Dutronc *et tous les autres*. »Sous quelle étoile suis-je né? J'en suis encore à me le demander ...« – keiner hat pubertäre Wirrungen und Liebeskummer so schmachtend in meinen Ohren klingen lassen wie 1966 Michel Polnareff. Und die Filme, die man gar nicht alle aufzählen könnte, die ich im Filmtheater *Die Lupe* anschaute, wenn möglich im »OmU«, um den ganz anderen, lässigen Konversationston mitzubekommen.

Die Reisen in das Hexagon, wie Franzosen Frankreichs sechseckige Gestalt nennen, boten einfach alles: eine echte Weltstadt, raue oder idyllische Strände (die normannische Côte Fleurie als Mittelding), menschenleere Hochebenen, eine Insel voller Wildschweine, hochalpine Skiabfahrten, Überlandfahrten auf Schlösserrouten, mehrgängige, sich über Stunden hinziehende Menüs in Landgasthäusern. Und überall fanden sich erlauchte Buchhandlungen und verwinkelte Marktplätze, man blätterte elegante Modezeitschriften und sagenhafte Tageszeitungen durch. Dem steifen, zur Jasagerei neigenden Nachkriegsdeutschen pflanzte das *un tout petit peu de* Lebensart ein – und Widerspruchsgeist. Wäre ich dem Nationalgericht *Fromage* von Haus aus nicht so abhold gewesen, hätte ich der bösen Karikatur des Liedermachers Franz Josef Degenhardt entsprochen: ein frankophiler Käselutscher…

Einfach zu bereisen war Frankreich, heute das meistbesuchte Land der Welt, nicht gerade. Der Familienbesuch in Roncq im Département Nord-Pas de Calais, wo meine Schwester zum Schüleraustausch weilte, war einer Expedition nahegekommen. Die Gastfamilie hatte die ganze Wohnung renoviert, um bei den Wirtschaftswunderdeutschen Eindruck zu schinden. Ansonsten blieb die Völkerverständigung auf freundliches Lächeln und viel Merci & Pardon beschränkt. Meine Schwester war zu jung, um Konversation zu machen, und ich glaube nicht, dass sie bei den Roncquois, die heute nach einem jüngeren Film wohl *Ch'tis* heißen, eine gute Zeit hatte. Meine Eltern echauffierten sich, den Kopf verstohlen beiseite drehend, über zerborstene Kirchenfenster und die unübersehbare Armut der 3000-Seelen-Gemeinde, deren große Zeit der Leinenherstellung und Rübenverarbeitung offenkundig vorbei war.

Es blieb lange eine umständliche Prozedur, D-Mark in Francs zu wechseln, bei längerem Aufenthalt musste man sich noch beim Polizeikommissariat anmelden und bei unfreundlichen Concierges Durchlass begehren für einen Besuch bei Bekannten. Unabdingbare Kernkompetenzen waren: die Speisefolge im Restaurant zu verstehen und die klangvolle Sprache zu erlernen. Mängel bei Aussprache, Grammatik und Idiomatik ließen einen viele Muttersprachler ziemlich uncharmant wissen, meine um sieben Uhr früh angesetzte Französisch-AG am altsprachlichen Gymnasium war einfach zu dürftig, um sie zu beeindrucken.

Die Grande Nation (das meine ich also nicht ironisch) gab mir zwar keine *éducation sentimentale* oder gar jene *initiation amoureuse*, die Schlager verhießen: »Ganz Paris träumt von der Liebe,

25

denn dort ist sie ja zuhaus« (Caterina Valente). Aber mit Charles de Gaulle bekam ich eine gewisse Idee von Frankreich. Später sollte ich in Paris die »Dritte Welt« entdecken, bevor ich sie bereisen konnte, lernte ich auch die totalitären Elemente im Marxismus erkennen und begegnete der politischen Ökologie aus erster Hand. Davon wird noch öfter die Rede sein. Man konnte sich offenbar in ein Land der Erbfeinde verlieben und: *On revient toujours à ses premières amours.*

3. Schreib das auf: Der Untergang der »Pamir«

Der Anstoß zum Schreiben kam von meiner Mutter. Christel (geborene) Frie war neugieriger und unternehmungslustiger als mein Vater. Nicht der »Philologe«, von dem man es vielleicht erwartet hätte, sondern sie, die »Hausfrau« und ehemalige medizinisch-technische Assistentin, animierte mich ungewöhnlich früh zum Schreiben. Anlass war eine Schiffskatastrophe, die das Land im August 1957 in Atem hielt – der bis heute nicht ganz aufgeklärte Untergang des frachtfahrenden Segelschulschiffes »Pamir«. In einem Hurrikan auf dem Weg von Buenos Aires nach Hamburg kamen 80 von 86 Besatzungsmitgliedern ums Leben, die Porträts der jungen Kadetten betrachtete ich in der *Neuen Illustrierten.* In den Augen meiner stets kritischen Mama war ich ein Straßenjunge, der sich alle Nachmittage und bei jedem Wetter draußen herumtrieb, Fußball spielte und schlechten Umgang pflegte. Zum Beispiel mit dem unehelichen Sohn einer Putzfrau, dessen älterer Bruder ein arbeitsloser Alkoholiker war. Als die Nachrichten von der verschwundenen »Pamir« für Aufregung sorgten, herrschte sie mich regelrecht an: »Jetzt *bleib* doch mal zu Hause!« Als ich gehorsamst nachfragte, was ich dort tun solle, verwies sie mich an den Küchentisch, an dem ich meine Version der »Pamir«-Geschichte zu Papier bringen sollte.

In einer grünen Kladde erledigte ich das folgsam. Der entscheidende Umstand war, dass ich den kleinen, unbeholfenen

Bleib mal zu Hause und schreib was.

Aufsatz keineswegs als Strafarbeit empfand und mir Schreiben von da an zunehmend Vergnügen bereitete. Es folgten noch viele grüne oder andersfarbige Hefte, und die Lust, Geschichten aufzuschreiben (und auszudenken), hat mich seither fast nie mehr verlassen. Vor weißen Blättern habe ich keine Angst, und der *Writers' Block* hat mich selten erwischt. Der Berufswunsch, der sich daraus entwickelte, war Schriftsteller. Dafür hängt man Fußballstiefel irgendwann mit 17 an den Nagel, liest zeitgenössische Gedichte und Kurzgeschichten, geht bei der Gruppe 47 ins Fernstudium und besucht Dichterlesungen, bewundert Kölner Lokalmatadore wie den Schriftsteller Rolf Dieter Brinkmann (*Keiner weiß mehr*) und den Lyriker Jürgen Becker *(Felder, Rän-*

27

der, Umgebungen). Bei der Frankfurter Buchmesse drückt man sich an den Ständen von Suhrkamp, S. Fischer und Rowohlt herum, vielleicht erhascht man den Velázquez-Blick eines Wichtigen und gehört irgendwie zur Szene.

Kurz nach meinem ersten Versuch, als Kind schreibend die Welt zu verstehen, wurde ich gleich mit einem eklatanten Fall von Zensur konfrontiert. Zu verantworten hatte ihn ausgerechnet mein Vater. Werner Borsbach, Chefredakteur des *Saphir*, der Schülerzeitung des Apostelgymnasiums, hatte in dem Artikel »Frühstück ans Bett« restaurative Tendenzen in der frisch gegründeten Bundeswehr beklagt, die, fand er, mit Strammstehen zurück zur Wehrmacht dränge. Mein Vater schäumte, sah die Ehre der Soldaten verletzt und schritt als Zensor ein. Solche Storys interessierten den vehement gegen die Wiederbewaffnung eingestellten *Spiegel* brennend. Süffisant kommentierte er die Beschneidung der Meinungsfreiheit: »Oberstudiendirektor Otto Leggewie (›Ich war acht Jahre lang Soldat‹) ließ kurzerhand das Blatt 7/8 aus dem *Saphir* entfernen. Borsbach musste die bereits verkauften, noch nicht entschärften Hefte einsammeln.« Im *Saphir* schrieb ich später selbst, aber keine vatermörderischen Artikel.

Es bedurfte keiner unverlangt eingesandten und unbeantwortet gebliebenen Manuskripte, damit ich vom Gedichteschreiben Abstand nahm. Den mütterlichen Auftrag annehmend, wurde Schreiben dennoch zum Beruf. Von der Pike auf lernen wollte ich es als Hospitant während meiner ersten Studiensemester bei der *Kölnischen Rundschau*, dem konservativen und kirchennahen Blatt der Domstadt. Für richtige Reportererfahrungen durfte man nicht wählerisch sein. Die Lokalredaktion schickte mich Anfang der 70er-Jahre zu Schützenfesten, Goldenen Hochzeiten und auf die Nahrungs- und Genussmittelmesse Anuga. Auf Seite 1 des Lokalteils schaffte ich es mit einem Bericht über umstrittene Parkuhren am Ring, dem ersten Halbkreis um die alte römisch-mittelalterliche Innenstadt. Naheliegenderweise durfte ich über Hochschulangelegenheiten schreiben und ein paar längere Stücke für die *Rundschau am Sonntag*, eines über Hochseekapitäne am Rhein und ein anderes über einen Arbeitermaler. Dass ich den Begriff »Journalismus« (gleich Tagesberichterstattung) noch nicht ganz verstanden hatte, erfuhr ich durch einen deftigen Anschiss meines Lokalchefs. Die am Vortag im Jugendausschuss des Rates der Stadt verhandelte Geschichte des Missbrauchs von Jugendlichen im katholischen Don-Bosco-Heim hatte er dem Konkurrenzblatt *Kölner Stadt-Anzeiger* entnehmen müssen. Als Vertreter der *Rundschau* hatte ich es schlicht versäumt, nach der Sitzung mit der sensationellen Meldung in die Redaktion zurückzukommen und den Aufmacher des Lokalteils umzuschmeißen; mir war offenbar nicht klar, dass Journalismus auf exklusive Neuigkeiten aus ist und nichts so alt wie eine Zeitung von gestern.

Leider nicht berichten durfte ich als Greenhorn von Beate und Serge Klarsfelds aufsehenerregendem Versuch, im März 1971 Kurt Lischka, den einstigen SS-Obersturmbannführer, zu entführen, der als Pariser Gestapo-Chef die Deportation von 76 000 Menschen nach Auschwitz angeordnet hatte. Ein französisches Militärgericht hatte ihn in Abwesenheit zu lebenslanger Haft verurteilt, doch wohnte Lischka weiter unbehelligt unter seinem Namen im Kölner Vorort Holweide und war als Prokurist im Getreidehandel tätig. Das Kidnapping schlug fehl, Beate Klarsfeld verbrachte einige Tage in U-Haft und wurde gegen Kaution freigelassen. Doch die spektakuläre Aktion hatte die internationale Öffentlichkeit auf unbehelligt gebliebene Gestapo-Konsorten aufmerksam gemacht. Rasch ratifizierte die Regierung Brandt den im Februar 1971 geschlossenen Auslieferungsvertrag zwischen der Bundesrepublik und Frankreich, woraufhin Dutzende von NS-Tätern sich in Deutschland nicht mehr sicher fühlen durften. Im Hauptverfahren, das erst im Oktober 1979 vor dem Amtsgericht Köln begann, wurden Kurt Lischka, Herbert Hagen und Ernst Heinrichsohn zu Haftstrafen zwischen sechs und zwölf Jahren verurteilt. Gut zehn Jahre später habe ich die Klarsfelds in Sachen Klaus Barbie, Gestapo-Chef von Lyon, persönlich getroffen.

Den ersten überlokalen Artikel schrieb ich mit meinem Kommilitonen Wolfgang Stenke für die *Frankfurter Rundschau (FR)* auf der Seite »Schule und Hochschule« über den *Brain Drain* aus der Dritten Welt. Stenke vermittelte mich auch an den Hörfunk des Westdeutschen Rundfunks (WDR). Wolfram Schütte bei der *FR* und Hanno Reuther im WDR, etwas später dann Karl Markus Michel und Ingrid Karsunke in der *Kursbuch*-Redaktion waren fürwahr keine schlechten Mentoren.

Das Lokale, dessen Glanz und Elend ich als Reporter kennenlernte, hat für mich seinen Reiz behalten. Ein Feldforscher ist ja sozusagen ständig im Dienst und entdeckt das große Ganze im Klein-Klein der sozialen Lebenswelt. Und auch ein polemischer Artikel sollte von Neugier und Empathie selbst für weniger sympathische Zeitgenossen beflügelt sein, das branchenübliche »Fertigmachen« ist meine Sache nicht. So verstanden, lernt man im Journalismus, Menschen zu respektieren, wie sie sind. Autoren mögen professionelle Ichlinge sein und zu Eitelkeit neigen, aber gut sind sie nur als Menschenfreunde.

4. 16. Arrondissement: Blumen im Rinnstein

Im Herbst 1961 hatte mein Vater ein Familienticket im damals absolut angesagten Trans Europa Express (TEE) reserviert. Der Zug hieß (glaube ich) »Molière« und brachte uns mit 140 Kilometern pro Stunde ohne Halt in die Gare du Nord; die vorbeifliegenden Bahnhofsschilder in Belgien und Nordfrankreich sind unvergessen. In Paris interessierten mich altersbedingt die Automobilsalons auf den Champs-Élysées, hier fand die erste Begegnung mit einem metallisch blitzenden Facel Vega HK 500 statt, einem Grand Tourismo mit acht Zylindern, der mir aus meinem Autoquartett bereits in allen Details vertraut war.

Mit dem Trans Europa Express von Köln nach Paris

Daran, wie frontal mich die Politik in Paris ein zweites Mal ansprang, erinnerte ich mich später in der Frankfurter Paulskirche. 2011 lauschte ich dort der Rede des Schriftstellers Boualem Sansal, der den Friedenspreis des Deutschen Buchhandels verliehen bekam. Wieso ein Algerier?, fragten sich viele. Der Laudator Peter von Matt legte in kurzen Strichen die algerische Landeskunde dar, dann führte der algerische Romancier mit dem Haarzopf dem Auditorium die Dramatik und Tragik des maghrebinischen Landes vor Augen, das seinen aus Erdöl und Erdgas gewonnenen Reichtum so schlecht nutzt und das algerische Volk in einem irrwitzigen Duell zwischen religiösen Fanatikern und der eingebunkerten Generalskaste verheizt.

Als ich – hier muss ich etwas springen – vier Jahrzehnte vorher, im fünften Semester Geschichte und Sozialwissenschaften, meine erste Begegnung mit Algerien hatte, war es noch ein hoffnungsvoll aufstrebendes Land der Dritten Welt. Es hatte 132 Jahre Kolonialjoch abgeworfen und steuerte unter Führung (damals noch nicht so) alter Kämpfer der Nationalen Befreiungsfront FLN einen arabischen Sozialismus an. Der Islam war Staatsreligion, aber in eine säkulare Ordnung eingebunden. Dass ich damit zu tun bekam, wirkt wie purer Zufall. Im Soziologiekurs konnte man sich für ein Referat eintragen, meines beschäftigte sich mit den algerischen Arbeitsemigranten in Frankreich. Der Seminarleiter und zum Islam übergetretene Maghreb-Kenner Wolfgang Slim Freund hatte einen renommierten Verlag, Anton Hain in Meisenheim, dazu bewegen können, *Die Dritte Welt* als »Vierteljahresschrift zum wirtschaftlichen, kulturellen, sozialen und politischen Wandel« zu starten – ein Unterfangen, das sich rentierte, weil die »Dritte Welt« meiner Generation so bedeutsam erschien. Gleich im ersten Heft konnte ich, als 22-jähriger Student, mein ausgearbeitetes Referat zum »Export von Arbeit, ein Entwicklungsfaktor?« publizieren.

So öffnete sich das »Gelegenheitsfenster« zu Algerien, das mir seither eine (meistens traurige) Herzensangelegenheit geblieben ist. Wie so viele scheinbare Zufälle hat auch dieser eine Grundlage »auf der Straße«, die ganz weit zurückdatiert: ebenjener im TEE begonnene Paris-Besuch im Oktober 1961. Meine Schwester war dieses Mal *au pair* bei einer Rechtsanwaltsfamilie im edlen 16. Arrondissement, wo drei ziemlich unerzogene Kinder zu hüten waren. Eines Morgens gingen wir Besorgungen machen (ich stellte mir vor: Croissants und eine Baguette, die Gitanes ohne Filter kamen erst später), als ich im Rinnstein einen Blumenstrauß liegen sah (sagen wir: rote Nelken). Auf die Frage, warum die da lagen, antwortete meine Schwester cool, da sei in der Nacht wohl jemand umgebracht worden. Ermordet? Ja. Mord kannte ich nur aus den TV-Krimis von Francis

Durbridge, die ich nie sehen durfte, obwohl alle Welt über sie sprach. Und von einem Familiendrama gleich bei uns um die Ecke, bei dem ein Vater seine ganze Familie und sich selbst umgebracht hatte. Um das Haus machten wir monatelang einen großen Bogen.

Auf dem Rückweg von der Boulangerie waren die Blumen schon weggeschwemmt, doch die Verstörung hielt an. Im Oktober 1961, wohl während meiner Herbstferien, hatte sich in der französischen Hauptstadt tatsächlich ein Massaker ereignet. Hunderte Algerier wurden nach einer nicht genehmigten, aber friedlichen Demonstration des FLN schwer verletzt, erschossen und erschlagen. Am Abend des 17. Oktober 1961 gab der Pariser Polizeipräfekt Maurice Papon Schießbefehl, namentlich die kasernierte CRS-Miliz (Compagnies Républicaines de Sécurité) machte davon wild Gebrauch, nachdem der FLN den Guerillakampf in die Metropole getragen und mehrere Gendarmen getötet hatte. Frankreichs Ordnungskräfte nahmen Rache, Leichname wurden wie Abfall in die Seine gekippt. Der Strom, der so romantische Stereotype aufrief (»Paris liegt an der Seine. Doch dass ich so verliebt bin, das liegt an Madeleine«, Vico Torriani), soll blutrot gefärbt gewesen sein. Die Zahl der Toten wurde offiziell mit drei angegeben, nach Erkenntnissen von Zeithistorikern und Journalisten sind an diesem Abend aber bis zu 500 Algerier, man kann es nicht anders sagen: abgeschlachtet worden.

Hier sind unter anderem die tieferen Ursachen der Entfremdung zwischen der arabischen Welt und dem Westen zu suchen, nachdem schon 1945 im algerischen Sétif ausgemusterte Soldaten, die an der Seite Frankreichs gestanden und ihren Anteil am Sieg über Hitler und die Unabhängigkeit reklamiert hatten, dafür ebenfalls massakriert worden waren. In Frankreich, das würde ich noch oft feststellen müssen, war die Mauer des Schweigens ebenso hoch wie in Deutschland, oder sogar noch höher, da Staatsverbrechen wie dieses Massaker und andere Fälle von Folter, Deportation und Verbrechen gegen die

Menschheit während des Algerienkriegs unter Amnestie fielen. Erst 2012 verurteilte Staatspräsident François Hollande das Massaker von 1961 offiziell, an der Einweihung einer Gedenkplakette 2001 am Pont Saint-Michel hatten die Konservativen ihre Teilnahme noch verweigert. Der Schock, den die roten Nelken im Rinnstein auslösten, vervollständigte die Erschütterung vom Weihnachtstag 1959.

5. Drei Wochen Junge Union reichen für ein ganzes APO-Leben

Die »Dritte Welt« – weder kapitalistischer Westen noch staatssozialistischer Osten – brachte die außerparlamentarische Opposition der 60er-Jahre im wahrsten Sinne auf Trab. Ho-Chi-Minh-Plakate trugen Protestierende wie Monstranzen vor sich her, Che Guevara hing auf Postern abgebildet an der Wand vieler (auch meiner) Studentenbuden, Mao war ein Idol. Bei mir war, aber anders als man denkt, die arabische Welt der Anlass, dass ich in die außerparlamentarische Opposition geraten bin.

Nichts prädestinierte mich dafür: Das rheinisch-katholische Milieu hatte mich fest im Griff, die Leiche im Keller unserer Familie (ein Lieblingsonkel als ehemaliger SS-Offizier!) wurde erst später entdeckt. Herkunftstreu landete ich 1967 konsequenterweise bei der Jungen Union (JU), der Nachwuchsorganisation der Christlich-Demokratischen Union, die nach der rüden Abkanzlung ihres Übervaters Adenauer und dem Scheitern Ludwig Erhards in eine Krise geraten war und Verjüngung brauchte. In unserer Klasse bestand das generelle Verlangen, »politisch aktiv zu werden«, und da Parteien damals noch in hohem Ansehen standen, starteten wir eine spielerische Parallelaktion: Zwei gingen zu Jungdemokraten und Jungsozialisten, einer liebäugelte sogar mit der NPD.

An den Haken nahm mich ein JU-Funktionär aus dem Kölner Vorort Pulheim. So saß ich irgendwann in einer Versammlung und sollte gleich als Stimmvieh für eine innerparteiliche Intrige herhalten, was ich zuerst nicht begriff und dann einigermaßen indigniert von mir wies. Indoktrinieren, wie der gängige Vorwurf an die APO lautete, wollten offenbar andere. Vollends suspekt wurde mir dies dann, als nach dem arabisch-israelischen Sechstagekrieg im Juni 1967 eine Entschließung gegen Israel mit Hinweis auf unsere Ölversorgung zirkulierte. Da war ich so schnell aus der JU wieder draußen, wie ich hineingeraten war. (Was man auf diesem Weg werden konnte, führte mir mein ein Jahr jüngerer Mitschüler Jürgen Rüttgers vor, der später von Pulheim aus Forschungsminister unter Helmut Kohl und Ministerpräsident des Landes Nordrhein-Westfalen wurde und sich, ganz katholischer Arbeiterführer, rühmt, die Volksschule von August Bebel *und* das Gymnasium von Konrad Adenauer besucht zu haben.)

So war ich schon bald ein Parteiverdrossener, und die Dinge entwickelten sich nun ziemlich rasant. Indem ich filterlose Pall Mall zu rauchen und schwarze Rollis zu tragen begonnen hatte, Camus' *Mensch in der Revolte* las und erste Bände der *edition suhrkamp* anschaffte, beging ich schleichenden Klassenverrat. Meine Eltern hätten mich gern im katholischen Cusanuswerk und im CV, dem Cartellverband der katholischen Studentenverbindungen, gesehen, einem Relikt des Kulturkampfs im 19. Jahrhundert und damals noch ein einflussreicher politischer Männerbund. Dessen uniformierte Auftritte hatte ich nie gemocht, beim Cusanuswerk ließ ich mich »ideell« fördern, was aber auch nicht lange gut ging. Nach einem Wortgefecht mit dem damaligen bayerischen Kultusminister Hans Maier bei einem Jahrestreffen war ich draußen.

In überstilisierten Politisierungsgeschichten der APO-Generation liegt ein Abgrund zwischen frommen Farbentragenden und, sagen wir: dem *Kaukasischen Kreidekreis* von Bertolt Brecht, der im Kölner Schauspiel oder im Berliner Ensemble zu sehen war. In meinen Augen erst einmal nicht – ich fand eher, dass zu den Werten, die einige engagierte Lehrer vermittelten, nicht wir uns in

Widerspruch begaben. *Dort*, in ihrer Welt, regierte die Heuchelei und wurde Verrat am Humanismus begangen. Auf Streit mit meinen Eltern und Lehrern war ich nicht groß aus; eher unüblich für einen Spätpubertierenden, fand ich sie ganz in Ordnung. Während der Woche war mir erlaubt, in die Disko zu gehen (*Lord's Inn*), mein Haupthaar einen halben Zentimeter über die Ohren wachsen zu lassen, mit Freunden laut »Sergeant Pepper« zu hören. Und ein wiederum grünes Schulheft mit der Chronologie der Russischen Revolution ab 1905 anzulegen, deren Ereignisse und Protagonisten ich akribisch im Kopf hatte – ich kann beim besten Willen nicht sagen, wie ich darauf verfallen war.

Richtig zornig wurde ich, als meine Eltern zuerst die Partnerwahl meiner Schwester und dann meine erste große Liebe hintertrieben, aus den allerfadenscheinigsten Statusgründen. (Das Erlebnis überwand den bis dahin hinderlichen Altersunterschied zwischen den Geschwistern und schweißte uns für ein paar Jahre enger zusammen. Leider hat diese Nähe nicht ein ganzes Leben gehalten.) Am meisten regte mich auf, dass meine Eltern auch den zweieinhalbjährigen Sohn Wolfgang meiner Freundin Konstanze, den sie samt der Schwiegertochter aus respektablem Hause doch als geschenkten Enkel hätten annehmen können, wie einen Bastard verschmähten. Die oder wir: Für wen ich mich entscheiden würde, da die neowilhelminischen 50er-Jahre nun eindeutig vergangen waren, war ganz klar: für die Frau, die aus der Reihe getanzt war und mir dank ihrer Begabung, auf Menschen zugehen zu können, zahlreiche Freundschaften eröffnete. Auf solche Weise wurde das Private politisch, der Showdown mit dem Vater (»Du bist enterbt!«) war ebenso zwangsläufig wie lachhaft.

Und schmerzhaft auch für mich. *Ich* hatte keine Ordnung umstürzen und auch nicht den Faschismus ante portas gesehen (so sahen das damals nicht wenige, obwohl ja nur eine Große Koalition Notstandsgesetze verabschiedete). Eher zerfiel die alte Ordnung vor unseren Augen an ihrer eigenen Bigotterie. Doch dann passierten am 2. Juni 1967 vor der Deutschen Oper in Berlin Dinge, die einem irgendwie faschistisch vorkommen *mussten.* Den Nachhall des tödlichen Schusses des Polizeibeamten Kurras auf den harmlosen Studenten Benno Ohnesorg kann man nicht überschätzen. Auch wenn dieses unerhörte Ereignis in eine Grauzone von Widersprüchen eingebettet war (es gab nach heutiger Kenntnis *tatsächlich* Attentatspläne auf den Schah von Persien und die Illustrierten-Queen Soraya, der Schütze Kurras war *wirklich* Stasi-Mitarbeiter), verlor danach auch ein folgsamer Sohn wie ich den Kompass seines Milieus.

Wenige Wochen nach dem Verlassen der JU landete ich so bei einer linksradikalen Schülerorganisation, klaute den ersten blauen Band des *Kapital* und erwarb vom Büchertisch einen schwarz eingebundenen Raubdruck von Georg Lukacs' *Geschichte und Klassenbewusstsein*. Dringend warnten die Gymnasialdirektoren im Rundschreiben vor der garstigen »Aktionsgemeinschaft Unabhängiger und Sozialistischer Schüler« (AUSS), aber nach weiterer *Alice-in-Wonderland*-Situationen und »Gegenteil«-Tagen wurde ich über Nacht zum Rebellen *mit* einem Grund.

Eines frühen Morgens stand ich dann vor dem Werkstor von Ford Köln und verteilte Streikaufrufe. Unsere Zielgruppe, wohlgenährte Fabrikarbeiter, die gerade die *Bild* in ihre Tornister steckten, schlugen unsere noch matrizenfeuchten Flugblätter gütig aus: Lass mal stecken, Junge! Das ließ ich dann auch, die Befreiung des Proletariats erschien doch nicht so vordringlich, auch wenn die Slogans auf den Transparenten das Gegenteil vermuten ließen. Dass am Gründonnerstag 1968 Rudi Dutschke, Inkarnation und Idol der Studentenrevolte, von Josef Bachmann niedergestreckt wurde, einem echten Faschisten, der ein Hitler-Porträt über dem Bett hängen hatte und mit NPD-Konsorten Schießübungen abhielt, trieb mich wieder auf die Straße. In der Nähe der Frankfurter Druckerei, die belagert wurde, weil sie Springer-Blätter produzierte, verpasste mir ein Polizeiknüppel ein blutiges Ohr und machte mich ein paar Tage taub.

Wir wollten Abstand von der alten Welt und ins Offene. Bei meiner »ersten Demo« war ich gerade sechzehn. Der Anlass, happige Fahrpreiserhöhungen der Kölner Verkehrsbetriebe, kümmerte mich eigentlich nicht, da ich in der Regel mit dem Fahrrad unterwegs war. Doch schön fand ich, im Herbst 1966 mit fast fünftausend Schülern und Studenten auf den Straßenbahnschienen des Kölner Neumarkts zu sitzen und »wir« sagen zu können. Die Gleisblockade ging sogar in die bundesdeutsche Rechtsgeschichte ein – noch in Mutlangen, wo 1984 ein Depot für Pershing-II-Raketen blockiert wurde, griffen Richter auf den Kölner Präzedenzfall zurück. Zu verantworten hatte ihn der Allgemeine Studentenausschuss der Kölner Universität, und voller Schadenfreude waren wir, als ausgerechnet dessen Vorsitzender, der CDU-Mann Klaus Laepple, eine Anzeige wegen Nötigung, schweren Landfriedensbruchs und Aufruhrs am Hals hatte. Wir bekamen nur einen Verweis wegen Schuleschwänzen.

Der Volksmund hieß uns nun »Gammler«, »Hippies« oder »Nümaatskrate« (Neumarktskröten = Gesindel), und wir taten alles, dem Bild zu entsprechen. Kopfbehaarung und schüttere Bärtchen sprossen, Schule war nicht mehr so wichtig, man hatte jetzt Freundinnen. Das neue Milieu, in dem gesoffen und geklaut wurde (und übrigens auch nicht Wort gehalten), fand ich scharf. Und anstrengend: Als ein »Genosse« einen der wenigen Politiker, die sich noch in die Uni trauten, unter hämischem Gelächter nach seinen »Orgasmusschwierigkeiten« fragte, wollte ich vor Scham in den Boden versinken. Und ich wünschte, der Stein, den ich bei einer Demonstration auf dem Kölner Ring in meiner Hand sah, wäre dort verblieben und nicht verantwortlich für die beschädigte Glasfront des IBM-Hauses, die bei einer Demonstration wie in Zeitlupe zerbarst.

Zeitsprung nach Braunschweig, Mai 1979. Rudi Dutschke hatte Verspätung, wurde auf dem ganzen Campus gesucht und rechtzeitig zur Veranstaltung im vollbesetzten Audimax aufgespürt. Es war hochsommerlich warm, er trug ein weiß geripptes Unterhemd und war in weit besserer Verfassung als ein paar Jahre zuvor, als ich in Dänemark Ferien machte und den noch vom Attentat Gezeichneten kurz entschlossen in Århus be-

Opposition in der Opposition (1979)

suchte. Der andere Star war Joseph Beuys und mit Dutschke
eine Paarung, die mir höchsten Respekt einflößte. Beide war-
ben dafür, bei der ersten Europawahl die Stimme den Grünen
zu geben; es lag an einem Funktionär des Verbands Deutscher
Studenten (VDS) und mir als dem Abgesandten des Sozialistischen Büros (SB) zu begründen, warum Linke besser außerpar-
lamentarisch blieben und sich nicht nach Köpfen (und Wähler-
stimmen) organisierten, sondern nach Interessen. Die Stimmung
im Saal war geteilt, die grünen Novizen erhielten bei der Wahl
zum Europäischen Parlament aber fast 900 000 Stimmen und
errangen mit 3,2 Prozent mehr als einen Achtungserfolg. Insofern gab die Geschichte Beuys und Dutschke recht, die ihr Ge-
schwätz von gestern nicht lange aufhielt. Mein in der SB-Mo-
natszeitschrift *links* ausgearbeiteter Beitrag zur Wahl kommt

mir heute streckenweise prophetisch vor, dafür aber auch ziemlich unleserlich.

Dass ich 1979 nicht wenigstens in eine Anti-Parteien-Partei gefunden habe, hängt auch damit zusammen, dass ich nie dazu aufgefordert worden bin. Berührungspunkte mit den Grünen gab es genug, selbst bei der SPD bin ich aufgetreten, zum Beispiel 1994 in der »Fabrik« in Hamburg-Altona. Beim anschließenden Abendessen lernte ich dann Oskar Lafontaine von seiner schlimmsten Seite kennen – nach reichlichem Rotweingenuss giftete er gegen seinen Parteifreund Rudolf Scharping, weil der ihm persönlich in der Sonne stand. Die Episode steht für die Tragik dieses Politikers, der sicher eines der größten Talente nach 1945 war. Wie er die Parteibasis in der »Fabrik« rockte, war fulminant und zugleich ein wenig beunruhigend, denn ich bemerkte, wie er seine Zuhörer zu manipulieren und zu verführen begann (und welchen physischen Einsatz ihn das kostete). Das kontrastierte mit dem Auftritt Lafontaines zur ersten freien Wahl der Volkskammer im Winter 1990. Auch der Jenaer Eichplatz war gut gefüllt, man wollte den frisch gekürten Kanzlerkandidaten der SPD sehen, aber seine einheitskritischen Argumente, die ökonomisch begründet waren, verfingen überhaupt nicht, es gab sogar Pfiffe. Lafontaine hatte intellektuell recht, aber nicht emotional. Wenige Wochen später wurde er von einer psychisch kranken Frau schwer mit dem Messer verletzt, die einheitsfreundliche Position setzte sich in der SPD durch.

Gelegentlich saß ich in der Bonner »Provinz« mit am Tisch, einem italienischen Restaurant, in dem sich häufiger Rote und Grüne trafen und auf Bierdeckeln schon Kabinettsposten verteilten, darunter »der Oskar«. Doch als die Kneipenmannschaft tatsächlich Minister der ersten rot-grünen Bundesregierung geworden war, grüßte Jürgen Trittin nicht mehr. Bodo Hombach, Gerhard Schröders rechte Hand, hatte sich häufiger Rat von einem kleinen Kreis von Professoren geholt, jetzt nicht mehr. Otto Schily kannte eigentlich keinen mehr »von damals«, und Joschka Fischer überging selbst den eigenen Planungsstab, in

dem drei alte Weggefährten und ehemalige K-Gruppen-Häupt-
linge tätig waren.

Ansonsten habe ich mich nie an ein linkes (oder rot-grünes)
Lager gekettet, also im engsten Sinne Partei ergriffen. Wäre
Helmut Kohl nicht mehr Kanzler gewesen, hätte mir schon
früh eine schwarz-grüne Koalition eingeleuchtet, in der sich
wohlverstandener Konservatismus am ehesten mit ökologischer Modernisierung hätte verbinden können. Orte, an denen
man derlei ausdenken konnte, waren in Deutschland Evangelische Akademien. So braute sich in Hofgeismar im November 1987 unter dem Titel »Konservative Zukunftsentwürfe« ein
schwarz-grünes Magma zusammen, das von rot-grünen Auf-
passern gleich wieder schockgefroren wurde. Der *Frankfurter
Rundschau* galt ich als der »linke Aufwertungsliterat der neuen
Rechten« und der anwesende Thomas Schmid als einer der vielen »selbstvergessenen Linken, denen zur Geisterfahrt ihrer
politischen Biografie immer noch ein holpriger Spontireim einfällt«. Das war doch hübsch formuliert.

Außer zur »Willy-Wahl« 1972, der ersten, an der ich hätte
teilnehmen dürfen, bin ich seither gleichwohl stets treu zur
Wahlurne gegangen. APO hieß für mich nie *anti*parlamenta-
risch. Als Bundespräsident Richard von Weizsäcker 1992 eine
Pauschalkritik an den Parteien vortrug, war ich in der anschließenden Debatte in der *Zeit* fast der Einzige, der ihn dafür ta-
delte. Bei Jüngeren werbe ich dafür, in Parteien einzutreten, weil
sie für eine bessere Politik unabdinglich sind, oder es wenigstens zu versuchen, wie wir 1967. Mich selbst gebe ich nach dieser langen Abstinenz für jede Partei verloren.

Politisches spielte, wie man jetzt weiß, früh eine große Rolle
in meinem Leben, aber das funktionierte nur in einem Kosmos
populärer Kultur, in dem ich mich von Kind an bewege. Dazu
gehörte, Autos zu fahren und an ihnen herumzuschrauben,
Fußball zu spielen und bei einem Match zuzuschauen, Rockmusik zu hören. So trivial das ist, es konnte in den 60er-Jahren
eminent politisch werden und mächtige Wir-Gefühle wecken.

Pop war ein enormer Stimmverstärker und ein probates Mittel der Selbstermächtigung, sogar das mannschaftliche Zusammenwirken individueller Spielintelligenz im Fußball war eine Blaupause kollektiver Aktion. Wer mit wem in welcher Band oder welchem Verein spielte, erschien als hochbedeutsam, Ränge in Hitparaden und Fußballtabellen wurden zu Indikatoren der eigenen Existenz, und überall gab es mit einer speziellen Marotte die Möglichkeit zur Distinktion. Selbst ein bestimmtes Auto zu fahren war nicht nur ein Modus der Fortbewegung, sondern auch ein Aufbruch ins Reich der Freiheit. Diese Spleens begeisterten mich nachhaltig, ohne dass ich beim Schrauben, im Strafraum oder an den Drums je über den Status des Dilettanten hinausgekommen wäre. Zu beschreiben ist nun, wie aus privaten Leidenschaften politische Begeisterung erwuchs.

6. Starke Töne und schwache Stimmen

Im Freundeskreis kam vor einigen Monaten die Idee auf, dass jeder vor versammelter Runde in fünf bis zehn Minuten ein Musikstück seiner Wahl vorspielt und darüber berichtet, welche Bedeutung es für einen hat. Der Abend ist mir in allerbester Erinnerung, denn er brachte Gefühle und Erinnerungen zu Gehör, die so intensiv wohl von keiner anderen Kunst zu wecken sind. Wir hörten verschiedenste Sachen von der Mozart-Arie »Ruhe sanft!« aus *Zaide* (1780) über ZZ Top bis zum großen Casting in *Flashdance* (1985). Nicht selten hatten die ausgewählten Stücke mit einer (un)erfüllten Liebe zu tun.

Für meine profane Wahl hatte ich mich ein wenig geniert, doch war mir wichtig, die Verzauberung durch eine erste Begegnung mit Musik nachzuvollziehen, wie ich sie analog gerade bei meiner neunjährigen Tochter Franka erlebt hatte. Ihr Favorit war Lana del Reys »Video Games«, mein Pendant aus dem Jahr 1956 der Schlager »Cindy, oh Cindy«. Und zwar nicht im englischen Original, sondern in der deutschen Version, die eine

Favoritin meines Vaters, die Sängerin Margot Eskens, bei einer Samstagabend-Show im Fernsehen vorgetragen hatte. Den Anfang kann ich noch auswendig: »Cindy, oh Cindy, / Dein Herz muss traurig sein, / der Mann, den du geliebt, / ließ dich allein. / Er kam, als du erst achtzehn warst, / von großer Fahrt zurück. / Er küsste dich so scheu und zart / und sprach vom großen Glück. / Am Kai, da riefen die Möwen, / als er dich wieder verließ: Cindy, oh Cindy…«

Dass es sich, wie sofort bemerkt wurde, um eine grässliche Schnulze handelt, tat der Rührung keinen Abbruch. Und es überraschte mich selbst, dass meiner Wahl unbewusst erneut ein politisches Motiv zugrunde gelegen hatte. Frau Eskens und ihr deutscher Texter lockten auf eine falsche Spur, wenn sie aus dem Song eine Seemannsschnulze machten. Es ging beileibe nicht um Möwen am Kai, sondern um einen Soldaten der U.S. Navy, der sein Girl Cindy ersucht, Briefe zu schreiben (und treu zu bleiben), bis er es bleiben lässt, mit den Flotten der damals größten Seemacht um die Welt zu fahren, und nach Hause kommt: »I joined the navy to see the world. / But nowhere could I find / A girl as sweet as Cindy. / The girl I left behind, / I've sailed the wide world over, / Can't get her out of my mind. / Cindy, o Cindy! Cindy, don't let me down! / Write me a letter soon, / And I'll be homeward bound!« (Wer das Lied in einer passablen Version anhören mag, wähle die Coverversion der Beach Boys von 1962.)

Die Ironie der Geschichte war, dass mein Vater ausgerechnet einen Army-Song jener Macht zu seinem Favoriten gewählt (und mich angesteckt) hatte, die ihm von den westlichen Siegermächten am wenigsten sympathisch, ja eigentlich verhasst war. Nie hatte er den Amerikanern verziehen, dass sie den Wehrmachtoffizier 1945 in den Ardennen gefangen genommen und auf den Rheinwiesen bei Remagen interniert hatten. Den Entlassungsschein vom 15. September 1945 hat er aufbewahrt, »ungezieferfrei« und zufällig am Geburtstag seiner Frau kam er nach Hause.

Zu meiner Auswahl an dem betreffenden Abend hatte noch eine Schnulze gestanden, die aber explizit politisch ist: »Die Schlacht bei Worringen«. Der Kölsche Refrain lautet: »Wä en Kölle es jebore, / hät e Räch si Levve lang, / frei ze sin un frei ze odme, / jede Minsch ne freie Mann«. Erzählt wird die historische Schlacht von Worringen im Jahr 1288, als die Bürgermiliz gemeinsam mit den Rittern der Grafen von Berg und von der Mark und bergischen Bauern die Truppen des Erzbischofs und Kurfürsten Siegfried von Westerburg in die Flucht schlugen. Seither, heißt es voller Pathos, ist jeder geborene Kölner sein Leben lang ein freier Mann, und das soll für jeden Menschen gelten. Kein schlechtes Programm, man könnte fast das Schmettern des gallischen Hahns vernommen haben.

Der 1990 entstandene Rocksong stammt von der Band Bläck Fööss, mit der mich eine lokale Geschichte verbindet. Einer ihrer Gründer, Thomas »Tommy« Engel, war ein paar Häuser weiter aufgewachsen und mit mir zur Volksschule gegangen. Die Anfänge des gelernten Schornsteinfegers am Schlagzeug (daran war ich gescheitert) und als Bandmitglied der Stowaways habe ich noch mitbekommen. Tommy war Sohn von Richard »D'r Rickes« Engel, Mitglied der Vier Botze, einer Mundartgruppe, die vor allem beim Karneval auftrat. Das galt anfangs auch für die Bläck Fööss (hochdeutsch: Nackte Füße), die den verstaubten »Fasteleer« (Fastnacht, Karneval) der korrupten und nicht nur in meinen Augen humorlosen Karnevalsvereine entstaubten.

Als die Bläck Fööss, BAP und andere Kulturschaffende meine Heimatstadt Anfang der 70er-Jahre aufmischten, zog es mich fort in andere Gefilde. Aber wenn ich 1995 in einem Fragebogen der Wochenzeitung *Die Woche* auf die Frage, wo ich begraben sein möchte, aus blanker Sentimentalität geantwortet habe: »Am Ende dann doch auf dem Melatenfriedhof«, dem schönsten Ort der letzten Ruhe in Köln, dann war das eine ganz ernst gemeinte Liebeserklärung an eine Stadt, in der ich wundervolle Jahre als Kind, Jugendlicher und Student verbracht

Ray Davies, 1967

habe und in der ich immer wieder gern bin. So gesehen ist was dran an der Botschaft, dass letztlich alle Politik lokalen Bezug hat, und es schadet nicht, dass einem bei dem Wunsch und dem Kampf darum, ein freier Mensch zu sein, immer auch ein paar Songs einfallen.

Die definitive Musikentscheidung fiel wiederum 1967 weder für die Beatles noch für die Stones, auch nicht für den sehr verehrten Steve Winwood, sondern für die Kinks und hier insbesondere für Ray Davies, den Leadsänger. Die Auftritte der Band aus Nordlondon im *Beat Club* waren eine Offenbarung, das schlagkräftige »You Really Got Me« war Rock, wie er sein musste, das weltentrückte »See My Friends« eine Botschaft aus Indien, »A Dedicated Follower of Fashion« die sarkastische Exegese des inneren Widerspruchs der Popkultur in drei Minuten und fünf Sekunden, »I'm Not Like Everybody Else« ein Programm, und »(Thank You For the) Days« möchte ich an meinem Grab gespielt bekommen. (Zum fünfzigsten Jahrestag von »You Really Got Me« ist das 2014 in einer Anthology-5-CD-Box plus Single perfekt dokumentiert worden, man ist also nicht allein...)

Live sah ich das ausweislich einer Fanseite erstmals am 21. Januar 1967 (ich hätte gedacht, viel früher) in der Kölner Sporthalle. Wir saßen weit oben, und das Kreischen der Mädchen übertönte alles, aber die Kinks waren überwältigend und wir mindestens drei Tage »Könike«. Und dies, obwohl die Bandmitglieder relativ bewegungslos herumstanden und die körperlose Stimme von Ray Davies, einem »großen Näsler wie Bob Dylan« (Diedrich Diederichsen), trotz elektrischer Verstärkung kaum zu hören war.

Rockidole sind Lebensbegleiter. Als Ray Davies viele Jahre später im New Yorker Westbeth Theatre mit seinem Bruder seine *20th Century Man*-Show gab, wurde mir erst die politische Widerständigkeit seiner Theatereinfälle klar. *X-Ray*, wie er sich in seiner »unautorisierten Biografie« nennt, ist ein erklärter Traditionalist und zugleich ein großer Erzähler, der sich gegen die *Corporate Culture* stemmt, die Tanzpaläste und Kneipen im Londoner Norden (»Dead End Street«, »Don't Forget to Dance«, »Working Man's Café«) plattgewalzt und zum Schauplatz für alberne Spektakel degradiert hat (»Vietnam Cowboys«). Sein England ist in den 70er-Jahren untergegangen, mitsamt der selbstbewussten Arbeiterklasse, dem Wohlfahrtsstaat und der ruppigen Geselligkeit, die dem von Maggie Thatcher verordneten Projekt radikaler Vereinzelung von Marktteilnehmern im Weg standen. Auch wenn Rockmusik ästhetisch revolutionär war und die alte Welt attackierte, die britische Invasion bestand eigentlich auf Restauration. »Dead End Street«.

London 1966 ist in meinem Kopf untrennbar mit einem Sound verbunden, hier mit dem Geräusch der *Tube*, die einen zu heute legendären Plattenläden, Modeboutiquen, Aufnahmestudios und Konzertsälen brachte. Köln hatte einen eigenen Klang, Liverpool/Hamburg sowieso, Los Angeles mit Hip-Hop auch, und in Bamako soll es ähnlich sein. Als die britische Gruppe Massive Attack 2013 mit dem Filmemacher Adam Curtis ein

Konzert der besonderen Art gab, bebte die Duisburger Gebläse-
halle – und ich war zurück in der britischen Hafenstadt Bristol
Mitte der 80er. Damals war ich mit meinem ewig hungrigen und
selten gut gelaunten Sohn im geliehenen Kombi durch den Westen Englands bis nach Wales gekurvt. Wir suchten Bademöglich-
keiten und Angelplätze und rollten eher zufällig in die hügelige
Stadt hinein, die durch Krieg und autogerechten Wiederaufbau verschandelt war, aber immer noch einige *winding roads*
und das multikulturelle Problemviertel St. Paul aufbot. Wie damals in ganz England, gab es auch dort nächtlich »Rassenun-
ruhen«, in Wahrheit Aufstände marginalisierter Jugendlicher,
die sich in Bristol nicht nach Hautfarbe und Herkunft ausein-
anderdividieren ließen, sondern einen kurzen Sommer Anarchie
suchten. Die Rockmusik in Großbritannien, in dessen zerbors-
tenem Imperium Migranten und Flüchtlinge zusammenka-
men, war in sich eine antirassistische Angelegenheit, auch wenn
einige *White-Power-Rock*-Bands das Gegenteil proklamierten. Der spätere *Bristol Sound* – neben Massive Attack sind
vor allem Portishead, Tricky, Morcheeba zu nennen – ist unter
dem Label *TripHop* um die Welt gegangen, er ist sehr bassbe-
tont, langsamer und tiefer als HipHop. Das ist, Befreiern der
Bassgitarre wie Jack Bruce und Stanley Clarke sei gedankt, eine
Musik, die später den Global Pop (aka World Music) geprägt
hat, der Bristol mit Brasilia und Bamako polyfonisch verbindet.
   Politisch sind diese starken Töne erst einmal alle nicht. Worauf es ankommt, ist vielmehr die gefühlte und erlebte Befreiung des eingezwängten Körpers und der verzagten Stimme. Das
konnte beim einsamen Auflegen einer knisternden Kinks-EP
auf den Dual-Plattenspieler geschehen, beim Anhören der Hit-
parade des britischen Soldatensenders BFBS, vor allem aber
beim Live-Auftritt einer Band – und in abgemilderter Form
selbst noch bei den MTV-Clips in den 90er-Jahren. Mikrofon
und Megafon waren ein Paar, Sprechchöre unser Revival des
antiken Theaters. Klangen die Stimmen Einzelner oder einer
kleinen Gruppe noch kläglich und unsicher, so schwollen sie

nun in selbstbewusster Intonation, wohltönend oder kakofon, zu beeindruckendem chorhaften Gesang an. Einzuüben und zu vernehmen war das auch bei noch profaneren Inszenierungen wie zum Beispiel im Fußballstadion.

7. Der FC und die Sache Pezzoni

Der Ärger kam nicht zum ersten Mal, doch im September 2012 entlud er sich spontan: Austritt aus dem 1. FC Köln. Mitglied 79470 hatte es satt. Nicht den sportlichen Misserfolg des FC, wohlgemerkt. Schon seit Jahren dümpelte der mehrmalige deutsche Fußballmeister im Mittelmaß oder Tabellenkeller von Erster und Zweiter Liga, und ich wäre dem Verein treu geblieben, selbst wenn es wie in Oberligazeiten wieder gegen Rot-Weiß Essen gegangen wäre. Anlass war vielmehr, wie die Vereinsführung einen Profispieler schmählich im Stich gelassen hatte. Statt sich vor Kevin Pezzoni zu stellen, der dauernd Schmähungen von »Ultras« ausgesetzt war, machte das Präsidium unter dem ehemaligen Nationalspieler Wolfgang Overath einen Kotau vor ihnen, und als Pezzoni den FC frustriert verließ, vergoss es in typisch Kölscher Manier Krokodilstränen. Selten hat mich ein Tor so gefreut wie der Pezzoni-Treffer für seinen neuen Verein Erzgebirge Aue – *gegen* den FC.

Viele finden es kindisch, wie Männer sich für Fußball begeistern können. Es ist eher kindlich. Etwas anderes als Fußball kam einem in den 50er-Jahren kaum in den Sinn, es war Standard. Auch später haben mich Volleyball, Badminton oder Schwimmen nie derart in den Bann gezogen, wozu die Überpräsenz des Fußballs in den elektronischen Medien gewiss beigetragen hat. Eine Ahnung, wie Sport auch sein könnte, vermittelte mir erst sehr viel später das gelegentliche Bogenschießen.

Meinen Fußballverein nach so vielen Jahren zu verlassen, war also ein emotionales Drama. Mit sieben hatte mich Hausmeister Bodenwein ins Müngersdorfer Stadion mitgenommen, er drückte mich auf einen Klappsitz an der Ehrentribüne, wo er eifrig wichtigen Vereinspflichten nachkam. Das wiederholte sich dann öfter samstags um halb vier, in den letzten Spielminuten durfte ich mit an den Rasenrand. Nahe beim friedlich grasenden Geißbock »Hennes« fieberten wir dem Abpfiff der Spiele entgegen, die in meiner Erinnerung viel öfter triumphal ausgegangen waren als im *Kicker* lückenlos dokumentiert. Am meisten freute ich mich, wenn wir die Vereine meiner Revierverwandtschaft niedergerungen hatten: Westfalia Herne, Borussia Dortmund, Schalke 04. Die Angebeteten, aus meiner Perspektive Riesen, keuchten an uns vorbei, die Stollen der Adidas-Schuhe klackerten bedeutsam in Richtung Kabine.

Autogramm Helmut Rahn, ca. 1959

Die Nachmittage verbrachten wir mit Vorliebe in der Nähe des FC-Vereinshauses am Decksteiner Weiher. Mit dem Autogrammheft unterm Arm hockten wir an den Torstangen, um unseren Idolen so nahe wie möglich zu sein. Einmal bekam ich eine Mordswumme von Helmut Rahn an den Kopf; der unerwartete Schuss des Torschützen von 1954 ließ mich fast in Ohnmacht sinken, aber mir und meinen Freunden kam das vor wie ein Ritterschlag. Für Gymnasiasten war der exquisite Bolzplatz eine Gelegenheit, den Sülzer »Kraten« (heute: Prolls) näherzukommen, die eisenhart spielten und Jungmännlichkeit verkörperten. Tommy Engel, der mich dies trotz seiner damaligen körperlichen Schmächtigkeit einmal mit einem gezielten Faustschlag spüren ließ, hat Bürgerkinder in Sülz als Privilegierte in Erinnerung, an die sich ein Kopfnüsse verteilender Volksschullehrer nicht herantraute. Eine Art Klassenkampf also. Doch in meiner Erinnerung war die Familie Engel die Kölsche Herrscherdynastie im Viertel – und wir die Außenseiter.

Mangels Stürmerqualitäten wurde ich zum Torsteher verdonnert und habe es immerhin zu ein paar Spielen in der D-Jugend des Vereins gebracht, der Torwartgötter in Serie produzierte. Ein paar Jahre war ich Klassentorwart, mein Waterloo (1:9) erlebte ich beim Spiel gegen die sonst viel schlechtere Unterprima C bei der Abiturfahrt im griechischen Olympia. Getunnelt zu werden ist die maximale Blamage, doch als letzter Mann erwirbt man Fähigkeiten fürs Leben: Weitsicht, Stehvermögen, Raumgefühl. Und man rettet bisweilen, was schon verloren scheint.

Die Champions wohnten mitten unter uns. Bei Jupp Röhrig (1950–1960) gab es Kamellen, beim Hansi Sturm (1955–1967) konnte man Aral tanken, bei Leo Wilden (1958–1966) Stadiontickets kaufen und Lottoscheine abgeben. In Sülz war man eben nicht für die Fortuna (Köln) oder Preußen Delbrück und schon gar nicht für Fortuna Düsseldorf, Borussia Mönchengladbach oder die Werkself (= Kunstprodukt) von Bayer Leverkusen. Sie durfte man, auch wenn man damit historisch schieflag (Bayer ist älter als der FC!), in Sprechgesängen niedermachen.

Dabei war der 1. FC das Bayern München der 60er-Jahre. 1963 selbstverständlich Gründungsmitglied der Bundesliga und erster Meister in derselben, praktizierte der Verein nicht nur ein modernes Spiel, er wurde auch von einem Kaufmann, Franz Kremer, geführt, der den Fußballsport aus seinem Amateurstatus herausholte und Wirtschaftlichkeit zur obersten Maxime erhob. Er baute einen hochmodernen Sportpark auf und zahlte den Spielern ansehnliche Gehälter und Prämien. Karl-Heinz Schnellinger, bereits als 19-Jähriger 1958 FC-Köln- und WM-Verteidiger, war ein erster teurer Italien-Transfer. Lange hat Köln dennoch nicht mithalten können, beim Bundesligaskandal 1970/71 kam es nur deshalb glücklich davon, weil der bestochene Torwart (!) nicht aufgestellt wurde.

Wir Fans blieben dem Verein auch in der Zweiten Liga treu und strömten zu Tausenden in die Spielstätte, die für die Champions League getaugt hätte. Doch seit dem Double von 1978 erhält man als deklarierter FC-Anhänger meist nur ein mitleidiges Lächeln: Ihr spielt montags, wir mittwochs und reisen um die Welt, verhöhnten uns Schalke-Fans nach einem Sieg, womit sie meinten: Wir sind Champions League, ihr Zweite Liga. Mir war das egal: Wenn ich im Ausland war, noch in der internetlosen Zeit, jagte ich in Zeitungen nach neuesten Nachrichten über den Spielausgang und war enttäuscht, wenn die *New York Times* ein Freitagsspiel nicht aufgeführt hatte oder Radio Algier andere Bundesligapartien ausstrahlte.

Fußball ist für mich ein Radioerlebnis. Am besten kommt *o jogo bonito* in der ARD-Bundesligakonferenz samstags um halb vier rüber, wenn die Zwischenstände aus den Stadien gemeldet werden und die Schlusskonferenz von einem Schauplatz zum anderen schaltet. Natürlich weiß ich, dass es dabei wesentlich ums Geld geht. Eine Sprecherin der Ultras schrieb mir eine E-Mail, als ich meinen Austritt im *Kölner Stadt-Anzeiger* bekannt gegeben hatte. Sie klärte mich auf, dass es unter den Ultras solche und solche gebe und jene, denen sie zuneigte, meine Kritik an der Überkommerzialisierung des Fußballs teilten. VIP-Tribünen und Managertypen wie Uli Hoeneß seien ihnen zuwider, ihre Kameraden fänden sich unter den Platzbesetzern am Tahrir-Platz und im Gezi-Park.

Ich gab zu bedenken, dass auch die »guten« Ultras den Sport mit ausufernden Choreografien, Überrollfahnen und pyrotechnischem Lichtspektakel zu einer Ersatzreligion gemacht hätten und eine Zwangsgemeinschaft bildeten, gegen die ich allergisch sei. Und dass es kein Wunder sei, wenn sich unter die Ultras Rechtsradikale mischten. Für mich war Fußball Tor zur Welt, eine Erdkunde des globalen Südens und ein transnationales Reallabor, das wunderbare Episoden hervorbringt. Ende der 50er-Jahre machten sich algerische Vertragsspieler der französischen Liga heimlich nach Tunis auf, um dort als inoffizielles Nationalteam anzutreten. Und der Bosnier Vahid Halilhodžić ließ als Trainer in Mostar 1992 trotz einer Kriegsverletzung katholische Kroaten gegen bosnische Muslime antreten – zum Spiel.

*

Da wir schon bei den Wonnen der Gewöhnlichkeit sind, gestehe ich noch eine andere Sportleidenschaft. An einem warmen Aprilsonntag 1973 führte mich J. B. erstmals auf eine Rennbahn. Es war die von Longchamp im Pariser Bois de Boulogne, Höhepunkte waren damals der Prix Vanteaux über 1900 und der Prix Daru über 2100 Meter. Der Reiz beim Galopprennen liegt in der Kombination von Sport, Geldwette und einer erwartungsfrohen, anonymen Geselligkeit, wie man sie vor Theateraufführungen erlebt. Mit dem Öffnen der Startboxen, aus denen die Konkurrenten hervorbrechen, schlägt die legere, fast blasierte Picknickatmosphäre eines *Lazy Sunday Afternoon* jäh um in den hitzigen Wettkampf erlesener Stuten und Hengste, deren Jockeys im Sattel eher stehen als sitzen. Man verfolgt das Feld mit dem Fernrohr oder lauscht der sonoren Berichterstattung des Ansagers, der mit geübtem Auge die Positionen von *Reine du Chant, Robertino* und *Rose Laurel* annonciert. Sie steigert sich zum Crescendo, wenn die Pferde, mit der Gerte traktiert und das Geläuf aufwirbelnd, in die Zielgerade stürmen. Beim Finish kulminiert das Gemurmel auf der Tribüne in scharfen, energischen Anfeuerungsrufen, die nach dem Zieleingang in lebhafte Gespräche zurückfallen oder in leise Flüche. Wertlos gewordene Wettzettel fliegen auf den Boden.

Reine du Chant, Robertino und *Rose Laurel* hießen die Gewinner. Mit zwei ahnungslosen Einlaufwetten hatte ich in Paris jenes Anfängerglück, das ich später bei anderen Novizen erlebte, die sich von klingenden Namen, Glückszahlen und der optischen Anmutung der Vollblüter leiten lassen. Im ovalen Führring drehen diese vor dem Aufgalopp ihre Runden, einige nervös trippelnd, andere in ruhigem Gang, unter den Augen ihrer oft mit Hut und feinem Zwirn hervorstechenden Besitzer. Am Kiosk reichte ich den ausgefüllten Wettzettel durch die Luke und nahm die Quittung mit dem erhofften Einlauf der Startnummern – 5, 3, 1 – entgegen. Ja, Glück gehabt, und so holte ich nach Richterspruch und Berechnung der Quote ein paar Francs Gewinn ab. Immer wieder schlugen mich die entspannte Atmosphäre und der rasante Tempowechsel dieser Rennen in den Bann.

Zurück in Köln, steuerte ich die Rennbahn in Weidenpesch an, die mit kleinerer Tribüne, aber der gleichen verschossenen Eleganz aufwartet sowie mit hochdotierten Rennen der Gruppen I und II, darunter der Preis von Europa. Dort traf ich überraschenderweise Mitstudenten, die sich etwas verschämt als alte Wetthasen entpuppten und mir Tipps gaben, welches Pferd aus welchem Stall unter welchem Jockey bei welchem Geläuf einen guten Lauf haben und welches unter »ferner liefen« ankommen würde. Sie waren Zocker und verließen kaum einmal den muffigen, verrauchten Maschinenraum des Wettgeschäfts, wo man den Rennverlauf nur am Bildschirm verfolgt und parallel noch auf Galopper andernorts setzen kann, am Boden die zerknüllten Hoffnungen auf die Superquote. Neben jenen, die jedes Mal zu viel Geld daließen, hockten hier selbstkontrollierte Strategen, die wie an der Börse mit Intuition und Sachkenntnis vorgingen.

Da unten in dieser Halbwelt ließ ich mich kaum blicken und hatte stets nur eine begrenzte Summe im Portemonnaie, das ich hin und wieder dicker angefüllt nach Hause tragen konnte. Wer regelmäßig Fachblätter wie die *SportWelt* mit ihren sibyllinisch formulierten Prognosen studiert, kann sich einbilden, das Glücksspiel in den Griff zu bekommen. Man erfährt etwas über die Laune der Pferde, den Boden, den sie am liebsten oder überhaupt nicht mögen, über Wehwehchen an Beinen und Rücken. Was am meisten reizt, ist die Sensation, die man kommen sah: Den *Arc de Triomphe* 2014 gewann eben doch, wie im Vorjahr, die Stute *Trève* vor den Favoriten.

Die Freude ist nicht mehr ungetrübt. Viele kommen eher zu Picknick und Hüpfburgen, Prosecco und Pommes. Rennbahnen werben heute mit Gewinngarantien; die meisten Umsätze dürften bei »bet & win« im Internet gemacht werden, und es dominieren Rennplätze außerhalb Europas mit dem ganz großen Geld wie in den Scheichtümern Dubai und Katar.

*

Nachzutragen bleibt, dass ich meinen enttäuschenden FC doch nicht verlassen habe. Die Austrittserklärung wurde schlicht ignoriert, weiter trudelten Geburtstagsgrüße vom Präsidium ein und Angebote für Vorzugskarten für Spiele gegen Sandhausen und Aue. Insistieren wollte ich nicht, immerhin heißt es in der Vereinshymne »Wir sind alle multikulturell«, und bei der Christopher Street Day Parade ist der FC mit einem eigenen Wagen vertreten. Man nenne es Torheit oder Treue: 2014 erfüllte sich sogar die Hoffnung, dass es mit neuer Vereinsführung und echtem Teamgeist doch mal wieder gegen die Borussen oder Bayern geht. Und nicht gleich wieder in den Keller.

8. Auto-Biografisches: Eine halbe Konversion

Der Jaguar rollte 2011 vom Hof, und ich blickte nicht mal hinterher. *No regrets*, auch nicht für fast vier Jahrzehnte Automobilität. Schon mit fünfzehn fuhren wir auf leeren Parkplätzen selbstgebaute Gokarts, ein Klassenkamerad »managte« den am Anfang seiner Karriere stehenden Rolf Stommelen aus der Sülzer Nachbarschaft. (1983 fuhr sich der Formel-1-Fahrer in Riverside, Kalifornien, zu Tode.) Auf dem geräumigen Hinterhof, der jetzt kein Schulhof mehr war, hatte ich so flink rangieren und chauffieren gelernt, dass sechs Übungsstunden für den

»grauen Lappen« vollkommen genügten. Mit 18 erbte ich von meiner Mutter den Ford 12M, bekannt für seinen langlebigen P4-Motor; der Liter Normalbenzin kostete damals 49,5 Pfennige an einer freien Tankstelle.

Man weiß unterdessen, wohin übertriebene Automobilität führt: Klimawandel und andere planetarische Übel, und die meisten fahren mit schlechtem Gewissen weiter. Ein Altersgenosse bekam vor einiger Zeit eine Erbschaft ausgezahlt, genug für eine Verschwendung. Er liebäugelte mit einem nagelneuen Mercedes, exakt jener Marke, die der Erblasser in den 50er-Jahren angeschafft hatte und die für ihn aus finanziellen wie weltanschaulichen Gründen nie infrage gekommen war. Seit ich den Jaguar abgeschafft hatte, um mit meiner öffentlichen Klimaschutzrede halbwegs ins Reine zu kommen, gelte ich im Bekanntenkreis als Nervensäge ökologischer Korrektheit. Umso mehr wunderte sich mein Freund, dass mein Einwand gar nicht dem Ansinnen galt, ein vorhandenes fahrbereites Gefährt gegen eine neue CO_2-Schleuder einzutauschen, sondern seiner Halbherzigkeit. Mein Rat war, entweder gleich mit einem Elektroauto an die Spitze zu fahren oder einen Oldtimer mit Stern, zum Beispiel einen 220 SE mit großer Flosse von 1962 für gelegentliche Spritztouren über Land zu erwerben. Und ansonsten andere Verkehrsmittel zu nutzen.

Als Nachkriegskind, dem das Auto erst ein Luxus und bald ein Statussymbol war, erinnere ich mich bestens an das prickelnde Gespür für Möglichkeiten, wenn wir mit unserem VW Export Kilometer machten. Ein benzingetriebenes Fortbewegungsmittel diente eben nicht nur dazu, um von A nach B zu kommen, von Bedeutung war vielmehr, dass man es *besaß*, dass es eine bestimmte *Form* hatte und sich die *Pferdestärken* von Mal zu Mal erhöhten. Eine rasante Fahrt, gar nicht unbedingt Raserei auf einer nächtlichen Autobahn, eine Spazierfahrt über gewundene Landstraßen, der Öl- und Gummigeruch aus einer Werkstatt vermochten Entzückung hervorzurufen. Als Halbwüchsiger pilgerte ich zu Tourenwagenrennen an den Nürburg-

Jungfernfahrt 1960

ring, später schaute ich mir das Im-Kreis-Fahren der Boliden im Fernsehen an. Das nennt man wohl: einen Autoverrückten.

Die Großstadt Köln bot Mobilität in jeder Form: Der Hauptbahnhof spuckte Millionen von Fahrgästen per annum aus, Hunderttausende Fahrzeuge frequentierten den Autobahnring, oft im Schritttempo. Am Flughafen Köln-Bonn, in den 50ern für Staatsbesuche eingerichtet, besichtigte ich andächtig die kolbengetriebene Super Constellation, die es ohne Auftanken über den Atlantik schaffte. Mein erster Flug führte mit einem Helikopter der Sabena nach Brüssel. Und eingeschlafen bin ich abends in der wohligen Geräuschkulisse der Luxemburger Straße, einer vierspurigen Ausfallroute nach Südwesten, und des Rangierverkehrs der Bahn am Eifeltor. Bei günstigem Wind hörte man auch die Lastkähne vom Rhein.

Autos ergänzten die Persönlichkeit. Auf den schwarz-weißen Ford folgten ein himmelblauer Käfer, darauf die fünftürige Familienkutsche für den Süden, zuerst ein grüner und dann ein orangefarbener Renault 16 (und kein antideutsches Statement). Als alleinerziehender Vater fuhr ich mit dem halbwüchsigen Sohn in der dunkelblauen Alfa Giulia herum, als Single, weniger vermittelbar, in schwarzen BMWs aufsteigender 3er-, 5er- und 7er-Reihen. Das Leben in Manhattan kam gut ohne Auto aus, bei Heimatbesuchen lieh ich mir den stilistisch extrem gelungenen Jaguar XJ6 zum Wochenendrabatt aus. Das fixte mich, zurück in Deutschland, an, zur Erfüllung eines Kindheitstraums einen solchen in Silbergrau anzuschaffen. Er verbringt seine alten Tage nun wohl in Transnistrien oder Lagos. Als Familienauto sind wir gelandet beim Volvo Kombi – als Taxi für Kindertermine.

Der Rest geht mit Bus und Bahn. Ja, es geht wirklich. Der freiwillige Abbruch eines extensiven Autolebens soll nun nicht daherkommen wie die Predigt eines Antialkoholikers an den Trinker oder als Abrechnung des Konvertiten mit den Ungläubigen. Verzichte – das probate Beispiel ist das Rauchen – gelingen nur auf der Basis von Wünschen zweiter Ordnung, um Nachteile von sich und anderen abzuwenden. Der Grundgedanke ist einfach: In Deutschland werden ein Viertel aller Distanzen unter einem Kilometer und die Hälfte derjenigen unter fünf Kilometern mit dem Auto zurückgelegt. Da man inklusive Ampelphasen und Parkplatzsuche kaum schneller ans Ziel kommt als per pedes, Fahrrad oder Bus, hält vor allem die Symbolik der Freiheit das Auto am Leben. Stark macht die Herrschaft des Autos der hohe Prestigewert, den es für die politischen und ökonomischen Eliten besitzt; mir sind Politiker begegnet, die ihre Zugehörigkeit zu den oberen Zehntausend mit dem Tag datieren, an dem sie das erste Mal mit eigenem Chauffeur gefahren wurden. Dabei würden Manager besser werden, wenn sie hin und wieder eine längere Strecke (ohne Kamerabegleitung) zu Fuß gingen, öffentliche Verkehrsmittel nutzten und, einfach so, auf einem öffentlichen Platz verweilten. Auch eine Fahrt per S-Bahn und Regionalexpress würde sie erden und vielleicht vor Realitätsverlust bewahren.

Wer nicht in Großstädten wohnt, lernt allerdings schwerer wiegende Pfadabhängigkeiten kennen: Die »entwickelte« Menschheit ist in die Falle einer automobilen Zwangsinfrastruktur gegangen, die uns gar nicht mehr auffällt. Sie bestimmt die Art, wie wir den Raum nutzen und uns ernähren. Für Burger King und Shoppingcenter auf der grünen Wiese, für so überflüssige Dinge wie Rosen aus Kenia, Winterspargel aus Chile und rund ums Jahr Tomaten, Gurken und Erdbeeren aus Südspanien und natürlich auch das Buch beim Online-Händler binnen 24 Stunden wurde die urbane Lebensform beschädigt. Das Motto des Online-Händlers Zalando, »Alles.Überall.Sofort«, stellt das infantile Endstadium des Mehrhabenwollens dar.

Der Wind dreht sich jetzt vielleicht. Angehörige der Alterskohorte U30 in Gegenden mit funktionierendem öffentlichen Nahverkehr sind nicht mehr so überzeugt von der Unumgänglichkeit des Automobils und teilen seine libidinöse Besetzung seltener. Andernorts geht sie erst richtig los: Ich erinnere mich an den ekstatischen Stolz eines Kollegen von der Tongji-Universität, als er mich in seinem beigen »Tuareg« durch die Rush Hour von Shanghai navigierte und es im Vierkanalsound »Bach« zu hören gab. Hauptverantwortlich auch dafür ist übrigens das sich grün gebende Deutschland mit seiner Affenliebe zu großmotorigen Luxusgefährten und seiner weltweit fast einzigartigen Weigerung, die Geschwindigkeit zu begrenzen. Autopolitisch sind wir Nordkorea.

Während Nichtrauchen unterdessen bei vielen (nach zahlreichen Anläufen mich eingeschlossen) reibungslos klappt, blieb der Totalverzicht aufs Auto (auch bei mir) ein frommer Wunsch. Zwei Denkschulen des Wandels wetteifern gerade um meine Gunst. Die erste flüstert mir *Blue-Motion*-Strategien ein: Fahr elektrisch oder hybrid! An der individuellen Automobilität ändert das nichts. Überdies wird die Produktion von E-Mobilen von deutschen Herstellern schamhaft verschwiegen, sie machen zwar Reklame damit, bauen und vertreiben aber kaum welche. Die Autowerbung, die während der Absatzkrise grün und blau geworden war und im Kleingedruckten die CO_2-Emissionen pro Kilometer aufführt, will uns schon wieder Lust auf Rasen und Riesenautos machen.

Die andere Denkschule erfindet sich als »Mobilitätsdienst-leister« neu, stellt dem Nutzer das Fahrzeug leihweise vor die Tür und bindet es an Busse und Bahnen, Züge und Fahrräder, Mitfahrgelegenheiten und Spazierwege an. Das spräche weni-ger für die Anschaffung des E-Mobils als für einen, sagen wir: MG-A, einen Oldtimer von 1961, auf den ich schon seit genau diesem Jahr spekuliere. Mindestens zwanzig davon sind stän-dig auf dem Markt, die meisten in Rot oder Grün, manche in Schwarz, mehr Cabriolets als Hardtops. Da ist sie wieder, die Autolust. Für fahrtüchtige Modelle werden satte Preise ver-langt, dafür werden sie mit H-Kennzeichen als Kulturgut einge-stuft und steuerlich begünstigt, Umwelt- und Feinstaubplaket-ten werden nicht verlangt. Und ein gewiefter Schrauber kommt mit dem Motor unter der MG-Haube leichter klar als mit einem durchdigitalisierten Passat von heute. Fahren würde ich damit bestimmt nur ganz selten…

9. Familienleben: Politik der Adoption

Vater werden ist bekanntlich nicht schwer. Ich wurde es schon mit 25 und auf indirekte Art, indem ich Wolfgang, das Kind meiner damaligen Frau, adoptierte, ein typischer Fall der da-mals vorherrschenden Stiefelternadoption. Konstanze Lohmer, die ich im Sommerurlaub an der Côte d'Azur kennengelernt hatte, war kaum älter als ich, aber mir in vieler Hinsicht um Lichtjahre voraus. Sie unterschied sich von den Freundinnen meiner Freunde und zeigte mir, wie man soziale Netzwerke knüpft – nie war mein Freundeskreis größer als in Kassel, wo wir uns 1974 niederließen. Bis dahin führten wir eine Wochen-endbeziehung in Frankfurt, das zur Attraktion beitrug. Dort war die Studentenbewegung zwar auch schon vorbei, Adorno war ebenso verstorben wie sein Antagonist Hans-Jürgen Krahl, der Theoretiker des SDS. Habermas war an den Starnberger See, und die Erbnehmer der Kritischen Theorie waren nach

Hannover gegangen. Aber die Aura des Instituts für Sozialforschung war noch so intakt wie die des Café de Flore in Paris, in dem vor Jahren einmal Sartre gesessen hatte. Selbst das superspießige Café Laumer konnte als Äquivalent herhalten, wenn Buchmessenparty war oder Szenegrößen an einem Tisch hockten und die *Frankfurter Rundschau* lasen. Die (auch geistige) Enge des Soziotops habe ich erst Anfang der 90er gespürt, als ich drei Jahre in Frankfurt wohnte und mir ein Protagonist der Szene auf die Frage, warum ich alle zum Essen lud, aber nur sehr wenige Gegeneinladungen bekam, nach ernsthaftem Nachdenken antwortete: »Ei, weil du net von Frankfurt bist.«

In sehr jungen Jahren, um 1975, musste ich nun Verantwortung für eine kleine Familie übernehmen, und trotz oder wegen des aus der Reihe fallenden Beginns hat das Leben mit Kindern den größten Teil des Lebens bestimmt. Sehr zu meinem Vorteil. Aus Reaktionen von Freunden und Bekannten lernte ich freilich, welchen Widerstand diese abweichende Form der Familiengründung hervorrief und wie sehr ihre Anerkennung bis heute eine politische Herausforderung darstellt.

Die psychologische Klippe liegt wohl darin, dass eine Annahme *an Kindes statt* auf die generelle Unsicherheit unserer Existenz zurückverweist. Die ersten Jahre unseres Lebens liegen im Dunkeln, und ob unsere Eltern die wahren Erzeuger sind, vermögen wir nicht mit letzter Bestimmtheit zu sagen. Den meisten Skeptikern stand als Frage auf der Stirn geschrieben, ob man ein fremdes Kind gefühlsmäßig wie sein eigenes »annehmen« könne (ja, man kann). Dann zielte die Sorge auf das Kindeswohl: Ob ich mir eigentlich klar sei, was man einem Kind damit antun könne (ja, ist es mir). In unserem Fall war bekannt, wer der leibliche Vater war, und es stand meinem Sohn frei, seinen Erzeuger persönlich zu treffen. Was er als Erwachsener gelegentlich getan hat, ohne dass es unsere »künstliche« Vater-Kind-Beziehung belastete. Und in weniger überschaubaren Konstellationen ist möglichst große Transparenz anzuraten. Noch immer werden achtzig Prozent der Adoptionen durch

Stiefeltern getätigt. Auch das wird gern problematisiert, während Patchwork-Familien ohne Rechtscharakter selbstverständlich durchgehen, ja als Überlebensmodell der Familie gefeiert werden.

Häufig bekam ich Horrorgeschichten aufgetischt von gewalttätig oder kriminell gewordenen Adoptivkindern, fast nie ein *happy ending*. Als wir pubertätsübliche Probleme mit unserem Sohn bekamen, werden viele »Siehste!« gedacht haben. Wenn sich, was in besten Familien vorkommen soll, Kinder mit Eltern verkrachen, gilt das bei Blutsbanden als Schicksalsschlag, den man überstehen muss, im Fall der Adoption hingegen als ein sich selbst erklärendes Drama: »Das konnte ja nicht gut gehen.« Ich habe es sogar geschafft, meinen Sohn von seinem dreizehnten bis achtzehnten Lebensjahr überwiegend allein zu erziehen, als die Frühehe in die Brüche ging.

Adoptionseltern werden mit ihren kleinen und großen Katastrophen allein gelassen, oft genug bringt sie das gegeneinander auf. Daraus besteht nun der politische Teil der Adoptionsfrage: Vielen ist bis heute undenkbar, dass Patchwork-Familien, die seit den 60er-Jahren immer häufiger durch Trennung und Scheidung der leiblichen Eltern entstehen, auch das ganz fremde Kind einschließen können, das man aus dem Waisenhaus oder auf dem globalen Adoptionsmarkt bekommen hat. Und die Nachfrage, wenn man hier von Märkten reden will, übersteigt bei Weitem das begrenzt gehaltene Angebot. Obwohl es für Tausende Kinder im Zweifel weit besser wäre, in einem geregelten und transparenten Verfahren zur Adoption freigegeben zu werden, als in Verhältnissen aufzuwachsen, die mit Kindeswohl nicht das Mindeste zu tun haben. Missbrauch und seelische Grausamkeit sind die lebenslange Hypothek der Heim- und Straßenkinder. Wenn ich gelegentlich die Testfrage stelle, wie viele Kinder pro Jahr in Deutschland adoptiert werden (es sind derzeit weniger als 4000, davon nur knapp 700 aus dem Ausland, Tendenz rückläufig), bekomme ich meistens fünf- oder sogar sechsstellige Fantasiezahlen genannt.

Dass Adoption Probleme bereiten kann, liegt auf der Hand. Warum man Eltern, die das auf sich nehmen wollen, aber zusätzliche Schwierigkeiten bereitet, ist mir schleierhaft. Das konservative Familienbild lief auf das ungeschriebene Gesetz hinaus, Blut sei dicker als Tinte. Die Verhinderungspolitik vieler Jugendämter und die Undurchsichtigkeit des globalen Adoptionsgeschehens sind politisch zu klärende Fragen; abgebende und annehmende Eltern sind in diesem zeitaufwendigen Verwaltungsdrama einzeln komplett überfordert.

Niemand war besser geeignet, diese Verschränkung von Politischem und Privatem auseinanderzudröseln, als Barbara Sichtermann, die Bestseller zum Kinderkriegen, zur Weiblichkeit, zur Sexualität (sowie zum Fernsehen, zu Karl Marx und anderem) geschrieben hatte. Kennengelernt hatten wir uns flüchtig bei der Unterstützung ihres Mannes Peter Brückner, als er der Unterstützung der RAF bezichtigt wurde, näher dann Ende der 80er-Jahre, als Sichtermann sich zum Feminismus der CDU äußerte. Ihre vom linken Mainstream abweichenden Meinungen nahmen mich sofort für sie ein. Nachdem sie zu ihrem Sohn aus der Ehe mit Brückner ein Mädchen aus São Paulo und einen Jungen aus Sankt Petersburg adoptiert hatte, kamen wir auf die naheliegende Idee, unsere Erfahrungen mit Adoptionen nicht nur privat auszutauschen (wobei sie ein Höchstmaß an Entspanntheit an den Tag legte), sondern zu einem Buch zu verarbeiten. Wir wollten es »Das fremde Kind« nennen, der Verlag war strikt dagegen, weil so ein Titel die Leserschaft angeblich überforderte. Das Buch unter dem Titel *Das Wunschkind. Adoption und die Familie von heute* hat vielen als Ratgeber gedient.

Offen ist die politische und wiederum auch psychologische Testfrage, ob Homosexuelle Kinder adoptieren dürfen. Dass ausgerechnet ach so familienfreundliche Konservative dagegen sind, wirft ein Licht auf ihr Familienbild; dass mittlerweile auch Politiker der CDU dafür sind, beweist aber, wie sich die Zeiten seit 1968 gewandelt haben. Wenn oberste Gerichte heute den Weg zur echten Gleichstellung hetero- und homosexueller Lebenspartnerschaften weisen, gehört das volle Adoptionsrecht dazu.

Als ich im Alter von 53 Jahren Vater eines »leiblichen Kindes« wurde, mögen viele gedacht haben, das sei halt doch etwas anderes. Meine Kinder, die 36 Lebensjahre, also anderthalb Generationen, trennen, sind ungleich geboren, werden aber gleich behandelt. Zum leiblichen Kind können Väter schon vor der Geburt Bindungen aufbauen und diese in den ersten Lebensjahren durch Präsenz und Nähe verstärken. Sie hat vielleicht »meine Füße«, wie eine Journalistin neulich schrieb, um die Bedeutung der Körperlichkeit in biologischen Beziehungen über die Patchwork-Familie zu erheben. Körperlichkeit? Zum adoptierten Kind baut man Beziehungen anderer, nicht weniger intensiver Art auf. »Blutsbande« an sich haben das Auseinanderfallen meiner Riesenfamilie mütterlicherseits nicht verhindert. Meine Urgroßmutter hatte sage und schreibe 19 lebendgeborene Kinder, die meisten haben Kriege und Krisen überstanden. Für die jährlichen Familientreffen mussten wir in den 50er-Jahren Vereinshäuser für Bergleute anmieten, mit Cousinen und Cousins schlugen wir uns mit Erdbeerkuchen den Bauch voll und spielten in Sonntagsklamotten Verstecken und Völkerball. Da kam dieses starke Familiengefühl auf, dessen Kehrseite immer Eifersucht, Missgunst und Ignoranz sind. Die von Großonkel Alois und Großtante Agnes hochgehaltene Tradition verfiel in meiner Alterskohorte, die sich mit Bildungsaufstieg und Jobsuche in alle Winde zerstreute und Familie »doof« fand.

Wenn ich heute etwas mit der Tochter und den fast gleichaltrigen Enkelinnen unternehme, werden mein Sohn für meinen Bruder und ich für den Großvater der drei Mädchen gehalten – so weit kann es in einem unordentlichen Familienleben kommen. Dem Generalprinzip Adoption kann ich folglich viel abgewinnen. Denn die Adoptionsform wäre auf viele soziale Interaktionen zwischen Fremden übertragbar. Aus Briefen unseres Patenkindes in Mali wissen wir, dass es eine gute Schulbildung bekommt und sich in seiner Umgebung die Zahl der Einschulungen, Abschlüsse und Besuche von höheren Schulen vergrößert hat. Auf die gleiche Weise funktioniert Fernstensolidarität bei einer Lokalen Agenda 21, die sich etwa mit einem Dorf in Burkina Faso oder einem Slum in Guatemala verbindet, oder mit dem Flüchtling aus Somalia, Syrien oder Afghanistan, um dessen posttraumatische Fürsorge und sein Leben in Würde sich eine Flüchtlingsorganisation kümmert. Nicht anders ist es bei dem politischen Häftling, dessen Freilassung Amnesty-Gruppen mit beharrlichen Petitionen an die Machthaber zu erreichen versuchen, und mit dem Klimaflüchtling aus Kiribati oder Bangladesch, dessen existenzielle Bedrohung durch steigende Meeresspiegel und zerstörerische Hurrikane jedem Käufer bei seinen alltäglichen Konsumentscheidungen vor Augen stehen sollte. Adoptionen dieser Art sind die wirklich sozialen Netzwerke, die der Rede von der *einen* Welt eine reale Grundlage geben.

Davon, wie Familien »wirklich« sind, wissen Therapeuten ein Lied zu singen. Manche verbreiten Gift über Generationen, und es gibt seriöse Gründe, ein Dasein als Einzelgänger zu bevorzugen. Aber nur Familie, so ist meine Erfahrung, hält die ganz großen Gefühle bereit, für die es sich zu leben lohnt, und die vielen kleinen Episoden von Glück, die alle anderen Erinnerungen in den Schatten stellen können.

Von der Bedeutung etwas älterer Freunde und Kollegen für meinen Werdegang wird gleich die Rede sein, doch den Begegnungen mit Frauen habe ich noch mehr zu verdanken. Meine Mutter animierte mich zum Schreiben, meine Schwester hielt mir das Tor zur (frankofonen) Welt auf. Aus Männern meiner Generation machten, wenn überhaupt, Freundinnen und Partnerinnen halbwegs passable Menschen, die nicht ausschließlich an sich und unablässig an ihre Karriere denken. Mir jedenfalls haben sie Seiten des Lebens eröffnet, die ich glatt übersehen hätte, von ganz elementaren Dingen wie der Zubereitung und dem Genuss von Mahlzeiten bis zur höheren Kunst der Fürsorge und Empathie für andere. Sie repräsentieren Eleganz, Herzlichkeit, Möglichkeitssinn, Realismus.

Es wäre ein Irrtum, daraus zu schließen, das Ringen der Geschlechter habe bei mir nicht stattgefunden, doch als ein Ort der »verborgenen Gesellschaft« (Vilhelm Aubert) soll das bitte unter Verschluss bleiben. Man unterstelle auch nicht, das sei doch die typische Arbeitsteilung zwischen »gefühligen« Frauen und »vernünftigen« Männern: Es geht um die (unter anderem emotionale) *Intelligenz* der Frauen und wichtiger noch: die Beziehung zum Unbewussten. Ihnen werfe ich eine Kusshand zu und verehre sie als meine Lehrerinnen.

II.
Meine Lehrer

Er war sein eigener Herr, und eben deshalb brauchte seine
Herrschaft nicht Tyrannei zu sein. Im günstigsten Fall hatte er in
seinem Wesen Autonomie, Entschlußkraft, Erinnerung, Weitblick
dem Kinde dargestellt und aus eigenstem Interesse die Forderung
nach Wahrhaftigkeit und Sorgfalt, Zuverlässigkeit und geistiger
Wahrheit, Freiheitsliebe und Bescheidenheit an es gerichtet, bis
die Ideen, ins Innere des Kindes aufgenommen, als dessen eigene
Stimme des Gewissens sich geltend machten und später, in den
Konflikten der Pubertätszeit, dem Vater sich entgegenstellten.

Max Horkheimer über seinen Vater in:
Der Mensch in der Wandlung seit der Jahrhundertwende, *1960*

10. *Creamcheese*. Joseph Beuys und die direkte Demokratie

Mein Vater hatte Karriere gemacht und war über das Schulkollegium für Gymnasien an das Bildungsministerium des CDU-Politikers Paul Mikat in die Landeshauptstadt gewandert. 1968 wollte er sein Pendlerdasein beenden, die Eltern übersiedelten nach Düsseldorf. Kein Kölner, auch kein »Imi«(tierter) wie ich, geht angeblich freiwillig dorthin. Dass ich es im Herbst 1968 dennoch tat, war kein Statement zur Dauerrivalität zwischen den beiden Städten am Rhein und sollte auch nicht die Schlacht von Worringen ungeschehen machen. Vielmehr stand ich als Erstsemester vor der profanen Wahl zwischen der Finanzierung einer »Bude« in Köln und einem fahrbaren Untersatz in Düsseldorf. Meiner nun endlich durch einen Führerschein lizenzierten Vorliebe für Automobiles folgend blieb ich (großer Fehler …) bei den Eltern und pendelte nach Köln. An der altehrwürdigen Universität (vor deren Hauptgebäude eine Skulptur des Albertus Magnus von Gerhard Marcks steht) schrieb ich mich in den Fächern Geschichte und Germanistik ein. Lehrer für Deutsch und Geschichte wollte ich zwar nicht werden, dachte aber, diese Kombination sei der beste Weg in den gehobenen Journalismus. Ein ehemaliger Schüler meines Vaters, der die Redaktion des kritischen Fernsehmagazins *Monitor* leitete, bestärkte mich darin.

Ins nahe Düsseldorf waren wir schon als Schüler gefahren, weil dort nicht Kölsch-Kneipen an allen vier Ecken einer Kreuzung lagen, sondern, wie wir trotz Can und Floh de Cologne fanden, die bessere Musik spielte und, wie ich erst entdecken musste, auch die bessere Kunst zu sehen war. Verdienen konnte man gut als »Werkstudent«. Bei Auto Becker, dem Händler edler Gebrauchtkarossen, polierte ich Stoßstangen und Felgen von Bentleys und Maseratis, die man mit großem Getöse durch die Werkshalle manövrieren durfte. Im Jazzlokal *Downtown*, einem düsteren Kellerloch, wo Topstars wie Lionel Hampton und Dexter Gordon gastierten, servierte ich Alt, im gerade wiedereröffneten Schauspiel Düsseldorf verdingte ich mich als Komparse. Das Benzin für den von der Mama geerbten Ford 12M, dazu filterlose Pall Mall, Schallplatten und Konzertkarten waren leicht aus diesen Revenuequellen zu erstehen.

Die Zahl der Pflichtscheine fürs Studium war überschaubar, manche Vorlesungen (und das Stimmtraining) waren in meinen Augen verzichtbar und sehr gute Noten auch bei häuslicher Lektüre machbar. Dennoch waren wir keine Dünnbrettbohrer. Studium hieß für mich: exzerpieren und lesen, in Gruppen arbeiten, mit Kommilitonen, die sich anfangs auch untereinander noch siezten, die Wahrheit suchen. Gemeinsam lasen wir den ganzen *Mann ohne Eigenschaften* von Robert Musil und stiegen abends in eine gewollt misanthropische und linksobszöne Szene hinab. Rolf Dieter Brinkmann, der uns Gedichte der amerikanischen Beat Generation nahebrachte, war anderntags auf der Zülpicher Straße mit dem Diktafon für seine Kollektion von Alltagstönen zu sehen. Was Köln (laut Brinkmann »eine hirnversaute Mischpoche«) damals schon zu bieten hatte, ist mir erst nachträglich klar geworden. Ein gutes Stück vor der Acid-Abbruchkante war ich stehen geblieben.

Zusätzliche Zeitpolster verschafften »Streiksemester«, die selbst im stets als rückständig empfundenen Köln (»Paris brennt, Köln pennt!«) die Regel waren; meinen Banknachbarn vom Gymnasium, den angehenden Notar Werner Tebbe, traf ich anlässlich einer Besetzung der Rektoratsräume beim fröhlichen (und strafrechtlich verjährten) Schmauchen einer der dort bereitliegenden Zigarren. Dass wir die anrückende Polizei, in der wir partout die SA erblicken wollten, mit »Sieg Heil!« begrüßten, ist eine peinliche Jugendsünde. Ich habe noch das hysterische Gegröle im Ohr und mein Über-Ich mit der leisen Frage, ob ich verrückt geworden sei.

Im Schauspielhaus stand ich für einige Wochen auf den Brettern, die mir wirklich die Welt bedeuteten. Mich faszinierten die geräuschlos wirkenden Abläufe im Theater zwischen Bühnenarbeitern, Schauspielern und Inspizienten, für mich ein Muster gelingender Kooperation, weshalb ich immer wieder gern backstage bin. Wir waren eine Clique von vier, fünf Anfangssemestern, eingesetzt in der Eröffnungspremiere von *Dantons Tod* (mit Wolfgang Reichmann in der Hauptrolle) und in der Uraufführung von Peter Weiss' *Trotzki im Exil*. Beide Stücke waren dem Zeitgeist *nach* 1968 geschuldet, als es mit der schönen Revolution schon vorbei war: Danton traf das Fallbeil der totalitären Verschärfung, Trotzki der Eispickel der Säuberung, Gewinner waren Napoleon und Stalin. Weiss und seine Frau Gunilla Palmstierna, eine Bühnenbildnerin, wohnten vielen Proben bei, was das ungelenke Stück nicht besser machte. Auch der Regisseur, der Brecht-Schüler Harry Buckwitz, ein echter Theatertyrann, und der zu Wutausbrüchen neigende Trotzki-Mime Richard Münch rissen das Stück nicht heraus, bei dem wir in bunter Folge zaristische Soldateska, heldenhafte Rotarmisten, aufrührerisches Volk und namenlose Bolschewisten gaben. Und atemlos zwischen Sibirien, London, Sankt Petersburg, Mexiko hin und her hetzten, wie es das Stück verlangte. Publikum und Kritik ließen uns durchfallen.

Zur Generalprobe hatten unbarmherzig dreinschauende Studenten der von Fluxus-Künstlern und Beuys-Schülern inspirierten LIDL-Akademie (ein Nonsens-Wort) zur Bühnenbesetzung vorbeigeschaut und noch mehr Solidarität mit dem kämpfenden Volk in Vietnam verlangt. Mit der Unterbrechung waren wir einverstanden, auch wenn sie uns um unseren mageren Stundenlohn brachte. »Wir kämpfen an der gleichen Front«, versicherte Weiss den Studenten. Die aber, berichtete der *Spie-*

gel, »störten weiter (›Lauter, ich bin blind‹), okkupierten die Bühne, als die bestallten Darsteller knirschend aufgehört hatten, und machten sich daran, das Stück selbst zu Ende zu führen; dem entrüstet enteilenden Weiss riefen sie zu: ›Spiel doch den Lenin, du Scheißer.‹ Musik aus *Götterdämmerung* und die voll aufgedrehte Heizung brachten das Nach-Spiel zum Erliegen.«

Das durchgefallene Stück schickte die Intendanz auf Tournee in die nordrhein-westfälische Provinz. Bei einem Gastspiel in der Aula eines Gymnasiums in Düren konnten wir unseren Stundenlohn mit dem ersten (und vermutlich einzigen) Komparsenstreik in der Geschichte des deutschen Theaters (angezettelt durch mich!) um zwanzig Pfennige anheben. Wir hatten gedroht, nach der Pause keine Bajonette mehr in Sankt Petersburg schwingen und die Bluttat in Mexiko ausfallen lassen zu wollen.

Anders als in meiner Kindheit, als ich für Aufführungen an der Schule oder in der Jugendgruppe Text seitenweise auswendig lernen konnte, durfte ich im Düsseldorfer Theater keinen einzigen Satz sprechen – und bin selten im Leben derart angeschrien worden. Wir machten eine Stellprobe mit Richard Münch am Tisch in der Bühnenmitte. Harry Buckwitz saß schlecht gelaunt in der letzten Reihe und brüllte von oben herunter, wer dieses Fragezeichen da rechts sei. Aus meiner Sicht stand ich links, aber von ihm aus gesehen war wohl ich gemeint; seit Kindesbeinen stehe ich chronisch schief, da ich den in der ersten Klasse vom Schularzt diagnostizierten »Schulterhochstand links« nie korrigiert habe. Ein Ruck ging durch meinen Körper – wo, wenn nicht beim Theater, lernt man, *bella figura* zu machen? Seit diesen Auftritten schwand übrigens die Angst, auch einmal vor hundert oder fünfhundert Leuten zu sprechen. Performance gehört zum wissenschaftlichen Vortrag, und es ist kein Nachteil, wenn ein größerer Teil des Publikums erst einmal *nicht* mit einem übereinstimmt und man es gewinnen will.

Feldwebel gab es also nicht nur in der Bundeswehr, die mir übrigens erspart bleiben sollte. Erst war ich zu jung, um eingezogen zu werden, und als der Einberufungsbefehl zu einer Einheit in Budel/Niederlande schon auf dem Tisch lag, wurden Väter verschont, weil die Kasernen mit den geburtenstarken Jahrgängen voll waren. So blieb mir sogar die Wehrdienstverweigerung erspart.

Wie rote Vorhänge auf wirkliche Schauspieler wirken, erlebte ich 2009, als mein langjähriger Freund Daniel Cohn-Bendit Gleichgesinnte zur Mitwirkung an einer Wahlveranstaltung von *Europe-Écologie* im Théâtre de l'Odéon in Paris bat. Dort, wo Legenden wie Jean-Louis Barrault und Luc Bondy inszeniert hatten, war ich dann tatsächlich unter anderen mit Fanny Ardant im Programm, deren Filme (viele unter der Regie ihres Mannes François Truffaut) ich zum Teil mehrfach angeschaut hatte. Im rotsamtenen Odéon rezitierte sie Texte von Charles Bukowski und anderen, wobei sie die losen Manuskriptseiten unnachahmlich pathetisch hinter sich herabschweben ließ. Backstage und beim anschließenden Diner erlebte ich sie schüchtern, sie kaute tatsächlich an den Nägeln und schaute dem Gesprächspartner kaum in die Augen. Meine Versuche, mit ihr über Politikwissenschaft (das hatte sie einmal studiert) und Alleinerziehende (das war sie auch) zu plaudern, endeten rasch – sie brach fast überhastet auf und schenkte der Tischrunde im Gehen ihr unnachahmliches Lächeln.

Zurück nach Düsseldorf 1971. Nach Danton und Trotzki blieben wir entweder in der Theaterkantine oder zogen in die nahe Altstadt. In der Neubrückstraße lag das damals schon legendäre *Creamcheese*, das man früher einen Künstlertreff genannt hätte. Dort verkehrten Sigmar Polke und Gerhard Richter, Jörg Immendorff und Markus Lüpertz *e tutti quanti*. Von ihnen kannte ich anfangs weder Bilder noch Gesichter oder Namen, auch nicht die Installationen von Ferdinand Kriwet oder den Free Jazz von Gunter Hampel. Zu hören waren dort angesagte Bands wie Atomic Rooster, Iron Butterfly und Birth Control.

Demokratie ist lustig: Joseph Beuys mit Polizeigeleit bei seiner Entlassung aus der Düsseldorfer Kunstakademie

In das auf mich anfangs eher befremdlich und ungezogen wirkende Milieu konnte ich stärker eintauchen, als sich, auch ein Resultat der Studentenrevolte, die Kunstakademie für alle öffnete. Im Konflikt mit der Kultusbürokratie von Johannes Rau (in der mein Vater mittlerweile als Leitender Ministerialrat tätig war) ließ Joseph Beuys, auch er ein *Creamcheese*-Besucher, jedermann und speziell Nicht-Künstler in seine Klasse. Also ging ich am frühen Abend häufiger hin, wobei mich anfangs der niederrheinische Tonfall des Meisters und der exaltierte Auftritt seiner Posse irritierten. Aber »der Beuys« war freundlich, sachlich, ansprechbar, und manchmal kam er mir vor wie ein Angler, der einen dicken Fisch gefangen hatte. Studieren konnte man das nicht nennen, was in den riesigen Ateliers und hohen Gängen an der Eiskellerstraße geschah, aber es faszinierte mich so sehr, wie Anthroposophie, Gesell'sche Kapitallehre und Beuys' Vorliebe für Filz, Honig und Wachs den gestandenen Linken störten, der ich unbedingt sein wollte. Vor allem gefiel mir, dass da etwas *hergestellt* werden sollte, während wir in unseren Seminaren Worte klaubten. Beuys sprach

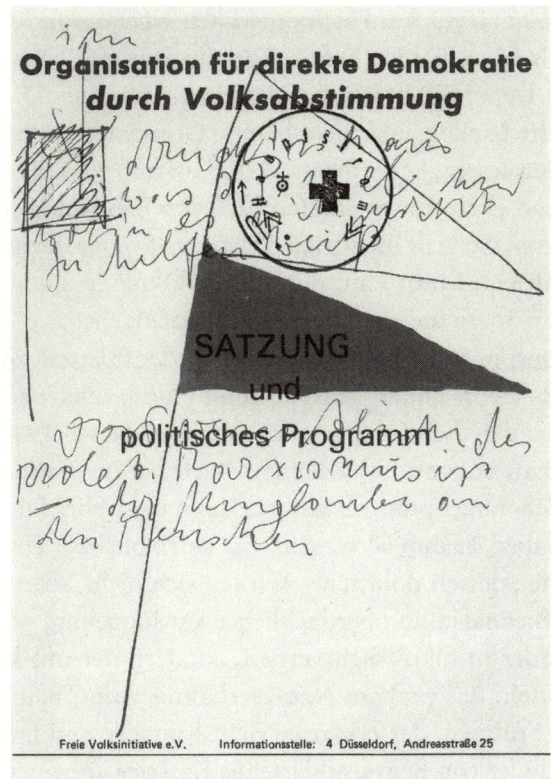

Organisation für direkte Demokratie durch Volksabstimmung

SATZUNG
und
politisches Programm

Freie Volksinitiative e.V.   Informationsstelle: 4 Düsseldorf, Andreasstraße 25

Organisation für direkte Demokratie durch
Volksabstimmung

ungewöhnliche Sätze so aus, dass sie einem eingingen, und
visualisierte seine Gedanken mit akkuraten Kreidestrichen auf
Tafelbildern.

Zwischen *Creamcheese* und *Downtown* lag das Büro für direkte Demokratie, Residenz der von Beuys mit ins Leben ge-
rufenen Deutschen Studentenpartei und der Organisation für
direkte Demokratie durch Volksabstimmung. Vor einem neut-
ralen Deutschland grauste mir, aber Graswurzeldemokratie lag
mir, auch mit Beuys' Vorstellung von »sozialer Plastik« konnte
ich etwas anfangen. Gestalt angenommen hat sie Jahre später vor allem in dem auf der *documenta 7* begonnenen Projekt

7000 Eichen (1982 ff.). Fast unmerklich wuchsen in Kassel, wo ich damals lebte, Bäume heran, jeder im Duo mit einem Basaltstein. Das Depot, 7000 Blöcke, war ein keilförmiges Dreieck auf dem Friedrichsplatz, und die schlichte Grundidee bestand darin, den Haufen festen, kristallinen Materials zum Verschwinden zu bringen und in einem verstreuten Park von Bäumen wiedererstehen zu lassen. So griff die soziale Plastik in Topografie und Stadtgesellschaft ein, Kunst kam mit Politik, Ökologie und Stadtplanung in ein Spannungsfeld, ohne darin aufzugehen.

Der Künstler starb kurz vor dem Ende der Pflanzaktion im Januar 1986. Heute gilt er vielen als toter Hund, zuletzt geriet er in Verdacht, völkischen Ideen gefolgt zu sein und nach 1945 braune Freundschaften gepflegt zu haben. Auch bei den Grünen ist er nie wirklich aufgenommen worden, das angestrebte Bundestagsmandat haben sie ihm verweigert. Für mich bleibt er ein eminenter Künstler, dessen politisches Wirken sich nicht, wie so oft bei späteren Biennalen, in oberflächlicher Verdoppelung politischen Protests oder in Ökokitsch verliert, sondern der mit künstlerischen Mitteln das prekäre Naturverhältnis zum Thema macht. Johannes Stüttgen, der erklärte Nicht-Künstler und langjährige Meisterschüler von Beuys, erklärte die Kasseler *documenta* 7 von 1982 deswegen zu einem neuen Nullpunkt der Kunst.

Der Chemie-Nobelpreisträger Paul Crutzen macht mit dem von ihm etablierten Begriff *Anthropozän* darauf aufmerksam, dass wir das nacheiszeitliche, relativ umweltstabile Holozän seit Ende des 18. Jahrhunderts verlassen haben. Damit ist der Mensch nicht nur zum biologischen Faktor geworden – das war er als Lebewesen immer –, sondern auch selbst zu einem geophysikalischen Hebel, der das Erdsystem bewegt. Meine Lesart von Beuys ist, dass der Anthropos seine unglückselige Zentralstellung mit künstlerischen Mitteln eben auch heilsam nutzen kann. Trotz seiner herausragenden Bedeutung als Pädagoge hat Beuys wenige Schüler gefunden. Johannes Stüttgen tröstete mich bei einem Besuch in Essen mit dem altersweisen Satz, den ich gern glauben würde: »Die kommen noch!«

11. Machen Sie sich keine Sorgen.
Von Schieder zu König

Als Germanist bin ich über eine mit Ach und Krach bestandene Zwischenprüfung nicht hinausgekommen. An Gotisch, Alt- und Mittelhochdeutsch hatte ich keine Freude, für meinen Geschmack mussten wir in Proseminaren zu viel Sekundäres lesen (wie Emil Staigers Poetiktheorien und dergleichen), und an die Großen des Faches wie Karl Otto Conrady kamen wir nicht heran. Mein Lesestoff reichte über das angebotene Spektrum von Klopstock bis Brecht hinaus. Gut schreiben konnte man im Seminarraum ohnehin nicht lernen. Mit der Neueren Geschichte verhielt es sich anders, das Kölner Personal war erstklassig: Theodor Schieder war der Doyen des Faches, Hans-Ulrich Wehler dessen geschätztes *Enfant terrible*. Bei Helmut Berding habe ich mein (und sein) erstes Proseminar belegt (es handelte vom Wiener Kongress, an dessen friedenstiftende Wirkung man sich 2015 wieder intensiv erinnert), auch Osteuropäische und Angloamerikanische Geschichte waren stark besetzt.

Dass ich mich dennoch auf die Soziologie verlegte, lag an einer (Ent-)Täuschung anderer Art. Theodor Schieder, ein bajuwarischer Liberaler, der als Mitglied der CDU unsere Eskapaden gewähren ließ, war ein klassischer Gelehrter, den man *fachlich* alles fragen konnte. Mit anderen (vor allem seinem Weggefährten Werner Conze) hatte er Sozialgeschichte und Gesellschaftstheorie gefördert, die Schülerschar reicht vom weit nach rechts abgedrifteten »historischen Philosophen« Ernst Nolte über katholische Protagonisten des Faches und den theoretisch interessierten Jörn Rüsen bis zum seinerzeit als ziemlich links geltenden Wehler. Schon äußerlich ragte Letzterer heraus: sportlich federnder Schritt, leise, aber durchdringende Stimme, ein Amerika-Erfahrener und Anti-Borusse. Er betrieb ganz unsentimentale Strukturgeschichte, was bedeutete: »Große Männer« kamen für immer ins Abstellregal. Er hatte sich mit einer damals überaus provokanten, stark fußnotenhaltigen und fast alle Historiografie vor ihm abkanzelnden Habilitationschrift, *Bismarck und der Imperialismus*, den Ruf eines Streitbaren und Umstrittenen erworben und die These vom deutschen Sonderweg in den Ring geworfen. Geschichtswissenschaft, das gefiel uns, wurde Kampfmittel und eine nach hinten verlängerte Soziologie, in die bei Wehler mehr Max Weber als Karl Marx einging, dieser aber auch.

Das Spektrum der »Schieder-Schule« ist in Anspielung auf Hegel einmal in die Schieder'sche Linke und die Schieder'sche Rechte unterteilt worden. Glücklich schätzen konnte sich, wer in diesen Kreis wenigstens als »Hilfsbremser« aufgenommen wurde. So hießen studentische Hilfskräfte, die sich zum Beispiel an vorsintflutlichen Kopiergeräten die Finger schwarz machten. Schieder wollte 1970 eine Sammlung klassischer Texte zur Geschichtstheorie edieren, ich war der Gehilfe. In diese Arbeit hinein platzte ein Flugblatt des MSB Spartakus, des Studentenverbands der neu gegründeten DKP, in dem Schieder als »Wetterfahne der herrschenden Klasse« tituliert wurde. Der Agitprop-Ton war mir bekannt aus der zunehmend seelenverwandten Zeitschrift *Das Argument*, für deren Sonderheft zur »Kritik der bürgerlichen Geschichtswissenschaft« ich gerade eine forsche Besprechung von Schulbüchern verfasste. Aus den Mündern von Spartakisten klang Entlarvungsrhetorik nicht so gut in meinen Ohren, mir kam das vor wie Spruchbänder, die die DDR, die ich eher für ein Gefängnis hielt, zum Paradies erklärten. Ein Anführer des MSB kam aus einer Richterfamilie und hatte ein katholisches Internat besucht, und mir schien, er hätte sich von beidem nicht allzu weit entfernt.

Überdies störte mich, dass die Spartakisten so wenig Respekt hatten vor der professoralen Autorität. Für sie stand ich auf der falschen Seite der Barrikade, brav unterzeichnete ich eine Solidaritätserklärung *für* Schieder. Allerdings wurden in dem Flugblatt Verfehlungen in der NS-Zeit angedeutet, weshalb ich ihn bei einer Arbeitsaudienz geradeheraus fragte, ob da etwas dran sei. Er lächelte, aber seine Antwort »Da machen Sie sich mal keine Sorgen!« kam etwas zu rasch und bestärkte mein Unbehagen. Instinktiv spürte ich, dass er mir nicht die Wahrheit sagte. Und auch niemandem sonst, wie man heute weiß. Schieders Sohn Wolfgang, ebenfalls Historiker, hatte sich wohl kaum zufällig auf den italienischen Faschismus spezialisiert. Schwer vorstellbar, hätte er nicht im Familienkreis nachgebohrt und den Vater mit möglichen Erkenntnissen konfrontiert.

So saß ich zwischen den Stühlen: Schieder begann ich zu misstrauen, das *Kollektiv Basisgruppe Geschichte*, das mit neuen »Schieder-Infos« aufwartete, war mir suspekt, Schieders Entourage war in Deckung gegangen. In einem persönlichen Brief an Schieder versicherte ich ihm »so etwas wie Loyalität, d.h. die Distanzierung von den unsachlichen Anwürfen der Basisgruppe und ihrer Mitläufer«, hoffte aber auch auf ein Signal der Gesprächsbereitschaft. Die 2013 erschienene Biografie von Christoph Nonn hat mir vor Augen geführt, wie naiv das war. Schieder selbst dürfte die Solidaritätserklärung initiiert und über seinen Neffen Jörg Riegel lanciert haben, der Tutor am Historischen Seminar war. Schieders Bewertung der 68er, auch das zeigen die Akten, war paranoid. Ironischerweise setzte er sie ausgerechnet mit jener Bewegung der »nationalen Revolution« der 30er-Jahre gleich, der er in der Deutschen Gildenschaft, einer radikalvölkischen Gruppierung, selbst gefrönt hatte.

Was wir 1970 nicht erfuhren und heute jeder wissen kann: Schieder hatte als junger Intellektueller an der Vorbereitung des Polen-Feldzugs mitgewirkt und nach dem Überfall eine Denkschrift der Arbeitsgruppe der Nord- und Ostdeutschen Forschungsgemeinschaft (NOFG) über die »Siedlungs- und Volkstumsfragen in den wiedergewonnenen Gebieten« erarbeitet. Darin warnte er vor »rassischer Vermischung« und plädierte für die »Herauslösung des Judentums aus den polnischen Städten«, die »Entjudung Restpolens« und die »Beseitigung der polnischen Intelligenz«.

Schieder hat das Wissen um seine Mitwirkung am »Generalplan Ost« 1984 mit ins Grab genommen. Erst vierzehn Jahre später, im Herbst 1998, wurde auf dem Frankfurter Historikertag in einem überfüllten Hörsaal ein scharfes Tribunal über die »Vordenker der Vernichtung« (Götz Aly) abgehalten. Es war keine große Neuigkeit, dass Historiker, von jeher eine konservative Bastion und fast immer dem jeweiligen politischen System nahestehend, aus der NS-Zeit belastet waren. Aber Conze und Schieder, erinnerten seine Schüler fast verzweifelt, hätten doch einer »progressiven« Historiografie nach 1945 den Weg bereitet und mit Hans Mommsen und Hans-Ulrich Wehler führende Vertreter einer erstmals kritischen Geschichtswissenschaft promoviert und habilitiert.

Das konnte man um 1970 alles noch nicht so genau wissen, aber meine Enttäuschung war real. Ausgerechnet bei einem Historiker, der doch zur Wahrheit über die Vergangenheit verpflichtet war, erlebte ich das gleiche Schweigen wie bei Lehrern, Verwandten und meinen Eltern. So unterschiedlich mein Vater und Schieder auch waren, sie waren fast gleich alt und für mich (ob ihrer Glatzen auch physiognomisch ähnliche) Respektspersonen, die sich in meinem Kopf ineinanderschoben.

Man darf die Frage stellen, wie wir, die »kritische Generation«, Schieder behandelt hätten, wenn er sich der Diskussion gestellt hätte. Jedenfalls die Jüngeren hätten ein offenes Wort geschätzt, und das Gespräch hätte revoltierenden Studenten ein Licht aufstecken können. Wer selbst Diktatoren wie Mao Zedong und Fidel Castro exkulpierte oder verehrte, hätte sich wiedererkennen können in einem ehrgeizigen jungen Studenten, der sich einer totalitären Ideologie an den Hals wirft. Und vielleicht hätten wir uns auch in einen aufstrebenden Akademiker hineinversetzen können, der einem faszinierenden Lehrer begegnet – in Schieders Fall dem deutschnationalen Juden Hans Rothfels. Der wollte 1933 Hitler beeindrucken, und bei ihm konnte man nicht nur promovieren und habilitieren, über ihn konnte man auch Wissen in den politischen Prozess einspeisen, also Einfluss nehmen. (Rothfels irrte sich gewaltig und musste Deutschland 1934 verlassen.)

Theodor Schieder   René König

Das alles passierte nicht, Schieder glänzte durch häufige Abwesenheit. Vom Historischen Seminar im denkmalgeschützten
Bauhaus-Trakt der Universität zum Neubau der sozial- und
wirtschaftswissenschaftlichen Institute war der Weg nicht weit,
also auch nicht vom irgendwie verstrickten Schieder zum 1934
aktenkundig exilierten René König, der also sicher nicht NS-be-
lastet war. Meine Examensarbeit zur französischen Kolonialpolitik in Algerien reichte ich noch bei Schieder ein, die fehlenden
Scheine machte ich bei Wehler. Dessen Eleven standen in einem
starken Wettbewerb untereinander und buhlten, die meisten
vergeblich, um die Anerkennung des Meisters, der 1972 nach
Bielefeld berufen wurde. Als ich Wehler nach einem Disserta-
tionsthema fragte, schlug er mir sogleich den Boxeraufstand in
China im Spiegel deutscher Außenpolitik vor. Nach wenigen
Tagen im Politischen Archiv des Auswärtigen Amtes war mir
klar, dass ich für Sütterlinentzifferung nicht geschaffen war.
    René Königs wöchentliche Vorlesung war eine lebendige
Tour durch die von ihm selbst erlebte Soziologiegeschichte. Er
war, eine Hand in der Hosentasche, auf eine andere, grandsei-
gneurale Weise lässiger als Wehler, trug braune Cordjacketts
mit passenden bunten Krawatten, hatte längere Haare als man-

81

che Studenten. Auch bei ihm hatte ich das Glück, eine Hilfskraftstelle zu ergattern, dieses Mal korrigierte ich das Namens-
register des neu aufgelegten *Handbuchs der empirischen
Sozialforschung*. (Danach kannte ich fast alle lebenden und
toten Soziologen der Welt immerhin namentlich.) In der Soziologie herrschte, beginnend mit dem schlagfertigen und, wenn er
in Form war, humorvollen König, ein anderer Ton, die Hierar-
chien waren flacher, das Strebertum weniger verbreitet. König
war im Kern ein ebensolcher Großordinarius wie Schieder, die
marxistischen 68er waren ihm nicht minder suspekt. Dennoch
tolerierte und förderte er guten Nachwuchs wie den schon etwas älteren Klaus Novy. Der weltgewandte Kenner des Roten
Wien, der Wohnbaugenossenschaften und der Baukultur führte
seine WG in der Kölner Lindenstraße wie eine Art linksbür-
gerlichen Salon. Hier entstanden bis heute gültige Ideen zur
Wohnreform und auch der *Anti-Sammy*, eine kritische Auseinandersetzung mit Paul A. Samuelson, dem Harvard-Papst der
Volkswirtschaftslehre, an der WiSo-Fakultät ein Standardwerk.
Novy war kein reiner Theoretiker, wichtiger war ihm das »Ge-
sellige, Lebendige, das Leben im Rudel […], die Abwendung
von der Kultur des Misstrauens, die unsere nazigeschädigten
Eltern nachbarfeindlich hinter ihren Gardinen lebten«. So erinnerte es Beatrix Füsser-Novy, Mitbewohnerin und spätere Frau
des 1991 früh verstorbenen Klaus, den ich in die Schar meiner älteren Brüder eingemeindet hatte. Und dazu Bea, die ge-
schliffen formulierende Mitautorin im *Kritischen Tagebuch* des
WDR 3, nach seinem Tod als (unwesentlich) jüngere Schwester
annahm.

René König verbreitete das Flair eines geistreichen, kosmo-
politischen Intellektuellen; dafür war er bei seinen Kollegen
gefürchtet, aber auch er besaß Hausmacht in der Kölner Uni
und wurde durch abgelehnte Rufe immer reicher an Instituten
und Mitarbeitern – »König durch Freund« lautete die Ankündigung meines ersten Seminars bei ihm, das von einem Assistenten durchgeführt und von ihm benotet wurde. Doch in den

zeittypischen Konflikten, bei denen es ja stets ums Ganze ging, schlug er sich oft auf unserer Seite, etwa als sein Soziologiekollege Erwin K. Scheuch, damals Sprecher des Bundes Freiheit der Wissenschaft (BFW), ohne Angabe von Gründen den Lehrauftrag zweier Soziologen stornierte, die ihm zu links und zuwider waren. Der BFW war eine professorale Kampfmaschine, die sich der Attacke auf die Ordinarienherrlichkeit widersetzte; viele Mitglieder waren (Ex-)Liberale wie Scheuch, der wenige Monate zuvor noch bei Protesten gegen die Notstandsgesetze geredet hatte. Ehrlich entsetzt war er über das rüde Auftreten des roten Wanderzirkus, der Vorlesungen störte, statt »Schicht« »Klasse« hören wollte und Seminare in Streikversammlungen verwandelte.

König war über linke Großmäuligkeit gewiss wenig amüsiert. Doch er attackierte die (von Schieder verkörperte!) »Vergessensbereitschaft« der Deutschen und nahm uns auch insofern ernst, als er, anders als in der »Freiheit der Wissenschaft« Zuflucht suchende Kollegen, die Universität von Grund auf reformieren wollte. In dem 1980 erschienenen *Versuch einer intellektuellen Autobiographie*, die den programmatischen Obertitel *Leben im Widerspruch* trägt, fand König verständnisvolle Töne für unsere Generation – und er schloss mit der *No-Future*-Frage, wie in einer Gesellschaft im Zustand »weitreichender sozialer Desorganisation« ein »gemeinsames Wollen entstehen [soll], wenn jeder einzelne nur an sein kleines, kümmerliches Interesse denkt und die *res publica* unter einem genauso himmelhohen Abfall- und Müllhaufen versinken läßt wie die Umwelt?«

Mein »Übertritt« von der Geschichte zur Soziologie war weder ein Drama noch gar eine Heldentat. Die Soziologie, sofern sie nicht bei reinen Methodenfragen stehen blieb (wie in Köln leider oft), eröffnete mir mit Meistern wie Georg Simmel, Robert Ezra Park, Siegfried Kracauer und Marcel Mauss neue Universen; Marx gehörte dazu nur mit seinen Frühschriften. Ab und zu lauschte ich in Frankfurt im Hörsaal 6, wie Schüler den Geist des (darüber auch oft entsetzten) Theodor W. Adorno hochhielten und radikalisierten. Im Vergleich zu ihm und Max Horkheimer, den Mentoren der Studentenbewegung, fühlte König sich von unserer Generation weit unter Wert behandelt. Bei ihm konnte man spüren, wie auch mächtige Männer fast bitter um Anerkennung rangen.

Die Hilfskraftstelle am Forschungsinstitut war mein Entrebillet in den akademischen Betrieb. Eines Tages zitierte mich der Chef zu sich, musterte mich über seine Halbbrille mit einem »Junger Mann, treten Sie ein!« und bescheinigte mir, damit wedelnd, ich hätte ein schönes Referat geschrieben über algerische Gastarbeiter. Und ob ich Lust hätte, bei einem kleinen Projekt zu Arbeitsmigranten in Europa mitzumachen und dazu nach Frankreich zu gehen. Ich hörte eine innere Stimme flüstern: »Das ist deine Chance, greif zu!«, aber mein Gewissen sagte laut: »Gerne, Herr Professor, aber ich kann kein Französisch.« Der polyglotte König mag sich innerlich geschüttelt haben, gab aber trocken zurück, das könne man ja lernen. Was ich dann versuchte und mich, wie es sich für Nachwuchsethnologen gehört, gleich im 18. Pariser Arrondissement in einem schlecht beheizbaren Minizimmer in einer Seitenstraße der Rue Goutte d'Or einmietete, wo mein algerisches Untersuchungsobjekt wohnte. Der Name »goldener Tropfen« spielt auf den Weißwein an, der einst auf dem Montmartre-Hügel angebaut wurde. Das *Quartier populaire*, klassisch besungen vom Chansonnier Aristide Bruant und überragt von der Sacré-Cœur, war extrem dicht und überwiegend von Migranten aus dem Maghreb und aus Westafrika bevölkert. Hausflure und Basare waren (wie Xenophobe eher beklagen) von einem »Geruch und Lärm« durchzogen, den ich aus Köln nicht kannte und der mich erst befremdete, bevor ich mich damit lebenslang anfreunden konnte. Die Elendsseite des Exotischen war dabei kaum zu übersehen, und auch wenn mein Projektbericht kaum hohen wissenschaftlichen Ansprüchen genügt haben dürfte, war das Straßenerlebnis im Goutte d'Or ein enormer Antrieb, die Welt etwas besser zu begreifen.

Im Oktober 1972 besuchte ich letztmalig den Historikertag in Regensburg, der sich mit der Sektion »Organisierter Kapitalismus« politökonomisch vorwagte. Schieder wurde als Vorsitzender des Historikerverbandes von Werner Conze abgelöst, während Andreas Hillgruber, mittlerweile kämpferischer Ordinarius in Köln, die angeblich drohende marxistische Infiltration der Historikerzunft aufzuhalten und die »Politische Geschichte« zu rehabilitieren versuchte. Einen ziemlich vorlauten Bericht für die *Frankfurter Rundschau* beschloss ich mit einer Hommage an Schieder, fast einem Nachruf zu Lebzeiten, als »großen alten Mann der gegenwärtigen Geschichtswissenschaft«, der trotz der Verwurzelung in der Tradition »zahlreiche Neuerungen« ermöglicht habe. Schieders Name und Werk gelten in der Zunft heute nicht mehr viel. Auch René König, der 1992 verstorben ist, war schon fast in Vergessenheit geraten (eine 20-bändige Werkausgabe ist sündhaft teuer), aber in letzter Zeit wächst das Interesse an dem vielseitigen Soziologen wieder. Zum engeren Kreis zählte ich nie.

Kein Fach, keine Schule, keine Protektion: Letztlich sollte es mir gleichgültig sein, unter welchem Label ich die von mir angestrebten Gegenwartsdiagnosen anstellen durfte, wobei ich keine akademische Karriere anstrebte, sondern als freier Autor arbeiten wollte. Noch ein Motiv beschleunigte meinen (unbemerkten) Abschied vom Historischen Seminar: Ich hatte schlicht keine Lust mehr aufs Studentenleben. Mit 23 Jahren hatte ich mein Studium, nun ja: fürs Erste abgeschlossen und bekam, auf einem nicht nur für Akademiker sperrangelweit offenen Arbeitsmarkt, ohne jedes Praktikum und ohne besonderen Exzellenznachweis, 1973 ein höchst überraschendes Angebot: eine Assistentenstelle bei dem aus Damaskus stammenden und bei der Frankfurter Schule gelandeten Bassam Tibi in Göttingen – im Fach Politikwissenschaft, das ich nie studiert hatte.

12. Göttingen sur Leine

In der Geismarer Landstraße in Göttingen steht das Programmkino *Lumière*, früher die Spielstätte des »Jungen Theaters«.
Dort im Garten hat die berühmte Chansonnette Barbara mit
einem geschwind komponierten Evergreen der Universitätsstadt
an dem kleinen Leine-Flüsschen, das sich frankophonetisch auf
Seine reimte, ein Denkmal gesetzt.

Selten wird ein Deutscher mit Kennzeichen GÖ heute noch
auf dieses unverwüstliche Lied angesprochen, das einmal die inoffizielle Hymne einer frankreichverliebten Generation war. Am
Jungen Theater, wo nebenbei Bruno Ganz und Claus Peymann
debütiert hatten, wurden erstmals in Deutschland *Die Zofen*
von Jean Genet gegeben. Das Publikum aus Studenten und
Arbeitern, Professoren und Schülern war jung im Kopf, mochte
schwarze Lieder und machte auf Bohème.

Barbara bedankte sich in zwei Minuten und 37 Sekunden bei
denen, die ihr am Abend einen triumphalen Erfolg beschert hatten: »Ils savent mieux que nous je pense / l'histoire de nos rois
de France / Hermann, Peter, Helga et Hans / à Gottingen…«
Selten fehlte das Chanson in einem Konzert, oft entließ sie das

Barbara: Notensatz der Hommage à Göttingen

Publikum mit diesem Ohrwurm als Zugabe. In Paris trat sie im *Bobino* oder im *Olympia* als *chanteuse de minuit* im langen schwarzen Kleid auf, ein grellweißer Scheinwerferspot leuchtete die Schokoladenseite ihres Gesichts aus. So stellten wir uns Frankreich vor.

Zurückgekehrt an die Leine ist Barbara wohl nie. In den 70er-Jahren war auch die Frankophilie schon abgekühlt, aber ich konnte Studenten für das Land erwärmen, dem zu Ehren bis vor Kurzem an jedem Nationalfeiertag, am 14. Juli, in Göttingen noch Freiheitsbäume aufgerichtet worden sein sollen. Ehemalige Studenten sprechen mich gelegentlich auf ein Blockseminar über die regionalen Bewegungen in Frankreich an, bei dem der Schriftsteller und Okzitanien-Kenner Lothar Baier zugegen war.

Baier war ein sensibler, mit Blick auf seine Überzeugungen strenger und häufig von Depressionen geplagter Freund, der über die Katharer, eine häretische Sekte im Süden Frankreichs, geschrieben und die Essaysammlung *Französische Zustände* verfasst hatte. Mit dem Schnurrbart und der Selbstgedrehten hätte er selbst als Franzose durchgehen können. Doch ist ihm dieses Land in den 80er-Jahren genauso abhandenge-

Blockseminar in den 70er-Jahren

87

kommen wie Deutschland. »Ein Freund ist, glaube ich, jemand, mit dem man eine Geschichte teilt«, schrieb er einmal, und ich befürchte, dass auch ich irgendwann nicht mehr dazugerechnet wurde. 1987 verfolgte er wie ich den Prozess gegen Klaus Barbie, mit der deutschen Einheit haderte er und wanderte nach Montreal aus, wo er sich 2004, einsam geworden, das Leben nahm.

Nach meinem Abschied 1989 bin ich lange an Göttingen vorbeigefahren. Vom ICE-Bahnhof aus erblickt man den »Blauen Turm« der Uni und die Türmerwohnung in der Johanneskirche, wo Studenten mietfrei wohnen durften. Einmal bin ich dann zu einem Vortrag im »Hörsaalgebäude« ausgestiegen und am Kaffeehaus Cron & Lanz, an den Buchhandlungen und Teegeschäften und der Bibliothek vorbeigeschlendert. Einige Häuser riefen in mir schemenhafte Gesichter und ferne Fetenklänge aus immerhin fünfzehn (guten) Jahren auf. Im Hörsaal 11 im Audimax hatte ich im Vorsommer des Mauerfalls eine ahnungsreich-unwissende Abschiedsvorlesung zur deutschen Zeitgeschichte gehalten. Die Politikwissenschaft ist stark geschrumpft, das ehemalige *Socoec* heißt jetzt *Oeconomicum*, und die Kollegen (ich möchte sie nennen: Martin Baethge, Walter Euchner, Horst Kern, Peter Lösche, Ernst-August Roloff, Wolf Rosenbaum, Richard Saage, Bassam Tibi) sind emeritiert oder verstorben. Ältere Brüder waren keine darunter. Gute Kollegen, ja, Lehrer im emphatischen Sinne keine mehr.

Ich hockte mich auf die Bank, auf der ich vier Jahrzehnte zuvor meinem Bewerbungs-Hearing entgegengefiebert hatte, mit Blick auf den Seminarraum, der sich zum Tribunal gegen den, wie ich ganz erschrocken feststellen musste, unerwünschten Leggewie entwickeln sollte. Der Tumult um meine Person war ohne mein Zutun entstanden, weil das Professorengremium meine Bewerbung (auch das ohne mein Wissen) gegen den Willen einer damals drittelparitätisch besetzten Kommission durchsetzen wollte – in den 70er-Jahren ein Sakrileg. Es ist wohl selten jemandem gelungen, eine so politökumenische

Koalition zu schmieden, die vom rechtskonservativen RCDS bis zum linksradikalen KBW reichte. Hier hatte die Mesalliance in großen Lettern ihre Thesen angeschlagen.

Der Aufruhr legte sich rasch, weil ich mich dann doch nicht als total reaktionärer Professorenknecht entpuppte. Die erste Übung »Zum Verhältnis von Industrie- und Entwicklungsländern« hielt ich im Wintersemester 1974/75 ab, später kamen das »Politische System Frankreichs«, »Neue Entwicklungen im Rechtsradikalismus« und immer wieder die deutsche Zeitgeschichte. Weichen stellten sich: 1978 wurde ich promoviert, 1986 habilitiert. Weiter schrieb ich für *Frankfurter Rundschau*, WDR und *Zeit* und verfasste diverse Rotbücher. Lange blieb es offen, ob der Weg zu einer ordentlichen Professur, in eine Redaktion oder in die unsichere Existenz als Freelancer führen sollte.

Unglücklich war die Beziehung zu meinem Chef und »Doktorvater« Bassam Tibi. Er nahm mir wohl übel, dass ich, nachdem er sich so für mich verwendet hatte, eigene Wege ging und mich aus seiner Sicht zu stark im linken Milieu bewegte (wo er ja als einstiges SDS-Mitglied selbst herkam). *We don't need no education*: Das einzig Gute an dem Zerwürfnis war, dass ich meines Wissens nie wieder protegiert wurde und unabhängig von Schulverpflichtungen die mir zugewiesene Außenseiterrolle im Fach annahm. Insofern war Göttingen ohne Lehrer eine Lehre. Froh bin ich aber, dass Tibi und ich uns 2013 als alte Herren nach langem Schweigen versöhnt haben. Besser als damals begriff ich sein lebenslanges Gefühl der Entwurzelung, das durch das Drama der Selbstzerstörung seines Heimatlandes Syrien noch verstärkt wurde.

Ich lebte, da der Familienwohnsitz aus praktischen Gründen das nahe gelegene Kassel war, zwar nicht in Göttingen, die Stadt interessierte mich aber. In journalistischen Gelegenheitsstücken suchte ich die rebellische Vergangenheit der Stadt, den Aufruhr der »Göttinger Sieben« 1837 gegen die Aufhebung der Verfassung im Königreich Hannover und die »Göttinger Erklärung«

gegen die atomare Bewaffnung von 1957. Ende der 40er-Jahre war Göttingen Filmstadt geworden, Stargast des Filmfests 1982 war die legendäre Ruth Leuwerik, die an der Leine mit dem Regisseur Wolfgang Liebeneiner Erfolgsfilme gedreht hatte. Als 1952 der *Jud-Süß*-Regisseur Veit Harlan den ersten Farbfilm der Produktionsfirma Filmaufbau gedreht hatte, kam es bei der Premiere im *Central*-Kino zu Krawallen; protestierende Studenten, unterstützt durch die Göttinger Koryphäen Werner Heisenberg, Helmuth Plessner und Carl Friedrich von Weizsäcker, wurden als »Judenlümmel« beschimpft. »Die Göttinger« (das waren Rolf Thiele, Hans Abich und Ekkehard Roth) tendierten zu Problemfilmen, die im Wirtschaftswunder nicht mehr ankamen. Ein gescheitertes Projekt war die Verfilmung des Romans *Treibhaus* von Wolfgang Koeppen. »Ich löste den Scheck ein und fuhr nach Paris«, bilanzierte der Autor in seinem Erzählungsband *Romanisches Café*.

Als inoffiziellen Stadtschreiber interessierten mich die in Göttingen besonders frühe und erschreckend massenhafte Anpassung der Studenten an den Nationalsozialismus, die halbherzige und selektive Entnazifizierung nach 1945 und die Ressentiments gegen Wissenschaftler, die aus dem Exil an die Leine heimkehrten. Das nahe Aufnahmelager Friedland, das Zigtausende Heimkehrer und Kriegsgefangene zu einer Ikone der Nachkriegsgeschichte gemacht hatten, beschrieb ich für eine *Transatlantik*-Reportage. Und das Innere eines Zirkus, einschließlich der Tigerdressur, erlebte ich ganz von nahem im Circus Siemoneit-Barum im Einbecker Winterlager. Mit solchen ethnografischen Eskapaden war man ein bunter Hund in einem Fachbereich, der zwischen dem sozialdemokratischen Mainstream der Hochschullehrer und einer Studenten- und Assistentenschaft mit starken K-Gruppen und Autonomen changierte.

1977 kam die Mescalero-Affäre. Ein anonymer Göttinger Student verfasste das grobe Pamphlet »Buback – Ein Nachruf« zur Ermordung des Generalbundesanwalts Siegfried Buback durch die RAF, in dem die berühmt-berüchtigten Sätze standen:

»Meine unmittelbare Reaktion, meine ›Betroffenheit‹ nach dem Abschuss von Buback ist schnell geschildert: Ich konnte und wollte (und will) eine klammheimliche Freude nicht verhehlen. Ich habe diesen Typ oft hetzen hören. Ich weiß, dass er bei der Verfolgung, Kriminalisierung, Folterung von Linken eine herausragende Rolle spielte.« Der Autor Klaus Hülbrock, Mitglied der Sponti-Bewegung *Undogmatischer Frühling* und späterer Deutschlehrer, hat sich nach 24 Jahren zu erkennen gegeben und bei Bubacks Sohn entschuldigt. Mit den zitierten Sätzen, die in anderen Textpassagen durchaus relativiert wurden, identifizierten wir uns nicht. Dass einige Hochschullehrer wie ich die Herausgabe des Textes mit ergänzenden Dokumenten übernahmen, sollte ein Signal sein für vollkommene Pressefreiheit:

»Dieser Nachruf hat heftige Reaktionen ausgelöst: seine Verbreitung wird von Justiz und Polizeiorganen sowie von Hochschulleitungen verfolgt; in den Massenmedien, auch in den bürgerlich-liberalen Zeitungen, wird dieser Nachruf als Ausgeburt ›kranker Gehirne‹ und als Musterbeispiel für ›blanken Faschismus‹ *(Frankfurter Rundschau)* deklariert. Der vollständige Text wird nirgends veröffentlicht; im Gegenteil, die zentrale Intention des Artikels – seine Absage an Gewaltanwendung – wird unterschlagen. […] Wir sind der Auffassung, daß eine öffentliche Diskussion des gesamten Artikels möglich sein muß. Mit seiner Veröffentlichung wollen wir zugleich dazu beitragen, der Kriminalisierung, der Illegalisierung und dem politischen Äußerungsverbot entgegenzutreten, indem wir das Recht auf freie politische Meinungsäußerung praktisch wahrnehmen.«

Das machte uns als Sympathisanten der RAF verdächtig, der Berliner Wissenschaftssenator Peter Glotz ging uns scharf an. Hans Habe, die rechtsintellektuelle Kampfmaschine des Springer-Konzerns (mit einer irrlichternden Krawallbiografie als Romancier, Zeitungsgründer und Dandy), identifizierte unseresgleichen in einer seiner letzten Kolumnen der *Welt am Sonntag* mit »Schreibtischtätern, die sich von den Auschwitz-Weichenstellern kaum noch unterscheiden«. Die in der *Frankfurter Allgemeinen Zeitung* geforderte dienstrechtliche Sanktion traf den in Hannover lehrenden Sozialpsychologen Peter Brückner. Ihn, der als Jahrgang 1922 eine Vaterfigur der Neuen Linken war, kannte ich von dem Lektorat seines im Kölner Rosa-Luxemburg-Verlag erschienenen Buches *Sigmund Freuds Privatlektüre* und von diversen Versuchen, uns und anderen unser Land zu erklären, zu dem eben auch die Rote Armee Fraktion gehörte, die ja nicht vom Himmel gefallen, sondern ein Spaltprodukt der APO war.

Seine Bücher publizierte er im Wagenbach Verlag, dessen Verleger Klaus Wagenbach den Kontakt zu Ulrike Meinhof noch in einem Stadium hielt, als wohl mehr Distanz geboten gewesen wäre. Wegen angeblicher Unterstützung der RAF war Brückner schon einmal für zwei Semester vom Dienst suspendiert worden, Seminare hielt er in Cafés und Privatwohnungen; nun wurde er wegen der Mitherausgabe des »Buback-Nachrufs« erneut diszipliniert. »Ihre vorläufige Diensthebung hat unter anderem zum Ziel«, schrieb der für Wissenschaft, aber nicht ihre Freiheit zuständige Minister Pestel an Brückner, »Ihnen die Möglichkeit zu nehmen, auf die Studenten der Technischen Universität Hannover einzuwirken, da dies im Hinblick auf Ihre feindselige Einstellung zu unserem Staat nicht verantwortet werden kann. Dieses Ziel wird nur unvollständig erreicht, wenn Sie sich in der Technischen Universität Hannover aufhalten können, auch ohne eine Lehrveranstaltung abzuhalten. Daher sehe ich mich veranlasst, Ihnen hiermit das Betreten der Hochschule zu verbieten.«

In Erinnerung an die Göttinger Sieben reisten wir in Mannschaftsstärke zum Landesherrn Ernst Albrecht in Hannover und protestierten in langer Dreierreihe gegen das Berufsverbot und für die Wiedereinsetzung als Professor. Anschließend versammelte sich das Fähnlein der Aufrechten in dessen Wohnung. Barbara Sichtermann, Brückners Frau, schrieb über Michel Foucault, den berühmtesten Teilnehmer der Demo: »Über die eigenen Bücher und Arbeiten sprach er kein Wort – betrachtete nur akribisch jede Tasse, unsere Schreibtischlampen, die Einbände der Bücher, die Fellzeichnung unseres Katers Mescalero.« Mescalero, ursprünglich der Name einer kämpferischen Untergruppe der Apatschen, hießen nunmehr wieder Vierbeiner. 1981 wurden sämtliche Disziplinarmaßnahmen gegen Brückner aufgehoben.

Zu Göttinger Kollegen hatte ich keinen persönlichen Draht, bedingt auch durch meinen familiären Wohnsitz in Kassel. Das war damals, nach Gründung der Gesamthochschule, eine gerade wach geküsste Provinzstadt, die dank der zuwandernden, in der Regel links geneigten Akademikerkohorte in einem kollektiven Aufbruch war und eine Alternativszene wie aus dem Buch (etwa von Sven Reichardt über *Authentizität und Gemeinschaft*) entwickelte. Viral entfaltete sich ein großes Personennetzwerk, das aufgrund der beruflichen Mobilität zugleich ephemer war. Lebenslang blieb ich befreundet mit solchen, die meist auch aus Kassel fortzogen und ganz generationentypische Karrieren machten: Am Ort blieb (auch wenn es ihn oft wegzog) der Sozialrechtler Christoph Sachße, Verfasser maßgeblicher Bücher zur Sozialgeschichte; der Biografieforscher Harry Herrmanns, ein vorbildlicher Pädagoge, ging an die Fachhochschule Potsdam; Bernd Schleich landete über Auslandsposten in Lima und Managua in der Leitung von InWEnt, einer Weiterbildungsagentur für den Globalen Süden; Rose Gebhardt, Goldschmiedin, Buchhändlerin und Mathematiklehrerin, praktiziert heute Kinderpsychoanalyse in Berlin. Der Philosoph Claus-Peter »Peso« Freitag, mein engster Buddy, wurde Lehrer in Hannover: Er besitzt indessen eine Gabe plötzlichen Verschwindens und langen Abtauchens, die einem Howard Hughes Ehre machen würde.

Knotenpunkt waren »die ESG« (Evangelische Studentengemeinde), wo die Bibel eher selten gelesen wurde, und die geräumige Wohnung des etwas älteren Studentenpfarrers Rolf Hanusch, der die Marx-Leser, Bürger-Anarchos und Landkommunarden in aller Seelenruhe gewähren ließ. Hätten Pastoren und Prediger so Einfluss genommen und auf spätere spirituelle Erleuchtung gesetzt wie er, müssten die christlichen Kirchen sich um Nachwuchs und Lebendigkeit nicht sorgen. Ein Höhepunkt dieser spontanen Assoziationen war die lange Nacht, in welcher der frisch aus der DDR ausgebürgerte Wolf Biermann mit kleinem Gepäck bei Rolf und Gisa Hanusch in Kassel Station machte, bevor er anderntags sein legendär gewordenes Konzert in Köln geben sollte. Wir fragten ihn bis tief in die Nacht aus, bis er vor Müdigkeit fast umfiel. Nach der Wende, an die 1976 wirklich keiner denken wollte, leitete Hanusch die Evangelische Akademie in Berlin. Auf deren rasch in Böllergetöse und Rauchschwaden gehülltem Dach feierten wir die Silvesternacht 1999/2000 und begrüßten das neue Millennium.

In Kassel ging es mir sehr oft sehr gut. Die Freiheiten und scheinbar unbegrenzten Möglichkeiten im Lebensgefühl von Twenty-somethings in den Siebzigern sind heute kaum noch vorstellbar. Sie waren schon überschattet von der heraufziehenden Massenarbeitslosigkeit, aber vom fundamentalen Wandel der Welt, der Ende der 70er einsetzte, ahnten wir kaum etwas. Wir hatten keine Angst und redeten unablässig mit allen über alles. Nicht so »meine« Studenten. Sie waren nur wenige Jahre jünger (manche auch älter) als der Herr Assistent, aber sie waren nicht mehr auf 1968 ausgerichtet, sondern als »78er« mit Atomkraft und Wirtschaftskrise auf *No future!* gepolt. Das daraus abgeleitete Tageszeitungsexperiment *taz* verfolgte ich begeistert, aber das Berliner Gründermilieu war mir schon fremd. Wie filigran die Grenzen zwischen Generationen verlaufen! Eng benachbarte Alterskohorten separieren sie wie Menschen in Alpenregionen, die in Luftlinie gemessen ganz dicht beieinanderleben, aber durch einen hohen Gipfel oder Grat getrennt sind und oft auch andere Sprachen sprechen.

Das galt ebenfalls für zwei Göttinger Kommilitonen, die später (und kaum wegen mir) Umweltminister wurden: Der eine war Jürgen Trittin, damals noch Häuptling des Kommunistischen Bundes (Nord), einer im Kampf gegen AKWs bewährten (und leicht arrogant wirkenden) Kampftruppe, die als »Trüffelschwein der neuen Linken« (Georg Fülberth) auftrat und die Gründergeneration der Hamburger Grün-Alternativen Liste bildete. Er lud mich in seine Göttinger WG vor und entließ das liberale Leichtgewicht alsbald. Der andere hieß Sigmar Gabriel, Lehramtsstudent und Vorstand der *Falken*, SPD-naher Arbeiterjugendlicher, der im überlaufenen Seminarraum schon ganz gabrielskeptisch blickte und mein Spontitum wohl ebenfalls für zu leichtsinnig hielt.

13. Gérard

Im Herbst 1973 erreichte mich in Paris der Brief eines A. G. aus der Redaktion der Zeitschrift *Les Temps Modernes*. So etwas in Händen zu halten war für einen Gelegenheitsleser der von Jean-Paul Sartre und Simone de Beauvoir gegründeten Monatszeitschrift an sich schon ein Ereignis. Drinnen lag keine Abonnentenwerbung, sondern der in akkurater Handschrift verfasste Brief des Redakteurs André Gorz. Höflich reagierte er auf meine verwegene Anfrage, ob Sartre für ein Interview mit der vom Sozialistischen Büro herausgegebenen Zeitschrift *links* über sein Engagement bei den französischen Maoisten (unter anderem als Austräger der Zeitschrift *La Cause du peuple*) zur Verfügung stehe. Nein, das stand Genosse Sartre nicht. Doch der Absagebrief ließ keine Majestätsbeleidigung durchblicken, vielmehr bot mir ein gewisser Michel Bosquet an, ihn in der Redaktion der linken Wochenzeitschrift *Le Nouvel Observateur* zu treffen. Dessen Gründer war der berühmte Jean Daniel, und der stellvertretende Chefredakteur hieß Michel Bosquet. Wie mir nun schlagartig klar wurde, war er identisch mit jenem freundlich antwortenden A. G., der als *native speaker* wohl zuständig war für den Austausch mit deutschen Petenten.

André Gorz im Garten von Vosnon, 1986

Bosquets Artikel im *Nouvel Obs'* waren mir wohlvertraut, sie führten mich zur politischen Ökologie, für die ich nun empfänglicher war als 1970 in Düsseldorf für die Ideen des Joseph Beuys. Mir ist entfallen, worüber genau wir sprachen, als ich mit Herzklopfen an einem späten Nachmittag in der unaufgeräumten Redaktion des Wochenmagazins Platz nahm und A.G./M.B. gegenübersaß. Als ich spätabends die Redaktion in der Rue d'Aboukir verließ, hatte ich einen Lehrmeister fürs Leben gewählt, den ich weder in Uni-Professoren noch in anderen Vaterfiguren der Neuen Linken gefunden hatte und der im Übrigen meinem Ideal eines profunden Journalismus entsprach, indem er aktuelle Recherche mit tiefergehender Analyse verband.

Sartre sah ich nur von ferne einige Male mit Simone de Beauvoir in der Brasserie *La Coupole* speisen oder auf dem Rückweg zu ihrem Appartement am Montparnasse, mit Gorz verabredete ich mich für weitere Treffen. In seinem Appartement in der Rue d'Italie setzten wir das Gespräch fort, hier lernte ich auch seine Frau Dorine kennen. Unterdessen verschlang ich die freitäglichen Artikel von Bosquet, nun immer die schmale, fast zerbrechlich wirkende Statur des Autors vor

Augen und seine angenehme, warmherzige Stimme im Ohr, die von einem bedächtigen Französisch bisweilen in wunderbar altmodisches Wienerdeutsch fiel.

Das beherrschte er noch, weil er am 9. Februar 1923 in Wien unter dem Namen *Gerhart Hirsch* als Sohn des jüdischen Holzhändlers Jakob Hirsch und der aus Dresden stammenden katholischen Sekretärin Maria geboren worden war. 1930 war der Vater aufgrund des in Österreich virulenten Antisemitismus zum katholischen Glauben konvertiert, die Familie nahm den »arisch« klingenden Nachnamen Horst an. Aus Horst wurde auf dem Weg von Wien über Lausanne nach Paris in Übersetzung des deutschen »Wäldchens« das französische *Bosquet* und, in Anlehnung an die Namen der k.u.k. Grenzstadt bei Triest, *Gorz*. Ich besitze noch den kleinen Zettel, auf dem Gorz deren drei Namen ausbuchstabiert: Görz – Gorica – Goricija. Inspirationsquelle dieses Abrakadabra war wohl der Feldstecher aus der Optischen Anstalt C.P. Goerz in Berlin, den Gorz' Vater aus seiner Dienstzeit beim Militär mitgebracht hatte.

Für mich ist Gorz der Philosoph der Freiheit. In Deutschland brachte Freimut Duve seine Texte bei Rowohlt aktuell heraus, darunter die Essaysammlungen *Ökologie und Politik* und *Ökologie und Freiheit*. Staatliche Verbote, Reglementierungen, Besteuerungen, Subventionen und Geldstrafen aus ökologischen Gründen lehnte Gorz ab, denn sie steigerten womöglich nur die Außensteuerung der Gesellschaft. Viele überraschte eine Polemik Michel Bosquets gegen die Anschnallpflicht in Automobilen, die er für freiheitsberaubend hielt – nicht, weil er selbst ein großer Autoliebhaber war, sondern weil sich ungeschützte Autofahrer, anders als Raucher, nur selbst schädigten. Wenn ein Staat Kraftfahrer zwingt, den Gurt anzulegen, unterjocht er sie als Bürger, wetterte Gorz, als wäre er der ADAC. Lobbyist war er allerdings nie, vielmehr davon überzeugt, ökologische Politik werde nicht glücken, »ohne daß die Mentalität, das Wertesystem, die Motivationen und die ökonomischen Interessen der Akteure sich ändern müssen«. Und wenn diese sich ändern sollen, verbiete das autoritäre Maßnahmen und erst recht eine nunmehr »grüne« Expertenherrschaft. Der Schutz der Lebenswelt definiere sich vielmehr dadurch, wie Gorz in einer dialektischen Volte ausführte, die man zweimal lesen muss, »daß das Resultat der Tätigkeiten den ihnen zugrunde liegenden Absichten entspringt, anders gesagt, daß die gesellschaftlichen Individuen darin das Ergebnis *ihrer* Handlungen sehen, verstehen und beherrschen«. Darin lag für ihn der demokratiepolitische Clou der Ökologie, wieder dialektisch ausgedrückt »im Problem der rückwirkenden Koppelung von Notwendigkeit und Normativität oder, wenn man lieber will, der Umsetzung objektiver Notwendigkeiten in normative Verhaltensweisen, die gelebten Erfordernissen entsprechen, in deren Licht die objektiven Notwendigkeiten ihrerseits eine Form erhalten«.

Das nennt der WBGU, ein Beratungsgremium der Bundesregierung zu globalen Umweltveränderungen wie dem Klimawandel, dem ich 30 Jahre später angehören sollte, den neuen Gesellschaftsvertrag. Ganz im Sinne klassischer Vertragstheorien, die kollektive Sicherheit im Tausch gegen individuelle Autonomie garantierten, werden heute Freiheitsräume eröffnet, indem man auf Optionen *aus freien Stücken* verzichtet. Dabei endet die Freiheit der Heutigen dort, wo die Freiheit der Künftigen anfängt. Liberale wie Ralf Dahrendorf haben diesen Impetus verstanden, den begriffsstutzige, marktblöde Neuliberale verachten; er ging, wie seine Lebensgeschichte heißt, in vielfacher Weise *Über Grenzen*.

Mit Gorz hat »die Wirtschaftstätigkeit […] nur dann Sinn, wenn sie etwas anderem dient als sich selbst«. Dass er von Leuten, die es besser wissen müssten, bis heute als »Trotzkist« denunziert wird, hängt damit zusammen, dass Gorz immer ein scharfer Kritiker des Unvermögens kapitalistischer Wirtschaftsweisen blieb. Demokratie und Marktwirtschaft waren für ihn schwer vereinbar. Dies warf er auch seinem Schützling Brice Lalonde vor, dem aus Kanada stammenden Chef der französischen *Friends of the Earth*, der die Marktwirtschaft verteidigte und mit mir einen viel diskutierten Artikel »Es lebe der Ökoliberalismus!« in *links* publizierte.

Dass auch viele Linke Gorz verkennen und ihn als klassischen marxistischen Linksradikalen für sich reklamieren, da sie weder den *Verräter* gelesen noch den *Abschied vom Proletariat* verstanden hatten, bekam ich 1982 zu spüren, als das Sozialistische Büro einen »Friedenskongress« veranstaltete. Da Gorz Massenversammlungen zuwider waren, schlug er die Einladung zum Kongress aus, willigte aber für ein Vorabinterview ein, nachdem er in einem *Spiegel*-Interview bereits die besinnungslos apolitische und sowjetfreundliche Friedensliebe der Deutschen attackiert hatte: »Der deutschen Geschichte fehlt der kulturelle Bezug zur Freiheit.« Für ihn geriet die Friedensbewegung »immer wieder in Gefahr, zu einem Werkzeug sowjetischer Politik zu werden«.

In dem Gespräch, das auch in der *Frankfurter Rundschau* erschien, legte er noch einmal kräftig nach. Mohssen Massarat, ein in Deutschland tätiger Politökonom und »Friedensaktivist«, fragte mich, ob mir nicht schlecht geworden sei bei dem Interview, und ich antwortete treuherzig, Gorz habe mir aus der Seele gesprochen. Was namentlich bei jenen SB-Genossen nicht gut ankam, die sich lieber mit der DKP-lastigen Friedensbewegung verbrüderten, als die atomar bestückten SS-20-Raketen in ihren Antimilitarismus einzubeziehen, die aus den Warschauer-Pakt-Staaten auf den Westen gerichtet waren und die osteuropäischen Bürgerbewegungen in Schach hielten.

Andere fanden den Nonkonformisten spannend. Mit Otto Kallscheuer und Hans Leo Kremer, einem Wanderer zwischen Frankreich und Deutschland und gewerkschaftsnahen Pädagogen, ersannen wir eine »Festschrift« zu Gorz' 65. Geburtstag 1988. Auch der WDR war an diesem österreichisch-deutsch-französischen Zeitzeugen interessiert. Bosquet hatte den *Nouvel Observateur* verlassen, pensionsbedingt und sang- und klanglos: keine Abschiedsfeier, keine warmen Dankesworte des Chefredakteurs Daniel. Der einzige Freund, den Gorz dort nach eigener Auskunft gehabt hat, saß in der Dokumentation. Auch weil er die Pariser Intellektuellenschickeria nie leiden konnte und mit seiner Frau Dorine ein einfaches Landleben führen wollte, zogen die beiden in die »staubige Champagne« zwischen Aisne und Aube; in einem kleinen Ort namens Vosnon bei Troyes besaßen sie ein Häuschen und lebten wie Philemon und Baucis ein wunderbar entschleunigtes Leben zwischen Garten, Schreibtisch und Küche. Und bewegten sich nicht mehr groß vom Fleck, weil der Vordenker der *Nouvelle Gauche*, der China und Kuba bereist und beim Sit-in in Berkeley gesprochen hatte, Reisen eigentlich noch nie gemocht hatte.

Meine Reise zum Interview nach Vosnon traf auf Hindernisse, die man 20 Jahre nach dem deutsch-französischen Vertrag kaum erwartet hätte. Im damals schon ziemlich vereinten, aber noch nicht ganz schlagbaumfreien Europa wurde ich an der belgisch-französischen Grenze von einem Zöllner angehalten. Als ich den Kofferraum öffnete, erblickte er ein vom WDR ausgeliehenes Aufnahmegerät der Marke Uher, Modell *Report*, das höchste Aufnahmequalität garantieren sollte. Ob ich ein »Carnet H« besitze. Nein, was ist das? Eine für die temporäre Einfuhr dieses Geräts notwendige Bestätigung der Deutschen Industrie- und Handelskammer, die ich natürlich nicht hatte. Als ich mich weigerte, wegen einer solchen Lappalie zurückzufahren, und am Grenzposten ein Sit-in machte, bekam ich von einem herbeieilenden weiteren Zollbeamten die offizielle Ausweisung aus Frankreich mit dem nett gemeinten Hinweis, man werde den Belgiern ein paar Meter weiter hinten nichts sagen. Auf diese Weise war mir erspart, im Niemandsland hängen zu bleiben und Monsieur Gorz warten zu lassen. Ich fuhr im Bogen um die auf einem mächtigen Felsen gelegene Trutzburg des Kreuzzüglers Gottfried von Bouillon und passierte auf einem Waldweg die grüne Grenze. Da tauchte im Rückspiegel ein schnell fahrender Simca mit Blaulicht auf, und ich machte mich auf endgültigen Landesverweis gefasst, doch die beiden uniformierten Insassen ignorierten den Grenzgänger, sie wollten offenbar nur rasch zum Mittagessen nach Frankreich. Am Ende des Waldes tauchte über einem Hügel die Leuchtreklame eines Hotel Europe nahe Sedan auf, wo unsere Vorfahren 1870 noch ganz andere Kämpfe ausgetragen haben.

Bis Vosnon nun ungehindert, quartierte ich mich in einer Pension ein und besuchte André und Dorine Gorz. Tagelang sprachen wir über die Geschichte, die hinter den vielen Namenswechseln von Hirsch über Horst und Gorz bis Bosquet stand. Ich lernte gewissermaßen den wahren Gorz kennen, dessen Leben romanhafte Züge hatte. Die Autoren der erwähnten Festschrift widmeten sich seinen speziellen Sujets: Marxismus und Arbeit(erklasse), Arbeitszeitverkürzung und garantiertes Grundeinkommen, Freiheit und Sicherheit. Wir kramten in der Lebensgeschichte, deren genaue Aufklärung immer noch einer Bearbeitung des in Caen lagernden Nachlasses harrt.

Den paradoxen Titel des WDR-Features hatte ich dem Originalton Gorz auf dem illegal eingeführten Uher Report entnommen: »Die ich wählte, wiesen mich ab, die ich abwies, wählten mich …« Ich war mir nicht sicher, ob ich einen roten Faden gefunden und alles richtig verstanden hatte, darunter die seltsame Hassliebe zur Mutter und der in Österreich lebenden Schwester, die ihn nachhaltig zu molestieren schienen. Und ob er sich in den stundenlangen Gesprächen wohlgefühlt hat oder ob ihm die ganze Fragerei lästig war. »Tu m'as compris«, hieß es dann in dem kurzen Dankesbrief für die Festschrift. Aus nachgelassenen Briefen und einer Information des Biografen Willy Gianinazzi weiß ich heute, dass er das *FR*-Interview seiner damals 87-jährigen Mutter Maria Starka-Horst zugesandt hatte, um ihr seine zwischen Österreich, Frankreich und Deutschland oszillierende Lebensgeschichte plausibel zu machen – und sich auszusöhnen. Das Ansinnen ihres bald sechzigjährigen Sohnes schlug sie mit der horriblen kontrafaktischen Formel aus, ein nichtjüdischer Vater hätte ihm »das alles« erspart – und was aus ihm anstelle eines heimatlosen Kosmopoliten hätte werden können, wenn sein Erzeuger ein Sudetendeutscher geworden wäre (einen Aspiranten habe es ja gegeben ...). In der Autobiografie *Der Verräter* fantasiert sich Gorz als Vater einen blonden, blauäugigen Siegfried-Hünen herbei. Das Buch erschien 1958, als sein wirklicher Vater, der den Massenmord an den Juden an der Seite seiner Frau irgendwie überlebt hat, gerade eines natürlichen Todes gestorben war.

Nach Vosnon begleitete mich noch öfter Otto Kallscheuer, einmal auch Mathias Greffrath, der damals Rundfunkredakteur beim Sender Freies Berlin war und ein schönes Gesprächsbuch über exilierte deutsche Sozialwissenschaftler publiziert hatte. Einmal erlebten wir Gorz furios, als von einem Flugzeug aus unliebsame Chemikalien verstreut wurden, die seinen Gemüsegarten trafen. Er griff tatsächlich nach einem Jagdgewehr, dessen Abzug er dankenswerterweise nicht betätigte. Ansonsten überwog sanfte Freundlichkeit. Argumente begannen mit einem einladenden »Schau!«, sokratisch hob er die Schwäche unserer Einwände heraus, ohne jemals rechthaberisch auf seiner eigenen Position zu beharren (die er aber nie verließ). Nach der selbst gekochten Gemüsesuppe gab es Champagner, wir stießen auf die Festschrift an und durften ihn jetzt Gérard (nach Gerhard) nennen. Er packte Fotos auf den Tisch vom stämmigen Holzhändler-Vater, von Onkeln und Tanten, von der schönen, aber unnachgiebig strengen Mutter. Und das Zeugnis aus dem Internat in Zuoz, das ihm auferlegt, sich nicht hochnäsig von anderen Kindern abzusondern. Kallscheuer fuhr noch öfter hin und unterhielt sich mit ihm über Gott und die Welt. Ich wünschte mir, Gorz wäre nicht nur unser Lehrer: Sein Interesse an Biopolitik, sein Werben für ein garantiertes Grundeinkommen und neue Arbeitszeitregime, seine frische Neugier für digitale Medien, erneut unter dem Gesichtspunkt der höchstmöglichen (und schwer bedrohten) Autonomie des Menschen gegenüber großtechnischen, kommerziellen oder bürokratischen Apparaten – all das macht André Gorz auch jenseits der politischen Ökologie brennend aktuell für die heutigen sozial-, medien- und medizinpolitischen Debatten.

Gorz hatte immer auf dem Recht bestanden, in einem letzten Akt freien Willens durch eigene Hand aus dem Leben zu scheiden. Dorine, die Gérard als Chemiestudent in Lausanne kennengelernt hatte, war todkrank, ihr schwanden sichtbar die Kräfte. In den *Briefen an D.*, einem wahren Bestseller, schreibt Gorz: »Oft haben wir uns gesagt, dass wir, sollten wir wundersamerweise ein zweites Leben haben, es zusammen verbringen möchten.« Ein Leben ohne und nach Dorine wollte er sich nicht vorstellen. »Nachts sehe ich manchmal die Gestalt eines Mannes, der auf einer leeren Straße in einer öden Landschaft hinter einem Leichenwagen hergeht. Dieser Mann bin ich. [...] Ich wache auf. Ich lausche auf Deinen Atem, meine Hand berührt Dich. Jeder von uns möchte den anderen nicht überleben müssen.« Den nächtlichen Gedanken haben Dorine und André Gorz wahr gemacht und in ihrem Haus in Vosnon am 22. September 2007 gemeinsam den Freitod gewählt.

Gorz wird jetzt anscheinend wiederentdeckt. In Paris soll nach dem Willen der linken Stadtregierung im Zuge des Rückbaus der am Seineufer entlangführenden Schnellstraßen zu Flaniermeilen die »Promenade des Berges de la Seine – André Gorz« entstehen. Der Antrag seiner politischen Gegner, dafür einen anderen Uferabschnitt nach Margret Thatcher zu benennen, wurde abgelehnt.

14. Auf den Schultern von Riesen

Die Wissenschaftsgeschichte lehrt alle Nachlebenden, dass sie auf den Schultern von Riesen und nur deshalb als Zwerge etwas weiter sehen können als diese. 1651 erschien in London das von Thomas Hobbes verfasste Buch *Leviathan oder Wesen, Form und Gewalt des kirchlichen und bürgerlichen Staates*. Hintergrund sind die religiösen Wirren in der Zeit des Dreißigjährigen Krieges und der Bürgerkrieg in England. Der Autor musste nach Paris auswandern, Oliver Cromwell zog sein Buch heran, um eine Diktatur zu rechtfertigen. Die Botschaft war: Den Krieg eines jeden gegen jeden muss der Schutz aller gegen alle verhindern, also müssen die Bürger für ihre Sicherheit dem Staat alle Souveränität abtreten, Gehorsam und Eintracht zollen. Die Nachfolger von Hobbes haben angefügt, dass sich damit im Gegenzug die Macht aus der Privatsphäre der Bürger herauszuhalten habe.

In der Rowohlt-Klassiker-Ausgabe, die ich 1969 erstanden habe, wimmelt es von Anstreichungen und Ausrufezeichen, das über 300 Jahre alte Opus muss mich sehr beschäftigt haben. Hobbes hatte eine Vorahnung vom Antagonismus der Wertvorstellungen in modernen Gesellschaften und wollte ihnen mit einem starken Staat beikommen. Auch bei Max Weber stand der Kampf um Macht im Mittelpunkt, für ihn gab es keine menschliche Beziehung, kein soziales Handeln und folglich keine soziale Ordnung, die nicht durch Kampf bestimmt wäre. Carl Schmitt hat die Idee der vom Staat garantierten sozialen Ordnung noch radikalisiert.

Der Widerspruch zur Vorstellung, eine pluralistische Gesellschaft müsse autoritär von außen in Ordnung gebracht werden, ist ein gemeinsamer Nenner meiner akademischen und publizistischen Arbeiten, die sich in der Regel um Konflikte drehen: anfangs um innergesellschaftliche Klassenkämpfe und internationale Herrschaftskonflikte, dann um das Streben nach Anerkennung zwischen Völkern und Kulturen, um die Geltung religiöser Überzeugungen und um die Deutung historischer Krisen und Kriege. Konflikte zu erforschen war in den 70er-Jahren schwer in Mode, in Schulen und Hochschulen blühte eine »Konfliktpädagogik«, die man der vermeintlichen Konsensfixierung und Harmonieverliebtheit der Nachkriegsgesellschaft entgegenstellte. Das war ein Mythos, und der Ertrag mancher Konfliktforscher erschöpfte sich in Trivialitäten wie: Konflikte sind »gut« und müssen »ausgetragen« werden. Mit dieser Weichzeichnung zitiert man den Soziologie-Riesen Georg Simmel unter Wert. »Produktiv« sind Konflikte aus sozio-

logischer Sicht nur, wenn sie Normen, Regeln und Gesetze ab-
wandeln und neue Institutionen entstehen. Gesellschaften, die
Konflikte unterdrücken, behindern sozialen Wandel zu ihrem
eigenen Schaden. Anders als Weber (und Marx) interessierte
Simmel weniger, *warum* Streit ausbricht, sondern *wie* er sich
vollzieht, also seine soziale Form, die man an den verschiedens-
ten Anlässen verdeutlichen kann. Im Konflikt treten Individuen
in Wechselwirkung, bilden also Gesellschaft. Konflikt kann Einheit stören, stellt aber Gesellschaft im Endeffekt nicht infrage:
Vergesellschaftung durch Konflikt(bearbeitung).

Kampf war Simmels erstes Beispiel für Streit. Er integriert,
wo es nicht um die Vernichtung des Feindes geht, sondern um
seine Einbeziehung in die eigene Gruppe oder, wie beim Kampf-
spiel, um die Veranstaltung von Konkurrenz selbst. Am Ende
schüttelt man sich die Hand und kann auch als Verlierer erhobenen Hauptes, wenn auch ein wenig geknickt, vom Platz gehen.
Fußballmatches sind dafür kein schlechtes Beispiel, Simmels
Vorbilder waren andere. Vor Gericht ordnen sich die Parteien
einem Gesetz unter und erkennen das Gericht als Urteilsinstanz
an, und eben darin, in der Form, können sie Übereinstimmung
erzielen. Auch der informellere Kompromiss, »eine der größten
Erfindungen der Menschheit« (Simmel), generiert im wechsel-
seitigen Geben und Nehmen gemeinsame Wertmaßstäbe zwischen den Streitparteien.

Daraus folgt, dass moderne Gesellschaften alle Einheitsfiktio-
nen fahren lassen sollten; einzig die Erfahrung durchgestande-
ner Konflikte und haltbarer Kompromisse können ein (schwa-
ches) moralisches Kapital begründen, das Konfliktakteure
verbindet und Frieden erhält. Diese paradoxe Anordnung von
Konflikt und Integration war soziologisch nicht das letzte Wort.
An der friedenstiftenden Wirkung des Geldes, auch ein großes Thema von Simmel, bestehen berechtigte Zweifel, und vor
allem nicht teilbare Konflikte des Entweder-oder-Typs erfahren
oft eine Zuspitzung, die Einigungen auf Zeit erschwert und auf
Nullsummenspiele hinausläuft. Damit hat sich mein Gießener

Kollege Helmut Dubiel befasst. Namentlich Glaubensstreitigkeiten tendieren zum Alles oder Nichts, da göttliche Wahrheiten jedenfalls im Monotheismus als prinzipiell unverhandelbar gelten.

Wären wir damit wieder bei Thomas Hobbes angekommen oder auf seine Zeit intensiver religiöser Bürgerkriege zurückgefallen? Wenn man sich das brutale Ringen zwischen Sunniten und Schiiten im Nahen und Mittleren Osten oder den Kampf dreier Weltreligionen um den Tempelberg in Jerusalem anschaut, möchte man das annehmen und verzweifeln. Oder haben moderne Gesellschaften doch so viel zivilisatorisches Kapital angesammelt, dass sie Anerkennungskonflikte zwischen Völkern und Kulturen, Geltungskonflikte zwischen Glaubensüberzeugungen und Deutungskonflikte um antagonistische Erinnerungen produktiv bearbeiten können? Mein Arbeitsprogramm ergab sich so gewissermaßen von selbst und wurde im Laufe der Zeit durch aktuelle Vorfälle und Debatten empirisch unterfüttert. Wer Konflikte analysieren will, verfährt am besten ethnografisch durch teilnehmende Beobachtung, auch hier also eher *the street* als *the book*. Mir ging es darum, wie im Einwanderungsland Deutschland Verteilungskonflikte (»Einwanderung in die Sozialsysteme«) und Anerkennungskonflikte (»Leitkultur«) verlaufen. Ob sich in dem Maß, wie nichtchristliche Religionen vom Verweltlichungskonsens abwichen und ihre im Grundgesetz garantierte Religionsfreiheit in Anspruch nahmen, auch der religiöse Geltungs- und Regelkonflikt wieder einstellt.

Als die europäischen Gesellschaften supra- und transnational zusammenwuchsen, konnten Helden und Opfer nicht mehr säuberlich national sortiert werden, und dabei drängen dann konträre Deutungen der Erfahrungen von Krieg, Völkermord und ethnischen Säuberungen aus dem »Bauch der Gesellschaft« an die Oberfläche. Der Anspruch auf das Amselfeld im Kosovo als mythische Heimat hindert Serbien am Beitritt zur EU, die Leugnung des Völkermords an den Armeniern die Türkei am selben Unterfangen, das Beharren auf dem sowjetischen Erbe die Russische Föderation an ihrer Modernisierung. Erst einmal ging es mir immer um die konkreten Konflikt*anlässe*, etwa den Bau einer Moschee, der ein Kölner »Veedel« genauso wie eine oberbayerische Idylle aufscheuchte, um das Denkmal für die europäischen Juden, um das länger als ein Jahrzehnt gerungen wurde, oder um ein Flüchtlingsheim in Biebertal-Fellinghausen oder Berlin-Hellersdorf. Ob die Konflikte soziale Integration fördern oder ob sie sich auch in Europa wieder zu Bürgerkriegen (etwa des Typs »Hooligans gegen Salafisten«) aufschaukeln, das ist die Hundert-Milliarden-Dollar-Frage, die 2015 genauso bedeutsam und ungelöst ist wie 1651.

III.
Nosing Around

Bleib treu und geh.

Zbigniew Herbert,
Herrn Cogitos Vermächtnis, *1974*

15. Wir sind alle deutsche Juden

Am 22. Mai 1968 wurde Daniel Cohn-Bendit, der ob seines roten Haarschopfes notorische »Dany le rouge«, wegen Rädelsführerschaft bei der Pariser Studentenrevolte aus Frankreich ausgewiesen. Legal war das höchstens, weil er einen *deutschen* Pass besaß, möglich aber nur, weil eine gehässige antisemitische Propaganda ihn und die ganze Revolte als *antifranzösisch* darstellte – als hätte die Unruhe ein anarchistischer Ausländer allein gestiftet. Neben Jacques Sauvageot, Vizepräsident des Studentenverbands UNEF, und Alain Geismar, Generalsekretär der Hochschullehrergewerkschaft SNESUP, war Cohn-Bendit der geborene Anführer der Revolte – und ihr Gesicht. Der 23-Jährige studierte Soziologie an der neuen, vor Paris gelegenen Universität Nanterre. Am 22. März hatte er eine Solidaritätsversammlung für einen Kommilitonen einberufen, der bei einer Demonstration gegen den Vietnamkrieg festgesetzt worden war; es zirkulierte eine schwarze Liste aufmüpfiger Hochschüler, die aus den Kursen entfernt werden sollten. Daraufhin besetzte eine Gruppe Radikaler das Stockwerk, auf dem sich die Professoren der Fakultät trafen.

Kleine Anlässe, große Folgen: Ein Jahr zuvor hatte diese lockere, zu Happenings und Aktionen aufgelegte »Bewegung des 22. März« im geschlechtergetrennten Studentendorf Kommilitoninnen besucht, dafür hagelte es – im Zeitalter der Pille – noch Disziplinarmaßnahmen. Der damalige Wortwechsel mit Cohn-Bendit wird so wiedergegeben: »Waren Sie am 22. März in der Fakultät? – Nein, war ich nicht. – Wo dann? – Ich war bei mir. – Was haben Sie da um drei Uhr nachmittags gemacht? –

Liebe. Was Ihnen, Herr Präsident, sicher noch nie passiert ist.«
Der aus heutiger Sicht lächerliche Vorfall zeigt, dass sexuelle Befreiung (von weitverbreiteter Libertinage kann keine Rede sein)
ein Motor der Revolte war; es zirkulierten Raubdrucke des linken Psychoanalytikers Wilhelm Reich, der den autoritären Charakter aus Triebunterdrückung ableitete. In der tief konservativen Gesellschaft Frankreichs konnte der Provokateur, der den Ordnungskräften auch noch ins Gesicht lachte, leicht als der Fremde denunziert werden, und Ende der 60er-Jahre waren das (Adenauer zum Trotz) immer noch der *Boche* und (ohne Rücksicht auf das Vichy-Regime und Auschwitz) der ewige Jude.

Spätere Chronologien und Interpretationen objektivieren die Mai-Revolte als tiefe Zäsur. Erst der kapillare, unscheinbar wirkende Aufstand kleiner Studentengruppen, dann die Übernahme und Vereinnahmung des Protestes durch die großen Gewerkschaften, was zu einem flächendeckenden Generalstreik führte, die Ausbreitung der Pariser Ereignisse in der Provinz, der erstaunliche Rückzug der Macht und deren späte Behauptung lassen den Mai/Juni '68 als historischen Einschnitt und das Jahr 1968 als *annus mirabilis* erscheinen. Was einem im Sommer 1968 und erst recht ein Jahr später schon wie ein Spuk, ein kurzer Traum (oder Albtraum) vorkommen konnte, wuchs in der Erinnerung zum welthistorischen Wendejahr, zur existenziellen »Bresche« (Edgar Morin) und zur vieldeutigen »Chiffre« (Detlev Claussen). Ein paar Wochen schien alles möglich: erst der Strand unter dem Pflaster, dann die Machtübernahme der Parteilinken, zwischenzeitlich aber auch der Staatsstreich und Militärcoup wie zu Beginn der Fünften Republik, die zehn Jahre zuvor in den Krämpfen des Algerienkriegs geboren worden war.

De Gaulle, der die Rebellion als Dreck (»chienlit«) bezeichnet hatte, floh nach langem Rückzug ins Schweigen am 29. Mai im Hubschrauber zum französischen Oberkommando in Baden-Baden, zu Jacques Massu, einem alten Getreuen aus dem Algerienkrieg (in dem dieser als Oberkommandierender systematisch Folter angewandt hatte). Man hätte meinen können, nun würde das Regime implodieren, doch seine Anhänger versammelten sich einen Tag später an der Place de la Concorde. Dabei wurden Rufe laut wie »Cohn-Bendit nach Dachau!«, doch auch die kommunistische Parteizeitung *L'Humanité* bediente das Stereotyp des »juif allemand«, um sich als linke Ordnungsmacht von den *gauchistes* (Linksradikalen) abzusetzen. Dazu passte, dass die polnischen Kommunisten 1968 die Warschauer Studentenproteste mit einer exzessiven Judenvertreibung beendeten. Nicht nur de Gaulle war der politische Feind der *enragés*, es war auch die versteinerte, spießige KPF. Man vergisst heute leicht, dass '68 nicht nur antikapitalistisch war, sondern – bei aller kommunistischen Rhetorik – auch gegen den Parteikommunismus sowjetischen Typs rebellierte. Die Brüder Cohn-Bendit (Gabriel ist neun Jahre älter) stellten in einem rasch geschriebenen Buch *Linksradikalismus – Gewaltkur gegen die Alterskrankheit des Kommunismus* Lenin auf den Kopf, auch Rudi Dutschke, aus der DDR geflohen, arbeitete an dem *Versuch, Lenin auf die Füße zu stellen* und sah in der Sowjetunion das Erbe der orientalischen Despotie.

Am 22. Mai war der Unerwünschte also des Landes verwiesen worden. Bei einer Demonstration von der Place Denfert-Rochereau zu den Boulevards Montparnasse und Raspail dröhnte es »Cohn-Bendit à Paris!« und »Nous sommes tous des juifs allemands!« Dass wir alle deutsche Juden sind, meinte ich schon einige Tage zuvor gehört zu haben, als ich – aus purem Zufall oder auch nicht, jedenfalls eigentlich zum Vergnügen – in Paris war und völlig unvorbereitet Zeuge eines (für meine Generation und mich) weltbewegenden Ereignisses wurde. Meine »Vornoten« zum Abitur stimmten mit den schriftlichen Leistungen überein, so blieb mir eine mündliche Prüfung ganz erspart. In dieser Luxussituation eröffnete sich mir die Gelegenheit zu einer individuellen Abiturreise, die (wohin sonst?) an die Seine führte. Meine Schwester Grit hatte es vorgemacht, und im Fernsehen schaute ich voller Sympathie Georg Stefan Trollers »Pariser Journal« an, in dem er den Zuschauern die Stadt der Städte in seinem ganz eigenen wienerischen Sprachduktus schmackhaft machte. Einfache Hotels waren damals spottbillig, bei den »Mördern« (*Aux assassins*), einem von Troller empfohlenen Restaurant im 6. Arrondissement, konnte man sich für fünf Francs satt essen.

Am Samstag, 4. Mai, kam ich in Paris an, Quartier nahm ich im Hotel Monsieur Le Prince in einem Zimmer, in dem entweder der Koffer oder man selbst Platz hatte. Als ich auf die Straße trat, erwartete mich schon ein nächtlicher Tumult, den seine Verursacher als *Fête de l'utopie*, andere als Untergang der Welt und alle als das Ende von Opas Frankreich bezeichnen sollten. Mit aufgerissenen Augen blickte ich am nächsten Tag in das Trümmerfeld, das sich vor mir auftat, und bekam es durchaus mit der Angst zu tun, als die ungeordnet wirkenden Ordnungskräfte und Demonstranten, die zu allem entschlossen schienen, in eine wilde Prügelei übergingen. Dabei hatte der gelegentlich nach Deutschland entsandte Pariser Genosse Jean-Marcel Bouguereau kurz vorher noch gesagt, in Frankreich sei im Vergleich zu Frankfurt wenig los, und ein Leitartikel in *Le Monde* am 15. März 1968 hatte verkündet: »La France s'ennuie.«

Frankreich langweilt sich? Wie um das zu widerlegen, war der Schlachtenlärm viel lauter als daheim, der Geruch von Tränengas durchdringender. Meterhohe Barrikaden, brennende Autos und blutüberströmte Demonstranten zeigten an, dass hier gerade Geschichte stattfand und die Karten neu gemischt wurden. Trotz meiner anhaltenden Beklemmung fühlte ich mich erstmals als Erwachsener, der seine Zeit verbringt, wie er will, und auszieht, das Fürchten zu lernen. Die Buchhandlungen *Racine* und *La Hune* kamen mir vor wie Tempel des Geistes. Bücher wurden damals noch mit unbeschnittenen Seiten verkauft, auf den Tischen türmten sich literarische und politische Zeitschriften. Begehrter waren nun vor allem die *tracts* (Flugblätter), mir schien schon ein flüchtiges Durchstöbern ein revolutionärer Akt zu sein. Frankreich passte jetzt eins zu eins in sein Klischee: gallischer Hahn, Zentrale des Weltgeistes, amouröse Versuchung, Hauptstadt der Welt.

Von meiner Schwester besaß ich ein mondänes Foto im bunten Sommerkleid auf dem *Boul' Mich*, auf dem nun auch ich flanierte. Die nächsten Tage wurde der Weg etwas steinig. Die »Volksateliers« der Kunsthochschule produzierten Siebdruckplakate mit einer ganz eigenen Bildsprache. Eines davon setzte die CRS, die in der Tat furchteinflößende republikanische Garde, mit der SS gleich, der Schutzstaffel der Nationalsozialisten. Ein anderes zeigte das Konterfei des roten Dany, ein am 6. Mai geschossenes Foto des Bildreporters Gilles Caron. »Rouge et noir«: Das war der Rotschopf Cohn-Bendit gegen die dunkle Montur des Gardisten. Oder auch: Oben – unten, Jugend – Ancien Regime, Bewegung – System, Held – Übeltäter, Macht – Gegenmacht, Ordnung – Anarchie. Viele Franzosen assoziieren dieses Foto noch heute mit dem »Mai '68«, Cohn-Bendit machte es zu seinem Markenzeichen.

Die erwähnte Demo am Denfert-Rochereau (an der ich nicht teilgenommen haben kann, auch wenn ich es mir fest eingebildet hatte) war die erste multikulturelle *meiner* Zeit, und

Poster der *Ateliers populaires des Beaux-Arts* (nach einem Foto von Gilles Caron)

es verwundert mich nicht, dass ich mich »zum Dany« (wie in Frankfurt alsbald alle Welt sagen sollte) hingezogen fühlte: als selbsterklärter Bastard verkörperte er die europäische Vielfalt, die wir endlich haben wollten. Zum ersten Mal erspähte ich ihn auf der Buchmesse im Herbst '68 in Frankfurt, wo seine Truppe überfallartig auftauchte, auch an der Paulskirche, wo der senegalesische Dichterpräsident Léopold Senghor den Friedenspreis des Deutschen Buchhandels in Empfang nahm. Für Cohn-Bendit und Genossen war er ein Vasall Frankreichs und ein Verräter an der Sache der afrikanischen Entkolonisierung. Ich meine mich zu erinnern, dass ich es unschicklich fand, einen afrikanischen Poeten zu beschimpfen. Für '68 war ich definitiv zu spät geboren.

Doch ebenso wenig nehme ich als »Spät-68er« rückblickend an der lustvollen Dekonstruktion oder Abkanzelung der antiautoritären Revolte teil. Ich halte mich an Hannah Arendt, die Cohn-Bendits Familie aus dem Berlin der 30er-Jahre kannte und im Juni 1968 an Karl Jaspers schrieb: »Mir scheint, die Kinder des nächsten Jahrhunderts werden das Jahr 1968 mal so lernen wie wir das Jahr 1848.« Obwohl Arendt es nicht mit Revolutionen französischen Typs hatte, die stets mit Gewalt einhergingen, und von den meisten 68ern als Erzkonservative angesehen wurde, galt ihre ganze Sympathie den Revoltierenden, die aus ihrer Sicht einen politischen Anfang setzten. Dem untergetauchten Cohn-Bendit bot sie finanzielle und moralische Unterstützung an und versicherte, »dass Deine Eltern, und vor allen Dingen Dein Vater, sehr zufrieden mit Dir sein würden, wenn Sie noch lebten«.

»1968« war *das* Ereignis, Dany wurde *die* prägende Figur meines politischen Lebens. Auch ihn ernannte ich kurzerhand zum älteren Bruder. Antiautoritär, aber viel mutiger als ich, eloquent, aber schlagfertiger, großzügiger Schwächen und Fehler anderer hinnehmend. Schreiben ist seine Sache nicht, aber man kann ihm Stichwörter liefern; dafür hört er zu, begeistert Menschen für Unternehmungen, die sie sich nie zugetraut hätten. Ironisch im Gespräch, aber auch selbstironisch im Blick auf die eigenen Schwächen (die ihn später heimsuchen sollten), ein politischer Rhetor von antikem Format, gelegentlich etwas schrill. Sein Faible gilt Verrätern, er verabscheut *conformité* und bevorzugt einen Saal voller Opponenten, die er aus der Reserve locken und auf seine Seite ziehen kann. Empfindsam, wo man es nicht erwartet, einfühlsam, wo eine oder einer es braucht. Der an eine Sache glaubt, auch wenn sie von vornherein verloren scheint, und das ohne Verhärtung. Ein deutsch-französischer Kosmopolit, ein Frankfurter Weltbürger, ein Jude *contre cœur* (was noch einmal genauer zu klären wäre). Ein Eintracht-Fan, der für Brasilien ist (oder Senegal oder so), aber nie für meinen FC. Einer, mit dem man die Politik genießen kann und vor allem das Leben. Der keine Angst hat, seinen Widerspruch manifest zu machen, und dafür auch etwas riskiert.

16. Rowdys am Gorki-Prospekt

In Prag war der Frühling schon früher ausgebrochen. Er endete am Morgen des 21. August 1968, als die »Brudernationen«, darunter die Nationale Volksarmee der DDR, mit Panzern in die ČSSR einfielen. Am selben Morgen startete unser Flugzeug nach Moskau, wohin ich, kurz vor der Immatrikulation an der Kölner Universität, eine Studienreise unternehmen wollte. Aus dem Rahmen fiel die Zusammensetzung der Delegation, weil ihr auch Studenten aus der DDR angehörten und die deutsch-deutsche Partie in der Sowjetunion mit Komsomolzen zusammentreffen sollte. Was nach einer furchtbaren Veranstaltung von *fellow travellers* klingt, war ein bunter Haufen junger Leute, die aus ganz unterschiedlichen Gründen gen Moskau und Leningrad strebten. Ich wollte das Land des Wladimir Iljitsch Lenin in Augenschein nehmen, dessen Revolution mich inspirierte, aber mit dem prallen Antikommunismus im Gepäck, den ich väterlicherseits geerbt hatte. Wie beides zusammenpasst? Gar nicht, aber vermutlich haben sich andere ihre Weltanschauung nicht widerspruchsfreier zusammengebastelt.

An der Kreml-Mauer lagen frische Blumen unter der Stalin-Büste; der wächserne Leichnam Lenins im Mausoleum, an dem wir stumm im Gänsemarsch vorbeidefilierten, löste bei mir ein blasphemisches Glucksen aus. Nicht weit davon lag das Grab von John Reed, dem amerikanischen Freund der Oktober-revolution und Verfasser der Reportage *Zehn Tage, die die Welt erschütterten*, die ich im Gepäck hatte. Reed war im Oktober 1920 früh genug in Moskau gestorben, um den Flügelkämpfen der Bolschewisten und den Stalin'schen Säuberungen zu entgehen. Diese Figur faszinierte mich, seit ich das Buch in Ostberlin erworben und von seiner Odyssee von Portland, Oregon, über Harvard, Greenwich Village, Mexiko nach Sankt Petersburg und Moskau erfahren hatte. Als Gegner von Amerikas Beteiligung am Ersten Weltkrieg schloss er sich anarchistischen Kreisen an und gründete 1919 die Kommunistische Partei der Vereinigten Staaten von Amerika. Für die Zeitschrift *The Masses* und das *Metropolitan*-Magazin ging er nach Russland, um den Aufbau des Sozialismus aus der Nähe zu verfolgen. Mir gefiel sein Motto: »Im Großen und Ganzen hatten Ideen nur geringe Bedeutung für mich. Ich musste alles selbst in Augenschein nehmen.«

Auch bei einigen Mitgliedern der »Freien Deutschen Jugend« war die Empörung über die »brüderliche Hilfe« am 21. August 1968 groß, als wir uns im Speisesaal des Hotels trafen. Andere, auch aus dem Westen, beteten die blanke Lüge von der Präventivmaßnahme gegen eine faschistische Intervention des Westens in der ČSSR nach. Das stachelte mich an, mit zwei weiteren Empörten »ein Zeichen zu setzen«; ungelenk malten wir mit Lippenstift in lateinischer und kyrillischer Schrift *Svoboda* (Freiheit) auf ein Betttuch. Im Jugendhotel Kosmos, kilometerweit vom Roten Platz entfernt, packten wir das Transparent in eine Tüte, und kaum dass wir es am Gorki-Prospekt entfaltet hatten, wurden wir blitzschnell in einen Wagen der Miliz verfrachtet. Opposition galt in der Sowjetunion Breschnews entweder als Werk von Wahnsinnigen oder von pubertären »Rowdys« (man verwendete in der UdSSR diesen englischen Ausdruck). Als solche wurden wir eingestuft, und die leichtsinnige Aktion blieb zu unserem Glück ungesühnt, wir durften weiter mit dem Schlafwagen nach Leningrad. Dort platzten wir am nächsten Abend in einem Devisenrestaurant in die Hochzeitsparty eines hohen Tiers der KPdSU und stießen ohne größere Gedanken an Prag mit Krimsekt auf die deutsch-russische Freundschaft an. An der Sommerresidenz des Zaren am Finnischen Meerbusen, wohin die Hochzeitsgesellschaft am nächsten Tag weiterzog, war strahlender Sonnenschein, an der Moldau brach die Eiszeit an.

Als ich über Silvester 1968 ins dunkle Prag fuhr, herrschte bereits Gustáv Husáks Kollaborationsregime, die kollektive Depression war selbst in den berühmten Bierkneipen der tschechoslowakischen Hauptstadt spürbar. Wenig später zündete sich der Student Jan Pallach selbst an, um ein verzweifeltes Zeichen zu setzen. Pallach erlag seinen Verletzungen, und in der ganzen hilflosen Wut darüber freuten wir uns mit dem tschechoslowakischen Eishockeyteam, als es den Dauerweltmeister Sowjetunion besiegte.

Titelblatt von *Květy*, Prag 1968

Aus den Stasi-Unterlagen von Thomas
Brasch: »Für Ho Chi Minh und Dubček«

Meine intuitive Aversion gegen den Sowjetkommunismus
hatte nun einen aktuellen Grund. Den historischen Akt der
Russischen Revolution erachtete ich als gut, die Perversion des
Marxismus schob ich auf Stalin. Erst die *Maos*, Intellektuelle
wie André Glucksmann und Partei-Marxisten-Leninisten, er-
weiterten (auf dem Umweg einer noch größeren, sinophilen Ver-
irrung) die Totalitarismuskritik auf die schon bei Marx selbst
angelegten Aspekte von Unterdrückung. In der Linken wie in
der links getönten Politikwissenschaft und Zeitgeschichte war
das tabu – man wollte doch nicht Rot und Braun gleichsetzen,
hieß es, obwohl diese Vermengung nur in primitiven und polemischen Varianten der Theorie angelegt war. Die bis heute maßgebliche Instanz ist Hannah Arendt, deren Namen und Werk
ich zu Beginn meines Studiums durch den Philosophen Ernst
Vollrath näher kennenlernte. (Damals galt sie sowohl in der
Frankfurter Kritischen Theorie als auch in der empirischen Sozialforschung Kölner Provenienz als konservative Aristotelike-
rin. Heute ist sie *everybody's darling*, derer Zitate man sich von
Bremen über Frankfurt bis Dresden passend bedient.)
Seit Russland 2014 seine militärische Aggression gegen die
Ukraine begann und dies hierzulande keineswegs geschlossene
Empörung auslöste, frage ich mich wieder, wie junge Partei-
kommunisten, aber auch unpolitische Mitreisende den Überfall
1968 gutheißen konnten. Als man uns an das riesige ober- und

unterirdische Denkmal führte, das an die 900-tägige Belagerung Leningrads im Zweiten Weltkrieg durch die Wehrmacht erinnert, der – wie ein Veteran in voller Montur uns aufklärte – fast zwei Millionen Menschen durch Hunger und Kälte zum Opfer fielen, war ich bedrückt. Von diesem Verbrechen hatte ich nie etwas gehört, ich wusste nur, dass mein Onkel Bernhard auf dem Weg nach Leningrad gefallen war. Einen Horst-Eberhard Richter haben Schuldgefühle gegenüber Russland lebenslang zu seinem ehrenwerten Friedensengagement motiviert. Aber das Bußbedürfnis für den Überfall Hitler-Deutschlands auf die Sowjetunion und die Scham über Millionen toter Zivilisten, Soldaten und Zwangsarbeiter darf die Urteilskraft über spätere politisch-militärische Aggressionen nicht trüben. Der Solidarität mit den Oppositionsbewegungen in den Satellitenstaaten hat die Fixierung auf die russische Großmacht sehr geschadet, und auch nach 1990 blieb der Verdacht, Deutschland und Russland könnten sich, wie oft in der Geschichte, gegen die »kleinen Nationen« verbünden.

Das zielt nicht, wie mir als Dauerkritiker der russischen Politik oft unterstellt wird, auf »die« Russen. 1968 störten mich ganz konkret die Ordnungskräfte, die uns herrisch zurückpfiffen, wenn wir eine Straße an ihnen nicht genehmer Stelle überquerten. Und der grässliche Drill in den Kindergärten und Krankenhäusern, in die wir geführt wurden, weil sie angeblich vorbildlich waren. Von russischen Menschen eingenommen wurde ich zum Beispiel durch den älteren Herrn, der, als wir an einer Fußgängerampel warteten, Verse rezitierte – in tadellosem Deutsch. Während einer langen Rotphase rezitierte er ganze Passagen aus Heinrich Heines *Wintermärchen*, und er tat das, da er offenbar nicht das Gespräch suchte, als Zeichen seiner Bildung, vielleicht auch im heimlichen Einverständnisses mit jungen, post-faschistischen Deutschen, die ihm lauschten.

An solche Erlebnisse muss ich denken, wenn ich bekennende »Russlandversteher« wie Gerhard Schröder erlebe, etwa bei der Eröffnung einer wissenschaftlichen Veranstaltung in Sankt

Petersburg. Ohne erkennbaren Anlass erklärte er dort: »Jetzt erst recht: Putin ist mein Freund«, obwohl den Tag über vor dem Hotel Astoria, in dem der Gazprom-Deutsche residierte, Homosexuelle zusammengeschlagen wurden. Russland verstehen hieße für mich eher, die Wut der Leidtragenden und Hilflosen zu verstehen, wenn immer wieder kritische TV- und Radiosender abgeschaltet, letzte unabhängige Zeitungen geschlossen, lästige Opponenten nach Sibirien verbannt und Journalisten exekutiert werden. Und ich verstehe schon, was es bedeuten soll, wenn die Stalin'sche Politik exkulpiert und das Zarentum mitsamt seiner imperialen Agenda rehabilitiert wird. Und sich die politische Macht mit religiösen Reaktionären verbündet, um eine autoritäre Sozial- und Sexualmoral zu stützen. Man kann nur Mitleid mit einem Land empfinden, in dem die durchschnittliche Lebenserwartung der Männer in den vergangenen drei Jahrzehnten gesunken ist und eine demografische Zeitbombe tickt.

Russland wird man definitiv falsch verstehen, wenn man die Lage seiner einstigen Satellitenstaaten nicht berücksichtigt. Dabei wird die russische Aggression gegen die Ukraine in Deutschland von nicht wenigen Meinungsführern bis in die Diplomatie hinein mit der alten Umzingelungsfurcht Moskaus entschuldigt. Was muss noch passieren, damit wir Russland einmal nicht mehr vorauseilend verstehen und erkennen, dass seine gleichgeschaltete politische Klasse ein erklärter Feind der Demokratie und des Westens ist? Dass Putins Machtapparat die Millionen an serbische und moldawische Partner, aber auch an Marine Le Pen in der klaren Absicht überweist, Europa zu spalten?

Zu meiner Eskapade auf dem Gorki-Prospekt fallen mir ein lustiges und ein trauriges Nachspiel ein. Über mich selbst als Nichtversteher lachen musste ich, als ich eines Abends in einem riesigen Kinopalast *Krieg und Frieden* sehen wollte in der Annahme, man könnte einem Film in russischer Sprache folgen, wenn man den Roman gerade gelesen hat. Nur war ich, wie mir nach der tönenden Wochenschau ohne jegliches Bild aus Prag klar wurde, in den falschen Saal geraten. Dort gab man einen japanischen Ärztefilm mit russischen Untertiteln. Ich verstand kein Wort, hockte aber in der Mitte des Saales und traute mich nicht, mit einem gehauchten извините, пожалуйста! (Verzeihung bitte!) hinauszugehen.

Wolfgang, ein älteres Biochemie-Semester der Humboldt-Universität, war in der Ost-Reisegruppe der größte Oppositionsgeist. Er legte sich mit seinem FDJ-Kader an und sprach mit mir ungeniert über Westautos. Der Auto-Deal, den er mir vorschlug, kam nie zustande: Als ich ihn 1969 aufsuchen wollte, um ihm ein Foto der gewünschten Alfa Giulietta zu zeigen, wurde er in seinem Institut in der Ziegelstraße wie an seiner Wohnadresse verleugnet. Niemand wollte ihn kennen, ich zog verstört von dannen und habe Wolfgang nie wieder getroffen.

17. Bani-Sadr verschätzt sich im Ayatollah

Im Frühjahr 1972 begann mein akademisches Wanderleben. Ein Ministipendium erlaubte mir, in Paris für eine schlichte Staatsexamensarbeit über die Geschichte der französischen Kolonialpolitik in Algerien von 1830 an zu forschen. Im Besitz des hochbegehrten Ausweises, konnte ich Platz nehmen in den ehrwürdigen Hallen der (alten) Bibliothèque Nationale nahe dem Palais Royal im 2. Pariser Arrondissement. Tapfer exzerpierte ich aus den mit Riemen verschnürten Bücherpaketen, die blau gewandete Hilfskräfte mir täglich auf den Tisch luden, wobei mir rasch klar wurde, dass ich höchstens ein Zehntel der 132 Jahre währenden französischen Herrschaftsperiode wirklich bewältigen würde. Kopierer gab es hier keine, alles musste auf unterschiedlich farbige Karteikarten übertragen werden. Die konnte man in Filialen der Pariser Papierhandlung Gibert Jeune erwerben, aus denen ich mich bis heute mit Notizblöcken versorge.

Im Zentrum der Arbeit stand am Ende (Schieder war großzügig) der wenige Jahre dauernde Kampf zweier Linien in Frankreichs Kolonialstrategie in den 1860er-Jahren. Die Siedler wollten die Unterwerfung der »Eingeborenen«, die *arabisants* standen ihnen freundlicher gegenüber. Das Assimilationsprogramm sollte Frankreich »von Dünkirchen bis Tamanrasset« (so später François Mitterrand) ausdehnen, der idealistische Orientalismus hatte eine indirekte Herrschaft britischen Stils in Kollaboration mit den Stammesführern im Sinn. Die Quellen studierte ich in dem Büchertempel in der Rue Richelieu, der zu ebenjener Zeit entstanden war, in welcher »mein Konflikt« tobte. (Durchgesetzt hat sich ein ziemlich rabiater Siedlungskolonialismus.) Bücher standen hier nach Foliogröße geordnet, hin und wieder öffnete sich eine Tür hoch über dem ausladenden Lesesaal, und japanische Touristen schossen Fotos. Aus einem separierten, aber einsehbaren Abteil schimmerte der Glatzkopf eines gewissen Michel Foucault durch, der damals wohl mit den Archiven des »infamen Menschen« befasst war. Bis dahin kannte ich nichts von ihm, aber meine Tischnachbarn stupsten sich an und tuschelten über den Superstar, wofür ich damals immer noch Sartre hielt. Parallel zu seinem legendär gewordenen Buch *Überwachen und Strafen. Die Geburt des Gefängnisses* (1975) gründete er die Groupe d'information sur les prisons (GIP), die Fragebögen in die Gefängnisse schmuggelte, damit deren Insassen die katastrophalen Haftbedingungen schildern konnten. Die französische Autokratie war durch solche intellektuelle Intervention zu erschüttern: Als die Zustände publik wurden, erlaubte der Justizminister Tageszeitungen und Radios in den Gefängnissen.

Was mich an der »Franzosentheorie« (Lothar Baier) von Foucault, Deleuze, Derrida und anderen irritierte, waren nicht nur die mir verschlossen bleibenden Sprachspiele, sondern dass sie auf eine mehr oder weniger gründliche Lektüre des »Anti-Humanisten« Martin Heidegger zurückgingen. Obwohl die Indizien seiner nationalsozialistischen Gesinnung und seines Hasses auf das »Weltjudentum« auch damals nicht fehlten, hielten viele deutsche und französische Intellektuelle an dem Meisterdenker fest, was sich meines Erachtens schon deshalb verbietet, weil er seinen ordinären Opportunismus und seinen ruchlosen Verrat (nicht nur an seinem Lehrer Husserl) philosophisch verbrämte.

Mittags ging ich von der Bibliothek ins nahe gelegene *Molière* in der gleichnamigen Straße, wo es Standardmenüs (*Crudités*, *Plat du jour*, *Dessert*) für fünf Francs gab. Wohnhaft war ich im 14. Arrondissement in der Cité Universitaire, einem campusartigen Dormitorium für Studenten und Dozenten aus aller Welt. Da die *Maison Heinrich Heine* überfüllt war, zogen mein Freund Hans-Peter Ullmann und ich jeweils in schmale, dunkel möblierte Zimmer im Internationalen Haus. Bücher und Zeitschriften konnte ich jetzt gut lesen, aber die flüssige Alltagskonversation fiel mir schwer. Abhilfe schufen Kurse im Stammhaus der Alliance Française am Boulevard Raspail, wo die Anwesenheit zahlreicher Nationen Französisch zur Lingua franca machte.

Da ich auch dort nicht wirklich Freundschaften machte, musste ich meine Ortskenntnis in Paris allein perfektionieren. Tags saß ich gern im Jardin des Plantes, abends streifte ich mit Ullmann durch Jazz- und Tangokneipen, viele sind heute noch an ihrem Platz. Danach rauschte man mit Standlicht durch enge Straßen und blendete an Kreuzungen kurz auf, um sich bemerkbar zu machen. Claude Lelouch macht es vor in seinem Film *C'etait un rendezvous*, wenn er mit einem PS-starken Auto im Morgengrauen binnen acht Minuten von der Porte Dauphine im Süden zum Sacre-Cœur-Hügel am Montmartre rast. Paris war schön im ersten Morgenlicht, wenn es die Augen aufschlug und die Spatzen zu ihrem Konzert anhoben. Wenn die Müllabfuhr überquellende Tonnen einsammelte, die Kaffeehaustische aufgestapelt vor den Bistros standen und der unverwechselbare Geruch aus den Metroausgängen hochwehte. Zum Stammlokal erkor ich *Chez Omar*, ein kabylisches Restaurant in der Rue de Bretagne, wo mich die unterdessen dritte Besitzergeneration willkommen heißt. Doch auch hier war ich, bei schwerem Rotwein aus Mascara, eher der Beobachter, der kabylische Musik genoss und anschließend ausgelassenen Konzerten der *Beurs* lauschte, wie sich die zweite Einwanderergeneration aus Algerien nannte.

An der berühmten *Sciences Po* in der Rue Guillaume zu studieren scheiterte zuerst an der Bürokratie, dann an der Langeweile, welche die verschulten Kurse mit einer großen Schar Krawattenträger verströmte, die auf die Grandes Écoles wollten und dies zum allergrößten Teil nicht schaffen würden. So schlug der Versuch fehl, jetzt ernsthaft Politikwissenschaft zu studieren, zumal der grandiose Alfred Grosser, ein Virtuose der deutsch-französischen Selbstbeobachtung, der beiden Seiten kritisch kommen konnte, kaum anzutreffen war. Seine Versuche, Deutschen wie Franzosen das jeweils andere Land zu erklären, sind Kabinettstücke unvoreingenommener Komparatistik und Ausdruck einer unbestechlich gerechten »Aufarbeitung der Vergangenheit«. Später traf ich ihn öfter im Deutsch-Französischen Institut in Ludwigsburg oder in Paris und bewunderte seine Fähigkeit, auf einem Gebiet Klartext zu reden, das von Aussöhnungsplattitüden beherrscht war.

Locker verbunden war ich einer Post-68er-Gruppe um die Zeitschrift *Cahiers de Mai*, die den Geist der Mai-Revolte gegen die Parteisoldaten des Parti Communiste und die maoistischen Kader hochhielt. Sie starteten in diversen Fabriken Enquêten und betrieben eine industriesoziologisch informierte Aktionsforschung, die mich mit den französischen Richtungsgewerkschaften bekannt machte, unter denen die linkskatholische CFDT als die interessanteste herausstach. Jean-Marcel Bouguereau nahm den netten, meist schweigsamen Deutschen zu Versammlungen mit. Ich verteilte sogar Flugblätter, die mir williger aus der Hand genommen wurden als damals bei Ford in Köln. Auch dort war der Widerstandsgeist gewachsen; ausländische Arbeiter machten 1973 mit einem wilden Streik der IG Metall Dampf. Dokumentiert wurde dies in dem Buch der

»Gruppe Arbeiterkampf, Betriebszelle Ford: Streik bei Ford Köln, Fr. 24. – Do. 30. August 1973« im Rosa-Luxemburg-Verlag. Es wurde gesungen und getanzt, die Streikenden rezitierten sogar Gedichte und erzählten von »zu Hause«. Mir kam das sehr französisch vor, der *Frankfurter Allgemeinen* war die Szene hingegen unheimlich, weil es »manchmal mehr nach Istanbul als nach Köln« ausgesehen habe.

Die Kampfbereitschaft der maoistischen Gruppen in Paris wie Köln idealisierte ich und glaubte ernsthaft, eine proletarische Revolution stünde bevor, bei der Arbeiter und Studenten an einem Strang zogen. Der Organisationsgrad der französischen Arbeiter war seinerzeit beachtlich, ihr Klassenbewusstsein ungebrochen, ihre Militanz groß und für mich auch ein wenig beängstigend. Ich schwankte zwischen Hasenfüßigkeit und Bewunderung, ging nun seltener in die Bibliothek und las alles, was links war – je weiter links, desto besser. Mein strebsamer Mitstudent Hans-Peter Ullmann, der geradewegs auf eine Geschichtsprofessur zustrebte, schimpfte mich nach dem Besuch des Agitprop-Films *Coup par coup* von Marin Karmitz einen naiven Politromantiker. Erst recht übel wurde ihm, als im Renault-Werk Billancourt bei Scharmützeln mit der Werkspolizei ein maoistischer Arbeiter namens Pierre Overney zu Tode kam und ich zu allem entschlossen schien. Jean-Paul Sartre verteilte die *Cause du peuple*, stieg auf Mülltonnen und hielt ultrabolschewistische Volksreden.

Hans-Peter Ullmann hatte natürlich recht, ich widmete mich wieder meinen Exzerpten und wurde geselliger. Die Maison Internationale bewohnte eine bunte Truppe meist älterer Studenten aus verschiedenen Nationen. Mein Zimmernachbar stammte aus Kolumbien, ein Brasilianer vermachte mir seinen Mensa-Ausweis, diverse afrikanische Kommilitonen erfreuten die Runde durch unbändigen Humor und Trommeltalent. Mit allen redete ich, wie mir der Schnabel gewachsen war – das Über-Ich des französischen Bürgertums aus dem 16. Arrondissement trat ab.

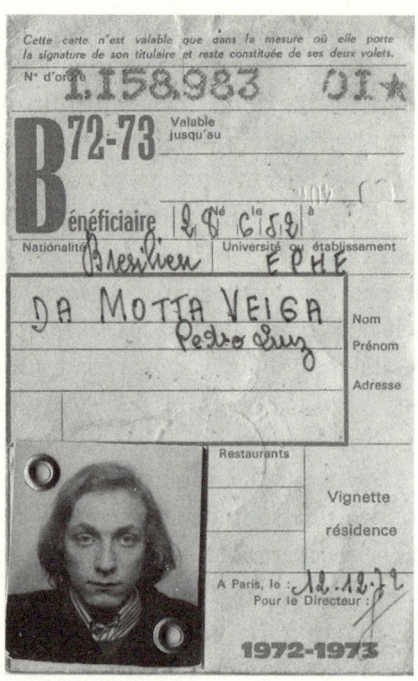

Verjährt: Brasilianisches Pseudonym 1972

Fremde blieben wir. Eine haarige Episode ereignete sich bei einem Sonntagsausflug nach Chartres. Es war der 8. Mai, und wir gerieten mit dem 2 CV meines Freundes in einen Veteranenaufmarsch vor der berühmten Kathedrale. Von links und rechts bekamen wir böse Blicke, am Kölner Nummernschild war wir als *Boches* erkennbar, und die gar nicht versöhnlichen WK-II-Teilnehmer begannen, die »Ente« derart ins Schaukeln zu bringen, dass uns mulmig wurde. Die Pointe war, dass an Bord auch eine junge Polin jüdischer Herkunft war, deren Eltern sich wegen des 1968 in ihrer Heimat aufbrechenden, von der Regierung unterstützten Judenhasses nach Frankreich begeben hatten. Ihr jagten die Antifaschisten die größte Angst ein.

Weniger diese Episode als die Dokumentation *Français, si vous saviez!* (Franzosen, wenn ihr wüsstet!), die in bis auf den letzten Platz gefüllten Kinos gezeigt wurde, zertrümmerte mein

Frankreich-Ideal endgültig. Die Schlüsselszene: In einem exemplarischen Ausschnitt feiert dieselbe Menge, die im Frühjahr 1944 im besetzten Paris dem Maréchal Pétain zugejubelt hatte, im Hochsommer desselben Jahres am selben Ort den Befreier de Gaulle. Das blieb nicht das einzige filmische, literarische oder wissenschaftliche Werk, das den Mythos einer homogenen und massenhaften Résistance gegen die deutschen Okkupanten zerstörte. Frankreich war nicht so widerständig und heroisch, wie es die antagonistische Allianz von Gaullisten und Kommunisten nach dem Krieg vorgespiegelt hatte.

In der Maison Internationale schrieb ich das des Nachts an einem ewig wackelnden Holzschreibtisch auf. In Köln hatte ich Beate Klarsfeld in Aktion gesehen, die mir als Französin die bessere Deutsche zu sein schien. Sie und ihr Mann Serge jagten nicht nur ungeschoren davongekommene Nazis, welche die Familie Klarsfeld in den Tod getrieben hatten, sie waren auch hinter den Kollaborateuren her. Den Mythos der Résistance und die pseudoproletarische Utopie wurde ich gleichzeitig los. Zu Ende ging auch das gaullistische Regiment des todkranken Georges Pompidou, während sich Kommunisten und Sozialisten zu einer *Union de la Gauche* annäherten, was mich wiederum mit so viel Hoffnung erfüllte, als wäre ich in Frankreich wahlberechtigt. Wäre ich es gewesen, hätte ich jedoch François Mitterrands Niederlage gegen Valéry Giscard d'Estaing 1974 nicht verhindern können.

Einmal hörte ich im Internationalen Haus einem Iraner zu, der von den Mullahs berichtete. Das Iranische Haus in der Cité war als Herd der Opposition gegen den Schah vom persischen Geheimdienst Savak aufgelöst worden – der Name war mir noch vom 2. Juni 1967 in schauriger Erinnerung, als »Jubelperser« brutal auf Demonstranten in Westberlin einschlugen. Ob der iranische Student, sein Name war Abolhassan Bani-Sadr, im Internationalen Haus lebte oder nur zu Gast war, weiß ich nicht. Später kam ein Ayatollah, er hieß Chomeini, und agitierte aus dem Exil nahe Paris per Audiokassette die iranischen

Massen und formte eine Allianz der Mullahs und Bazaris gegen Schah Reza Pahlewi. Bani-Sadr gab die Losung aus, man müsse sich mit den Religiösen verbünden – und könne sie ja später loswerden. Bani-Sadr wurde 1980 der erste Staatspräsident des Iran, doch der Ayatollah, triumphal nach Hause zurückgekehrt, wurde ihn los und enttäuschte alle, darunter Michel Foucault, die sich von ihm eine echte Revolution erhofft hatten.

Als ich aus Paris zurück war, legte ich schleunigst mein Staatsexamen ab. Die Prüfungen, die mir in Geschichte und Soziologie abverlangt wurden, waren eher zugewandte Gespräche und freihändige Essays; honoriert wurde Urteilskraft, nicht sinnlos akkumuliertes Wissen oder Imponiergehabe (wie bei den Vorprüfungen damals und den meisten Examina heute). So gern ich in Köln und Paris studiert hatte, so froh war ich doch, den altehrwürdigen Gebäuden in der Rue Guillaume und in der Kölner Universität den Rücken kehren zu können. Vor mir lag, so dachte ich mir das, die freie Wildbahn des Freelancers und Zeilenschinders, der bei Hörfunk und Tageszeitungen genug zu verdienen hoffte. Doch zur unterdessen erfolgten Familiengründung passte ein Angebot, das ich nicht ablehnen konnte; es wies mir eine akademische Zukunft als Beamter (auf Zeit) zu, die, wie bereits geschildert, 1974 an der Georg-August-Universität in Göttingen begann.

18. Vorzeichen einer Revolution

Mitte der 70er-Jahre wurde es auch für Sozialwissenschaftler üblich, »Drittmittel« einzuwerben. Von dritter Seite, etwa der Deutschen Forschungsgemeinschaft und privaten Stiftungen, erhielt man für zwei bis drei Jahre dauernde Forschungsprojekte Gelder, die Universitäten nicht zur Verfügung hatten. Für den Nachwuchs war das eine gute Gelegenheit, in den Betrieb hineinzukommen. Mein Chef Bassam Tibi warb bei der Volkswagenstiftung ein Projekt über die sozialen Folgen der Industrialisierung in Algerien ein, das mich von 1977 bis 1979 für jeweils einige Wochen in das Herkunftsland der algerischen Emigranten führte. Bei deutschen Algerienkennern wie Hartmut Elsenhans und Werner Ruf sowie im Centre des Recherches et d'Études des Societés Méditerranéennes (CRESM) in Aix-en-Provence bereitete ich mich vor und nahm Kontakt auf zu dem Jesuitenpater Henri Sanson, der in Ben-Aknoun oberhalb von Algier eine klosterähnliche Klause namens Ben-Smen unterhielt, in der Algerienforscher häufig unterkamen.

Algier war die mir bis dahin fremdeste Stadt. Sie erschien mir riesig und provinziell zugleich, an manchen Stellen war sie Klein-Paris oder -Marseille, an anderen ein etwas anderer Orient, als ich ihn mir vorgestellt hatte. Deutlich spürte man die Landflucht, überall wuchsen die *Bidonvilles*, windschiefe Provisorien für Zuwanderer aus dem Hinterland, die Schafe und Ziegen hielten. Urbanisation war hier oft eher eine »Rurbanisierung«, die Verdörflichung einer kolonialen Metropole, die für wesentlich weniger Menschen geschaffen war. Ben-Smen, eine Villa im maurischen Stil, war eine Oase der Ruhe. Vom Dach aus, in dessen Kuppel ein Davidstern auf den Erbauer des geräumigen Hauses hinwies, hatte man einen guten Ausblick auf die Stadt, in der damals schon 1,3 Millionen Menschen lebten. Heute sind es doppelt so viele, und im Großraum der Metropole drängen sich, da die Landflucht nicht enden will und die Geburtenrate weiterhin hoch ist, über sechs Millionen.

Nicht weit von unser Klause lagen etliche Villen in schattigen Parks, wo die postkoloniale Elite aus der regierenden Einheitspartei, den frisch verstaatlichten Betrieben und dem wuchernden Polizei- und Sicherheitsapparat Residenz genommen hatte, deren Namen und Geschichte mir Sanson zuraunte. Es hieß, die Generäle würden hier in klimatisierten Kinosälen die neuesten Hollywood-Filme anschauen – ein typisches Beispiel für *Radio Trottoir*, wie Klatsch und Tratsch in Algier, mangels einer freien Presse die Hauptinformationsquelle, hießen. Direkt vor der Einfahrt von Ben-Smen erstreckte sich eine kleine Favela, in der zum Beispiel ein Postbote und ein Gymnasiallehrer wohnten. Bald sollte die informelle Siedlung – die Planierraupen waren schon am Werk – einer Autobahn weichen. Der Autoverkehr wuchs enorm, nach Hydra zu gelangen kam in Stoßzeiten einer halben Odyssee gleich.

Die berühmte Kasbah rief in mir orientalische Klischees auf, aber auch Szenen aus Pontecorvos Film *Die Schlacht von Algier* von 1965, während die stattlichen Gebäude an der Rue Didouche Mourad, vormals Rue Michelet, Klein-Paris in Afrika suggerierten. Auch wenn die Wohnquartiere der damals schon fünfzehn Jahre vorher aus dem Land vertriebenen Siedler hier und dort etwas schäbig waren, wirkten sie hochherrschaftlich im Vergleich zu den rasch hochgezogenen Mietwohnungskomplexen, in denen häufig sieben und mehr Personen pro Zimmer hausten und Balkone als Ziegen- und Schafställe genutzt wurden. Überall wurde heftig gebaut, ohne dass die Wohnungsnot wirklich abnahm. Die Bürgersteige der Boulevards waren schwarz vor Menschen, an der Wand lehnten mit angewinkeltem Bein und Händen in den Hosentaschen die *hittistes*, Halbwüchsige, die ohne Beschäftigung waren (*hitt* bedeutet im algerischen Dialekt Mauer). Wenn sie ein Moped ergattert hatten, knatterten sie zu zweit oder dritt in atemberaubender Geschwindigkeit durch die Stadt. Sonst handelten sie mit Haschisch, Zigaretten, Parfüm und allem, was auf dem kontrollierten Markt nur unter der Ladentheke oder über Beziehungen zu haben war. Dann nannte man sie *trabendistes*, und später, als sie sich mit Schlauchbooten übers Mittelmeer aufmachten, lernte ich noch einen Ausdruck für sie kennen: *harraga*.

Die Küstenstraße am Hafen, wo einen lange Arkadengänge vor der Sonne schützen, war dagegen seltsam leer, die Strände im Westen der Stadt wurden nur an wenigen Feiertagen besucht. Im gleißenden Sonnenlicht am Strand von Tipasa kam Algerien dem Bild am nächsten, das Camus als »Hochzeit des Lichts« gefeiert hatte. Großes Trara gab es, wenn die Fähre aus Marseille eintraf und Gastarbeiter mit Bergen von Gepäck und

Mitbringseln in Empfang genommen wurden. Der auffälligste Unterschied zu anderen Metropolen bestand darin, dass in Algier die Touristen fehlten und folglich auch aufdringliche Händler. Sobald mich eine Gruppe Kinder um einen Dinar anbettelte, trat ein Erwachsener dazwischen und belehrte sie, dass sie das gefälligst sein lassen sollten, und mich, der ich treuherzig ein Fünf-Dinar-Stück gegeben hatte, dass Algerien, Monsieur!, keine Almosen brauche.

Die Gesichter der Passanten wirkten auf mich asketisch, bisweilen streng und, wenn man es nicht besser wusste, unzugänglich. Die meisten führten kleine blaue Plastiksäckchen oder große Taschen mit sich, um auf langen Wegen Besorgungen zu machen. Müßiggang in Cafés und Bistros nach Pariser Art suchte man vergeblich, das öffentliche Nachtleben beschränkte sich auf die Hotels für Ausländer, in denen man sich lieber nicht aufhielt. Erst im Laufe der Zeit kamen die Geheimtipps, die mir einen schönen Abend mit gutem Jazz verschafften oder mich in die Anfänge des *Rai* einführten, jener frenetisch-unbändigen Musik, die ich schon in Paris kennengelernt hatte und die durch ihre schlichte Existenz das Regime infrage stellte.

Algerien, in Frankreichs Alltag als Herkunftsland heimgekehrter *Pieds-Noirs* (Siedler) und Hunderttausender Migranten eine feste Größe, war in Deutschland *Terra incognita*. 1962 hatte sich das Land nach einem opferreichen Befreiungskampf vom Westen abgewandt; Blockfreiheit und Gegnerschaft zu Israel machten das Land zur *domaine reservé* des anderen Deutschland, der DDR. Sein erster Präsident Ahmed Ben Bella, wie Nehru und Nasser eine der großen charismatischen Führerfiguren der »Dritten Welt«, hatte das Land trotz seiner ländlich und religiös konservativen Grundcharakteristik auf Linkskurs gebracht und, ähnlich wie Tito in Jugoslawien, das Experiment der Arbeiterselbstverwaltung zugelassen. 1965 putschte die Armee Ben Bella weg und nahm ihn in Hausarrest, Nachfolger Houari Boumedienne verstaatlichte ausländische Unternehmen und finanzierte mit den Ausfuhrerlösen des aus dem Saharaboden reichlich sprudelnden Erdöls und Erdgases eine Industrialisierung im Schnelldurchgang. Ohne legale Opposition regierte die Einheitspartei, der Front de Libération Nationale (FLN), eine überschaubare Clique ehemaliger Guerillakämpfer, aus der sich die Generäle und Polizeichefs rekrutierten. Sicherheitsapparat, Bürokratie und Geheimdienst schufen eine Atmosphäre des Misstrauens und der Stagnation. Die Frustration der Jungen war bei Besuchen in der Universität, wo man etwas freier reden konnte, mit Händen zu greifen, die Selbstbereicherung und Privilegierung der »alten Kämpfer« wurden zynisch kommentiert und bespöttelt. Nutznießer waren religiöse Kräfte, die sich unter der Decke des säkularen Regimes regten. Der FLN hatte sie im antikolonialen Kampf eingebunden, nun waren ihnen Familie, Bildung und Gesellschaft als ihre Domänen überlassen. Nach Boumediennes Willen sollte *Al-Dschaza'ir*, die arabisch-islamisch-sozialistische Nation, das westliche und frankofone Erbe abwerfen.

Tief im Süden gab es erst recht keine Touristen, die Schluchten des Aurès-Gebirges durchquerte ich fast allein, nur im Hoggar mit seiner atemberaubenden Bergkulisse traf ich Abenteurer, die mit mehr oder weniger wüstenfesten Wohnmobilen die Sahara durchkreuzten. Die schönste Reise führte mich in die Oase Timimoun, berühmt durch ihr kunstvolles Bewässerungssystem, das allerdings rasant verfiel. Es störte mich wenig, als das Flugzeug, das mich nach Algier zurück zur Arbeit bringen sollte, tagelang ausblieb. Schmökernd oder dösend verbrachte ich die Zeit fast allein auf der Terrasse des dekadenten Hotel Transatlantique, mit streunenden Katzen am wasserlosen Pool. Und bekam eine gewisse Idee vom Süden.

Auf meinem Arbeitsplan stand nun aber, am Beispiel der algerischen Stahlunternehmen aufzuzeigen, welche Folgen eine solch rücksichtslose Industrialisierung in einer tief agrarisch geprägten Gesellschaft haben würde. Algerien folgte *grosso modo* dem sowjetischen Vorbild, und parallel startete eine Agrarrevolution, womit zwei ambitionierte Transformationsprojekte radikal mit der kolonialen Vergangenheit brechen sollten. Die enormen Friktionen konnte ich anhand einiger Fallbeispiele aus dem Osten des Landes belegen, wobei die Forschungsbedingungen nicht sonderlich günstig waren – die Datenlage war lückenhaft, die Statistiken ungenau oder veraltet, meine Gegenüber in den Ministerien und Staatsunternehmen schweigsam und misstrauisch. Wieder mal lag ein Thema von Interesse auf der Straße.

Sanson, der vor 1962 auf der Seite des FLN für die algerische Sache gestritten hatte, stellte den Kontakt zur staatlichen Stahlgesellschaft S.N.S. her. Dort eröffnete sich die andere Fährte. Einige Kader waren Franzosen und hatten wie Sanson auf der »richtigen Seite« gestanden, darunter Jean-Marie Boeglin. Der, ein früherer Schauspieler und Abenteurer aus Grenoble, konnte mir nicht nur einen Fiat (ohne Rückspiegel) besorgen, sodass ich nicht länger auf Überlandbusse angewiesen war, er kam auch in einem Buch der französischen Journalisten Hervé Hamon und Patrick Rotman vor, das sich mit französischen *porteurs des valises* befasste. Solche Kofferträger hatten den FLN innerhalb und außerhalb Frankreichs mit Geld, Waffen und Logistik unterstützt. Außerhalb, wussten Boeglin und einige andere noch sehr gut, war das vor allem der Stützpunkt im Rheinland um einen jungen SPD-Abgeordneten namens Hans-Jürgen Wischnewski alias »Ben Wisch«, von dem später noch die Rede sein wird – Spitzname und gute Kontakte in die arabische Welt datieren aus den späten 50er-Jahren.

1977 war Wischnewski Staatsminister im Kanzleramt unter Helmut Schmidt und wirkte als dessen allerorts einsatzfähiger Krisenmanager. Einmal, meine ich rekonstruieren zu können, schwebte die Regierungsmaschine der deutschen Luftwaffe in die Bucht von Algier ein, als ich eben mit Boeglin in einem Fischrestaurant in Bordj el-Bahri speiste, von dem aus »Algier, die Weiße«, fast beschaulich wirkte. Algerien, seit dem Sechstagekrieg 1967 Frontstaat im Kampf gegen Israel, unterstützte die Palästinenser und war ein möglicher Zielort für die von der RAF entführte »Landshut«-Maschine. Wischnewskis

Mission war damals, die Landung der gekaperten Maschine in Algier zu verhindern oder notfalls mit der algerischen Führung (darunter eben alte Bekannte aus den 50ern) eine für die Bundesregierung passable Lösung auszuhandeln. Von diesen Fernwirkungen des »Deutschen Herbstes« ahnte ich beim Verzehr meiner Bouillabaisse natürlich nichts. Außer ein wenig Bundesliga (und Meldungen der DDR-Nachrichtenagentur ADN im Parteiblatt *El Moudjahid*) drang überhaupt wenig aus Deutschland in dieses gegen ausländische Beobachter abgeschirmte Land.

Im Familien- und Freundeskreis tauen Algerier auf und beweisen dann eine formidable Gastfreundschaft. Einmal war ich (ausgerechnet im August, als das Fasten fast 14 Stunden dauerte) während des Ramadan in Algier. Die meisten Bewohner der Stadt befolgten das Gebot, auch für Fremde war es schwer, etwas Essbares und Trinkbares zu finden. Nach dem Sonnenuntergang bogen sich die Tische unter den aufgetragenen Köstlichkeiten, es wurde gescherzt und gefeiert, wobei die Konversation oft ins dialektale Arabisch wechselte und ich wieder draußen war.

Der nächste Besuch stand im Februar an, es war nasskalt und mein Zimmer in Ben-Smen nicht heizbar. Überhaupt begann es ungemütlich zu werden. Französisch, die Sprache der Kolonialherren, herrschte an Schulen und Universitäten und als Amtssprache weiter vor. Um die rasante Modernisierung abzufedern, betrieb die Führung die Rückwendung zu den islamischen und arabischen Wurzeln. Die »Arabisierung« mussten mangels Verbreitung des Hocharabischen in Algerien ägyptische und syrische Sprachlehrer leisten. Damit begann auch die Reislamisierung, denn viele Arabischklassen waren eher Koranschule und die meisten Koranlehrer Moslembrüder. Sie importierten eine fundamentalistische Sicht der Welt, die dem algerischen Volksislam fremd war. Und an den Hauswänden lehnten weiterhin gelangweilte *hittistes*, für die es auch sonst keine Beschäftigung gab – keine Partys, keine Orte, an denen man ungestört mit einer Freundin allein oder in einer Clique sein konnte, kein Kino, rein gar nichts. Weil mich das Nummernschild meines Fiat als Kader der staatlichen Stahlgesellschaft erkennbar machte, wurde ich mehr als einmal angesprochen, ob ich nicht einen Job zu vergeben hätte.

Diese Malaise bildete den idealen Nährboden für einen bis dahin latenten Interessenkonflikt zwischen den frankophonen Eliten und den arabophonen Massen. Denen wurde nun von der Vorschule an das Arabische verordnet, während die Kader aus Armee, Partei und Unternehmen ihre Kinder weiter auf französischsprachige Internate ins Ausland schickten, die bei ihrer Rückkehr den gut bezahlten Job bekamen. Ein Jahrzehnt später entlud sich die Spannung in einem blutigen Bürgerkrieg und ließ Gegensätze aufleben, die in Erinnerung riefen, dass schon der antikoloniale Kampf immer auch ein Bruderkampf gewesen war.

19. Tief im Süden

Wer Algerien kennenlernen will, muss in den Süden reisen. Meine erste Etappe per Bus war Ghardaia, die Kernstadt des M'zab und Metropole der Mozabiten, einer durch Karawanenhandel und Dattelplantagen reich gewordenen islamischen Sekte, die nun von der Erdgaswirtschaft und dem Wüstentourismus lebte. Wenn die Algerier die »Preußen des Maghreb« sind, wie es bisweilen heißt, dann sind die strenggläubigen Mozabiten die Kalvinisten des Islam. Reich zu werden deutet bei ihnen auf die Vorherbestimmtheit fürs Paradies hin. Als ich nach vielen Stunden Fahrt aus dem Überlandbus stieg und meine Beine ausschüttelte, haute mich gleich ein Halbwüchsiger an, woher ich käme. »Deutschland.« – »Aus der DDR?« Dass er zu seiner freudigen Überraschung einem Westdeutschen gegenüberstand, quittierte er (in Deutsch) mit einem markigen »Hitler gut!« Welch ein Empfang… Im Labyrinth der Gassen der heiligen Stadt Beni-Isguen begegnete ich das erste Mal Frauengestalten, die bis auf ein Auge vollständig verschleiert waren. In Algier trugen, wenn überhaupt, verheiratete Frauen ein dreieckiges besticktes Mundtuch mit dem *Haïk*, einem weißen Gewand, mit dem sie Körper und Haare locker umhüllten. Das in der Türkei übliche Kopftuch oder der schwarze *Hijab*, die heute im Straßenbild dominieren, neben immer noch westlich gekleideten Frauen, kamen so gut wie nie vor, während der *Haïk* im Ruf stand, während des Befreiungskriegs auch den Transport von Waffen in die Kasbah verschleiert zu haben.

In Beni-Isguen, dem »heiligen« Teil von Ghardaia, wurden abends die Tore dichtgemacht und die Leitern hochgezogen. Die religiöse Zeremonie einer *Haddra*, angestimmt mit dem typischen *Youyou*, dem Jubelruf, den Frauen und Mädchen mit einer unnachahmlichen Zungenbewegung erzeugen, kannte ich deshalb nur von einer in Paris erstandenen Schallplatte. Zu Anlässen wie Hochzeit, Geburt und Beschneidung bezeugen sie Allahs Anwesenheit und gehen in Trance oft an die Grenzen des Deliriums – Teil der »verborgenen Gesellschaft«, die nur wenige Feldforscher erfahren haben, die aber zum Verständnis der algerischen Gesellschaftsordnung eminent wichtig ist. Denn in dieser Macht der Frauen, so zweitrangig und unterdrückt sie in der öffentlichen Sphäre sein mögen, liegt paradoxerweise ein Schlüssel zum Verständnis der patriarchalen Herrschaft, die Söhne und Brüder ausüben.

Das moderne Hotel, in dem ich übernachten sollte, war voller Techniker aus den nahe gelegenen Gas- und Ölbohrfeldern. Sie kamen mir vor wie eine transnationale Söldnertruppe, die einen guten Teil ihres beachtlichen Salärs, das in der Einöde keine Verwendung fand, an der Bar ließ, wohl dem einzigen Platz weit und breit, an dem es Alkohol gab. Sie kamen aus Schottland, Frankreich, den USA und zeigten sich gegenseitig Fotos von ihren Bräuten und Kindern, »harte Burschen«, wie man sie aus Filmen kennt, die Goldgräberstimmung verbreiteten. Da in dem von einem französischen Stararchitekten gestylten Hotel alle Zimmer belegt waren und es dunkel wurde, ging ich zu dem Nonnenkloster am Rand der Stadt, das mir Sanson empfohlen hatte. In der Kolonialzeit lebten etwa eine halbe Million Katholiken in Algerien, mit dem Exodus waren die Muslime in der Mehrheit, aber Nonnen und Priester wurden bislang toleriert und ihre Sozialdienste gern in Anspruch genommen. Da nach langem Klopfen niemand öffnete, ging ich zu einer Pension am Busbahnhof. Auch die war komplett belegt, da die Ölarbeiter ein verlängertes Wochenende hatten. Der Inhaber bot mir sein (ungemachtes) Bett an und übernachtete auf dem Stuhl der Rezeption.

Die längste Reise führte 1978 nach Tindouf, in den äußersten Winkel der westlichen Sahara, wo Algerien an Marokko und Mauretanien grenzt. Dort suchte ich mit Michel, einem Mitbewohner von Ben-Smen, ein Flüchtlingslager der Frente Polisario auf, der Bewegung für die Befreiung der Sahraouis, mit der sich das Regime in Algier in einem neuen antikolonialen Kampf seelenverwandt fühlte. Die fast sechshundert Kilometer lange Wellblechpiste der Nationalstraße 50 bewahrte einen zwar davor, in einem Sandloch zu versinken, schüttelte uns aber kräftig und enervierend durch. Einen großen Teil der Strecke fuhren wir nachts, die Scheinwerfer leuchteten die Piste nicht wirklich gut aus. (Ich war froh, dass ich Michel davon abgebracht hatte, seinen Renault 4 zu nehmen, der schon so oft an den Schlaglöchern der Hauptstadt versagte.) Wie gerädert wir aus dem geliehenen Jeep ausstiegen, vergaßen wir sogleich angesichts der primitiven Zelte und Hütten, die sich im Morgengrauen wie ein Meer vor uns ausbreiteten. Vier Jahreszeiten seien die Bewohner dieser unwirtlichen Steinwüste ausgesetzt, sagt eine saharische Spruchweisheit: der Saison extremer Tageshitze, der Saison der eiskalten Nächte, der Saison der Sandstürme und der Saison der Fliegen. Meist finden sie gleichzeitig statt.

Der Konflikt um die Westsahara war ab 1975 heiß geworden, als Marokko sich die von Spanien nach dem Tod Francos aufgegebene Kolonie als Teil eines imaginären »Großmarokko« einverleiben wollte. Die Sahraoui waren damit großenteils nicht einverstanden, seither sind alle Versuche gescheitert, den Streit durch Referenden zu lösen. König Hassan II. von Marokko schickte 1975 Hunderttausende los zum »Grünen Marsch«, später wurde in der Wüste ein regelrechter Wall gebaut.

Die Sahraoui steckten seither in Tindouf fest. Der Konflikt erschien mir in dieser unwirtlichen Steinwüste absurd, doch letztlich geht es um große Phosphatvorkommen und um ein territoriales Prestige, das seinen Ursprung in der jahrhundertealten Geschichte der marokkanischen Stämme hat. Zigtausende Flüchtlinge lagerten in Tindouf, überwiegend Frauen und Kinder und ein paar Dutzend verwegen aussehende Krieger. Nie hatte ich ein Flüchtlingslager dieser Dimension gesehen, und als mich im Herbst 2013 der Bremer Senat bat, die Laudatio auf Aminatou Haidar zu halten, die für ihre Arbeit als Menschenrechtsaktivistin den Solidaritätspreis der Hansestadt verliehen bekommen hatte, sollte ich erfahren, dass die Lager noch größer geworden sind. Die Strecke nach Tindouf ist mittlerweile asphaltiert und wird überwiegend von Lastkraftwagen und Überlandbussen frequentiert, auch verkehren regelmäßig Flugzeuge nach Algier und Béchar. Um Tindouf ist eine bemerkenswerte Lagerökonomie entstanden, eine sahrauische Parallelgesellschaft mit unterdessen zwei Generationen, die nichts anderes kennen als das Dilemma, das ich vor 35 Jahren für *links* reportierte:

»Während Algerien auf das Selbstbestimmungsrecht der Völker pocht und dies an die territoriale Grenzziehung der Kolonialmächte bindet (Freiheit des Sahraoui-Volkes in den damals wie mit dem Lineal gezogenen Grenzen), pochen Marokko und Mauretanien [...] auf vorkoloniale Rechte und historische Gebietsansprüche. Während also die letzten beiden eher antikoloniale Reden führen, um die faktische Kolonisierung der Region zu betreiben, appelliert Algerien an den kolonial gesetzten Status quo, um eine wirkliche Befreiung der Region möglich zu machen.«

Ähnliches könnte man über die Tuareg sagen, die seit Jahrzehnten zwischen Mali und Algerien zirkulieren und mit ihrem Wunsch nach einem eigenen Staat (Azawad) die territoriale Integrität der beiden postkolonialen Staaten ebenso herausfordern.

20. Unterm Ladentisch: *A vava inou va*

Begleitet hat mich in Algerien die Musik, aber auch sie deutete immer wieder auf soziale und politische Konflikte hin. Das galt ganz besonders für *A vava inou va* (etwa: Mein verehrter Papa), eine 1976 von dem kabylischen Sänger Idir eingespielte Platte, die damals nur unterm Ladentisch zu erwerben war – für stolze 75 algerische Dinar, fast ein Wochenlohn.

Pierre Bourdieus *Sociologie de l'Algérie* von 1957, während seines Militärdienstes verfasst, hatte mich mit den berberischen Kabylen vertraut gemacht. Zwanzig Jahre später war für eth-

Plattencover Idir: *A vava inou va* (1976)

nische Minderheiten in der nationalen Selbst(er)findung Algeriens kein Platz mehr. Vor allem die Kabylen, die die Hauptlast des Befreiungskriegs getragen hatten und sich nach der Unabhängigkeit von der arabischen Zentrale vernachlässigt fühlten, verschafften sich als Fans Gehör bei Fußballspielen der *Jeunesse Eléctronique*, des viermaligen algerischen Fußballmeisters von Tizi-Ouzou, der Werksmannschaft eines Elektrounternehmens. Breiter verankert war die Folkmusik, deren Texte im berberischen Tamazight verfasst waren, das damals im Einheitsstaat Algerien offiziell so wenig geduldet wurde wie das Kurdische in der Türkei. Und ebenso wie die Kurden in der Türkei unter Turgut Özal und Recep Erdoğan gegen die Armee und die Islamisten bildeten auch Berber eine dritte Kraft gegen die algerischen Militärs und die Frommen, die oft genug *gemeinsam* die zarten Keime der *société civile* zertrampelten.

Da ich für einen ethnografischen Zugang sonst wenig Zeit und Gelegenheit hatte, wurde Musik mein Schlüssel zum algerischen Alltag. *A vava inou va* war das Werk von Idir, einem unscheinbar wirkenden Geologie-Ingenieur, der sich das Haar hippielang wachsen ließ. Der Titelsong, eigentlich ein Wiegenlied für Kinder, schlug ein und wurde ein Hit, auch wenn er niemals im Radio kam. Er fungierte als inoffizielle Nationalhymne und ist es immer noch, wo sich Kabylen in Tizi-Ouzou, Algier oder Paris versammeln. An diesem Beispiel lässt sich demonstrieren, wie World Music funktioniert: In den 70ern gab es eine Musik-Internationale der Regionalismen, in der Bretagne und in Katalonien, in der Languedoc und in Irland und ebenso in der Kabylei. Das einigende Band war das »Keltische«, das musikalisch auch bei Idir (oder Matoub Lounès) anklingt und ganz unwahrscheinliche transregionale Verbindungen eröffnete. Damit kam *A vava inou va* in die Regale der Plattenläden in den Metropolen, erreichte die Auswanderer in Europa, tönte via Kassette und Fernsehen zurück nach Algerien und wurde schließlich ein globaler Ohrwurm. So unpolitisch die Hörerschaft insgesamt sein mochte: Die musikalische Bewegung begleitete einen neuen politischen Umbruch. Algeriens Jugend, die bald vierzig Prozent der Gesamtbevölkerung bildete, war großteils arbeitslos, aber dank dieser Musik nicht mehr sprachlos.

Diese verlorene Generation feierte dann vor allem den *Rai*, der in den 90er-Jahren als algerische Weltmusik die Diskotheken erobern sollte. *Rai* ist ein Flickwort wie das englische *Yeah* und kann vieles bedeuten: spontaner Einfall, starke Meinung, weiser Ratschlag. Im 19. Jahrhundert hatten Hirten eine einfache Flöten- und Trommelmusik nach Oran mitgebracht, vornehmlich weibliche Interpretinnen entwickelten sie weiter. Gespielt wurde *Rai* zu Hochzeiten und auf Familienfesten, in Bars und Bordellen. Es ging um Liebe, Sex, Eifersucht und um alles, was man auch im freieren Oran nicht aussprechen durfte: Trunksucht, Rausch, weibliche Erotik. Für den Musikjournalisten Frank Tenaille, den ich später in Arles kennenlernte, ist *Rai* die wichtigste Neuerung in der populären arabischen Musik seit Umm Kulthum und der ägyptischen Unterhaltungsmusik der 30er- und 40er-Jahre.

Bei dem Soziologen Alfons Silbermann in Köln hatte ich gelernt, dass der strengen, gebildeten Musikform stets volksnahe Variationen korrespondieren. Klassisch hieß: langsamer Rhythmus und breite Intonation, wohlgesetzte Worte, strenge Regeln für ein ausgesuchtes Publikum im Konzertsaal und zu offiziellen Festen. *Chaabi* (Volksmusik) und *Rai* waren von allem das Gegenteil: vulgär, schnell, hedonistisch, antiautoritär, verboten (und elektrisch verstärkt). In den Hafenbars der Kolonialzeit wurden der spanische Flamenco und Chansons aus dem Mutterland zu einem mediterranen Hybrid verschmolzen. Musik trieb den Aufstand von 1945 bis 1962 voran, nun bewegte sie die schleichende Jugendrevolte.

Die Machthaber verordneten dagegen »Arabisch-Andalusisch«, eine Art algerischer E-Musik. Sie bestanden darauf, dass die maghrebinische Hochkultur nicht in den Kaschemmen von Oran wurzelte, sondern in Sevilla, Córdoba und Granada und damit in der Blütezeit des Islam im späten Mittelalter. Postkolonial sollte das die politisch korrekte Tradition darstellen. Algerische Musik, ganz gleich welcher Dignität, fasziniert durch Trommelschläge, Flötenläufe und Violinschmalz, Oud-, Gitarren-, Akkordeon- und Klavierpassagen. Und die Vierteltöne, ein starker Drive, das Wechselspiel der Vokalisten mit dem Orchester und die Improvisation wirken auch in einer Pariser oder Frankfurter Disko. In *El Gusto*, dem Film der Algerierin Safinez Bousbia, erlebt man die rührende Zusammenführung ergrauter *Chaabi*-Musiker nach Art des *Buena Vista Social Club*, die rund ums Mittelmeer verstreut waren. Vor der Kamera lassen sie die Unterhaltungsmusik der 50er-Jahre aufleben, an der die *Pieds-Noirs*, die »Schwarzfüße« genannten Siedler, ebenso mitwirkten wie Befreiungskämpfer, die *Moudjahedines*. An ihrem Lebensabend haben Muslime und Atheisten, Christen und Juden mit einer Träne im Augenwinkel wieder zusammen musiziert, endlich auch in den großen Konzertsälen von Marseille und Paris.

Algerien hat mir nicht nur der Musik wegen viel bedeutet. Da war zunächst der Arbeitsauftrag: In einem passablen Forschungsbericht konnte ich die mangelnde Abstimmung zwischen der industriellen Vorwärtsstrategie und der sozialen und kulturellen Entwicklung belegen; die Agrarrevolution war kein wirklicher Bruch mit dem Kolonialismus, sie trieb mehr Menschen in die Städte, in wilde Siedlungen (*Bidonvilles*) in Algier und Oran und in die Vorstädte von Paris und Lyon. Bei Aufenthalten an den Schauplätzen der Kolonialzeit in der kargen Kabylei, in der fruchtbaren Mitidja-Ebene und in der schwer zu begreifenden Kasbah von Algier bekam ich ein Gefühl für den Gegenstand meiner Dissertation, die ich 1972 in der Pariser Bibliothèque Nationale begonnen hatte und 1978 fertigstellte. Schließlich nahm ich die Fährte des Themas auf, das ich in dem Buch *Kofferträger* (1984) darstellen sollte. Die Deutschen hatten fast vergessen, dass Algerien die erste Station des *tiersmondisme* war, den man bei uns büromäßig Internationalismus nannte. Doch dazu später.

Am wichtigsten waren mir die Eindrücke der algerischen Menschen und Landschaften, Reize und Risiken der »arabischen Straße«. Erst zwanzig Jahre später bin ich nach Algier und in die Sahara zurückgekehrt, unter dramatischeren Umständen. Die Geschichte sollte nicht gut ausgehen. Meine Soziologiekollegen in Algier bekamen immer größere Schwierigkeiten und hielten sich lieber in Paris auf, und die ängstliche Liberalisierung, die nach dem Tod Boumediennes (1979) unter dem Präsidenten Chadli eintrat, war erkauft durch den Vormarsch des Islam, insbesondere der Bärtigen und Strenggläubigen.

21. Reisen nach Jerusalem

Einer der dümmsten antisemitischen Sprüche kommt philosemitisch daher: »Viele meiner besten Freunde sind Juden.« Aber was ist, wenn viele Freunde jüdisch sind (was auch immer sie selbst darunter verstehen) – ist es dann unkorrekt zu behaupten, dass es unter säkularen Juden in Deutschland besonders viele kluge Menschen gibt? Die gute Mischung aus scharfem Verstand, sarkastischer Selbstironie, selbstverständlichem Kosmopolitismus und schlagfertiger Rhetorik erlebte und erlebe ich bei so inkommensurablen Persönlichkeiten wie Henryk M. Broder, Micha Brumlik, Ignatz Bubis, Daniel Cohn-Bendit, Dan Diner, Cilly Kugelmann, Hanno Loewy, Nathan Schneider, George Weidenfeld und Yfaat Weiss, auch bei Yehuda Elkana, Tony Judt, Bernard-Henri Lévy, Gaby Motzkin, Paul Parin, Moshe Zimmermann (und noch vielen anderen). Wobei ich sicherheitshalber hinzufüge, dass die nämliche Mischung auch bei besten nichtjüdischen Freunden vorkommt, wenn sie nicht gerade rhetorisch auf dem Schlauch stehen und sich als humorlose Teutonen und Türken gerieren.

Im Mai 1997 schätzte ich mich glücklich, viele der Genannten bei der letzten von mir veranstalteten Konferenz in New York beisammenzuhaben. Wir diskutierten die Gemeinsamkeiten und (mehr) Differenzen von jüdischen Gemeinden in Europa und den USA, die damals beide von »neuen Juden« vor allem aus Osteuropa majorisiert wurden. Einen brillanten Vortrag hielt Nathan Glazer, ein Gigant der Soziologie, dessen Buch *Beyond the Melting Pot* und praktische Arbeit für den New York School Board mich zu meinem *MultiKulti*-Buch inspiriert hatten.

Der SDS-Kommunarde Dieter Kunzelmann befand 1969, es sei mal genug mit dem deutschen »Judenknax«. Morde und Mordversuche an deutschen wie ausländischen Juden gehen auch auf das Konto der radikalen Linken, und für einen Anschlag im Jahr 1969 suchten sich Berliner Tupamaros gar den 9. November aus, als wollten sie beweisen, dass sie in Wahrheit Nazis waren. Auch abgesehen von solchen Auswüchsen hat die Bundesrepublik nie eine Balance gefunden zwischen verdächtigem Philosemitismus und ordinärem Antizionismus, und wenn Deutsche über Juden reden, gehen viele immer noch wie auf Eiern – fast wie damals, als über Frau Kroeber im Kölner Büdchen hinter vorgehaltener Hand getuschelt wurde oder als mein kurzfristiger CDU-Ortsverein zum Sechstagekrieg erst jüdisches Soldatentum bewunderte und dann zur Sicherung der Ölversorgung eine proarabische Entschließung vorlegte.

Dan Diner, 1946 geboren, bemerkt bisweilen sarkastisch, ihn gebe es nur, weil seine Eltern vor dem Holocaust in den GULag und dann nach Israel geflohen seien. Mit acht (und neun Jahre nach Kriegsende) hatten sie ihn aus der gleißenden Sonne Palästinas in die klamme Feuchtigkeit Deutschlands versetzt. Mitschüler wurden handgreiflich gegen den Jungen mit der etwas dunkleren Hautfarbe, und ein typischer Ratschlag lautete damals, dieser möge doch einen kaufmännischen Beruf ergreifen. 1973 verteidigte Diner als Linkszionist Israel mit der Waffe und musste sich dafür von Genossen kritisieren lassen, denen die Palästinenser »die Juden von heute« waren. Aber bei Patrouillengängen brach sich das zionistische Ideal an der Erfahrung der kolonialen Diskriminierung in der Westbank. Solche Diskrepanzerfahrungen sprengten jedes Schema der frühen Bundesrepublik und machten auch mir klar, dass Diners Wunsch kein Widerspruch war, »den Menschen anzustreben und darin die Bedeutung des Juden zu akzeptieren«. Also: universalistisch und kosmopolitisch zu denken, ohne Unterschiede zu übersehen. Oder: einer Gesellschaft zuzugehören, ohne ihr anzugehören.

Um 1975 saß Diner schon an einer »skandalösen«, weil unter anderem auf Carl Schmitt, den »Kronjuristen des Dritten Reiches«, Bezug nehmenden Arbeit über »Israel in Palästina« und suchte einen Fachbereich, der so etwas als Habilitation annahm. Abends legten wir die »Sultans of Swing« auf, sprachen über *Lawrence of Arabia* als Person und Film, ich erklärte ihn zu einem meiner älteren Brüder und verzieh ihm vorab versäumte Verabredungen und uneingelöste Versprechen, »mal etwas zusammen zu schreiben«. Und bereicherte mich an einer souveränen Übersicht über die gesamte Kolonial- und Imperialgeschichte, die man sonst nur bei britischen Historikern antrifft. Er machte mir die Geschichte des Osmanischen Reiches, der Levante, überhaupt aller Zwischenlagen zwischen Orient und Okzident, so präsent, als lebte er in diesen Welten – und als könnte das Drama um Israel in Palästina noch einen besseren Ausgang finden. Scheinbar nebensächliche Episoden der Politik- und Militärgeschichte verband er gekonnt mit dem ganz großen Bogen der Interpretation und Deutung, wobei ihn stets am meisten die Peripherien interessierten. Obwohl Diner später das renommierte Simon-Dubnow-Institut für Jüdische Geschichte und Kultur in Leipzig leitete und an der Hebrew University in Jerusalem lehrte, blieb er unter Fachhistorikern ein Außenseiter. Ich erinnere mich voller Scham daran, wie eine Berufung nach Gießen als Erstplatzierter an einer Intrige akademischer Lokalhelden scheiterte und die Professur mit einem außerhalb Hessens kaum bekannten Titanen der Internationalen Politik von Listenplatz 3b besetzt wurde.

Regelmäßig trafen wir uns bei Tagungen des Sozialistischen

Büros. Was Diner, ein begnadeter Spötter, am SB gut fand, weiß ich nicht, vermutlich die Plattform der Zeitschrift *links* und dass es seinerzeit das einzige verfügbare Professorenparlament war. Für den Antiamerikanismus und pauschalen Pazifismus der SB-Granden hatte er nur Augenrollen übrig, er verabscheute Volksreden, Agitation, Postengeschiebe. Zu gern hätte er das »Ohr der Macht« (Carl Schmitt) gewonnen, wie der von ihm oft zitierte Jacques Attali, der im Élysée-Palast zum zeitweise wichtigsten Berater François Mitterrands aufgestiegen war. Deutschland war und ist für so etwas nicht gemacht. Einmal unternahmen wir einen Ausflug nach Hamburg zum SPD-Außenpolitiker Hans-Ulrich Klose, dem wir unsere geopolitischen Vorstellungen nach dem Fall der Mauer erläutern wollten. Klose hörte höflich zu, den Rest erledigte ein Bürochef, ein Zerberus, der noch aus Kloses ganz linker Zeit stammen musste.

Seit den 70er-Jahren habe ich wohl ein Dutzend Reisen nach Israel unternommen, immer unter dem Signum einer gewissen Unsicherheit, langwieriger Kofferkontrollen und einer, wenn nicht gerade etwas sehr Schlimmes passiert war, trotz allem entspannten Atmosphäre. Diner hatte uns vor der ersten Reise beruhigt, es sei alles sicher, außer am Busbahnhof – neben dem das von uns gebuchte Hotel natürlich direkt lag. Alles blieb ruhig, aber in Kyriat Shmona gab es nachts Katjuscha-Alarm. Im damals noch zugänglichen Gaza-Streifen schnürte mir die aggressive Kehrseite der arabischen Straße die Kehle zu. Bei Hebron warfen Schülerinnen lachend Krähenfüße vor den Leihwagen, beide Vorderreifen waren platt. Den ungewollten Zwischenstopp beim Vulkanisierer nutzten wir für einen Besuch am Grab Abrahams, der bei uns gern als Versöhner dreier monotheistischer Weltreligionen in Palästina gefeiert wird. Dort nicht.

Gegen linksübliche antizionistische Parolen war ich gefeit. Harry Maòr, ein in Kassel »progressiv« beleumundeter Soziologieprofessor, der nach seiner Pensionierung nach Tel Aviv gegangen war (wo er schon zwischen 1933 und 1953 gelebt hatte), wies uns vom Balkon seiner Wohnung aus auf die Bergkette am Horizont hin und gestikulierte erregt: Da standen deren Raketen! Doch die Siedlungspolitik Israels mit der faktischen Annexion der Westbank hat nur scheinbar Abhilfe geschaffen. Bei einem Besuch 1991 waren eben erst irakische Scud-Raketen auf israelisches Territorium niedergegangen, zum Glück ohne das befürchtete Giftgas. Der Alltag war wieder völlig normal. Die Uferpromenade in Tel Aviv war schwarz vor Menschen, als wäre man in Rimini oder Marbella: Wellenbad mit Kindern, ausgelassene *Jeunesse dorée* aus den Vorstädten, gut gelaunte Eisverkäufer. Der trocken-heiße Hamsin-Wind war vorüber, Maccabi hatte beim Basketball mit zehn Punkten Vorsprung gewonnen. Auf dem Weg nach Jerusalem machten wir Rast in Latrun, einem Schlachtfeld der 48er-Krieges, wo der Korridor nach Jerusalem freigekämpft wurde. Die 1991 dort stationierte Panzereinheit war die erste Generation Wehrpflichtiger, die wegen der Drohung Saddam Husseins mit Giftgasattacken einen Krieg untätig verbracht hatte – also genau wie die Zivilisten zu Hause in abgedichteten Zimmern und Bunkern.

Hinter Latrun kamen »besetzte Gebiete« – sagte ich »unter jüdischer Verwaltung stehende Gebiete«, wurde ich korrigiert – oder schlicht und endgültig: »Judäa und Samaria«. Der Jordan, meint die entschiedene Seite Israels, solle wieder mitten durch »Altneuland« fließen. Arabische Ortschaften, auf deren Dächern kurz vorher die Scuds bejubelt worden waren, wirkten 1991 ausgestorben. Die heruntergelassenen Rollläden waren über und über mit rot-schwarz-grünen Parolen bemalt, jetzt gehörten Ausgehverbote und Sicherungsverwahrung zum Alltag, und viele, die bisher in Tel Aviv ihre Schekel verdient hatten, bekamen keine Passierscheine mehr. Selbst am *Land Day*, dem aufruhrverdächtigen Protesttag gegen die Enteignung arabischen Bodens, herrschte Niedergeschlagenheit – nach einem Krieg, an dem die Araber in Palästina auch nicht teilgenommen, den aber vor allem sie verloren hatten.

»Willkommen im Heiligen Land«, wünschte uns der arabische Händler am Jaffa-Tor in Jerusalem. »Wissen Sie, warum dieser Boden Holy Land heißt: It's full of holes here!« Gemeint waren die *assholes*, die jüdischen Siedler, die sich im Ostteil der Stadt breitmachen. Ein Ladenbesitzer sekundierte: »Herein-spaziert, hier gibt es 99 Prozent Rabatt, weil Sie so zahlreich sind!« Solche sarkastischen Töne waren uns neu, aber es waren die harmloseren Ausbrüche aus der Depression. Am selben Tag hatte ein unbekannter Messerstecher nahe der Via Dolorosa ei-nen 74-jährigen Juden rücklings niedergestochen. *Knifing* heißt dieser abscheuliche Sport, und an die Wände gesprayte Dol-che forderten Wiederholung. Nach dem Freitagsgebet wälzte sich eine endlose Menge von der Al-Aqsa-Moschee zur Bussta-tion Richtung Jordantal und arabische Vorstädte. Die Händler erwachten aus ihrer Apathie, blitzschnell wurden Fladenbrote und Tomatenberge aufgebaut und gleich wieder abgetragen. Kaum ein Lachen hier, keine Zeit für Schwätzchen.

Der Rhythmus der Stadt hatte sich merklich verändert und war, wie mir schien, übergegangen vom polyphonen Crescendo der Marktschreier in den eintönigen Wechselgesang antagonis-tischer Gottsucher: Allah ou Akhbar, Kyrie eleison, der Prophet Jeremias – alle für sich und jeder gegen jeden. Mittlerweile kam man sich ziemlich fehl am Platz vor, wenn man dann mit einer Abordnung israelischer Friedenskämpfer in einem Gästehaus der palästinensischen Bir-Zeit-Universität auf Ausgleich setzte.

Teddy Kollek war damals ein Vierteljahrhundert Bürgermeis-ter dieser unmöglichen Stadt, mit bald achtzig sichtlich müde ob der andauernden Vergeblichkeit und unserer Fragen, wie man das Israel-Syndrom knacken könnte. Er zitierte aus der Kriminalstatistik: 1990 nur neun Tote in Jerusalem, davon fünf politische Morde, ob das etwa viel sei für eine Halbmillionen-stadt? Vor dem Fenster des Amtssitzes erstreckte sich eine Ein-öde, das alte Niemandsland zwischen West- und Ost-Jerusalem. Allmählich wuchs die Sollbruchstelle für den heißen Krieg um Palästina zu, Stadtplaner und Bulldozer waren am Werk. Auch Kollek mokierte sich über die Falken in der Knesset und die einseitige Bevorzugung der Siedler. Er war bereit, Gebiete zurückzugeben, alle, wenn es sein müsse. Aber Jerusalem: nie mehr.

Im Foyer des Israel-Museums war ein Arrangement aus Koffern aufgebaut, Originalstücke aus sechs Jahrzehnten *Alija,* der jüdischen »Rückwanderung« von allen Enden der Welt ins Gelobte Land. Schon im 12. Jahrhundert waren erste Juden aus Nordafrika in Palästina eingetroffen, in größerer Zahl kamen sie nach den Pogromen in Russland seit den 1880er-Jahren. Die jüngsten Exponate datierten von Anfang 1991, kyrillische Buchstaben verrieten den Ort des neuesten Check-in nach Eretz Israel. In den 70er- und 80er-Jahren waren mehr Juden gegangen als gekommen, jetzt war Israel wieder Einwanderungsland. Den russischen Juden hatte man bei ihrer Ankunft im Februar noch auf der Gangway Gasmasken ausgehändigt, aber egal, fand Sergej N. Bis vor drei Monaten Dekorateur beim weltberühmten Kirow-Ballett, arbeitete er jetzt in der Putzkolonne im King David Hotel und musste den Dreck reicher US-Juden entfernen.

Besser dieser Job als Russland, wo Herrn N. drastisch klargemacht wurde, dass er als Jude unerwünscht war. Drohanrufe von Pamjat-Mitgliedern, antisemitischen Großrussen, hatten ihm und seiner ganzen Mischpoche den baldigen Tod versprochen. Die Juden aus Kiew und Moskau mussten sich vertraut machen mit den Geschichten und Ritualen ihres neuen Volkes. Am Vorabend des Osterfestes saßen sie schüchtern im Kreis ihrer einmal festlich gestimmten Patenfamilien und bekamen aus der Haganah vorgelesen: Nächstes Jahr in Jerusalem. In Yad Vashem wurden sie aus dem Dunkel jahrhundertelanger Verfolgung an den Zeugnissen jüdischen Widerstands in den Ghettos, Konzentrationslagern und Kibbuzim vorbei hinauf ans Tageslicht geführt – in den endlich starken Judenstaat von heute. Oder sie schlenderten durchs Disko-Viertel, Bleichgesichter in unförmigen Jeans mischten sich unter braun gebranntes, mondän aufgemachtes Volk.

Was das kleine Land, so groß wie Hessen, an potenziellen

Zuwanderern zu erwarten hatte, wäre in Deutschland der Totalübersiedlung aller Ossis nach Westen gleichgekommen. Aber man traf kaum einen, der nicht fand, im Prinzip sei die Einwanderung gut für Israels Zukunft. So dachte auch Shmuel Eisenstadt, 1923 in Polen geboren und ein loyaler Kritiker seines Landes, der nach langen Jahren in Chicago heimgekehrt war an den Scopusberg in Jerusalem. Der weltbekannte Soziologe hatte ein Standardwerk über die israelische Gesellschaft verfasst und saß an einem neuen zu der Frage, ob die westlich-modern ausgerichtete Siedlergesellschaft im Dauerkrieg mit Arabien den Primat des Politischen vor dem Militärischen bewahren und, bei aller jenseitigen Begründung der jüdischen Politie, die öffentlichen Angelegenheiten von religiösen Vorschriften freihalten würde. In seinen Augen drohte Israel zu einer ethnisch gespaltenen, religiös aufgeputschten und innerlich militarisierten Gesellschaft zu werden. Leider hat er recht behalten. Im Vergleich zu heute war Jerusalem damals ein friedlicher Ort.

1997, als das alles schon fast eingetreten war und ich an der New York University lehrte, flog ich in der Winterpause mit meinem damals 30-jährigen Sohn nach Israel – für ihn der erste Besuch im allseits Heiligen Land. Die El-Al-Maschine musste auf dem Rollfeld anhalten, weil sich einige Passagiere nicht vom Gebet im Stehen abbringen lassen wollten. Vater und Sohn reisten durch das ganze Land, genossen den Strand, den See Genezareth, die Negev-Wüste. Diner hatte an der Universität Tel Aviv eine Tagung zum Verhältnis von Hans Kelsen und Carl Schmitt organisiert. Sie begann mit dem Verrat des NS-Kronjuristen am jüdischen Exilanten 1933/34, zeichnete an den beiden den geistigen und politischen Antagonismus zwischen identitärer und repräsentativer Demokratie nach und arbeitete die überraschende Aktualität nicht etwa von Kelsen, sondern von Schmitt in Israel heraus. Denn die Landnahme Israels in Palästina beruhte auf gegenseitiger Nichtanerkennung und einer ethnisch definierten Unterscheidung zwischen Freund und Feind.

*

In Tel Aviv trafen wir den stets zum Spott aufgelegten Henryk M. Broder, der mir aus Köln bekannt war. Er kommt mir vor wie ein postmoderner Satyr, an dem man, sagen wir, die Wandlungsfähigkeit meiner Generation verdeutlichen kann. Am Kölner Hansagymnasium hatte er die Schülerzeitschrift scharf gestellt, im »Politischen Arbeitskreis Oberschulen« gewirkt und eine kurzlebige Zeitschrift mit dem programmatischen Namen *po-po-po* (Politik – Pop – Pornografie) gegründet. Das führte ihn zu den *St. Pauli Nachrichten,* der damals auflagenträchtigsten Vermischung von Propaganda und Pornografie, und zu Broders erster Streitschrift, die im Porno ein Befreiungsmedium sah. Broders Spezialität wurde es, das Umschlagen von Philo- in Antisemitismus aufzuspießen und namentlich an Leuten aus seiner Szene deutsche Doppelbödigkeit vorzuführen. Unübertroffen war auch seine ätzende Kritik an jüdischer Spießigkeit und Ideologie, wenn sich selbst auf der Shenkin-Straße, der damals angesagten, mittlerweile gentrifizierten Meile für Vergnügen aller Art in Tel Aviv, Frömmler als ruppige Spaßbremsen betätigten.

Bedauerlicherweise ist Alleszersetzer Broder ins Lager der völlig Überzeugten gewechselt; der Blog »Achse des Guten« wurde zum Sammelbecken verbissener Ideologen gegen Klimaschutz, Multikulti und Rauchverbot. Wer Warnungen vor dem Klimawandel als »eine Art Feldgottesdienst der Ungläubigen, die sich im Glauben an das Ende der Welt zusammengefunden haben«, oder als »Entwurf eines Fünfjahresplans des ZK der KPdSU zum radikalen Umbau der bürgerlichen Gesellschaft« karikiert und einen klaren Denker wie Alfred Grosser als »postsenile Plaudertasche« denunziert, ist von der antisemitischen Ressentimentkultur kaum noch zu unterscheiden. Die Achsen-Blogger imitieren die libertäre Rechte in den USA und überheben sich in dem Anspruch, immer auf Seiten der Freiheit zu stehen. Und Israel ist in ihren Augen sakrosankt geworden. *Cum grano salis* erinnert mich solche Extravaganz an Hans Habe, den Springer-Kolumnisten der mittleren Bundesrepublik, der seinen aus respektabler Empfindlichkeit gespeisten Widerspruchsgeist in haltlose Polemik übertrieb und gegen Kritik immer dünnhäutiger wurde.

*

2001 hatte sich die Lage in Israel weiter verschärft. Ich war zu einer Vortragsreihe an der Universität Haifa eingeladen; fast alle Kollegen aus Deutschland sagten ab, weil ihnen die Reise zu gefährlich geworden war. Mein Thema, das multikulturelle Deutschland, passte zu Yfaat Weiss' Beschäftigung mit der faktischen Ethnizität der israelischen Gesellschaft, die entgegen dem politisch korrekten Selbstverständnis Israels als rein jüdischer Staat eine fast gewöhnliche Einwanderungsgesellschaft ist. Bei diesem Besuch traf ich auch Fania Oz und ihren Mann Eli Salzberger wieder, mit denen ich eine gute Zeit am Wissenschaftskolleg hatte. Daraus war das schöne Buch *Israelis in Berlin* hervorgegangen; zu den Israelis, die gern nach Berlin kamen, zählte auch ihr Vater, der Romancier Amos Oz. Mit Fania und Eli verbrachten wir einen sternenklaren, lauen Sommerabend im Amphitheater von Caesarea, wo Verdis *Macht des Schicksals* aufgeführt wurde. Übertönt wurde das allerdings von Tom Jones' »Sex Bomb« und anderen Popsongs, die vom Strand in die Arena hineinschallten. Und eine Ironie der Geschichte ist, dass gerade junge Zuhörer, die ich bei den Vorträgen und Seminaren in Israel traf, lieber in Berlin wohnen wollten als in Tel Aviv oder gar in Jerusalem.

Wie die Deutschen es mit Israel halten, entwickelt sich immer mehr zur außenpolitischen Gretchenfrage. Als Angela Merkel im April 2012 bei einem Besuch in Jerusalem den kapitalen Satz aussprach, die Sicherheit Israels sei deutsche Staatsräson, kommentierte Bundespräsident Gauck trocken, er möchte nicht erleben, dass dieses Versprechen einmal eingelöst werden müsse. Ein gefundenes Fressen für Henryk M. Broder: Deutsche Marine kreuzt im östlichen Mittelmeer und soll, kann aber nicht Waffenlieferungen an die Hamas verhindern. Für Jerusalem sterben wollen die Deutschen heute so wenig wie Franzosen und Briten 1938 für Prag oder 1939 für Danzig.

Heute, da Israel nicht zuletzt durch eigene Fehler stärker bedroht ist als jemals zuvor seit der Gründung, möchte die Mehrheit der Deutschen Israel auf eine Weise in die Schranken weisen, die ich unangemessen finde. Israel hat kaum mehr eine Lobby in Deutschland, nicht im Deutschen Bundestag, nicht in der Massen- und Qualitätspresse, nicht einmal durchgängig in der Springer-Presse, zu deren Unternehmensgrundsätzen die »Unterstützung der Lebensrechte des israelischen Volkes« zählt. Auch nicht unter Intellektuellen und schon lange nicht mehr in der multikulturellen Jugend Europas, deren Radikale während des Gaza-Krieges 2014 einen unerträglichen Judenhass offenbarten. Das Bekenntnis zu Israel schließt Kritik an der Siedlungs- und Außenpolitik der Regierung selbstverständlich nicht aus. Am KWI veranstalteten wir eine ganze Reihe von Diskussionen mit Juden aus Israel und der Diaspora, die sich dazu kritisch äußerten und damit die größte Stärke jüdischen Denkens unter Beweis stellten – die Fähigkeit zur Selbstkritik. Es darf aus meiner Sicht nicht der geringste Zweifel aufkommen, an wessen Seite Europa steht, wenn Hisbollah, Hamas, islamischer Dschihad und die Kalifatgründer rund ums Zweistromland ins Herz Israels zielen. Wenn selbsterklärte Linke neuerdings Synagogen bedrohen, palästinensische Schläger in Berlin Rabbis und Israelis zusammenschlagen, wenn jüdische Geschäfte boykottiert werden und der türkische Premier mit der üblen Sottise bei Deutsch-Türken Eindruck schindet, die Beschießung des Gazastreifens sei ärger als der Holocaust, möchte man allerdings verzweifeln.

Seit Jahrzehnten liegen Pläne für eine Zwei-Staaten-Lösung auf dem Tisch. Jerusalem könnte man nicht trotz, sondern wegen seiner prononcierten »Heiligkeit« und der unmittelbaren Nachbarschaft der religiösen Stätten am Tempelberg am ehesten internationalisieren, und in einer halbtrockenen Wüstenregion wäre eine gemeinsame Wasserbewirtschaftung und Energieproduktion zum Nutzen aller angeraten. Doch den meisten Konfliktakteuren geht es um »Höheres«, das alle gut gemeinten Nutzenkalküle durchkreuzt und oft nicht einmal die schiere Existenzberechtigung des jeweils anderen zur Kenntnis nimmt. Damit ist der Nahostkonflikt längst von einer lokalen Auseinandersetzung zwischen Israel und seinen Nachbarstaaten in eine Konfrontation zwischen dem islamistischen Internationalismus und dem Westen übergegangen.

Dan Diner hoffte immer auf einen territorialen Kompromiss, um das auf die Politik einwirkende Sakrale zu neutralisieren. »Die glühende Lava der Heiligkeit würde in das erkaltete Gestein des Profanen und Alltäglichen verwandelt.« Das würde auch das verschwenderische Verhältnis der Akteure im Nahen Osten zu Raum und Zeit verändern. Im militärisch-messianischen Weltbild ist der Raum nur der noch zu erobernde Boden. Und Zeit scheint endlos zur Verfügung zu stehen, wird sie nur am Kommen des Messias oder am Herabschweben eines Tempels auf heiligen Boden gemessen.

In New York habe ich die abweichende Position von Tony Judt kennengelernt, der sich mit der *Jewish Lobby* angelegt hatte und ihr mit dem Vorschlag eines verfassungsmäßig legitimierten binationalen Staates auf die Nerven gegangen war. Ein Staat von Juden und Arabern in Palästina machte es, so seine Hoffnung, erheblich leichter, »alle Arten von Kämpfern im Inneren seiner Grenzen polizeilich zu verfolgen, während sie bisher von außen infiltriert werden und sich an eine wütende, ausgeschlossene Gefolgschaft jenseits der Grenzen wenden können«. Viel hängt von der langfristigen Entwicklung der arabischen Demokratiebewegung, namentlich in Ägypten, ab, ob nunmehr stärker von unten legitimierte Systeme, die Islam und Demokratie vereinbaren wollen, die Feindschaft zu Israel verstärken oder es endlich in Frieden lassen. Sowenig ich mir vorstellen konnte, die deutsche Teilung könnte zu meinen Lebzeiten (oder überhaupt jemals) überwunden werden, sosehr möchte ich hoffen, wogegen alles spricht: dass in Palästina noch zu meinen Lebzeiten wenigstens ein kalter Friede möglich wird.

22. Sultans of Swing: Wendejahr 1979

Zum Jahrestag der Islamischen Revolution gab Ayatollah Chomeini die Parole aus: »Wir müssen uns alle erheben, den Staat Israel auflösen und das Volk Palästinas an seine Stelle setzen.« Schiitische wie sunnitische Milizen verfolgen dieses Ziel seit dreißig Jahren mit großer Beharrlichkeit, doch davon und von ihrem internen Zwist ist auf der Bühne der internationalen Diplomatie wenig die Rede. Für mich ist das Jahr 1979 ein politisches (und auch persönliches) Wendejahr, in dem die multipolare Welt von heute Kontur gewann, ebenso wichtig wie 1945 und wichtiger als 1989 oder 2001. Zwar gaben die beiden Großmächte noch ein Jahrzehnt länger den Ton an, auch meinten sich nach dem Fall der Mauer die Vereinigten Staaten als einzige Supermacht deklarieren zu können. Doch schon die Ausrufung der Islamischen Revolution im Januar 1979 und parallel die zum Fiasko führende Afghanistan-Invasion der Sowjetunion im Dezember annoncierten das Ende des Kondominiums. Von Süden betrachtet war 1979 das *annus mirabilis*, die Zeitenwende.

Die Supermächte hockten zwar weiter auf ihren atomaren Sprengköpfen, genug für den Overkill, aber der atomare Schrecken schien durch Dauerverhandlungen rationalisiert und monopolisiert. Als das durch den NATO-Doppelbeschluss fragwürdig wurde, nahmen besonders die Bevölkerungen der beiden deutschen Staaten eine Art innere Kündigung bei ihren Schutzmächten vor. Damit begann schon die deutsche Wiedervereinigung, auch wenn 1979 drei Viertel der Westdeutschen überzeugt waren, sie selbst nicht mehr zu erleben. Europa wuchs zwischen den Blöcken und über sie hinaus, allerdings nur auf die übliche Weise eines ökonomisch getriebenen, die Bürger trotz der ersten Direktwahl des Europäischen Parlaments (auch 1979) wenig bewegenden Institutionalismus, der mittelfristig zur Euro-Zone führte. Die Hegemonie der Dollarökonomie war gebrochen, die US-Wirtschaft, voran der Leitsektor Autoindustrie in Detroit, konnte die Weltwirtschaft nicht mehr in

Schwung bringen. Als ich 1979 zum ersten Mal in den USA war, meinte ich deren Niedergang spüren zu können.

Zur Konjunkturkrise kam im Juni mit dem zweiten Ölschock (und einem historisch hohen Benzinpreis von einer Deutschen Mark pro Liter!) die Energiekrise, das OPEC-Kartell stellte seine Funktionsfähigkeit erneut unter Beweis. Nuklearstrom wurde die gesuchte Alternative, auch wenn die Vereinigten Staaten im März in Harrisburg knapp an einer Katastrophe vorbeigeschrammt waren und die Sowjetunion damals gewiss mehrere Beinahe-Havarien überstanden hatte. Im Februar berief die World Meteorological Organization in Genf die erste Weltklimakonferenz ein. Beunruhigende Veränderungen des Klimas waren erkennbar – eine ganze politische Generation lang könnten wir schon Bescheid gewusst und Vorkehrungen getroffen haben, aber globale Autokrise oder ein lokales Schneechaos lenkten immer wieder ab.

Das Bewusstsein der Endlichkeit der fossilen Zivilisation, das der Bericht des Club of Rome über die *Grenzen des Wachstums* zu Beginn des Jahrzehnts geschaffen hatte, verbreitete sich nicht. China, Indien, Brasilien und andere Tigerstaaten folgten dem Skript der karbonen Wirtschaftsgeschichte Europas, Amerikas und Russlands. Immerhin traten die Postmaterialisten im reichen Norden aus dem Status verlachter Waldschrate heraus, 1979 formten ernüchterte Linksradikale und Schöpfungsbewahrer die grüne Anti-Partei und wurden erstmals – in Bremen – in ein Landesparlament gewählt. Nimmt man die Proteste gegen den Nachrüstungsbeschluss hinzu, wuchs nicht allein in Westdeutschland die größte außerparlamentarische Kohorte seit Langem heran. Die Grünen waren in Europa die einzige flächendeckende Parteigründung seit der Restauration der parlamentarischen Systeme nach 1945, die ökologische Wende schafften sie aber nicht. Sie brachten vielmehr die europäische Sozialdemokratie in eine Krise, von der die sich nirgendwo erholen sollte – und damit, da die Neulinge allein auf Rot-Grün setzten, fast überall Neokonservative ans Ruder. Eine lange Ära des Interessenausgleichs zwischen Kapital und Arbeit ging zu Ende, die sozialdemokratische Hoffung auf politische Planung erwies sich als Illusion.

Radikalste Vorreiterin des Klassenkampfs von oben wurde Margret Thatcher, die im Mai 1979 als Premier in Downing Street einzog. Von ihr stammt die militante, gegen Gewerkschaften und Wohlfahrtsstaat zielende TINA-Formel – »There Is No Alternative«, ein großflächiges Programm neoliberaler Deregulierung. In Kalifornien schickte sich ebenfalls 1979 Ex-Gouverneur Ronald Reagan an, den durch die Iran-Krise in Bedrängnis geratenen Jimmy Carter zu beerben. Der Exponent des rechten Flügels der Republikaner war ebenfalls der Überzeugung, der Staat sei nicht die Lösung, sondern das Problem. Der Kapitalismus wurde seither ungleicher und ungerechter, exklusiver und war kaum noch unter Kontrolle zu halten.

Vor diesem Hintergrund blühten politische Religionen und religiöser Fundamentalismus auf. Das symbolische Ereignis des Jahres 1979 sind die Demütigung der Supermacht bei der Besetzung ihrer Botschaft in Teheran und die gescheiterte Befreiung der Geiseln. »Fürchtet euch nicht, Amerika ist zu nichts fähig«, predigte Chomeini. Auch die Sowjetunion nannte er eine teuflische Macht, die sich im afghanischen Guerillakrieg ruinieren werde wie schon so viele Westmächte zuvor. Die Islamische Republik internationalisierte den palästinensischen Regionalkrieg und klopfte beim Klub der Atommächte an. Während man im Fall des Iran unterdessen wieder hoffen kann, er könne auf eine letztlich staatstragende und friedenbewahrende Rationalität einschwenken, ist dies im Fall der sunnitischen Internationale kaum anzunehmen, die sich seit Anfang der 80er-Jahre im bitterarmen Afghanistan wie am superreichen Golf aufrüstet. Seither tobt ein Glaubenskrieg zwischen Muslimen, auch dies ein »globaler Trend«, von dem so gut wie nie die Rede ist, stattdessen von den »blutigen Grenzen des Islam«.

1979 war kaum zu ahnen, wie tief reichend die Zeitenwende sein und wie ungemütlich die multipolare Welt werden würde.

Mehr instinktiv als rational spürte ich, dass eine schöne Zeit zu Ende gegangen war. Wir hatten ein Jahrzehnt lang gelebt, als gäbe es kein Morgen. Leichtfertig wurden Beziehungen eingegangen und beendet, es wurde, ohne groß nachzudenken, Betäubendes konsumiert und Revolution probiert. Das Scheitern meines ersten Kleinfamilienversuchs zeigte mir an, dass die lange Party, die wir in einer Riesenwohnung in der Kasseler Goethestraße (in dem Haus hatten einmal preußische Generäle und Bischöfe gehaust) gefeiert hatten, ganz offenbar vorbei war. Dem Temperatursturz der Großwetterlage entsprach die rasante Abkühlung des Mikroklimas. Der Weltgeschichte war das wie immer egal, aber mit 29 musste ich wohl erwachsen werden.

IV.
Teilnehmende Beobachtung

Irgendwann wird einem klar,
dass alles ein Traum ist
und nur geschriebene Dinge
die Möglichkeit haben, wirklich zu sein.

James Salter, Alles, was ist, *2013*

23. Das versendet sich:
Was man über Solschenizyn wissen sollte

Das *Kritische Tagebuch*, das seine Hörerinnen und Hörer nur *KT* nannten, war ein Gotha des deutschen Publizistenadels. Werktags zwischen 19.30 und 19.50 Uhr hörte man auf WDR 3 seit 1967 Beiträge von Autoren, deren Spektrum von Jean Améry und Walter Boehlich über Beatrix Novy bis Claudia Wolff reichte. Wer Kritisches zum Tage schrieb, drängte an diesen Sendeplatz. Mein Türöffner, wie schon zur *Frankfurter Rundschau*, war Wolfgang Stenke, Kommilitone an der Kölner Uni und Freelancer beim Westdeutschen Rundfunk. Der dortige »Entdecker« war der Redakteur Hanno Reuther, der Greenhorns wie uns generös zur Stimmverstärkung ans Mikrofon ließ und, wenn es passte, ein knappes Lob spendete: »Schönes Stück!« Mit eleganten Überleitungen und Musikeinspielungen gaben die Redakteure am Mikrofon jeder Sendewoche eine persönliche Handschrift.

Aus Paris brachte ich Themen mit, die sonst keiner hatte. Darunter war 1974 ein kurzes Stück über Auseinandersetzungen in der Kommunistischen Partei Frankreichs, wie Bücher des russischen Schriftstellers Alexander Solschenizyn über den Archipel GULag zu bewerten seien – als Beitrag zur »Entstalinisierung« oder doch noch als konterrevolutionärer Akt. Das Schweigen zu Stalins Lagersystem war der Partei bereits Ende der 40er-Jahre angelastet worden, namentlich von David Rousset, der als ehemaliger KZ-Häftling von Buchenwald mit *L'Univers concentrationnaire* in Frankreich ein ebenso grundlegendes Werk über die Konzentrationslager des NS-Regimes vorlegte wie Eugen Kogon mit

Der SS-Staat für Deutschland. Rousset ließ es nicht bei den Nazis bewenden, sondern widmete sich, anders als Sartre, der damals maßgebliche Meinungsführer der Linken, kritisch auch dem sowjetischen Lagersystem, für das er als Erster den Begriff *GULag* verwendete.

Die KPF hatte den für Kultur zuständigen Pierre Daix, einen Kenner Picassos und des Surrealismus, nach vorn geschickt, um Abweichler wie Rousset (»trotzkistischer Fälscher«) auf Linie zu bringen. 1974 löste derselbe Daix, auch er ein Überlebender des KZ Mauthausen, mit seinem Buch *Was ich über Solschenizyn weiß* ein Erdbeben aus. Wenn das Politbüro dogmatisch behauptete, die Sonne drehe sich um die Erde, hielt Daix dagegen, Letztere bewege sich doch. Die Funktionäre wollten den GULag noch nicht wahrhaben; wie keine andere westliche KP hing die französische an der Nabelschnur Moskaus und der Existenz der Sowjetunion. Damals noch die größte linke Kraft im Lande, hat sie deren Ende nicht lange überdauert. Daix, der sich irgendwann aus dem Parteiuniversum verabschiedet hat und 2014 verstorben ist, hätte eine Peripetie bewirken können – wohl deswegen hatte ich den kurzen Beitrag gesendet.

Beiträge fürs *KT* wurden gelegentlich von anderen ARD-Anstalten übernommen. Freund Wolfgang überbrachte mir feixend die Nachricht, der RIAS habe das »schöne Stück« gesendet. Der »Rundfunk im Amerikanischen Sektor« galt als Speerspitze des Antikommunismus und wurde nach linker Meinung ausschließlich von Reaktionären gehört. Schlimmer wäre nur gewesen, den Beitrag hätten gleich *Radio Free Europe* oder *Radio Liberty* gesendet. Ich war mit dem Phänomen des »Beifalls von der falschen Seite« konfrontiert: In den verbalen Scharmützeln des Ost-West-Konflikts war es schlicht unerlaubt, von Antikommunisten gelobt (oder gesendet) zu werden – man publizierte ja auch nicht in »Springer-Blättern«. Waren die 50 Mark aus Berlin auf meinem Konto also eine Art Judaslohn?

Berufenere Autoren nahmen den Fall Solschenizyn ebenso ernst: Rudi Dutschke meldete sich nach jahrelanger Abstinenz in einem Rowohlt-Band mit weiteren kritischen Stimmen. Nein, RIAS-Autor zu sein war mir nicht peinlich, ich wollte und konnte aus der Schlachtordnung des Kalten Krieges austreten. Dass sich in den 70er-Jahren viele Linke löblich für politische Gefangene in aller Welt einsetzten, aber die in Hohenschönhausen und Bautzen ignorierten, verstieß gegen mein Gerechtigkeitsgefühl. In einem längeren Feature für den (damals auch noch rechtsverdächtigen) Deutschlandfunk widmete ich mich dann der »Internationalen Gesellschaft für Menschenrechte«, die sich für politische und religiöse Gefangene im sowjetischen Machtbereich einsetzte, ohne dabei zu übergehen, dass auch diese Gesellschaft revisionistische Nebenabsichten verfolgte und Geschichtsklitterung betrieb. Über diese Arbeit, zum *FR*-Artikel zusammengefasst, schüttelten Leute den Kopf, die mit Kuba, Nicaragua und Simbabwe solidarisch sein konnten, ohne von den politisch Verfolgten dort überhaupt Notiz zu nehmen.

Schlimmer noch: Sie konnten vietnamesische Bootsflüchtlinge zu Kapitalisten und katholische Gewerkschafter in Polen zu Reaktionären stempeln, denen mit ihrer Verfolgung irgendwie recht geschah. Auch bei Solschenizyn wurde nie zu erwähnen vergessen, er sei ein großrussischer Chauvinist (was stimmt) – als könnte das an der Berechtigung seiner Kritik am Sowjetsystem Zweifel aufkommen lassen. Aufgebrochen wurde dieses Schema von Maoisten. Einer davon war Helmut Lethen, früher Mitglied der KPD(AO) und Verfasser wichtiger Studien über die Geistesgeschichte des 20. Jahrhunderts. In einer autobiografischen Skizze billigt er den K-Parteien der 70er-Jahre eine »objektiv stabilisierende Funktion« für die Bundesrepublik zu. Mag sein. Aber Menschen, die den Maoismus gestreift haben (und ihm nicht verfallen sind), besaßen vor allem ein Gespür für die verbrecherischen Seiten der Sowjetunion und konnten sich, wie Christian Semler aus der nämlichen KPD(AO), am besten hineinversetzen in die Lage der 1945 von der Sowjetunion keineswegs befreiten, sondern besetzten, ausgeplünderten und unterdrückten Länder in Ost(mittel)europa.

Das *Kritische Tagebuch* war ein Medium für derart unzeitgemäße Zwischentöne und nebenbei ein Beweis dafür, was öffentlich-rechtlicher Rundfunk zu leisten vermag, wenn er sich nicht unter Quotendruck setzen lässt und sich »magazinisiert«. Was mit dem *KT* leider geschah. Zu lernen waren ein urteilsfähiger Tagesjournalismus ohne weltanschauliches Geländer und nicht zuletzt das Handwerk – sorgfältige Recherche, Konzentration auf eine angemessene Länge und vor allem: Radiofonie. *KT*-Beiträge waren keine schriftlichen Leitartikel, das Kunststück war der Einsatz der eigenen Stimme, die sich aus dem Radiogerät ganz anders anhört, bis man sich daran gewöhnt hat und sie als authentisch wahrnimmt. Im WDR-Funkhaus führt ein durch Heinrich Böll (*Dr. Murkes gesammeltes Schweigen*) in die Literatur eingegangener Paternoster auf die Flure der Aufnahmestudios. Man schloss die Kabine, bei Rotlicht trug man vor, korrigierte Versprecher und falsche Intonation, schaute beim Schneiden zu, musste eventuell etwas kürzen, bevor man das Band selbst ins Sendestudio brachte. Anschließend konnte man bei anderen Redakteuren vorbeischauen und in der Kantine einen Kaffee nehmen. Mit dem Satz »Das versendet sich…« wurde man beruhigt, wenn ein Flüchtigkeitsfehler unterlaufen war oder auch mal ein kapitaler Bock. Das Risiko des Irrtums kann man nur vermeiden, wenn man nichts sendet. Für einen jungen Hasen wie mich gebot auch das Honorar Ehrfurcht, doch allein das ernährte freie Autoren selten.

Das *KT* ist Geschichte. Den Rundfunkgewaltigen waren die Rhetorik des Engagements und das luxuriöse Verhältnis zwischen selbstbewussten Redakteuren und »ihren« Autoren suspekt. Sie führten veränderte Hörgewohnheiten an, die angeblich mehr Tempo und weniger Sprachkunst verlangten. Radio, behaupten heute viele, sei ein Anachronismus, aus der digitalen Zeit gefallen. Das darf nicht wahr sein. Radio höre ich, seit ich denken kann: Bach und Beethoven beim Mittagessen mit den Eltern, Chris Howland aus dem *Studio B* des Westdeutschen Rundfunks, David Lambs' *Saturday Show* im Soldatensender

BFBS an geschwänzten Samstagvormittagen, Funkhaus Europa mit Weltmusik, heute vor allem DeutschlandRadio, dem ich ab 1990 als parteiunabhängiger Rundfunkrat des Landes Hessen auf die Sprünge helfen durfte.

Radio, das stimmt, hört man überwiegend im Auto, beim Kochen und Bügeln, als Hintergrundrauschen. Aber manche lauschen ihm in einer gewissen Treue und Andacht. Und immer öfter nicht mehr zum Zeitpunkt der aktuellen Ausstrahlung, sondern als Podcast im Netz, auf Konserve, zu einem selbstge-wählten Zeitpunkt. Das könnte die späte Radiorevolution sein: Man stellt sich sein Programm selbst zusammen, mittlerweile aus einem weltweiten Internetangebot, und was einmal gesen-det wurde, versendet sich eben nicht, sondern ist *on demand* im Archiv zu finden. Mit derart wählerischen Hörerinnen und Hörern winkt dem Rundfunk womöglich noch eine ganz neue Ära. Ich setze jedenfalls aufs Radio, weil es das aktuellste, re-flektierteste, nutzerfreundlichste, ja demokratieverträglichste Medium ist. Es versenkt seine Botschaften nicht in einer Bilder-flut, erschöpft den Austausch mit dem Publikum nicht in hoh-len Chats, schätzt sich nicht nach oberflächlichen »Daumen-hoch«- und »Like-it«-Bewertungen ein, simuliert bürgerliche Teilhabe nicht nur. Radiohören vermittelt eine besondere Form von Zeitgenossenschaft. Dass das Radio aus der Zeit gefallen zu sein scheint, könnte also seine ganze Stärke sein.

24. Der Mann, der es tat: Unser 11/9

Zu allen Zeiten wurde die Frage gestellt, ob ein junger Mensch Vorbilder benötigt. Wir waren von Leuten umgeben, die dazu, sofern es um ein *politisches* Vorbild ging, schlecht taugten – die meisten Eltern fielen aus, das Gros der Lehrer und Professoren auch, so gut wie alle Berufsgruppen hatten sich im National-sozialismus angepasst, selbst bei mutigen Widerstandskämpfern wie Carl Goerdeler oder dem Freiherrn von Stauffenberg irritierten Brüche und Blindheiten. Wenn man sich, wie beispielsweise die Studenten der 60er-Jahre in Aachen, mal einen lokalen Charismatiker wie den beliebten Hochschulrektor Hans Schwerte ausgesucht hatte, lief man Gefahr, dreißig Jahre später zu erfahren, dass er unter anderem Namen (Hans Schneider) ein SS-Intellektueller gewesen war, der sich seiner Vergangenheit durch Namenswechsel und Schweigen entzogen hatte.

Ausländische Idole wie JFK und Charles de Gaulle hielten ernsthafter Prüfung auch nicht stand, ganz zu schweigen von Mao Zedong, Fidel Castro oder Ho Chi Minh. Natürlich gab es bessere Kandidaten – neben den NS-Opfern, mit denen sich zu identifizieren frivol gewesen wäre, waren da die Helfer, die man eigentlich erst in den 80er-Jahren entdeckte, darunter wieder so zwiespältige Persönlichkeiten wie Oskar Schindler. Und auch Emigranten wie Theodor Adorno und Herbert Marcuse, die unter dem Namen Frankfurter Schule firmierten, René König wiederum nicht zu vergessen.

Auf das Vorbild meiner Wahl brachte mich der Schriftsteller Peter-Paul Zahl mit seinem Theaterstück über den Widerstandskämpfer Georg Elser. Der ganz allein baute und installierte die Bombe, die am 8. November 1939 im Münchner Bürgerbräukeller detonierte, wo Hitler und seine Bande alljährlich der »Märtyrer der Bewegung« gedachten, die beim gescheiterten Hitler-Putsch am 9. November 1923 getötet worden waren. Ein Jahr zuvor hatte, nicht zufällig auch um den 9. November herum, mit der »Reichskristallnacht« der bis dahin schlimmste Teil der Judenverfolgung begonnen. Wäre Hitler (wegen schlechten Wetters konnte er kein Flugzeug nach Berlin nehmen) nicht ein paar Minuten früher als vorgesehen aufgebrochen, wären er und die obersten NS-Paladine tot gewesen. Ein gelungenes Attentat hätte der Geschichte einen besseren Verlauf geben können.

Bei der Verhaftung an der Schweizer Grenze nach seinem Motiv gefragt, antwortete Elser aufrichtig, er habe den Krieg verhindern wollen. Hitler erklärte diesen Mann aus dem Volk zu seinem persönlichen Feind und wollte ihm nach dem »Endsieg« einen Schauprozess machen. Elser wurde in Sachsenhausen und Dachau inhaftiert und einen Monat vor dem »Untergang« auf Befehl von höchster Stelle ermordet. Als Peter-Paul Zahl *Johann Georg Elser. Ein deutsches Drama* 1981 für das Schauspiel Bochum schrieb, war diese Geschichte nur einer schmalen Fachöffentlichkeit bekannt. Lange galt Elser als Marionette der Nazis oder des britischen Geheimdienstes, in den Annalen des deutschen Widerstands wurde er ignoriert. Erst mit der wissenschaftlichen Auswertung der Vernehmungsprotokolle kam Elser zu Ehren – als »einfacher Schreiner« (er selbst nannte sich Kunsttischler), der als Einzelkämpfer den Tyrannenmord lange erwogen und sorgfältig geplant hatte. Erst die 80er-Jahre brachten die Rehabilitation Elsers, dessen kommunistische Vergangenheit nun auch nicht mehr verschwiegen wurde.

Ich las alles, was man über Elser erfahren konnte. Er stammte aus den pietistischen Kernlanden Württembergs, Kindheit und Jugend in kleinbäuerlichen Verhältnissen waren schwierig. Der sorgfältige Handwerker, der sein eigener Herr sein und Wertarbeit liefern wollte, musste während der Weltwirtschaftskrise in einer Rüstungsfabrik schuften und war häufig stellungslos. Aus dieser Zeit gibt es ein Foto: eine schlanke, mittelgroße Gestalt, ein ebenmäßiges, intelligentes Gesicht mit klaren Augen und welligem, dunklem Haar. Nicht einmal der *Völkische Beobachter* konnte darin eine »auffällige Verbrecherphysiognomie« oder ein »satanisches Untier« erblicken. Elser war ein bedächtiger, nicht sehr gesprächiger Mann, gutmütig und hilfsbereit, bisweilen überverletzlich und rechthaberisch. Mit der Verwandtschaft hatte er oft Krach, und fromm war er in dem Sinne, dass er Gottesdienste aller Konfessionen zu einer sehr persönlichen Meditation nutzte. Elser aß gut und gerne und war offenbar auch ein gesuchter Liebhaber und Gesellschafter. Im Trachtenverein »Oberrheintaler« spielte er Zither und Ziehharmonika. Politik, sobald sie die Lebenswelt der einfachen Leute überstieg,

war ihm suspekt. Er war passives Mitglied der Holzarbeiterge-
werkschaft und seit 1928 Mitglied des der KPD nahestehen-
den Rotfrontkämpferbundes. Den Kommunisten gab er seine
Stimme, damit sie die Lebensbedingungen der deutschen Arbeiter verbesserten.

Historiker sehen in Elser den »Attentäter aus dem Volke«
(Anton Hoch/Lothar Gruchmann), Hitlers »wahren Antagonis-
ten« und sein »moralisches Gegenbild« (J. P. Stern). In einem
Ozean von Feigheit, Anpassung und nationaler Hysterie bewies
er Mut, Eigensinn und Gerechtigkeitsgefühl. Das gab ihm die
Energie, über ein Jahr lang mit der ihm eigenen Pedanterie und
Umsicht den Anschlag im Bürgerbräukeller vorzubereiten. Elser wusste, dass Hitler ab etwa acht Uhr abends an der jährlichen Feier zu Ehren der »Marschierer des 9. November 1923«
teilnehmen, dort eine etwa zweistündige Rede halten und anschließend mit den »alten Kämpfern« zusammensitzen würde.
Es kam, wie gesagt, anders: Hitler verließ den Saal schon um
21.07 Uhr, drei Minuten später explodierte die Bombe. Als Elser
an der Schweizer Grenze wegen schwer belastender Indizien

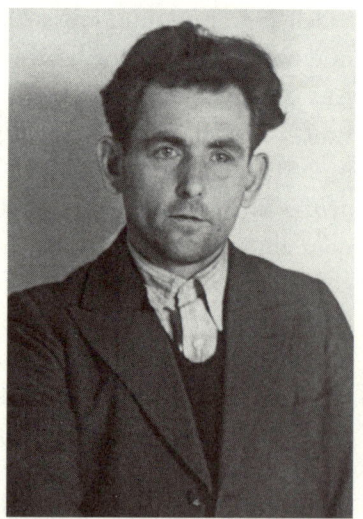

Buchcover von Peter-Paul Zahls Drama (1981) sowie Porträt Elsers (1939)

verhaftet wurde und die Hosenbeine hochziehen musste, sodass seine vereiterten Knie zum Vorschein kamen, wusste er, dass es vorbei war. Er fragte: »Was kriegt einer, der so was getan hat?«

Peter-Paul Zahl war eine der widersprüchlichsten Figuren der Studentenbewegung, die er in seinem Hauptwerk *Die Glücklichen. Ein Schelmenroman* porträtiert hat. Als ich ihn 1981 bei einer Lesung im Kasseler ABC-Buchladen kennenlernte, kam er mir vor wie ein ins 20. Jahrhundert versetzter Georg Büchner. In Westberlin hatte er die klassisch linksradikale Karriere durchlaufen: Er entzog sich dem Wehrdienst, wurde Drucker der anarchistischen Zeitschrift *Agit 883*, schrieb Gedichte, Satiren und Traktate, gründete in Kreuzberg eine Druckerei mit Kleinverlag, rief zur Gründung der Stadtguerilla auf, besorgte desertierten GI's Pässe für die Flucht nach Schweden. Literarischer und politischer »Krieg den Palästen« waren eins, der anarchische Impuls duldete keine analytische Relativierung oder taktische Unterwerfung, und die RAF, der anzugehören er 1972 verdächtigt wurde, war Zahl viel zu autoritär.

Als er in Kassel auftrat, hatte er die Geschichte am äußersten linken Rand hinter sich, darunter eine Schießerei mit Polizisten, von denen einer lebensgefährlich verletzt wurde. Ich erlebte nicht mehr den zu allem entschlossenen Revolutionär, der einem Bürgerkind um 1968 herum Angst gemacht hätte, sondern einen abgeklärten Skeptiker, dem das Gefängnis deutlich zugesetzt hatte. Dem es so wenig wie Georg Büchner vergönnt war, den libertären Kindertraum vom Recht auf Faulheit am Ende von *Leonce und Lena* Wirklichkeit werden zu lassen: »Wir lassen alle Uhren zerschlagen, alle Kalender verbieten und zählen Stunden und Monden nur nach der Blumenuhr, nur nach Blüte und Frucht…«

Zahl war 1972 bis 1982 in Haft und selbst dort den besonderen Nachstellungen der Strafjustiz ausgesetzt, die das Strafmaß wegen des »bedingten Vorsatzes« zum zweifachen versuchten Mord in einer Revisionsverhandlung heraufsetzte. Zahl kommentierte den »Gesinnungszuschlag« in einem lakonischen

Gedicht: »am 24. mai 1974 / verurteilte mich das volk [...] zu vier jahren / freiheitsentzug / am 12. märz 1976 / verurteilte mich das volk [...] in gleicher sache / zu fünfzehn jahren / freiheitsentzug / ich finde / das sollen / die völker / unter sich ausmachen / und mich da rauslassen.« Nach seiner Freilassung 1982 ging Zahl nach Mittelamerika und lebte bis zu seinem Tod 2011 überwiegend auf Jamaika.

9. November 1939, Völkischer Beobachter: »Der Führer einem heimtückischen Mordanschlag erlegen!« – die Schlagzeile wäre Elser zu wünschen gewesen. 9/11 unserer Schreibweise wäre dann ganz anders geartet, der Nazi-Mythos der »Novemberverbrecher« (gemeint waren die Revolutionäre von 1918) hätte sich erledigt, der ja auch noch die Synagogenschmiererei 1959 ausgelöst hatte. Elser hat für alle Zeiten und Umstände klargemacht, wie wichtig der Mut eines Einzelnen ist und wie sinnvoll eine »verrückte« Tat sein kann. Weil auch die Mauer an einem 9. November fiel, kann der Tag nicht als Nationalfeiertag begangen werden. Obwohl es in der deutschen Geschichte wenige glücklichere Episoden gegeben hat.

25. Ben Wisch. Dämmerung im Langen Eugen

Da ich in Algerien französischen »Kofferträgern«, Sympathisanten der algerischen Befreiungsbewegung, begegnet war und sich mir ein zeithistorisch wie schriftstellerisch aufregendes Thema aufgetan hatte, dehnte ich meine Nachforschungen auf den Schauplatz Deutschland aus. Drei Jahre recherchierte ich im Schneeballsystem: Aus dem Referenzwerk von Hervé Hamon und Patrick Rotman (der Titel *Les Porteurs des valises* ging auf Jean-Paul Sartre zurück) sah ich die Namen der deutschen Unterstützerszene durch und ließ mir weitere »Kofferträger« nennen. Ganz oben auf der Liste stand der damalige Staatsminister im Bundeskanzleramt, Hans-Jürgen Wischnewski. Ich bat ihn um ein Gespräch, das immer wieder aufgeschoben wurde und erst stattfand, als das Buch fast fertig und die Regierung Schmidt am Ende war. Doch dazu später.

Wohlbekannt war mir der Sekretär des Sozialistischen Büros, Klaus Vack, nicht aber sein »Kriegseinsatz«: 1959 hatte er mit Winfried Müller alias Si Mustapha einen »Rückführungsdienst« für deutsche Fremdenlegionäre organisiert, will sagen: Desertion aus der berüchtigten Söldnertruppe. Mir war die *Légion étrangère* aus Schauergeschichten meiner Kindheit unheimlich, als vor allem deutsche (und österreichische) Jungmänner für den Militärdienst in Indochina oder Algerien angeworben wurden. Wie das in Algerien war, fragte ich zwei Ex-Legionäre bei einem Lunch nahe der Air-France-Niederlassung in Frankfurt, wo sie der dankbare französische Staat seit Jahren untergebracht hatte. Von einem Rückführungsdienst (der nachweislich Hunderte Fremdenlegionäre repatriiert hatte) wollten sie noch nie gehört haben, auf die Ehre ihrer für Folter und grausame Kriegführung bekannten Truppe ließen sie nichts kommen.

Vack nannte mir die einstige SDS-Studentin Walmot Falkenberg, die mit brisantem Material über die grüne Grenze bei Forbach gegangen war und nun als feministische Autorin im Odenwald lebte. Im *Spiegel*-Archiv stieß ich auf den Namen von Reimer Lenz, der als friedensbewegter Tübinger Psychologiestudent mit einer selbst gefertigten Wanderausstellung zu den französischen Kolonialverbrechen von Westberlin nach Göttingen, Heidelberg, Frankfurt, München, Braunschweig, Kiel und Villingen getourt war. 1959 gehörte er zu den Veranstaltern des Anti-Atomtod-Kongresses in Berlin, dessen Referentenspektrum von Helmut Schmidt bis Ulrike Meinhof reichte. Unter Pseudonym hatte der homosexuelle Lenz als einer der Ersten die Schwulenverfolgung im Nationalsozialismus angeprangert.

Es gab vereinzelte Demonstrationen und Mahnwachen zu Algerien, aber die Empörung reichte nie an die über den amerikanischen Krieg in Vietnam einige Jahre später heran. Die Palette der Unterstützer war jedoch breit: Dazu gehörten beinharte (und Anfang der 80er-Jahre recht spießig gewordene) Trotzkisten der IV. Internationale, Angehörige der katholischen Hierarchie, namentlich in der Caritas, einige Gewerkschafter. Hans Magnus Enzensberger griff (wie Norman Mailer und andere in den USA) 1961 Jean-Paul Sartres im Jahr zuvor publiziertes *Manifest der 121* auf, eine Deklaration französischer Intellektueller für das Recht auf Verweigerung der Dienstpflicht im Algerienkrieg. Zur Eröffnung der Lenz'schen Wanderausstellung in Frankfurt stellte er eine brisante Verbindung zur deutschen Geschichte her: »Wer wird uns glauben, wenn wir von 800 000 getöteten Algeriern nichts wissen wollen? Schon einmal haben wir alle miteinander nichts wissen wollen.« Das war noch vor den Kuba-Reisen des Schriftstellers, der ein Inbegriff des politischen Lyrikers war und, wie er an diesem scheinbar entlegenen Engagement demonstrierte, *der* intellektuelle Protagonist der APO wurde, ihr zugleich immer ein paar Denkschritte voraus.

Volker Schlöndorffs unter dem Pseudonym Volker Loki gedrehter Kurzfilm *Wen kümmert's* über Algerier in Frankfurt wurde wegen »Parteinahme gegen eine befreundete Nation« von der FSK nicht freigegeben. Bald darauf arbeitete Schlöndorff als Assistent so bedeutender Regisseure wie Louis Malle, Jean-Pierre Melville und Alain Resnais und verfasste nach dem Roman von Robert Musil sein erstes Drehbuch, *Der junge Törless*, womit der internationale Durchbruch des Jungen Deutschen Films begann. Algerien hat damals so einiges in Bewegung gesetzt.

Besonders spannend war Erich Wollenberg, eine sagenumwobene Komintern-Figur. Der einst ultralinke Kommunist, der in der KPD für den militärischen Aufstand zuständig gewesen war, bei Stalin in Ungnade fiel und vom NKWD ebenso wie von der Gestapo verfolgt wurde, arbeitete in den 50er-Jahren als Informant des Auswärtigen Amtes, vermutlich auch des Bundesnachrichtendienstes für die Unabhängigkeit Algeriens. Solche Wanderer zwischen den Welten galten gern als »Trotzkisten«, die Frontverläufe des Kalten Krieges bedeuteten ihnen wenig.

Waren die bisher Genannten eher harmlose *fellow travellers* einer guten (wenn auch nicht ganz so einfachen) Sache, so begegnete ich in Paris drei Zeugen, die in den bewaffneten Kampf selbst tief involviert waren. Jacques Vignes, ein auf dem Montmartre-Hügel lebender Veteran, hatte illegale Transporte untergetauchter FLN-Leute nach Spanien und Deutschland organisiert; gern wüsste ich, was aus dem Bohémien und seinen Schauspielerfreunden geworden ist. Michel Raptis, ein in Alexandria geborener griechischer Trotzkist, bekannt unter dem Pseudonym Pablo, war nach Algerien in der Hoffnung gegangen, die Weltrevolution zünde am ehesten in der Dritten Welt. 1962 schaffte er es bis ins Kabinett Ben Bella, aber die *autogestion* (Arbeiterselbstverwaltung) in Produktionsgenossenschaften auf dem Lande einzuführen gelang ihm nicht. Raptis war ein Mann von Welt, polyglott, ein virtuoser Züchter jener Spaltpilze, die zur trotzkistischen Bewegung gehörten – der »Pablismus« zählte bei seinen Gegnern zu den größten Abweichungen. Von Beruf Ingenieur, soll der Berufsrevolutionär im Laufe seines Lebens 23 Decknamen benutzt haben: Abdelkrim – Alain – Archer – Gabe – Gabriel – Henry – Jérôme – Jean-Paul Martin – Mike – Molitor – M.P. – Murat – Pilar – Robert – Smith – Spero – Vallin *et alias*… Begraben liegt er in Athen, wo ihm Andreas Papandreou 1996 einen regelrechten Staatsakt gönnte.

Die Spinne im Netz war Ali Haroun als Chef des *Septième Wilaya* – so hatte die Befreiungsfront FLN nach den sechs inneralgerischen Widerstandsbezirken einen siebten im Ausland getauft. Haroun hatte vor dem Krieg in Algier das Gymnasium besucht und in Paris Jura studiert. Der Anwalt ging 1954 in den Untergrund, organisierte die »Revolutionssteuer«, die algerischen Arbeitsmigranten in Frankreich auferlegt war, und zog 1962 in die Konstituierende Versammlung Algeriens ein. Da er kein Anhänger des ersten Staatspräsidenten Ahmed Ben Bella war, wurde er politisch kaltgestellt und arbeitete als Anwalt in Algier, bevor er ins Exil nach Paris ging, wo ich ihn traf und ausquetschte. Der Ausdruck trifft, weil er einerseits immer noch unter dem Gesetz des Schweigens zu stehen schien, andererseits in dem jungen Deutschen die Gelegenheit gekommen sah, endlich alles zu erzählen.

Am Rande ging es noch um gut gefälschte Francs-Scheine, die in Osnabrück gedruckt wurden, und um Waffentransporte, die einmal von der rechtsradikalen Terrorgruppe *Main Rouge* (»Rote Hand«) in die Luft gesprengt wurden. Man bewegte sich da auf dem Terrain der »Räuberpistole«, was einigen Rezensenten und Redakteuren säuerlich aufstieß; dabei gehörten das Verruchte, Verrückte und Halbkriminelle zu dieser Geschichte, deren seriöser Kern eine Archäologie des Internationalismus vor Kuba, Vietnam, Rhodesien und Nicaragua war.

Und sie war ein wenig pathetischer Seitenstrang der deutsch-französischen Freundschaft. Denn das Algerien-Engagement einiger Dutzend Deutscher wurde toleriert durch die deutsche Außenpolitik, die (ähnlich wie das State Department in Washington) Zweifel an der Dauerhaftigkeit des von Mitterrand und de Gaulle proklamierten *Algérie française* hatte. Also ließen sie die Ableger des FLN in der tunesischen und der marokkanischen Botschaft in Bad Godesberg gewähren, solange die Aussöhnungsroutinen nicht gestört wurden. Der Leiter des Frankreich-Referats und spätere Staatssekretär im Auswärtigen Amt, Paul Frank, schrieb mir in einem Brief, Paris habe die Verfolgung des FLN zum Gradmesser der deutsch-französischen Beziehungen machen wollen. »Die ganze Sache war so heikel, dass davon nur selten etwas in den Arbeitsgang gedrungen ist. [...] Andererseits war die Bundesregierung schon ziemlich früh der Überzeugung, dass Frankreich den Algerienkrieg nicht gewinnen konnte und dass man es früher oder später mit einer algerischen Regierung werde zu tun haben. Es galt also, die Möglichkeiten in der Zukunft nicht zu verschütten, ohne das deutsch-französische Verhältnis zu beeinträchtigen.«

Weil ihm solche Gratwanderungen überhaupt nicht behagten, ermittelte Generalbundesanwalt Max Güde gegen den FLN wegen Geheimbündelei – für ihn war er eine arabische

Terrororganisation in Europa (und man stelle sich das heute vor!). Frank und der schon erwähnte Hans-Jürgen Wischnewski, damals als Juso-Vorsitzender und Kölner MdB in der ersten Legislaturperiode kein Hinterbänkler mehr, konnten nicht verhindern, dass der inoffizielle Leiter der algerischen Vertretung verhaftet wurde. Franks sarkastischer Kommentar: »Er war später der erste algerische Botschafter in Bonn ...« Noch 1984 beschied die Generalbundesanwaltschaft mein Gesuch um Akteneinsicht in einen Bericht des Bundeskriminalamts vom September 1959 zum Thema »Algerier in der Bundesrepublik« abschlägig: »Die genannten Materialien enthalten Informationen, deren Bekanntgabe auch heute noch schutzwürdige Belange der in den Unterlagen genannten Einzelheiten erheblich tangieren könnte. Darüber hinaus bin ich gehalten, dem politischen Interesse anderer Staaten (Algerien/Frankreich) Rechnung zu tragen.« Frank wurde wenig später übrigens einer der wichtigsten, im Hintergrund agierenden Architekten der Ostpolitik Willy Brandts.

Buchcover *Kofferträger*

Kofferträger kam 1984 bei Rotbuch heraus, damals einem der renommiertesten linken Verlage im Lande. Der Obertitel war prägnant, wenn auch nicht selbstredend, der Untertitel eher abschreckend: »Das Algerien-Projekt der Linken im Adenauer-Deutschland«. Man erkennt daran den Spagat zwischen freier Publizistik und akademischer Konvention. Meine Lektorin Marieluise Knott, die heute als Übersetzerin, Hannah Arendt-Herausgeberin und Autorin tätig ist, half mir, Bandwurmsätze, Manierismen und Flüchtigkeitsfehler auszumerzen. Mein erstes »richtiges« Buch für den allgemeinen Markt verkaufte sich trotz der abgelegenen Story mit 5000 Exemplaren gut; zur Buchmesse kam es als ein Haupttitel neben Herta Müllers *Niederungen*, dem *Vogelsberg*-Roman der Agentur Standard Text und dem *Staatskünstler* des ungarischen Dissidenten Miklós Haraszti.

Kofferträger wurde in vielen Printmedien besprochen, gerade in den damals aufblühenden Stadtzeitungen wie dem Berliner *tip* und der Kölner *Stadtrevue*. Die Honorare für Lesungen überstiegen die Tantiemen, so roch ich am Metier des freien Autors, der von Büchern zu leben hoffte. Für ein Radiofeature im WDR (»Geheime Treffs im Hutgeschäft«) wertete ich Interviews mit »Kofferträgern« in der Kölner Region aus. Eine Vorabversion, hervorragend illustriert durch Borislav Sajtinac, erschien im Reportage-Magazin *Transatlantik*, das Enzensberger und Karl Markus Michel nach dem Vorbild des *New Yorker* auf den Weg gebracht hatten, ohne das Format in Deutschland dauerhaft heimisch machen zu können. Enzensberger war das Schriftstelleridol meiner frühen Jahre. Die Algerien-Geschichte wird ihn an diese Zeit erinnert haben. Dass er großartige Gedichte (und Anthologien!) verfasste, dürfte ihn den Literaturnobelpreis gekostet haben. Dafür hatte er zwei Zeitschriften gegründet, bei denen ich immer mitmachen wollte, aber erst durfte, als des Magnus' Interesse schon neuen Transgressionen galt.

»Carlos« Michel, ob seines profunden Wissens und seines

ebenso überzeugenden Dandytums eine der beeindruckendsten Gestalten, denen ich je begegnet bin, war ein besonderer Förderer. Für *Transatlantik*, aber auch für das von ihm redigierte *Kursbuch* schrieb ich Aufsätze zu diversen Themen der Zeit. Darunter waren, in unverkennbarer Spiegelung privater Erfahrungen, die Pseudoratgeber »Lieb und teuer. Eine Nachwuchskostenanalyse« (72/1983) und »Drum prüfe, wer sich ewig bindet. Praktische Anleitung zur kostengünstigen Scheidung« (87/1987). Was ich für angewandte Kultursoziologie hielt, brachte mir den Ruf eines Über-alles-Schreibers ein, der in der Wissenschaft um seinen Ruf fürchten musste und in Journalistenkreisen als unliebsame Konkurrenz galt.

Ein paar Jahre gehörte ich nun zu dieser Rotbuch-Familie, in der es vor älteren Brüdern wimmelte: der spätere Büchner-Preisträger F. C. Delius, der unvergleichliche Heiner Müller, der unbeirrbar linke Tabus bekämpfende Peter Schneider, der unglückliche DDR-Exilant Thomas Brasch, der rebellische Peter-Paul Zahl, der Wahlitaliener Peter Kammerer, der ungarische Dissident György Dalos. In der *Kursbuch*-Redaktion freundete ich mich mit Ingrid Karsunke und ihrem Mann Yaak an.

Mein Kölner Schulkamerad Otto Kallscheuer wurde 1986 Lektor und machte fünf weitere Rotbücher mit mir, wodurch endlich eine große Freundschaft, die auf der Schule nicht zustande gekommen war, gedeihlich wachsen konnte. Früh ragte er heraus durch die weiße Haarpracht, die wir als ältere Herren jetzt teilen. Regelmäßig erhalte ich Lebenszeichen von »OK« in Form feiner Aquarelle auf Postkarten, zu selten gehen wir am Rhein oder am Harlem Meer in Manhattan spazieren, er gern einen kleinen Schritt voraus. Überhaupt war er mir auf allen langen Strecken ein Stück voraus (daher vielleicht seine gelegentliche Atemlosigkeit). Auch wenn er die Assoziation nicht mag: Mich erinnert dies an einen älteren Fernsehfilm, in dem Horst Bollmann einen Marathontrainer spielt, der seinen Schützling zur Höchstleistung antreibt und dabei die 42 195 Meter vor- und zurückläuft, also weit mehr Strecke macht als der am Ende erfolgreiche und umjubelte Athlet. Es spricht nicht für das deutsche Universitätswesen (und die katholische Kirche), dass es für einen solchen Marathonmann wenig Verwendung hatte, obwohl er die politische Philosophie in Deutschland stärker bewegt hat als ein halbes Dutzend Ordinarien, etwa durch das Bekanntmachen der Werke Michael Walzers und Norberto Bobbios in der von ihm herausgegebenen Reihe »Rationen« oder durch eigene Werke über »Gott und die Welt«.

Nachzutragen ist die Begegnung mit Wischnewski. Sie fand endlich statt im November 1983, am Vorabend des Kölner SPD-Parteitags, auf dem sich Wischnewski mit 14 weiteren Abweichlern der Parteimehrheit in Sachen NATO-Doppelbeschluss und Stationierung US-amerikanischer Mittelstreckenraketen in Deutschland widersetzen sollte – in Nibelungentreue zu Helmut Schmidt, dessen enger Vertrauter und *Troubleshooter* er war. Der alsbald wieder einfache Abgeordnete Wischnewski wusste, dass sein steiler, noch ganz altsozialdemokratischer Aufstieg vom Gewerkschaftssekretär zum Minister für Wirtschaftliche Zusammenarbeit und Staatsminister im Kanzleramt sowie zum Stellvertreter Willy Brandts im SPD-Vorstand sich dem Ende zuneigte. Er hatte bestimmt anderes im Kopf, als mit einem neugierigen Wissenschaftler Algerien-Erinnerungen auszutauschen.

Das dann doch sehr lange Gespräch fand im Abgeordnetenbüro NH 627 im Langen Eugen in Bonn statt, über dem Drachenfels waren tiefdunkle Gewitterwolken aufgezogen. Wischnewski saß hinter seinem leergeräumten Schreibtisch, er knipste kein Licht an und sprach mit langen Pausen. Sein Monolog gelangte bald zur »Landshut«, zur blutigen Befreiung der RAF-Geiseln in Mogadischu (Somalia) 1977, und damit zum dramatischsten Kapitel seiner politischen Laufbahn, der Entführung des Arbeitgeberpräsidenten Hanns Martin Schleyer. Unter Blitz und Donner bekam ich, selbstverständlich *off the record,* Details aus Krisenstäben zu hören, die ich kaum glauben konnte und die erst in der späteren Geschichtsschreibung über die RAF herauskamen. Darunter waren so »exotische Maßnahmen« wie die Einführung der Todesstrafe, die Internierung von Terrorverdächtigen und sogar eine umgekehrte Geiselnahme der Gefängnisinsassen in Stammheim. Mit oberbajuwarischer Exekutionsandrohung.

Wischnewski, der seit dem Entree als »Kofferträger« unablässig in arabischen Ländern unterwegs war und dabei viel mit Palästinensern zu tun hatte, wird wohl eine Verbindung gezogen haben von der schwärmerischen Unterstützung einer Befreiungsbewegung, die in Algerien und Europa vor Terror bekanntlich nie zurückschreckte, zu den Aktionen der RAF, die ihre Wahnvorstellungen nicht zuletzt auch aus dem Mythos der Gewalt in den *Verdammten der Erde* des auch in Algerien tätigen und begrabenen Frantz Fanon entwickelte. Sein Engagement für das »Freie Algerien« hat Wischnewski in seinen politischen Memoiren mit dem Weber'schen Titel *Mit Leidenschaft und Augenmaß* als Gesellenstück des künftigen Außen- und Entwicklungspolitikers dargestellt. Der »rechte« Angehörige des Seeheimer Kreises erschien mir nicht nur an diesem Abend grundsympathisch, und dass ich ihn aus ultralinker Position habe fertigmachen wollen, wie zwei unterschiedliche Rezensenten in seltsam gleichlautenden Formeln unterstellten, stimmt sicher nicht. Wischnewski war mit meiner Darstellung einverstanden, im September 1989 durfte ich ihn in Köln vor staunenden jungen Sozialdemokraten zu seiner Rolle in der Algerien-Solidarität befragen. Zu offiziellen deutsch-algerischen Gelegenheiten ließ er mich einladen. Da traf ich auf alte Kämpfer, die nun als Botschafter oder Außenminister ihres Landes fungierten.

Aus anderer Quelle bekam ich später den Tipp, Ahmed Ben Bella werde im Kölner Dom-Hotel absteigen und sei für ein *Zeit*-Interview zu haben. Der algerische Staatspräsident i.R., der nach seiner Absetzung 1965 lange Jahre unter Hausarrest gestanden und sich dabei zum gläubigen Muslim und Islamisten entwickelt hatte, wirkte damals aus dem Schweizer Exil auf undurchsichtige Weise für die Islamische Republik Iran. Das

Treffen mit dem großen, immer noch erstaunlich jugendlich wirkenden Mann fand in einer geräumigen Suite im Schatten des Kölner Doms statt. Hier hatte ich es mit einem Giganten der Zeitgeschichte zu tun, der zur Historie der Entkolonisierung gehört wie Fidel Castro und Ho Chi Minh.

Schon in den 80er-Jahren lagen deren Widersprüche und Probleme offen zutage. Der Rotbuch-Verlag war so frei, die selbstkritische Polemik des »neuen Philosophen« Pascal Bruckner von 1983 unter dem Titel *Das Schluchzen des weißen Mannes* zur Diskussion zu stellen. Bruckner erblickte im Antikolonialismus (in der Linie Sartres und Fanons) eher Schuldgefühl und Selbsthass westlicher Intellektueller, welche die repressiven und ausbeuterischen Praktiken postkolonialer Staatsklassen der Kritik enthoben. Leute wie Simbabwes Diktator Robert Mugabe profitieren bis heute von dieser Zurückhaltung Europas, die Dinge beim Namen zu nennen. Die kolonisierte Welt war *keine* zweigeteilte, wie es eine manichäische Lektüre Fanons und viele Verfechter postkolonialer Lehren mit der Dichotomie von authentischer Gemeinschaft und aufgezwungener Verwestlichung unterstellen. Eine Verschärfung dieser Grundsatzkritik findet sich in dem provokanten Text *Rituale europäischer Selbstkasteiung*, den ich 1992 mit dem Gießener Kollegen und Afrikakenner Reimer Gronemeyer verfasste. Die *Blätter für deutsche und internationale Politik* wollten damit eine selbstkritische Debatte über die Mythen des Internationalismus starten, stattdessen hagelte es Abo-Kündigungen und gewollte Missverständnisse.

Jüngst haben Fritz Keller (*Gelebter Internationalismus. Österreichs Linke und der algerische Widerstand, 1958–1963*) und Dorothee Weitbrecht (*Aufbruch in die Dritte Welt: Der Internationalismus der Studentenbewegung von 1968 in der Bundesrepublik Deutschland*) die Kofferträgerei noch einmal ermittelt und das Gesamtbild nuanciert, aber nicht grundsätzlich umgestoßen. Erfreut war ich, zu hören, dass *Kofferträger* dreißig Jahre nach der deutschen Erstausgabe in Algier erscheinen soll.

Heute würde ich meine Beschäftigung mit Algerien aber stärker mit Israel verbinden, im Sinne von Claude Lanzmann, der seine antikoloniale Sympathie rückblickend so kommentiert: »Ich hatte geglaubt, man könnte gleichzeitig für die Unabhängigkeit Algeriens und die Existenz des Staates Israel sein. Ich hatte mich getäuscht.« Die Kehrseiten des antikolonialen Kampfes waren offensichtlich: der Mythos der bewaffneten Gewalt, der unschuldige Opfer in Kauf nahm, die Dämonisierung des kolonialen Westens zum absoluten Feind, der besinnungslose Antiamerikanismus. Was heute auch nicht mehr fehlen dürfte, ist die Sympathie der extremen Rechten für die Befreiung Algeriens, das sie aus guten Gründen als Feind Israels und Hort des Antisemitismus einstuften. Meine Gesprächspartner würde ich stärker mit der Haltung von Albert Camus konfrontieren, der in dem postum erschienenen Roman *Le Premier Homme* (*Der erste Mensch*) seine Abneigung gegen das Kolonialsystem deutlich macht, aber die Verankerung im elterlichen Milieu der *Pieds-Noirs* nicht verleugnet.

2014, zum sechzigsten Jahrestag der algerischen Revolution am 1. November 1954, erreichte mich eine Einladung aus Algier, an den offiziellen Feierlichkeiten teilzunehmen. Ali Haroun und andere alte Kämpfer würden dabei sein, ich sollte mein *Kofferträger*-Buch präsentieren, dessen Übersetzung nun bevorstehe. Ich fühlte mich geehrt von dieser Einladung und war drauf und dran zuzusagen. Mein Zwiespalt: Zwar kam es mir schäbig vor, hätte ich meine mittlerweile kritischere Position zum Befreiungskampf ausgerechnet am Jahrestag kundgetan, doch der Geschichtsklitterung Vorschub leisten, die in Algerien weiter anhält, wollte ich auch nicht. Die Entscheidung wurde mir dann abgenommen: Kurz nachdem ich die Mail gelesen hatte, kam die Nachricht von der Hinrichtung des französischen Bergführers Hervé in einem Bergpark am Djurdjura-Massiv in der Kabylei. Die Nachricht schockierte mich: Wieder hatten die Anhänger des Islamischen Kalifats einen Unschuldigen brutal enthauptet. Mehr noch berührte mich, dass Islamisten in Algerien unter diesem schwarzen Banner wieder aktiv wurden, und am meisten, dass ich – was ich nach dem Hervorkramen meiner alten Fotos und Landkarten feststellte – ebendiese Gegend, bevor sie wegen der seltenen Tierarten zum Nationalpark gekürt wurde, die Kabylei mit ihren grandiosen Schluchten und einem Blick bis zur Mittelmeerküste, einst durchstreift hatte. Sofort war die noch zu erklärende Angst von 1992 wieder da. Den Besuch zu den Feierlichkeiten sagte ich ab.

26. Bruder Barbie und Maître Vergès

Dass ich im Sommer 1983 in Paris ein größeres Schreibvorhaben zum politischen Umbruch in Frankreich begann, hängt eng mit der Präsidentschaft (und Persönlichkeit) François Mitterrands zusammen. Mit dessen triumphalem Wahlsieg 1981 war erstmals seit der Volksfront von 1936 wieder eine *Union de la Gauche*, eine Allianz aus Sozialisten, Kommunisten und unabhängigen Linken, an die Macht gekommen. Paris hatte ausgelassen gefeiert, aber die Ernüchterung kam rasch. Frankreichs Linksunion war keine Avantgarde, sie entpuppte sich eher als Nachhut einer Sozialdemokratie, die im Rest der Welt ihren Zenit überschritten hatte und auch im *Héxagone* nicht heimisch werden sollte. In Großbritannien herrschte die Eiserne Lady, in Bonn sagte Helmut Kohl 1982 eine »geistig-moralische Wende« an, die unerschütterlich wirkenden Wohlfahrtsstaaten in Skandinavien standen unter Druck.

Meine Fragestellung *Warum gibt es keine Sozialdemokratie in Frankreich?* war dem Klassiker Werner Sombarts von 1908 entlehnt. Den Wirtschaftshistoriker interessierte, warum es ausgerechnet im damals am weitesten entwickelten Industrieland der Erde keine Arbeiterbewegung und folglich keinen Sozialismus gab. Die Antwort fand er in der ethnisch-religiösen Vielfalt des Einwanderungslandes USA, die weltanschauliche Blöcke nach der Art Europas ausschloss und die Bildung von

Klassen(parteien) verhinderte. In Frankreich hingegen waren diese traditionell stark und die Idee einer Sozialpartnerschaft fremd. Herausfinden wollte ich also, ob es einem so ungewöhnlichen Staatsmann wie Mitterrand (der mich faszinierte, ohne dass ich ihn mochte) gelingen würde, den französischen Sonderweg zu beenden. Mitterrands Parti Socialiste unterschied sich ja noch in vieler Hinsicht von der SPD, der Labour Party und den schwedischen Sozialdemokraten. Und da sich der Macchiavellist mit dem (von mir wieder mit Misstrauen beäugten) Parti Communiste zusammengetan hatte, stellte sich auch die Frage, ob dieser fähig sein würde, seine stalinistische Vergangenheit abzuschütteln und sich an den Juniorstatus zu gewöhnen.

Zunächst erregte in Paris jedoch ein ganz anderes Ereignis meine Aufmerksamkeit: die Auslieferung Klaus Barbies, des ehemaligen Gestapo-Chefs von Lyon, aus Bolivien nach Frankreich. Auch die Bundesregierung hatte, ohne sonderlichen Nachdruck, einen Auslieferungsantrag gestellt, nun saß Barbie in Untersuchungshaft in Paris. Die Konstellation war spektakulär: Der deutsche Folterer des legendären Résistance-Chefs Jean Moulin, der außerdem die Liquidierung eines jüdischen Kinderheims in Izieu angeordnet hatte, war von der bolivianischen an die französische Linksregierung ausgeliefert worden. Nach vierzig Jahren sollte der einstige, in Paris schon zweimal in Abwesenheit zum Tode verurteilte SS-Hauptsturmbannführer seine gerechte Strafe bekommen. Treibende Kräfte waren die »Nazi-Jägerin« Beate Klarsfeld, die ich 1971 als verhinderter Lokalreporter in Köln am Werke gesehen hatte, und ihr Mann Serge.

Auch wenn Barbie in der SS-Hierarchie nicht ganz oben rangiert hatte und als überaus sadistischer »Schlächter von Lyon« für die strukturelle Analyse der NS-Herrschaft kaum interessant war, schien bald ein zweiter Eichmann-Prozess bevorzustehen. (Der Barbie-Prozess begann erst im Mai 1987.) Hauptvorwürfe waren die von Barbie veranlasste Razzia gegen das Hauptquartier der Union Générale des Israélites de France am 9. Februar 1943 und die damit verbundene Deportation von

85 Juden, darunter der jüdischen Kinder von Izieu. Nach kurzem Prozess wurde Barbie, der verstockt auftrat und alles abstritt, wegen Verbrechen gegen die Menschheit schuldig gesprochen und zu lebenslanger Haft verurteilt. 1991 ist er im Gefängnis gestorben.

Keine sonderliche Überraschung war, dass deutsche Stellen kein Interesse gezeigt hatten, Barbie nach 1945 zu verfolgen. Ebenso wenig konnte erstaunen, dass er, wie später herauskam, 1947 wegen seiner Expertise im Umgang mit Kommunisten in die Dienste des amerikanischen Nachrichtendienstes CIC genommen wurde und auf der von katholischen Kreisen gelegten »Rattenlinie« nach Südamerika gelangt war. Erst jüngst war noch zu erfahren, dass in den 60er-Jahren auch der BND den Geschäftsmann Klaus Altmann alias Barbie wieder für kurze Zeit angeheuert hatte, obwohl kaum verborgen geblieben sein konnte, dass es sich um einen gesuchten Kriegsverbrecher handelte. Bedeutender fand ich, was der Barbie-Prozess über Frankreich zutage bringen würde – und ganz unerwartet auch über Algerien.

Mein im Juli 1983 erschienenes *Zeit*-Dossier ging deshalb nur knapp auf die Taten ein, die dem früheren Leiter der Abteilung IV beim Kommandeur der Sicherheitspolizei und des SD in Lyon angelastet wurden, wie die Quälereien in der Suite 68 des Hotels Terminus. Was mich vornehmlich interessierte, war der Keil, den Barbie in die *französische* Gesellschaft treiben würde, die sich mit ihrer Kollaboration mit den deutschen Besatzern von 1940 bis 1944/45 wenig auseinandergesetzt hatte. Ansetzen wollte den Keil der Verteidiger von Barbie, Maître Jacques Vergès, und zwar, um auch die andere, unbewältigte Vergangenheit Frankreichs zum Thema zu machen – die Folter im Algerienkrieg. Sein Kalkül: Wenn Frankreich Klaus Barbie wegen unverjährbarer rassistischer Verbrechen an jüdischen Kindern 1942 bis 1944 anklagte, dann gehörte das Land wegen analoger Verbrechen gegen arabische Zivilisten zwischen 1954 und 1962 in Algerien selbst auf die Anklagebank.

Jacques Vergès verteidigt Klaus Barbie

Jacques Vergès hatte da einige Rechnungen offen: Während des Algerienkriegs hatte er Folteropfer verteidigt, darunter seine spätere Frau Djamila Bouhired, und eine Taktik der politischen Vorwärtsverteidigung entwickelt, die Verteidiger von RAF-Mandanten wie Klaus Croissant übernahmen: die Umfunktionierung des Strafprozesses in ein politisches Tribunal gegen die Staatsmacht. Vergès war in gaullistischen Résistance-Zellen ausgebildet worden, hatte sich nach 1945 in Indochina engagiert, später gegen das »zionistische« Israel. Zwischen 1970 und 1978 war Vergès, wie er es ausdrückte, »im Urlaub« – viele mutmaßen, bei seinem Freund Pol Pot, dem Anführer der Roten Khmer in Kambodscha; andere behaupten, er sei vor Gläubigern ausgerissen.

Jetzt war der geheimnisumwitterte Advokat wieder da, und er wohnte, wie ich feststellte, gleich um die Ecke. Meine Wohnung war eine kleine *chambre de bonne* unterm Dach eines vornehmen Hauses in der Rue Huysmans; der »Anwalt des Teufels«, wie ihn Boulevardblätter getauft hatten, residierte in einer großen, stets abgedunkelten Parterrewohnung in der Rue Notre-Dame-des-Champs. Es war erstaunlich einfach, ihn für ein Interview zu treffen, das ich dann mitsamt einem umfassenden Dossier über die französischen Helfer der Gestapo bei der Judenverfolgung der *Zeit* anbot. Der in Deutschland bis dahin kaum bekannte Vergès gab darin seine primäre Motivation zu erkennen: »Barbie wird nach einem Gesetz über ›Verbrechen gegen die Menschheit‹ angeklagt, das in Frankreich 1964 verabschiedet wurde. Wohlgemerkt: 1964. Hätte es dieses Gesetz schon zwischen 1954 und 1962 gegeben – wir hätten damals Hunderte von Anklagen wegen ›Verbrechen gegen die Menschheit‹ erheben können, aber es war natürlich kein Zufall, dass es dieses Gesetz damals noch nicht gab. Barbie wird jetzt rückwirkend aufgrund eines Gesetzes angeklagt, das analog auch auf französische Verbrechen in Indochina und Algerien anzuwenden wäre, aber eben nicht angewendet wird. Der Betrug liegt darin, dass man uns weismachen will, der ewige Verbrecher gegen die Menschkeit sei immer der ›Boche‹, der Deutsche.« Das, schloss er, sei die »Auflösung des Rätsels ›Vergès und Barbie‹«.

Da ich kaum im Verdacht stehen konnte, deutsche Taten gegen französische Mitwirkung aufrechnen zu wollen, arbeitete ich den legitimen Kern der perfiden Strategie heraus. (Perfide auch deswegen, weil er sich die Verteidigung Barbies von dem Schweizer Bankier François Genoud honorieren ließ, der Hitler und nach 1945 Nazis in aller Welt unterstützte, die algerische Befreiungsbewegung und palästinensische Terrorgruppen finanzierte.) Wie auch immer: Der exemplarische (und eklatanteste) Fall, der auf die Anklagebank gehörte, war für mich Maurice Papon, Haushaltsminister unter Giscard d'Estaing seit 1978 und Verbindungsmann zur argentinischen Militärjunta. Erst die Linksregierung hatte seine lange Karriere beendet, die er als junger Präfekt von Bordeaux begonnen hatte. Zuständig für das Transportwesen, oblagen ihm von 1942 bis 1944 auch die Judendeportationen, und diese Mission erfüllte er weit über das von den Nazi-Besatzern angeordnete Quorum hinaus, indem er Waisenhäuser und Altenheime nach jüdischen Insassen durchkämmen ließ. Besonders schwer wog, dass Papon Kinder unter zwei Jahren zur Verschleppung freigegeben, die von den Deutschen gesetzte Altersgrenze also eigenmächtig unterschritten hatte. Auch soll er Juden mit französischem Pass, die anfangs von der Deportation ausgeschlossen waren, in die Transporte geschickt haben. Nach der Veröffentlichung erster belastender Dokumente im Satiremagazin *Le Canard enchaîné* 1981 hatte Papon keinerlei Anstalten gemacht, sich aus dem politischen Leben zurückzuziehen; noch bis März 1983 war er Bürgermeister des Ortes Saint-Amand-Montrond. Nur die Niederlage Giscard d'Estaings bei der Präsidentschaftswahl 1981 hatte die französische Öffentlichkeit davor bewahrt, den allseits kompetenten Verwaltungsfachmann in noch höheren Funktionen zu erleben.

Wichtiger für Vergès war indessen, dass Papon in einem noch stärker tabuisierten Abschnitt der jüngeren Geschichte tätig gewesen war. In den 40er- und 50er-Jahren hatte er als Verwaltungsbeamter in den französischen Kolonien in Marokko und Algerien gedient, dann war er als Polizeichef von Paris verantwortlich für die brutale Attacke französischer Gendarmen auf algerische Arbeitsemigranten – in jener schrecklichen Nacht des 17. Oktober 1961, deren Folgen ich als Kind vage mitbekommen hatte. Papons Polizei war nicht nur gegen friedlich protestierende Algerier vorgegangen, sondern wenig später auch gegen französische Antikolonialisten, die im Februar 1962 gegen die rechtsextreme Terrorgruppe OAS und für die Beendigung des schmutzigen Krieges in Nordafrika demonstrierten. Völlig enthemmte *Flics* hatten sie in einen verriegelten Metro-Eingang getrieben, neun Tote und zahlreiche Schwerverletzte blieben an der Station Charonne auf der Strecke.

Papons blutige Spur zog sich somit von »Verwaltungsmaßnahmen« gegen Juden bis zur Verfolgung von Arabern und Antikolonialisten, bei der die Foltermethoden deutscher und französischer Polizisten von einst eine Neuauflage erlebten. 1983 war fraglich, ob die Erkenntnisse gegen Papon jemals zu einer

Verurteilung führen würden. Stimmen wurden laut, die Vergangenheit endlich ruhen zu lassen, und es lag die Erklärung einer Ehrenjury alter Résistance-Kämpfer für Papon vor, die ihm – wenn auch erst von 1943 an – die Unterstützung des Widerstands zugute hielt. Das galt bislang immer als »Persilschein« zur Exkulpation anderer Delikte, für den Schriftsteller Bernard-Henri Lévy war dies jedoch nur ein Beweis der gängigen Fehleinschätzung des französischen Faschismus. »Die Leute wollen nicht begreifen, dass man sehr wohl *maquisard* [Partisanenkämpfer der Résistance – C.L.] und Faschist, also gleichzeitig gegen die Deutschen und die Juden sein konnte.« Maurice Papon, der nie das geringste Zeichen von Einsicht und Reue zeigte, wurde 1998 verurteilt, 2002 aus dem Gefängnis entlassen und 2008 begraben.

Der gute Name der größten deutschen Wochenzeitung öffnete mir die Türen zu Lévy und anderen. Der blendend aussehende, mit allen Wassern der Public Relations gewaschene Autor war damals noch Lektor im renommierten Verlagshaus Grasset und einer der provozierendsten Vertreter der »Neuen Philosophen«. Er stammt aus einer jüdischen Familie, die im Widerstand aktiv war. In dem Buch *Idéologie française* thematisierte er den »Faschismus in den Farben Frankreichs« – eine ironische Anspielung auf einen Slogan der Linksregierung, die einen blau-weiß-roten Sozialismus versprach. Der Faschismus in Frankreich war »hausgemacht«, behauptete damals auch ein Historiker aus Jerusalem, Zeev Sternhell, also kein Ideologieexport der Deutschen oder der Italiener. Mehr noch: Der französische Faschismus war nicht auf einige wenige Kollaborateure beschränkt, ja, nicht einmal an die konkrete Kollaboration mit dem Besatzungsregime geknüpft. Seine philosophischen Traditionen in Frankreich waren vielmehr antideutsch und antisemitisch zugleich. Dieser zutiefst »national« geprägte Faschismus hatte fast alle geistigen Strömungen und »politischen Familien« Frankreichs durchzogen: Er reichte vom Nationalismus und Faschismus eines Charles Maurras oder der Action française über den sozialen Katholizismus bis hin zu den Kommunisten, die Lévy in einer typischen Zuspitzung als »erste petainistische und größte Rechtspartei Frankreichs« bezeichnete. In diesem Magma hatte sich übrigens auch der junge Mitterrand bewegt.

Lévy hatte mit seinem Pamphlet zwar nur zusammengefasst, was ausländische Historiker wie der Amerikaner Robert Paxton seit Längerem dokumentiert und analysiert hatten. Doch nahm auch er den Fall Barbie und mögliche Nachfolgeprozesse gegen französische Täter zum Anlass einer groß angelegten Aufarbeitung der Vergangenheit: »Manche befürchten, dass man nun in der Asche der Geschichte herumstöbert, die Kadaver aus den Gräbern holt und dass damit die Monster jener verdrängten Jahre wiederauferstehen; ich zähle zu denen, die das gerade für wünschenswert halten und eine derartige Katharsis für Frankreich endlich wollen. Ich will, dass die Vergangenheit wieder über uns kommt; nicht trotz, sondern wegen dieser ganzen Scheiße muss man für den Barbie-Prozess sein.«

Heftig widersprach dem in einem Interview in ihrer Wohnung Simone Veil, die langjährige Präsidentin des Europaparlaments und liberale Oppositionspolitikerin in den Reihen des früheren Staatspräsidenten Giscard d'Estaing, obwohl sie mit ihrer gesamten Familie Opfer der Judenverfolgung in Frankreich geworden und als eine von wenigen Deportierten aus Auschwitz-Birkenau zurückgekehrt war. Sie fürchtete, die Aufarbeitung der Vergangenheit werde statt heilsamer historischer Erkenntnisse Nestbeschmutzung und Hass bringen, der »nationale Konsens« könne zerbrechen. Auch Joseph Rovan, ein katholischer Widerständler, hielt nichts von einem Schauprozess. Im Vorgespräch zu einer Rundfunksendung, die Wolfgang Stenke und ich im damals noch staatlichen Sender ORTF produzierten, riet er freimütig dazu, dem Schlächter Gift ins Essen zu mischen (den Aufnahmetermin der Live-Sendung selbst hat Rovan dann vergessen).

Serge Klarsfeld trat als Zivilkläger und Vertreter von Hinterbliebenen jüdischer Opfer Barbies auf. Über die »staatsmännische« Angst der Politikerin Simone Veil vor der Nestbeschmutzung und Rovans Rachefantasie schüttelte er nur den Kopf, aber er bremste auch die überschwänglichen Erwartungen Lévys: »Die wirklichen Prozesse der Kollaboration und die Aufdeckung der aktiven Beteiligung des Vichy-Regimes an der Judenverfolgung kommen erst noch – wenn nämlich Franzosen selbst angeklagt sein werden. Im Vergleich dazu wird der Barbie-Prozess nur begrenzte Bedeutung haben.« In der eleganten Kanzlei nahe dem Élysée-Palast sammelte Klarsfeld Material gegen prominente Köpfe des Vichy-Regimes, das er diversen Gerichten zur Untersuchung vorgelegt hatte.

Diese Personalien konnte ich in meinem *Zeit*-Artikel an den Fällen René Bousquet und Jean Leguay deutlich machen. Als Überschrift wählte ich »Bruder Barbie«, weil mir Barbie den Franzosen so verwandt schien, so wie Thomas Mann 1938 den Deutschen *Bruder Hitler* und der Dramatiker Heinar Kipphardt 1982 *Bruder Eichmann* nahegelegt hatten.

Der Sommer in Paris war angenehm, tagsüber saß ich mit meinen Notizen oft in einer ruhigen Ecke des Jardin du Luxembourg. Der Name meiner Straße brachte mich auf den mir bis dahin gänzlich unbekannten (und heute vergessenen) Schriftsteller Joris-Karl Huysmans, einen Zeitgenossen und Bewunderer Emile Zolas. Im Buchladen an der Ecke fand ich seinen Roman *À rebours (Gegen den Strich)*, die Geschichte eines jungen Aristokraten namens Floressas Des Esseintes, der sich aus dem Leben zurückziehen will (wie der Romancier selbst, der als frömmelnder Okkultist im Kloster endete). Zur Zeit des Erscheinens (1884) war der Roman als Brevier der Dekadenz ein Kultbuch, dessen Geschehen ich beim Hinaufstapfen auf der Dienstleutetreppe im Haus Nr. 9 in die geräumigen Art-Nouveau-Wohnungen verlegte, die ich nie betrat und deren Bewohner ich den ganzen Sommer nicht zu Gesicht bekam. (Der Roman und sein Autor spielen in Michel Houellebecqs »Skandalbuch« *Soumission* 2014 eine wichtige Rolle.)

Diese Verführung zum Snobismus legte ich beim nächsten Besuch der Ausleihe in der Bibliothek zurück zu den Retourbüchern. Da mir der angesagte Strukturalismus nicht als Alternative zum Neomarxismus und Maoismus der 70er-Jahre erschien, zog ich meine geistige Nahrung aus dem von dem Soziologen Alain Touraine geleiteten Centre d'Analyse et d'Intervention Sociologiques an der Ecole des Hautes Etudes en Sciences Sociales (EHESS). Eine Equipe von Erforschern sozialer Bewegungen agierte dort nah am Puls der Zeit, hatte die notwendige Kenntnis der »Straße« und betrieb an diversen Brennpunkten sorgfältig Aktionsforschung. 1984, als »man« dem Antihumanismus frönte und die ganze Spezies des Autors postmodern verabschiedete, proklamierte Touraine den *Retour de l'acteur* und veröffentlichte sein Team ein unorthodoxes Kompendium über die Arbeiterbewegung. Im Unterschied zu dem Gros der »Meisterdenker« hatte Touraine das Soziotop der Pariser Intellektuellen für längere Zeit verlassen und war damit viel offener für andere Einflüsse als diese.

Im Park skizzierte ich Abschnitte meiner Vergleichsstudie zur *Sozialdemokratie in Frankreich*, die ich eventuell als Habilitation an der Universität Göttingen einreichen wollte. Der Stoff lag gewissermaßen auf der Straße, andererseits barg das laufende Drama der Linksunion, die zwischen ihre unzufriedene Basis und die in Frankreich besonders militante Rechte geraten war, das Risiko, über eine journalistische Zeitdiagnose nicht hinauszukommen. Die 1986 eingereichte Habilitationsschrift stieß am Fachbereich in Göttingen nicht auf große Begeisterung, zum guten Ende hat wohl der Historiker und Frankreich-Kenner Rudolf von Thadden das entscheidende Wort für mich eingelegt. Die Standardwerke zu Mitterrand haben mittlerweile andere geschrieben.

*

»Das Mysterium Rocard«, »ein gewisses Bedauern«, »der Rocard-Effekt«, »die Kunst des Möglichen« lauten Untertitel biografischer Arbeiten, die Mitterrands zeitweiligem Premierminister Michel Rocard gewidmet sind. Der war in vieler Hinsicht ein Anti-Mitterrand, den er weder umgehen noch entlassen konnte – ein Rocard, dessen Motto nach seinem politischen Ziehvater Pierre Mendés-France *dire la vérité* (die Wahrheit in der Politik sagen) lautet, geht aus eigenem Entschluss. Anfang der 70er-Jahre habe ich ihn einmal bei einem Rededuell mit dem ehrgeizigen Gaullisten Jacques Chirac in einer Schule im 14. Arrondissement erlebt und war von dem unprätentiös wirkenden Antipolitiker sogleich eingenommen. Damals war er noch Chef (und einziger Abgeordneter) des kleinen Parti Socialiste Unifié (PSU), der ganz anders als die zufällig namensgleiche Einheitspartei der DDR einen freiheitlichen Sozialismus »nach 1968« propagierte. Innerlich nahm ich in der Ära Mitterrand bei allen Streitfragen Partei für Rocard, in meiner Arbeit trat er als Protagonist einer Sozialdemokratie *à la française* auf.

Rocard blieb der Partei nach seiner Demission treu und wäre unter allen möglichen Nachfolgern Mitterrands ohne Zweifel die beste Wahl gewesen. Doch jemand wie er konnte sich im halb monarchischen, von Seilschaften beherrschten Präsidialsystem der Fünften Republik nicht durchsetzen, er war eher, mit 40 Jahren Volksvertretungserfahrung, zuletzt in Straßburg und Brüssel, der geborene Parlamentarier. In die Ovationen bei seinem Abschied im Jahr 2009 konnte ich beglückt über eine solche Ausnahmeerscheinung einfallen. Mit Stéphane Hessel, einem Freund seit 1958, und Edgar Morin, einem Weggefährten seit den 60er-Jahren, setzte sich Rocard dann für eine humane Einwanderungs- und Flüchtlingspolitik ein.

*

Die »Habil« erlaubte mir, eine (im Vorgriff auf Emeritierungen älterer Kollegen eingerichtete, nach dem damaligen Bildungsminister benannte) »Möllemann-Professur« auf Zeit einzunehmen. Damit waren die Weichen in Richtung akademische Karriere gestellt, auch wenn im Jahr 1984 nicht zuletzt aufgrund des Barbie-Artikels Überlegungen angestellt wurden, mich in Hamburg im Presshaus am Speersort 1 bei der *Zeit* anzuheuern. Bei einer Tagung in den USA fuhr ich zufällig mit Marion Gräfin Dönhoff in einem Aufzug ein paar Stationen auf- oder abwärts, sie erkannte mich und sagte unvermittelt: »Die Barbie-Geschichte haben Sie gut gemacht.« Sie entschwand, ohne dass ich etwas erwidern konnte. Es hieß, die Gräfin regiere die *Zeit* nach dem Motto: Nicht geschimpft ist schon genug gelobt. Dossier-Chef Karl-Heinz Janßen lud eine Reihe von Schreibern zu einem Spargelessen an der Elbe ein, was man wohl als kollektives inoffizielles Vorstellungsgespräch ansehen konnte. Mit dem von der *taz* kommenden Michael Sontheimer hat die *Zeit* dann wohl die richtige Wahl für die Janßen-Nachfolge im Dossier getroffen.

27. Man ist, was man tut

Manche Themen wählt sich nicht der Autor, sie wählen ihn. Andrew Vachss war mir, da ich kaum einmal Krimis lese, gänzlich unbekannt, obwohl er in Deutschland eine große Gemeinde hatte. Held der extrem harten Thriller (*Kata, Strega, Bluebelle, Hard Candy, Blossom, Kult, Shella* usw.) ist ein Privatmittler namens Burke, ein geschändetes Kind, das als Erwachsener gnadenlos auf Rache sinnt. Der Verlag wollte ein Gesprächsbuch mit seinem Autor, der hauptberuflich Kinderanwalt in New York war, und ich willigte leichtsinnig ein, da mich eine solche Arbeit für das Kindeswohl interessierte. Vachss war kapriziös, schwer zu erreichen; er hatte lediglich zur Pflege seines deutschen Marktes eingewilligt und legte das erste Interview auf 5.45 Uhr frühmorgens. So stapfte ich den dunklen Broadway hinab in seine Anwaltskanzlei, an der Tür begrüßte mich sein Hund Honey, ein gut gewachsener Mastiff. Nach sehr steifem Beginn fand Vachss offenbar Gefallen an dem Gespräch, dem noch mehrere *Early-Bird*-Sitzungen folgen sollten, am Ende entstand ein 170-seitiger Interviewband.

Evil, das Böse, war für ihn alles andere als banal. Er fand es monströs und von Monstern ausgeführt, denen man keine weitere Gelegenheit zum Jagen geben durfte: »›Böse‹ ist für mich eine Sache freier Entscheidung. ›Böse‹ ist etwas, das man willentlich tut. Wer nicht bereit ist zu sagen: Verhalten ist eine

Buchcover *Über das Böse*

Frage der freien Wahl, der missachtet all jene, die so entsetzlich behandelt wurden und es trotzdem schaffen, ein moralisch einwandfreies Leben zu führen.« Das war gegen eine normalisierende Soziologie gerichtet, die bei jeder noch so abominablen Tat verkündet: Das war immer schon so (oder viel schlimmer), das gibt es überall (und dort noch mehr). Vachss' lebhafter Affekt gegen die Wir-leben-noch-Wissenschaft gefiel mir. Die Soziologie mag dem Bösen seine Unheimlichkeit nehmen, aber nicht den Schrecken. Und sie kann nicht erklären, warum ein serbischer Soldat bosnische Babys vor den Augen der Mutter an die Wand knallt, warum gelangweilte Zehnjährige ein jüngeres Kind auf grässliche Weise massakrieren, warum Skinheads einen Wohnungslosen als »Juden« titulieren, mit Benzin übergießen, anzünden und die verkohlte Leiche irgendwo aus dem Auto werfen. Oder warum Familienväter systematisch Kinder vergewaltigen, davon Pornovideos drehen und diese in Umlauf bringen. Jörg Bergmann und ich haben 1993 so eine Geschichte für eine Sammlung »moralischer Geschichten« über dörfliche Gemeinschaften im Fränkischen recherchiert; uns wurde so übel, dass wir die Fallstudie nie fertiggestellt haben.

Diese Grausamkeiten, allesamt Fälle der jüngsten Zeit, waren mir im Morgengrauen in Manhattan im Gedächtnis, und ich sympathisierte mit dem kühlen Advokaten, wenn er kein Verständnis aufbringen, sondern Täter zur Rechenschaft gezogen sehen wollte. Übeltäter verschwinden oft im Faltenwurf einer Sozialstruktur und ziehen Nutzen aus dem Gemeinplatz, wir seien alle, irgendwie, Opfer der Verhältnisse. In der Pariser Metro war mir kurz nach 1968 ein Beispiel soziologisch instruierter Chuzpe untergekommen, das diese Haltung zur Karikatur trieb. Ein Bettler, halb Clochard, halb Nanterre-Altsemester, ging mich in einem Metrogang ziemlich ultimativ um ein paar Francs an und unterstrich seine Forderung mit den Worten, andernfalls müsse er gewalttätig werden. Zur Begründung fand er wohlgesetzte Worte über seine traurige Kindheit im Besonderen und die kapitalistische Misere im Allgemeinen. Auch einem Aggressor stehen Mittel zur Viktimisierung bereit. Ich gab ihm meinen Obolus.

Vachss erzählte, wie er ein ebenso hochangesehener wie umstrittener Anwalt geworden war: erst Sozialarbeiter in Familien missbrauchter Kinder und humanitärer Einsatz in Biafra, dann Leiter eines Reha-Zentrums für Strafgefangene und eines Hochsicherheitsgefängnisses für jugendliche Gewaltverbrecher, schließlich Jurastudium und Mitwirkung an der Gesetzgebung. »Ich wollte Kinder vertreten, und nach allem, was ich erlebt und getan hatte, war ich felsenfest davon überzeugt, dass es für mich keine wichtigere Aufgabe gab.« Selbst hatte er, soviel ich weiß, keine Kinder.

Als wir auf Pädophilie und deren intellektuelle Anwälte zu sprechen kamen, wurde Vachss besonders unduldsam, zu Recht, wie ich erneut fand. Da ich an Gründungsversammlungen der Grünen nicht teilgenommen hatte, waren mir »Indianer-Kommunen«, die Arbeitsgemeinschaft Pädophilie e.V. oder die »Kinderbefreiungsfront Pforzheim« unbekannt, die ihre Neigungen und Fantasien als libertären Kampf um die Rechte von Kindern mit deren, wie sie behaupteten, gleichermaßen erotischen Empfindungen ausgaben. Überlesen hatte ich auch die später mehrfach (und zu Recht) skandalisierten Passagen in Cohn-Bendits *Grossem Basar*. Erzürnt war ich hingegen über das Buch *Die Lust am Kind. Portrait des Pädophilen* von Rüdiger Lautmann (1994), der sein Plädoyer im Geiste einer »Befreiung der Sexualität« geschrieben haben will. Als Zeitgenosse und zeitweiliger WG-Bewohner konnte ich derlei nie nachvollziehen, auch wenn ich rückblickend verstehen kann, dass der allseitige Ruf nach Befreiung, der allen denkbaren »verzopften« Traditionen entgegenschallte, sich auch diese Front suchen konnte. Mit Kindern wurde damals auf andere Weise auch in Schulen und Erziehungsanstalten aller Art herumexperimentiert, und dabei wurde offenbar aus den Augen verloren, was Kindern, die bis 1968 noch keine Persönlichkeitsrechte genossen und in den 70ern noch weithin gezüchtigt wurden, wirklich guttat, und nicht lediglich denjenigen, denen sie anbefohlen waren. Der Selbstverwirklichung mangelte es, kaum anders zu erwarten, an Maß und Ziel, es fehlte eine übergeordnete Kategorie, die juristisch Kindeswohl heißt und auch allgemein verständlich sein dürfte.

Die Hierarchie zwischen Erwachsenen und Kindern konnte man nicht ausgerechnet in der Sexualität ignorieren oder kleinreden. 2013 kam es knüppeldick für die Grünen, wobei der scheinheilige, auf Revanche angelegte, auch wahltaktische Unterton mancher Kritiker nicht zu überhören war. An Cohn-Bendits Worten zu zweifeln sah ich keinen Anlass, anders als bei den Beckers und Hentigs, den Erfindern und Lenkern der Odenwaldschule, die übrigens auch Cohn-Bendit besucht hatte. Was ich und viele andere versäumt haben, war, den Leichtsinn der 70er-Jahre, in denen buchstäblich alles in Zweifel gezogen und ausprobiert wurde, einer ernsthaften Revision zu unterziehen und darüber zu reden, bevor die Skandalwellen hereinbrachen.

–

(Halb-)Zeit, erste Zwischenstände zu bilanzieren und etwas klarzustellen. In einem Nachruf der *taz* zum Tod ihres *Spiritus rector* hieß es 2014: »Christian Semler war kein Renegat wie viele, die '68 ihre Ausflüge ins totalitäre Denken aus ihrer Biografie radierten, indem sie zu besonders eifrigen Konservativen wurden« (Stefan Reinecke). Semler ist demgegenüber als der exemplarische Renegat zu *preisen*: Die Hinwendung zum gewaltsamen Widerstand nach der berühmt-berüchtigten »Schlacht am Tegeler Weg« im Frühjahr 1968 und die Gründung der maoistischen Aufbauorganisation KPD waren kapitale Irrwege der APO, die man gut verstehen mag und einordnen kann, die aber doch als Abwege bezeichnet werden dürfen. Genau das tut der *Renegado* – er sagt nein zu einer Meinung, in diesem Fall zum eigenen Irrsinn. Bertolt Brecht hat dazu die passende, wenn auch von ihm etwas anders gemeinte Geschichte geschrieben: »Ein Mann, der Herrn K. lange nicht gesehen hatte, begrüßte ihn mit den Worten: ›Sie haben sich gar nicht verändert.‹ ›Oh!‹, sagte Herr K. und erbleichte.« So sollten die folgenden Episoden und Eskapaden der 70er-Jahre gelesen werden.

V.
Politik der Gefühle

Weil alle Erfahrungen dafür sprechen, dass sie die Situation zwar zu erkennen in der Lage sind, aber aufgrund ihrer eigenen Klassenlage nicht imstande sind, den nächsten Schritt selbst zu machen, ganz sicher deswegen, weil sie aufgrund ihrer eigenen Klassenlage immer noch sehr viel zu verlieren haben, sehr viel vom Leben zu verlieren haben; dass jeder einzelne von ihnen innerhalb seiner bürgerlichen Existenz natürlich eine Perspektive zu leben hat, sodass es für sie keinen objektiven Grund gibt, den Schritt zu machen – außer dem, dass sie die Erkenntnis haben, dass er gemacht werden muss.

Ulrike Meinhof, »Natürlich kann geschossen werden«, Spiegel 25/1970

28. Um ein Haar: Lob der Inkonsequenz

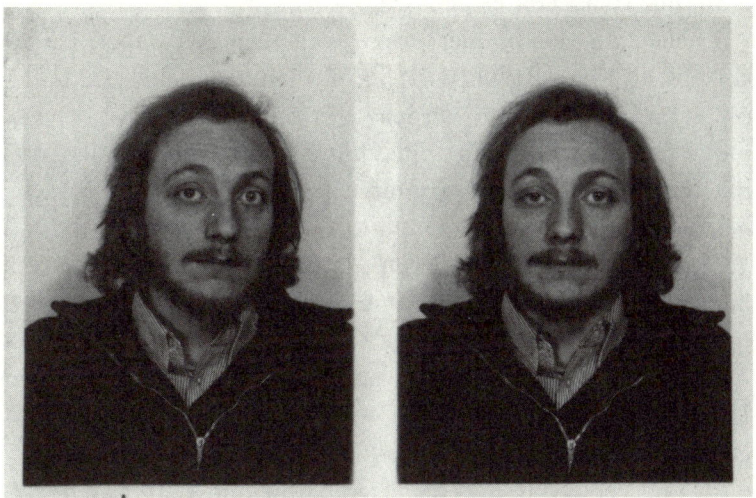

Nicht gesucht, ca. 1972

Als man in der Vergangenheit von Außenminister Fischer nach Gewalttaten kramte, erinnerte Heide Platen in der *taz* an eine nicht genehmigte Spontandemonstration am 19. September 1975 im Frankfurter Westend-Viertel. Rund 200 mehr oder weniger Vermummte bekundeten damals ihre Solidarität mit fünf Gegnern des Franco-Regimes in Spanien – drei aus der marxistisch-leninistischen Organisation FRAP und zwei aus der baskischen ETA –, die zum Tod durch das Würgeeisen, die Garotte, verurteilt worden waren. »Das Ziel ist das spanische Generalkonsulat Ecke Siesmayerstraße / Grüneburgweg. Es soll ein Signal mit nachhaltigem Medienecho gesetzt werden. Die Planung ist eher vage: ›Scheppern sollte es.‹ Es schepperte tatsächlich [...] Farbbeutel, Steine und Molotowcocktails waren gegen die mit Drahtgeflecht geschützten Fenster des Generalkonsulats geflogen, die Täter längst geflüchtet. Das Fanal blieb vergeblich. Die beiden Basken Juan Paredes Monot, genannt Txiki, und Angel Otaegui Echeverría, und die FRAP-Genossen José Humberto Baena Alonso, Ramón García Sanz und José Luis Sánchez-Bravo Sollas wurden am 27. September 1975 zwischen 8.30 und 10.15 Uhr erschossen ...«

Fischer, das bleibt hier offen, war eventuell dabei, ich sicher nicht. Für eine Mitwirkung in »Putztruppen« und anderen Schwarzen Blöcken war ich nicht gebaut. Jahre vor der Demonstration in Frankfurt, im Winter 1970, saß ich allerdings mit meinem Freund W. zusammen, als in der *Tagesschau* die Nachricht vom kurzen Prozess in Burgos gegen 16 Aktivisten der baskischen ETA verlesen wurde. Sechs von ihnen ihnen war die Garotte zugedacht, jenes Würgeeisen, das den Exekutierten qualvoll ersticken lässt.

Die abscheuliche Todesart, die Francisco de Goya in seinen *Desastres de la Guerra* (# 34) vorführt, war die letzte Bestätigung für unseren abgrundtiefen Hass auf den spanischen Diktator und verstärkte die Grundsympathie mit Anarchisten. Der Mythos des Spanischen Bürgerkriegs in den 30er-Jahren war lebendig, nahegebracht durch Gastarbeiter, die wir in Köln trafen, und Hans Magnus Enzensbergers Hommage an Buenaventura Durruti, einen spanischen Anarchisten, der im Bürgerkrieg gegen die Faschisten kämpfte, von den Stalinisten verraten und unter ungeklärten Umständen ermordet wurde. Solche Ikonen und nun die baskischen Untergrundkämpfer beeindruckten Seminarmarxisten durch ihre »Konsequenz«.

Die Urteilsvollstreckung am 28. Dezember 1970 versetzte uns in eine Stimmung haltloser Wut. Musste man nicht wirklich mal was tun, sich gegen Repression wehren, ein Zeichen setzen, es den Monstern heimzahlen? Unweit von meiner Wohnung befand sich unseres Wissens ein spanisches Konsulat, Molotowcocktails waren leicht herzustellen, man könnte also einen Brandsatz… Zu unserem Glück blieben wir Maulhelden, Rotwein und einige Gläser aus der Trester-Reserve meines Freundes, Mosel-Whisky genannt, halfen, im Zimmer hocken zu bleiben. Zudem hatten wir an den Hausmeister oder einen zufällig seinen Hund ausführenden Passanten gedacht, der bei einem Brandanschlag zu Tode hätte kommen können.

Gewalt abstrakt zu kritisieren war unhistorisch, schließlich hatten auch bürgerliche Vormärz-Revolutionäre, die den Palästen Krieg erklärten, selbstverständlich zu diesem Mittel gegriffen. Und mit Blick auf Algerien oder Vietnam, die prägenden Erfahrungen unserer Generation, konnte man schlecht Pazifist sein. Hätte ich beim Kreiswehrersatzamt Gründe für die Verweigerung des Wehrdienstes vortragen müssen (das blieb mir, wie gesagt, dank früher Vaterschaft und voller Kasernen erspart), so hätte ich ehrlicherweise kaum als Gewaltfreier argumentieren können, da ich eben noch für den Vietkong gespendet hatte, der von unserem Geld sicher kein Kinderspielzeug gekauft hat.

Für den Kampf der Basken empfand ich weniger Sympathie als die Frankfurter Spontis, da mir regionaler Separatismus dieser Art suspekt war und für die Militanten Solidaritätsbewegungen oft nur nützliche Idioten waren. Palästinensische Flugzeugentführer zu bewundern oder auch nur zu verstehen kam mir nicht in den Sinn. Für Rhodesiens Robert Mugabe hätte ich keine Traktoren besorgt (wie meine KBW-Kollegen in Göttingen), die Roten Khmer in Kambodscha waren mir schon ob ihrer Verachtung der Städter suspekt, und den allseits angeschmachteten Daniel Ortega nahm ich als unsympathischen Macho wahr. Die Unterstützer mussten sich irgendwann betrübt eingestehen, was aus ihren Idolen und Modellbewegungen geworden ist (oder was sie vielleicht immer schon waren): Symbolfiguren mitleidloser Unterdrückung und superautoritäre Regime.

Ganz ausgeschlossen hatte ich, anders als Fischer und Co., die RAF in den weiteren Kreis von »Genossen« einzuschließen, doch klammheimliche Sympathien empfand ich zugegebenermaßen schon beim Anschlag auf Luis Carrero Blanco am 20. Dezember 1973 in Madrid. Der von Franco als dessen Nachfolger eingesetzte Regierungschef hatte an einer Morgenmesse teilgenommen; auf der Rückfahrt detonierte eine unterirdische Bombe unter seinem gepanzerten Auto. Die Wucht der Explosion soll den Wagen 35 Meter hoch über eine Kirche und ein fünfstöckiges Wohnhaus hinweggeschleudert haben. Wenn ich mir heute vor Augen führe, dass mit dem Verhassten auch Leibwächter und Fahrer sterben mussten, bereue ich meine damalige Genugtuung. Die Abdankung des Franco-Regimes hat diese Mordtat kaum beschleunigt, vermutlich eher hinausgezögert.

Joschka Fischer bekam 2001, als die auf Polizeivideo dokumentierten Schläge den Außenminister in die Bredouille brachten, überraschende Schützenhilfe von Heiner Geißler. Der *Spiegel* mutmaßte dazu, der Christdemokrat habe sich eigener Jugendsünden erinnert: »Als 22-jähriger Jesuiten-Zögling war Geißler nach eigenen Angaben ›in der Logistik‹ der Südtiroler Nationalisten tätig; die ›Bumser‹ wehrten sich mit Anschlägen gegen eine italienische Überfremdung ihrer Alpenheimat.« Als ich Geißler einmal darauf ansprach, setzte er nur jenes schalkhafte, wissende Lächeln auf, das Freunde und Feinde in Rage bringen konnte.

Südtirol war der konservative Vergleichsfall klammheimlicher Sympathie mit einem Befreiungskampf, der sich mitten in Europa zu einem zweiten Algerien hätte entwickeln können – des einen Terrorist ist des anderen Freiheitskämpfer. In die Luft flogen an Eisack, Etsch und Grödner Bach damals Strommasten, Bahnoberleitungen, Kasernengebäude, auch ein Reiterstandbild des Duce in Waidbruck ging als Fanal in tausend Stücke. In der »Herz-Jesu-Nacht« im Juni 1961 gab es Tote und Schwerverletzte, eine Serie von Prozessen lähmte die Provinz. Von Sommerlagern mit Pater Graab SJ im Villnösser-

Tal ist mir diese Auseinandersetzung noch sehr präsent, einmal wurde das ganze Nebental dunkel. Und der Herz-Jesu-Sozialist Heiner Geißler hat es als ordentlicher Jurist, Minister und CDU-General fast so weit gebracht wie Fischer.

Dass beide ungeschoren davongekommen sind, während andere ihrer Ämter wegen Lappalien verlustig gingen, kann nur als politisches Wunder betrachtet werden. In die Tiefenpsychologie der Republik war offenbar mehr Gewalt eingelassen, als man ihr auf den ersten Blick ansieht. Und die Gräben zwischen Terror und Gutbürgerlichkeit waren auch nicht so tief. So wie Ulrike Meinhof und Gudrun Ensslin mit dem eben befreiten Andreas Baader bei Hans Magnus Enzensberger in Berlin um Unterschlupf nachsuchten (er schickte sie weg), überließ ein WDR-Redakteur des *Kritischen Tagebuchs* der gesuchten Meinhof in Köln offenbar das Rolladressbuch mit den Koordinaten von *KT*-Autoren, bei denen man eventuell übernachten könnte. Wofür sich wiederum der Staatsschutz in langen Verhören von potenziellen Gastgebern bewaffneter Bettgeher interessierte...

Ein spanisches Konsulat gibt es in Köln übrigens nicht, hat es vielleicht auch nie gegeben. Nicht nur lobenswert inkonsequent, auch ganz schön stümperhaft waren wir wohl, was die Sache nicht besser macht. Das ambivalente Verhältnis zur Gewalt ist eine Leiche im Keller der APO, der laxe Umgang mit Pädophilie die andere. Daniel Cohn-Bendit war vom zotigen Baader-Meinhof-Sprech angeekelt, erschien aber im Oktober 1968 zum Kaufhaus-Prozess gegen Baader, Ensslin, Proll und Söhnlein – die zwei Kaufhäuser auf der Zeil in Frankfurt in Brand gesetzt hatten –, um nach dem Urteil (drei Jahre Haft) auszurufen: »Sie gehören zu uns!« Was jedenfalls im Präteritum stimmt. Sechs Jahre später stand Rudi Dutschke am Grab des im Hungerstreik zugrunde gegangenen RAF-Gründers Holger Meins und proklamierte: »Holger, der Kampf geht weiter!« Und Joschka Fischer wird der Satz zugeschrieben: »Wir können uns nicht einfach von den Genossen der Stadtguerilla distanzieren, weil wir uns dann von uns selbst distanzieren müssten, weil wir unter demselben Widerspruch leiden, zwischen Hoffnungslosigkeit und blindem Aktionismus.« Und dem Genossen Professor (gemeint war Oskar Negt) gab er zu verstehen: »Und taucht irgendwo einmal das Problem der Gewalt von unten praktisch auf, da findet ein linker Professor zu nichts anderem als erschreckender Distanzierung über die Sinnlosigkeit solcher Gewalt.«

29. Pfingstwunder: Das Sozialistische Büro

Der Name war unmöglich. »Sozialistisches *Büro*« ist irreführend für eine Bewegung, die betont unbürokratisch sein wollte, und zu sperrig, um in die Geschichte einzugehen. Dabei spielte das SB, wie es kurz gerufen wurde, in der Geschichte der Republik eine beachtliche, heute verkannte Rolle. Gegründet hatte es 1969 eine ältere Generation von Gewerkschaftern und Kriegsgegnern in Offenbach, Jüngere aus dem Sozialistischen Deutschen Studentenbund (SDS) gesellten sich dazu. Sie eroberten den Freiraum zwischen einer Sozialdemokratie, die sich mit dem Godesberger Programm ihrer marxistischen, pazifistischen und neutralistischen Wurzeln entledigt hatte, und den K-Gruppen (sie hießen damals KPD/AO, KPD/ML, KBW, DKP ...), die nach 1968 linksautoritär regredierten und sich mit den Ulbrichts, Enver Hodschas oder Mao Zedongs gemeinmachten.

Gelenkt wurde das Büro aus Obersensbach im Odenwald von Klaus und Hannelore Vack, Veteranen der Anti-Atomtod-Bewegung, fast wie ein Familienbetrieb. Zur Seite standen Gewerkschafter wie die drei Willis (Hoss, Michel, Scherer), die Post-Gewerkschafterin Sonja Tesch und der Sekretär der IG Metall, Helmut Schauer. Des Weiteren Ostermarschierer wie Andreas Buro und Gesamtschullehrer wie Herbert Stubenrauch und Heiner Halberstadt, die den legendären Club Voltaire in Frankfurt gegründet hatten. Und kritische Theoretiker wie Oskar Negt und Detlev Claussen, Schüler Adornos und Marcuses. Claussen war das Wunderkind der Neuen Linken, der (und nicht Habermas) das Erbe der Kritischen Theorie antreten wollte und wohl in einem Anflug von schwarzem Humor die Web-Domain Komintern.de für sich reserviert hat. Mit ihm teile ich außer der Vorliebe für komische Situationen die Leidenschaft für Fußball, die Begeisterung für Amerika sowie einen aufgeklärten Tiersmondismus, auch die im Wortgefecht gelegentlich überkippende Stimme – man konnte ja nicht wie Jesus im Tempel seelenruhig den Schriftgelehrten predigen, sondern wurde ständig von allen Seiten unterbrochen.

Die Scharnierrolle des SB mag eine politische Biografie illustrieren, die nicht aus »Hessen Süd« kam: Willi Hoss, 1928 geboren und gelernter Schweißer, blieb auch nach dem Verbot der KPD 1956 Kommunist und genoss als Betriebsrat bei Daimler-Benz in Stuttgart jenes Vertrauen, das die Gewerkschaftsbosse damals durch horrende Skandale verspielt hatten. Hoss trat dem SB bei und wurde Ende der 70er-Jahre Mitgründer und später auch Abgeordneter der Grünen – und verließ die Partei nach ihrer Zustimmung zum Afghanistan-Einsatz. Was sich individuell in diesem Lebenslauf verkörperte – die Brücke vom alten Antimilitarismus zur neuen Friedensbewegung –, galt insgesamt für das SB, und die Gretchenfrage war letztlich die Haltung zu Krieg und Frieden.

Eine andere, inzwischen vergessene SB-Karriere machte Karl Noll, der 2014 als SPD-Abgeordneter aus dem sächsischen Landtag ausgeschieden ist. 1945 geboren, trat er 1968 in die Jungsozialisten ein und gründete mit dem damaligen Juso-Chef Gerhard Schröder die SOAK Druck- und Verlags GmbH, die linkes Gedankengut auf den Weg brachte. 1973 bis 1979 gehörte er dem SB an, wo er ein – man verzeihe das Wortungetüm – »Sozialistisches Osteuropa-Komitee zur Unterstützung der Opposition in Osteuropa« ins Leben rief. Er näherte sich über die Anti-AKW-Bewegung den Grünen an, wurde aus der SPD ausgeschlossen und trat 1998, nach dem Wahlsieg seines alten

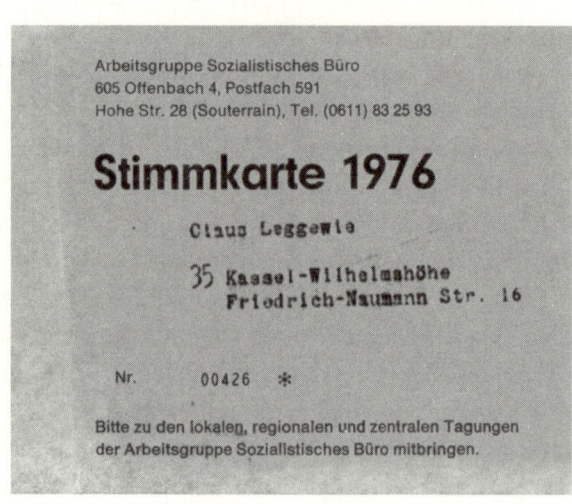

Arbeitsgruppe Sozialistisches Büro
605 Offenbach 4, Postfach 591
Hohe Str. 28 (Souterrain), Tel. (0611) 83 25 93

Stimmkarte 1976

Claus Leggewie

35 Kassel-Wilhelmshöhe
Friedrich-Naumann Str. 16

Nr.   00426 *

Bitte zu den lokalen, regionalen und zentralen Tagungen
der Arbeitsgruppe Sozialistisches Büro mitbringen.

Nordhessischer Delegierter

Freundes Schröder, wieder in die Partei ein. In Ostdeutschland hatte der gelernte Elektromechaniker und Drucker aus Leidenschaft diverse Druckunternehmen saniert, im Dresdner Landtag saß er vier Legislaturperioden.

1974 in das SB eingetreten, vertrat ich als einer der jüngsten und in Kassel lebender Delegierter Nordhessen, gemeinsam mit einem späteren Oberfundi der Grünen aus Marburg. Eine Partei war das SB nicht, eher eine Art Professorenparlament, dem die Assistentengeneration Korreferate vortrug und eine Reihe von »Sherpas« (so bezeichneten sie sich selbst) im Haupt- und Nebenberuf die Geschäfte führten. Bei den Versammlungen, die meist in unwirtlichen südhessischen Bürgerhäusern stattfanden, gab es lange Rednerlisten mit bisweilen sehr vorhersehbaren Beiträgen aus Nord und Süd. Dabei herrschte oft ein Narzissmus der kleinsten Differenz, wie man nach Sigmund Freud die Kabbeleien unter Seelenverwandten nennen darf, aber nicht die Verkniffenheit der Miniparteien. Und während die K-Leute mit südostasiatischen Delegationen mit Reisschnaps anstoßen und steifes Protokoll machen mussten, diskutierten wir bei Pasta und Rotwein respektive Wurst und Wodka mit eleganten Linksradikalen aus Italien und abgeklärten Dissidenten aus Osteuropa.

Kein Mitglied, aber ein freundlicher Beobachter des SB aus Zürich war Paul Parin. Als Jahrgang 1913 gehörte er einer Generation an, die sozusagen noch im Felde links geworden war. Goldy Parin-Matthèy, wohl die treibende Kraft in der Paarkonstellation, hatte den Internationalen Brigaden im Spanischen Bürgerkrieg gedient, 1944 kam sie mit ihrem Mann, damals ein junger Medizinstudent, von Zürich aus Titos Partisanen zu Hilfe. Es war Krieg, und sie gingen hin... Nach 1945 waren sie als Psychoanalytiker in der ewig ungeliebten Schweiz tätig und wurden mit ethnopsychologischen Reiseberichten über Westafrika berühmt. Große Reisende, große Raucher, große Erzähler, verbanden sie den bewusst frugalen Lebensstil der Genossen (da gab es kein Vertun) mit großbürgerlicher Eleganz (da auch nicht). Vorgestellt wurde ich ihnen eher zufällig nach einem Vortrag über Militär und Sozialismus in Portugal; wir amüsierten uns über die Redebewilligung durch die Fremdenpolizei des Kantons Zürich vom 10. November 1975, die mir auferlegte, mich »jeder Einmischung in innerschweizerische politische Angelegenheiten zu enthalten«. Es war in einem der edleren Restaurants nahe der Oper, und ich malte mir während des »Nachtessens« aus, wie große Figuren der Komintern oder der anarchistischen Internationale in der ersten Hälfte des Jahrhunderts in Kaffeehäusern auf ähnliche Weise zusammengehockt, debattiert und fantasiert hatten. Wie aufs Stichwort trat Theo Pinkus an den Tisch, der in Zürich ein legendäres Antiquariat unterhielt, das aus seiner Privatbibliothek hervorgegangen war.

Diese Figuren ragten aus einer anderen Zeit in unser Leben, ich hörte gern zu. Zweimal war ich später in Salecina, dem von Pinkus und seiner Frau Amelie gegründeten Bildungszentrum am Malojapass hoch oben im Engadin, wo wieder die Mischung aus schlichtem Leben mit Schlafsack und kalter Dusche, gutem Essen und hochfliegendem Diskurs anzutreffen war. (Paul Parin lernte ich später durch meine Frau Elke Mühl-

211

leitner näher kennen, dadurch auch die Abende mit »Saft« = Whisky, kettenweise Gitanes und einer nicht enden wollenden Suada des alten Herrn, dem auch mit 90 noch immer neue Geschichten einfielen.)

Rückgrat des SB war sein Verlag, wichtigstes Medium die *links. Sozialistische Zeitung*. Mitte der 70er-Jahre hatte sie eine erstaunliche Auflage von bis zu 14 000 Exemplaren und wurde von noch weit mehr Menschen gelesen, man bekam sie sogar am Bahnhofskiosk. Werbung für sich machte das Blatt mit einem durchaus treffenden Lob der »bürgerlichen« *Frankfurter Rundschau* als »prinzipiell offenes Organ radikaler Sozialkritik«. Das SB reicherte die traditionelle Sozialkritik am Kapitalismus freilich an durch »Künstlerkritik«, wie Luc Boltanski und Eva Chapiello später einmal die aus der ästhetischen Praxis kommende Kritik an der Unterdrückung der Selbsttätigkeit autonomer Menschen nennen sollten. Hier öffnet sich die Schneise in das »grün-alternative«, ökologische Denken, das im SB selbst nur bei wenigen »Genossinnen und Genossen« ausgeprägt war und bei den meisten ohne Auswirkung auf ihre Lebensstile blieb.

Die sozialen Milieus, in die das SB ausstrahlte, waren weit gestreut: Es gab »Infodienste« für Sozialarbeit und Gesundheitswesen heraus, ein Vademecum für Vertrauensleute in der »antikapitalistischen Betriebsarbeit« und sogar eine Anleitung für kämpfende Bauern, für die sich Onno Poppinga, ein querdenkender und schnell redender Agrarwissenschaftler, nicht nur im heimischen Ostfriesland einsetzte (*Bauer, was nun?*). Nicht zufällig war Poppinga der Mentor des Europa-Abgeordneten Friedrich Wilhelm Graefe zu Baringdorf, der heute bei den Grünen für eine nachhaltige Landwirtschaft streitet.

Weitere Organe des SB waren der *express. Zeitung für sozialistische Betriebs- und Gewerkschaftsarbeit* und *Widersprüche. Zeitschrift für Politik im Bildungs-, Gesundheits- und Sozialbereich*. Die Titel verraten die Hauptadressaten des SB: Lehrer, Sozialarbeiter, Ärzte, Stadtplaner und Gewerkschafter.

»Wilde« Streiks im September 1969, alternative Schulprojekte und Reformen im Gesundheitswesen, auch die von der SPD-Regierung verhängten Berufsverbote gaben den »Arbeitsfeldern« Auftrieb. Carl-Wilhelm Macke, ein Katholik aus dem Münsterland, kümmerte sich um die Kirchen. Ziemlich an uns vorbei ging *Die Stunde der Ingenieure* (so Eugen Kogon 1979), von denen überraschend viele, anders als in den Jahrzehnten zuvor, zu ökologischen Ansichten neigten. »Harte« Wissenschaften waren kaum vertreten, wohl aber kritische Mediziner und Psychiater. Einige Autoren schrieben unter Pseudonym (»Heinrich Grün« alias Bruno Schoch war dennoch leicht als Schweizer zu erkennen, als »Ludo Ludovici« firmierte der später als Rezensent unumgänglich gewordene Rudolf Walther), unter Klarnamen schrieben Autoren wie Hans Joas und Volker Ronge, die man aus heutiger Sicht nicht in der *links* vermutet hätte. Und da waren die starken Frauen wie die gut vernehmliche Ursula Schmiederer, Sowjetkritikerin an der Uni Osnabrück, und die leise Eva Senghaas-Knobloch, Friedensforscherin an der Uni Bremen.

Das SB hatte *kein* Dogma, außer undogmatisch zu sein. Man durfte nicht allzu ernst nehmen, wenn sich die Häuptlinge bei Treffen in südhessischen Bürgerhäusern anfauchten (Elmar Altvater zu Wolf-Dieter Narr: »Du Narr!«). Für jemanden, der sich gern zwischen den Welten bewegte, war das SB jedenfalls ein gutes Arbeitsfeld. In einer Stasi-Akte soll ein später als IM enttarnter Genosse unsere Kasseler Gruppe als »weltanschaulich nicht gefestigt« gemeldet haben: nicht vorherzusagen und auf das eigene Urteil vertrauend. Sollte mich dieses Verdikt aus Mielkes MfS-Zentrale in der Normannenstraße eingeschlossen haben, so betrachte ich es natürlich als Ehrenurkunde.

Auf 32 *links*-Seiten in einem ziemlich handgestrickten Layout mischten sich intellektuelle Höhenflüge bunt mit ganz trivialen Vereinsmitteilungen. Sorgfältig beobachtet und ausgewertet wurden die sich überschlagenden Ereignisse der 70er: Militärputsch in Chile 1973, Nelkenrevolution in Portugal

(1974/75), der nach 1973 eskalierende Nahostkonflikt, die iranische Revolution 1979 und die Bürger- und Gewerkschaftsbewegungen im Osten.

Das Mantra des SB, den »Arbeitsfeld-Ansatz«, hatte im Oktober 1972 Oskar Negt mit seinem Referat vorgegeben: »Nicht nach Köpfen, sondern nach Interessen organisieren.« In einer historischen Situation, als viele Linke, ihres antiautoritären Erbes müde, auf »Organisation«, das hieß auch: auf Disziplin, Kontrolle und Linie drängten, wollte Negt eine räteartige, manche sagten schon: rhizomartige Bewegung erhalten, die nicht als Avantgarde auftrat, sondern offen war für Alltagsbedürfnisse und Mehrheitsinteressen der Gesellschaft – die alle Revolutionsfantasien bleiben ließ, aber auf radikalreformerische Verbesserungen abzielte. Ohne dass man das immer genau benannte, ging es um die Frage, ob die Gründung einer (neuen) Partei opportun sei. Vorbilder waren linkssozialistische Splittergruppen wie der um 1968 in Frankreich einflussreiche Parti Socialiste Unifié (PSU). Die mehrheitliche Gegenposition, exemplarisch ausgeführt in den »SB-Thesen« von 1975, wollte außerparlamentarische Bewegung bleiben und als solche in SPD und Gewerkschaften sowie in Berufsgruppen und Bürgerinitiativen hineinwirken. Dass ich diese Position im Europawahlkampf 1979 ganz undogmatisch gegen Dutschke und Beuys behauptet habe, ist schon beschrieben worden.

Wenn es hakte oder ernst wurde, fielen die Blicke meist auf Oskar (Negt). Trotz seiner bedächtigen Sprechweise und den ostpreußischen Tonfall beibehaltend trumpfte der frühere Assistent und nunmehrige Kritiker von Jürgen Habermas auch bei Teach-ins in überfüllten Hörsälen auf. Als Professor nach Hannover berufen, wirkte er an der Glocksee-Schule als praktischer Schulreformer und wurde vor allem durch die mit Alexander Kluge dialogisch verfassten Bücher (als erstes *Öffentlichkeit und Erfahrung*) zu einem der meistgefragten Intellektuellen der Bonner Republik. Eine Ironie der Geschichte führte Negt, der stets eine Art Edel-Sozialdemokrat geblieben war, ausgerech-

D 20930 E

links

ozialistische Zeitung
Offenbach/Main Nr. 79
Juli/August '76 DM 1,50

Wer sich nicht wehrt, lebt verkehrt!«

Foto: A. Tillmann

DIESER AUSGABE: **Kongreß** SB-Arbeitsausschuß: Zu SPD-Reaktionen 3 · SPD und Pfingstkon-
20 · M. Krawinkel/R. Roth: Kongreßbericht 9/12/17 · Auszüge aus Redebeiträgen von H. Brandt,
kfurter Spontis, Frauengruppen, R. Dutschke, Betriebsgenossen, D. Cohn-Bendit, O. Negt, E. Alt-
r, Frankfurter SPD-Linken · Solidaritätsadressen 13 · Pfingstmanifest des SB 21 · **Kommentare**
Narr: SPD und Berufsverbote 4 · P. Overnay: Gingold-Prozeß 4 · M. Krawinkel: Der „Fall"
cker 4 · SB-Gruppe Freiburg: Wohnungskampf 5 · G. Cremer: KBW-Politik 6 · D. Diner: Liba-
7 · **Strategie** K. Vack: Sozialistische Politik und Widerstand 22 · **Wahldiskussion** SB-Gruppe
hen: Wahl und Antirepressionspolitik 25 · G. Schäfer: Das CDU-Projekt 27 · **Aktionen** U. Momm-

Es gibt ein richtiges Leben im falschen.

---

net in die SPD Gerhard Schröders, der ihn als Aushängeschild
brauchte. Vor allem Kluges plastischer und beweglicher Politik-
begriff formuliert am besten, was das SB hätte sein oder werden können.

Auf dem Zenit des SB zog der fast legendär gewordene
»Pfingstkongress gegen ökonomische und politische Unterdrückung« 1976 auf dem Römerberg 20 000 Menschen an. Frankfurt war unser: Am Vorabend gab es »Brühwarm«, eine schwule
Theatertruppe aus Hamburg, am Pfingstsonntag zogen zwei
lange Marschkolonnen, begleitet von Roten Blasorchestern, vor
den Römer, montags tagten bei immer noch schönstem Wetter

215

proppenvolle Arbeitsgruppen. Wenigstens ein Pfingstwochen-
ende lang stand die Republik nicht im Zeichen der Sudeten-
deutschen, sondern der Eule mit geballter Faust, die das Wap-
pentier des SB war. Hier trat sie schon einmal vor Einbruch der
Dämmerung ihren Flug an. Am Römerberg haben, wie schon
1968, unsere schwachen Stimmen einige Dezibel aufgedreht.
Dieses (nicht nur mich betreffende) Pfingstwunder lehrte eine
ganze politische Generation, sich eloquent, wenn auch in einem
seltsamen Jargon zu äußern.

Mit Blick auf diese imposante Kulisse witterte der *Spiegel* im
SB eine ernsthafte Konkurrenz für die SPD, die enttäuschte Ju-
sos und heimatlose Genossen anzog und das Manko der Partei
Helmut Schmidts vor Augen führte, die als geschäftsführender
Ausschuss kapitalistischer Wirtschaftsunternehmen Krisenma-
nagement betrieb und sozialen Bewegungen und Bürgerinitiativen nichts mehr zu sagen hatte. Doch das SB war nicht der
Keim einer neuen USPD, wie die linke Abspaltung im Ersten
Weltkrieg hieß, sondern der Übergang zu den Grünen, auch
wenn deren Prä- und Post-68er die Offenbacher meist gar nicht
kannten und wenig Affinität zu dem diskutierenden Akademi-
kerklub verspürten. Vor allem konnten sie dort, zu Recht, wenig Ökologie erkennen. Die war, wie die Grünen später rich-
tigerweise postulieren sollten, nicht rechts und nicht links,
sondern vorn.

Die Grünen halten viele übrigens für eine deutsche Spezialität, groß geworden sind sie aber zuerst in Frankreich, wo unabhängige Ökologen wie der Agronom René Dumont und der
Franko-Kanadier Brice Lalonde von den »Amis de la Terre«
auf ökologischen Listen und sogar bei Präsidentschaftswah-
len 1974 bis 1978 erstaunliche Erfolge errangen. Peter Gente,
als Verleger des exquisiten Merve-Verlags bei Delegierten-
konferenzen des SB immer am Büchertisch dabei, wollte darüber mehr wissen – herausgekommen ist mein *Wa(h)lfisch*,
der 1978 die Frühgeschichte der französischen Grünen doku-
mentierte.

Tabus gab es im SB schon, und sie führten seit Mitte der 80er-Jahre zum Schwinden seines Einflusses. In der Wolle gefärbten Antimilitaristen, die den Krieg noch erlebt hatten, konnte man keine bewaffnete Intervention ans Herz legen, auch wenn Menschenrechte massiv bedroht waren. Kritiker des Sicherheitsstaats, die sich als »Anti-Repressionskampagne« titulierten, waren gar nicht amüsiert, wenn man die guten, radikaldemokratischen Ideen des bürgerlichen Liberalismus und Republikanismus hochhielt. Vor Gewerkschaftern durfte man deren schwerfälligen, gelegentlich korrupten Apparat dann doch nicht allzu vehement kritisieren. Eine Todsünde war es, sich mit antitotalitären Franzosen gemeinzumachen, und ziemlich unmöglich, linken Antisemitismus zu thematisieren. Die *links*-Redaktion versuchte das anlässlich der Aufführung des Stücks von Rainer Werner Fassbinder, *Der Müll, die Stadt und der Tod*, dessen »reicher Jude« unschwer mit dem realen Ignatz Bubis zu identifizieren war, der linken Szene aus den »Häuserkämpfen« in Bockenheim verhasst. Die Jüdische Gemeinde (mit Ignatz Bubis und Micha Brumlik) protestierte gegen »subventionierten Antisemitismus«, Daniel Cohn-Bendit auf der anderen Seite für die Meinungs- und Kunstfreiheit.

Und noch ein Manko gab es im SB: Als Dan Diner 1982 einen Solidaritätskongress für die Solidarność veranstaltete, herrschte in der Offenbacher Stadthalle gähnende Leere, die hoffnungsvoll angereisten Gäste aus Polen blieben allein – auch hier also Einäugigkeit im SB-Milieu, das sich von dem reflexhaften Anti-Antikommunismus weniger verabschiedet hatte, als man glauben sollte. Und wer sich querstellte, konnte auch im SB rasch als Verräter gebrandmarkt werden. »CL ist Symptom, nicht Repräsentant. Nur als Symptom führe ich ihn an, um zu zeigen, wie das geistige Klima innerhalb des linken Spektrums gegenwärtig von Konvertitenhaltungen geprägt ist.« So kanzelte mich Oskar Negt nach der Lektüre eines *Spiegel*-Essays aus meiner Feder ab, den er ganz offensichtlich nicht verstanden hatte, da er sich doch ganz mit seinen Intentionen deckte. Diese Watsche vermag aber meine guten Erinnerungen an eine sehr lange gemeinsame Bahnreise von Turin gen Norden mit Gesprächen über Monteverdi und Macchiavelli nicht zu trüben. Mir hat das SB ein paar lebenslange Freundschaften und positive wie abschreckende Rollenmodelle für den Beruf des Hochschullehrers gegeben (einige fuhren sogar Porsche). Ein guter Freund und Kollege wurde der aus Aachen und von der Architektur kommende Adalbert Evers, im tiefsten Herzen ein Wertkonservativer, der eine lebensnahe Sozialpolitik zwischen Ämtern, Bürgerinitiativen und Marktakteuren konzipiert hat.

Ende der 80er-Jahre war das SB dann selbstverschuldet kein Faktor mehr – *missions accomplished*. In der Nachrüstungsdebatte hat es zur Bedrohung auch durch sowjetische SS 20 keine rationale Position gefunden, von der Wiedervereinigung war es ebenso überfordert wie von der Bedrohung Israels im Irak-Konflikt. Keiner hat die freiheitsvergessene Einäugigkeit der deutschen Friedensbewegung so gnadenlos offengelegt wie André Gorz, zu dessen Sprachrohr ich mich gern machte. Vehement widersprochen hat ihm ausgerechnet der aus der DDR vertriebene Rudolf Bahro, der im SB viele Adepten fand. Die gesamtdeutsche Friedensbewegung wollte neutral sein, auf »Äquidistanz« zu Washington und Moskau; die Forderung, aus der NATO auszutreten, und starke Vorbehalte gegen die EU liefen auf die Entwestlichung der Republik hinaus. Ende der 90er-Jahre löste sich das SB sang- und klanglos auf.

Für die neue politische Generation, die den Tunix-Kongress 1978 ausgerichtet und die *taz* (*Die Tageszeitung*) gegründet hatte, spielte die Büro-Rhetorik keine Rolle. Die Spontis hatten am Römerberg den Schalter umgelegt und ergriffen machtbewusst die Chance: Cohn-Bendit ließ sich blicken und spottete über die »Sozialarbeiter«, Joschka Fischer schaute den Profs mit ihren Rote-Pauker-Kalendern amüsiert zu und überzog sie mit sarkastischen Kommentaren. Hochschullehrer mochte der Studienabbrecher und geniale Autodidakt überhaupt nicht. Die Umkehr des Spontifex maximus (»Zärtlichkeit und Gewalt«)

zum Realissimo und Alphatier der Grünen vollzog sich dann, soll man sagen: erschreckend schnell. Der Selbstmord von Ulrike Meinhof wenige Tage vor dem Pfingstkongress 1976 hatte Fischer gezeigt, dass die militanten Spontis politisch am Ende waren. Er nutzte die Tribüne für eine halbe Absage an die RAF: »Gerade weil unsere Solidarität den Genossen im Untergrund gehört«, gab er namens der Frankfurter Spontis bekannt, »fordern wir sie von hier aus auf, Schluss zu machen mit diesem Todestrip, [...] die Bomben wegzulegen und die Steine, und einen Widerstand, der ein anderes Leben meint, wieder aufzunehmen.«

Persönliche Bekanntschaften (Meinhof und Mahler waren omnipräsente Ikonen und Strippenzieher der APO) und die Jagd auf vermeintliche Sympathisanten, erzählt von Heinrich Böll in *Die verlorene Ehre der Katharina Blum*, hatten den fälligen Schlussstrich hinausgezögert. Dass einige Veteranen und junge Empörte Andreas Baader heute noch anhimmeln, zeigt an, dass Gewaltfantasien noch immer als Ausweis besonderer Konsequenz und Radikalität, als der wahre Ausdruck des Links-Seins gelten. Die ganz andere und doch verwandte Faszination des Dschihad auf Einwanderer und Konvertiten kann aus dieser historischen Perspektive vielleicht verstanden werden.

30. Knieschüsse gegen Schreibtischtäter

»Nun sind wir gezwungen, vors Oberverwaltungsgericht zu gehen, wo ein Richter namens Korbmacher über unser weiteres Schicksal entscheiden wird«, gab 2006 die Gruppe *Wagenplatz Schwarzer Kanal* in scharfem Ton bekannt. Das anarchistische Projekt, queer and rebellisch gegen die »kapitalistische Stadtumstrukturierung« in Berlin, besteht schon zwei Jahrzehnte. Ohne Strom und Wasser leben ein paar Dutzend Leute in Bauwagen und machen Musik und Kabarett, »Volxküchen« und »Solipartys«. 2002 mussten sie dem Neubau der ver.di-Zentrale weichen, 2006 war ihr Domizil am Spreeufer erneut von Räumung bedroht. Der besagte Baurichter, hieß es in dem Aufruf, sei bekannt für seine konservative, enge Haltung und überdies Sohn des Günter Korbmacher, der als Vorsitzender Richter des Asylsenats am Bundesverwaltungsgericht vor Jahren »negativ auf sich aufmerksam« gemacht habe. »1987 wurde ihm von den RZ in die Knie geschossen.«

Der erbarmungs- und kommentarlose Satz, mit einem Link zum damaligen Bekennerschreiben der Revolutionären Zellen (RZ), richtete sich gegen einen vermeintlichen Schreibtischtäter von heute, der »linke Projekte« verhindere und die Gentrifizierung Berlins befördere. Es war sicher nicht so gemeint, dass auch der Sohn – *tel père, tel fils* – zum Abschuss freigegeben wurde. Doch Sippenhaft riecht nach Vendetta, als sollte und dürfte die Spirale der Gewalt niemals enden.

2008 erreichte mich ein freundlicher Brief des Vorsitzenden Richters i. R., der meinen Namen in der Zeitung gelesen und unser Verwandtschaftsverhältnis in Erinnerung hatte. Ich rief den alten Herrn an und versprach, ihm und seiner Frau bald einen Besuch abzustatten. Der dann immer wieder aufgeschoben wurde. Gehört hatte ich 1987 von dem Attentat auf Korbmacher und damals das Opfer als weitläufigen Verwandten identifiziert. Der 62-Jährige war auf dem Weg von seiner Wohnung zur Garage von einem entgegenkommenden, mit zwei Personen besetzten Motorrad aus mit gezielten Schüssen in die Beine niedergestreckt worden, eine Terrormethode, welche die Brigate Rosse in Italien anwendete. Ein Richterkollege, unterwegs zur Haltestelle, hatte den wankenden und blutenden Mann in seine Wohnung geleitet, wo Korbmachers resolute Frau Luitgard den Notarzt herbeirief.

Mit Anarchisten wie den Leuten vom Schwarzen Kanal war ich damals allwöchentlich konfrontiert. Einige aus dem Schwarzen Block frequentierten meine Seminare an der Göttinger Universität, in denen es unter anderem um den Schreibtischtäter Adolf Eichmann und die Banalität des Bösen ging.

Als »liberaler Scheißer« und 68er-Verräter war ich bei ihnen eher verschrien, aber wir respektierten uns. Um ihr Hauptquartier, das Jugendzentrum Innenstadt (»Juzi«), machte ich einen Bogen, Outfit und Sprache waren mir suspekt. Doch als 1989 die 24-jährige Studentin Cornelia »Conni« Wessmann, die ich aus dem Hannah-Arendt-Seminar kannte, bei der Zurückdrängung einer Demonstration (gegen in Südniedersachsen ebenfalls starke Neonazis) durch ein vorbeifahrendes Fahrzeug getötet wurde, geriet ich in Wut. Zumal Protokolle aus dem Polizeifunk bekannt wurden, die auf eine Hetzjagd (»hoppnehmen und plattmachen«) hindeuteten. Das universitäre Bürgertum legte seinerzeit einiges Verständnis für die Linksradikalen an den Tag, deren Antifa-Haltung in den Monaten um die deutsche Vereinigung paranoide Züge annahm. Selbst in unbedarften Pickelgesichtern aus dem südniedersächsischen Hinterland sahen sie das Vierte Reich heraufziehen.

Die Revolutionären Zellen, die im Uni-Milieu angesehen waren und rekrutierten, waren mir vorher in anderem Zusammenhang begegnet. Ein Pamphlet von 1976 mit dem Titel »88a in Aktion oder wie man Bücher verbrennt, ohne sich die Finger schmutzig zu machen«, das in dem von mir mitgegründeten ABC-Buchladen nahe dem Bebelplatz (deshalb »August-Bebel-Cooperative«) in Kassel vertrieben wurde, brachte den Gesellschaftern eine Ermittlung wegen Verstoßes gegen § 88a ein. Der bedroht mit Freiheits- oder Geldstrafe – das muss man zitieren –, »wer eine Schrift verbreitet, öffentlich ausstellt, anschlägt, vorführt oder sonst zugänglich macht oder herstellt, bezieht, liefert, vorrätig hält, anbietet, ankündigt, anpreist«, die den »öffentlichen Frieden stört, indem sie Gewalttaten befürwortet oder geeignet ist, die Bereitschaft anderer zu fördern, sich durch die Begehung solcher Taten für Bestrebungen gegen den Bestand oder die Sicherheit der Bundesrepublik Deutschland oder gegen Verfassungsgrundsätze einzusetzen«. Am 24. März 1977 hatte ich mich einzufinden in Zimmer 5 des Kasseler Polizeipräsidiums, und am 1. November sollte ich mich vor dem Amtsrichter dazu äußern, ob ich den »Gemeinschaftsfrieden« gestört habe. Wir nahmen die renommierte Elisabeth Selbert, eine der wenigen Mütter des Grundgesetzes, die in Kassel eine Anwaltskanzlei unterhielt, zum Rechtsbeistand.

Getroffen werden sollten die Sympathisanten von RAF, RZ und anderen Terroristen. Die wir ABC-Buchhändler nicht waren. Den »Revolutionären Zorn«, so der Titel der Broschüre, haben wir nicht deshalb vertrieben, weil wir die Auffassungen militanter Stadtguerilleros teilten, sondern weil wir radikal für die Meinungsfreiheit waren. Das Verfahren wurde im Januar 1978 eingestellt. Genau gelesen, hielt ich diese Art Zornesausbrüche der RZ für kompletten Mist und schrieb das auch so in einem Artikel für die *Frankfurter Rundschau*, »Der reaktionäre Zorn und der § 88a in Aktion«. Darin nahm ich die Voltaire zugeschriebene Haltung ein: »Sire, ich teile Ihre Meinung nicht, werde aber alles dafür tun, dass Sie sie äußern dürfen«, fand aber auch, dass ein Staatsschutz, der mit Kanonen auf Spatzen schoss, das Lager der Sympathisanten nicht austrocknen, sondern vergrößern würde. Des Weiteren protestierte ich in einem Brief an die »lieben Genossen/innen« der ABC-Kooperative, als sie 1977 nochmals bei der »Gemeinschaftsherausgabe der RAF-Texte« mitwirken wollten, die der Trikont-Verlag plante: »Ich bin dafür, die Texte mit einem kritischen und notwendig distanzierenden Vorwort zu versehen. Ich bin dafür, dass wir mit dem Indianerspielen Schluß machen und aufhören uns vorzugaukeln, am Weltbild der RAF, in dem zwischen Genossen und Schweinen kein Zwischenraum mehr besteht, sei etwas dran.« Die »texte: der RAF« erschienen am Ende nicht bei uns, sondern in diversen Untergrundverlagen. Von Kollateralschäden des Deutschen Herbstes blieb, wie man sieht, kaum jemand verschont.

Vom Attentat sprachen mein Großcousin und seine Frau nicht, als wir uns endlich in seinem Berliner Haus trafen. Wir beredeten das Verwandtschaftsverhältnis und meine Absetzbewegungen aus dem katholisch-konservativen Milieu Wanne-Eickels. Die Familien Korbmacher und Frye waren dort als

Kaufleute verbunden gewesen und in den 1920er- und 1940er-Jahren zweimal an Wirtschaftskrise und Inflation gescheitert. Die Namen der Täter, die Korbmacher (und ein Jahr zuvor den Leiter der Berliner Ausländerbehörde) unschädlich machen wollten, blieben lange unbekannt. Ihr Bekennerschreiben könnte geradewegs aus einem neuen »Wörterbuch des Unmenschen« stammen und steht immer noch kommentarlos auf der Webseite freilassung.de: »Der Angegriffene und unmittelbare Tatzeuge soll überleben, ja er muß es unter allen Umständen, denn dies ist die entscheidende Bestimmung der Aktion, selbst wenn sie zum Preis eines erhöhten Risikos für die ausführenden Genossinnen und Genossen erkauft werden muß. [...] Richter Korbmacher, der haßt, verachtet, eindämmt, raussäubert, de facto wertes von unwertem Leben am Fließband sortiert, letzte Instanz über Leib und Leben zahlloser Menschen, ritualisiert sich erfolgreich aus seiner Person und existentiellen Verantwortung heraus. [...] Diese Schüsse sollen ihn zweifach brandmarken. Sie sollen ihn verletzen, eine nachhaltige Erschütterung seiner Existenz durch einen intensiven körperlichen Schmerz und eine langwierige körperliche Beeinträchtigung bewirken, und er soll leiden, damit er bezahlt und versteht. Verstehen nicht im Sinne einer Läuterung – darauf haben wir keinen Einfluß –, sondern, indem er mit jeder Faser seines Körpers und seines Bewußtseins in eine umgekehrte Situation gezwungen wird, der er sich unmöglich entziehen kann, die an ihm haften wird.«

So geht die Suada endlos fort. Gestanden hat die Tatbeteiligung 2002 Rudolf Schindler, nachdem der Fahrer des Motorrads, der Deutsch-Palästinenser Tarek Mousli, schon als Kronzeuge »gesungen« hatte. Schindler kam aus dem pazifistischen Milieu und hatte sich gemeinsam mit seiner Lebensgefährtin immer stärker radikalisiert. Angelastet wurde ihm auch die Mitwirkung am Anschlag auf den Sitz der OPEC in Wien, wo ein Kommando unter Führung von »Carlos« arabische Erdölminister als Geiseln genommen und Wachpersonal getötet hatte. Eine Tatbeteiligung konnte Schindler aber nicht nachgewiesen werden, er wurde deshalb freigesprochen. Anders als die RAF bewegten sich die RZ halbwegs offen im linksradikalen Berliner Alternativmilieu, darunter im auch von mir viel besuchten Mehringhof, wo vom Gesundheitsdienst und Fahrradladen bis zu Theater, Kneipe und dem linken Verlag alles vorhanden war und »Feierabendterroristen« wie der berühmte Fisch im Wasser schwammen.

Hätte ich Günter Korbmacher vor 1987 getroffen, hätte ich ihn vermutlich angegangen, dass er in einer hochrangigen Festschrift die Verschärfung des Asylrechts gefordert hatte, während ich damals von dessen willentlicher Aushöhlung durch die Regierung Kohl überzeugt war. Gewünscht hätte ich wohl einen weniger formalen Umgang des Juristen mit einem Asylparagrafen, als doch bereits offensichtlich war, dass seine immer restriktivere Auslegung und letztendliche Erledigung dem entsprach, was Volkes Stimme in den 80er-Jahren gefordert hatte. Was Populisten wie Franz Schönhuber in Bierzelten bekräftigten und der Mob in Rostock-Lichtenhagen 1992 zu exekutieren drohte.

Doch als der Großcousin jetzt im Rollstuhl vor mir saß, ging mir vor allem eine Frage durch den Kopf: War die Meinungsverschiedenheit der Anlass für meine seinerzeit eher schwache Solidarität mit dem Opfer eines Anschlags im Familienkreis, oder war die Ursache für meine Entfernung daraus die vorhergehende Entzweiung über die Bewertung des Nationalsozialismus? Günter Korbmacher, Jahrgang 1926, genoss nicht die Gnade der späten Geburt; in seiner Familienchronik nehmen Hitler-Begeisterung und Kriegserlebnisse viele Seiten ein. Zwei Jahre war der junge Soldat in Gefangenschaft. Wie mein Vater gehörte er nach dem Krieg dem Cartellverband (CV) der katholischen deutschen Studentenverbindungen an, der in den ersten Jahren der Bundesrepublik ein funktionierendes Postennetzwerk pflegte. Ein konservativer Jurist, aber gewiss kein »furchtbarer« wie Hans Filbinger, der als Marinerichter noch in den letzten Tagen Todesurteile gegen »Wehrkraftzersetzer« verhängte. Das genau wollten die RZ und ihre Sympathisanten aber suggerieren.

Der in Sippenhaft genommene Sohn Andreas ist seinem Vater in manchem ähnlich: Auch er studierte Jura, wurde Mitglied des Cartellverbands CV, ist an obersten Gerichten tätig. Er ist mithin all das geworden, was ich meinen Eltern als ihren Herzenswunsch für die Laufbahn ihres Sohnes ausschlagen musste.

31. Il est facho, mais sympa

In Paris besuchte ich 1984 eine Versammlung des Anführers des Front National, Jean-Marie Le Pen, des Spitzenkandidaten für die Europawahl; die rechtsradikale Partei errang zehn Prozent der Stimmen, fast so viel wie die Kommunisten und dreimal so viel wie »mein« Kandidat, der unabhängige Grüne Brice Lalonde. Le Pen sprach rüde und aggressiv, die ihm zujubelnde Menge war voller Ressentiments und hässlicher Visagen. Ihr Idol polterte gegen Europa, dessen Repräsentant er doch in Straßburg sein sollte. Als Präsidentschaftskandidat erreichte er ähnlich hohe Werte, 2002 gelang es ihm sogar, den sozialistischen Bewerber Lionel Jospin aus der Stichwahl zu verdrängen. Le Pen war mir namentlich als Veteran der französischen Ultrarechten bekannt – angefangen hatte er bei Pierre Poujade, dem Urvater des Nachkriegspopulismus, als Leutnant im Algerienkrieg war er an der Folter beteiligt (ohne dafür belangt zu werden), und 1965 organisierte er die Kampagne des Neofaschisten Tixier-Vignancourt. In dem randvoll besetzten Saal konnte man Angst bekommen. Ein beschriebenes Blatt also, ein hässlicher Franzose, der exemplarische Fiesling.

Le Pens Claqueure waren Leute, die sich in Frankreich nicht mehr *chez soi* fühlten, und solche, die sich mit seinem Niedergang als Kolonialmacht nie abfinden konnten. Wenn Le Pen gegen muslimische, speziell algerische Einwanderer hetzte, lebte in ihm die OAS auf, die Untergrundorganisation der radikalen Siedler, die Anfang der 60er-Jahre in Algerien und Frankreich die Herausbildung eines unabhängigen algerischen Staates mit

Terroranschlägen zu verhindern trachtete. Und Le Pen sprach noch mehr unaufgearbeitete Vergangenheit an: das Kollaborationsregime von Vichy und den beinharten Judenhass.

Den Holocaust bezeichnete Le Pen als »Fußnote der Geschichte«, dafür wurde er unter anderem von einem deutschen Gericht verurteilt. Die Äußerung hatte er 1996 auf einer Pressekonferenz der deutschen Partei »Die Republikaner« (REPs) gemacht. Diese befanden sich, anders als die Partei Le Pens, die heute nach der französischen Präsidentschaft greift, bereits im Sinkflug; um die Zeit des Mauerfalls herum hätten sie womöglich das Zeug gehabt, sich als deutsches Äquivalent zu etablieren. So blieb es bei marginalen Erfolgen in Landtags- und Europawahlen, der Einzug in den Bundestag blieb den REPs ebenso versperrt wie der NPD in den 60er-Jahren und heute wieder.

Erfolgsgarant der REPs war allein ihr Vorsitzender Franz Schönhuber, ein vom Bayerischen Rundfunk geschasster Moderator aus München. Bei einem Interview für das 1987 erschienene Rotbuch *Der Geist steht rechts. Ausflüge in die Denkfabriken der Wende* hatte mir der Münchner Publizist Armin Mohler aus seinem deutlichen »Gespür für rechts« den ihm gut bekannten Schönhuber als denjenigen angepriesen, »der es schaffen könnte«. Mir schien das die Großmäuligkeit bestimmter Münchner Kreise zu sein, die sich mit der vom allgemeinen Publikum wenig beachteten Zeitschrift *Criticon* zwischen der CSU des Franz Josef Strauß und den Nostalgikern der Konservativen Revolution der Weimarer Republik zu etablieren versucht hatten. Ich hatte eben noch nicht die Sendung *Jetzt red i* angeschaut, die der Journalist beim Bayerischen Rundfunk moderiert und zur Tele-Klagemauer der kleinen Leute gegen die Staatspartei CSU umfunktioniert hatte. Deren Potentaten kannte er bestens aus dem »Franzensclub«, in dem der Schönhuber, Franz, gelegentlich mit dem Strauß, Franz Josef, im Franziskanerkeller zusammengehockt hatte (und wo Armin Mohler kiebitzen durfte). Sie waren desselben Geistes Kind, und deswegen war es für Strauß, der als Kanzlerkandidat 1980 gelobt hatte, rechts von ihm dürfe nur die Wand sein, die größtmögliche Kränkung, dass den REPs 1986 ausgerechnet bei der Landtagswahl in Bayern der Durchbruch gelang.

Gegründet hatte Schönhuber die Partei mit zwei CSU-Dissidenten schon 1983 als eine der üblichen Hinterzimmerparteien am rechten Narrenrand, aber anders als diese Eintagsfliegen dann auch bei der Wahl zum Berliner Abgeordnetenhaus und der Europawahl 1989 jeweils über sieben Prozent der Stimmen errungen. Schönhuber, der die Partei wie eine One-Man-Show leitete, wollte die REPs nach dem Vorbild Le Pens in eine scharf rechte Nationale Front umwandeln. Wie Le Pen stilisierte er sich zum Wahr-Sager, der sich getraute, die Dinge beim Namen zu nennen: 1981 hatte er unter dem Titel *Ich war dabei* eine apologetische Selbstbezichtigung zu seinen Jahren in der Waffen-SS vorgelegt und an seinem eigenen Beispiel den »Schuldkult« der Bundesrepublik demonstrieren wollen. Als Strauß mit dem DDR-Unterhändler Alexander Schalck-Golodkowski kungelte und der längst maroden DDR Milliardenkredite zuschanzte, profilierte sich Schönhubers Truppe als die einzig wahre Wiedervereinigungspartei.

Schönhuber war der Etablierung einer deutschen Rechtspartei (jenseits von CDU und CSU) am nächsten gekommen, aber auch er scheiterte krachend daran, das Nachkriegstabu zu brechen. Die konservative Rechte hat sich durch ihre weitgehende Kollaboration mit dem Nationalsozialismus *nachhaltig* kompromittiert, dezidiert christliche Parteien und neonazistische Splittergruppen schafften es bisher höchstens in Kommunalparlamente und Landtage, das Terrain rechts der Mitte beherrscht die Union, die immer noch erfolgreichste Parteigründung nach 1945. Deren konservativer Flügel, einst durch den bulligen Machtmenschen Strauß (und den Osthessen Alfred Dregger) verkörpert, kann sich nach Kohl und vor allem unter Merkel kaum noch rühren. Diese Entwicklung war für meine politische Generation ebenso überraschend wie erfreulich. Und sie ist einstweilen ein deutscher Sonderweg: So gut wie überall sitzt ja eine *droite pure et dure* in den nationalen Parlamenten, aber das hätte man um 1950 am ehesten den revanchelustigen Deutschen zugetraut.

Das deutsche Tabu hat gehalten, mit Schönhuber hat es seinen bis 2014 schwierigsten Test bestanden. Gescheitert ist auch, wer neben Schönhuber wohl am ehesten das Zeug zu einem deutschen Jörg Haider gehabt hätte: Jürgen Möllemann, eine der schillerndsten politischen Figuren der Ära Kohl, der mit schwarzen Kassen, massiven Verstößen gegen das Parteiengesetz und fehlerhaften Rechenschaftsberichten in Erinnerung geblieben ist und sich 2003 mit einem Fallschirm zu Tode gestürzt hat. Sein großmäuliges »Projekt 18«, das sich auch Guido Westerwelle untern Schuh geklebt hatte, war ein Versuch, den Nationalpopulismus in Deutschland mit der im Kern antisemitischen Behauptung salonfähig zu machen, in diesem Lande herrsche eine von Leuten wie Michel Friedman fabrizierte Meinungsdiktatur. Mit diesem Trick wurde Thilo Sarrazin (Auflagen-)Millionär, mehr war nicht drin. Beruhigt sein kann man allerdings nicht: Die euroskeptische »Alternative für Deutschland« (AfD) installiert gerade die nächste Versuchsanordnung. Auch Professor Lucke und seine Mithonoratioren kämpfen nach ihren Wahlerfolgen 2014 schon mit der peinlichen Pegida-Basis, die sie doch brauchen, um sich als rechte Kraft zu etablieren.

Machtmenschen vom Schlag der Le Pens übten eine negative Faszination auf mich aus. Über ihre Persönlichkeit wollte ich möglichst viel herausfinden, und mit Ausnahme von Le Pen, der mich schon nach der ersten (harmlosen) Frage vor die Tür setzen ließ, interviewte ich sie lange und stritt auf Podien oder im Fernsehen mit ihnen. Es begann mit Armin Mohler, über den man ein paar Worte verlieren darf. Der aus der Schweiz stammende junge Mann hatte 1949 bei Hermann Schmalenbach und Karl Jaspers in Basel über die »Konservative Revolution« promoviert, eine intellektuelle Gruppe, die mit Namen wie Oswald Spengler und Edgar Jung verbunden war. Dieses Buch war sein Markenzeichen und seine Eintrittskarte in die konservative Nachkriegspublizistik bei der Tageszeitung *Welt* und der Wochenzeitung *Christ und Welt*. Was ich noch von ihm wusste: 1942 war er aus der Schweizer Armee nach Deutschland desertiert, um sich der Waffen-SS anzuschließen. Doch sein »Hunger nach Monumentalität« wurde nicht gestillt, man schickte den Schöngeist wieder nach Hause.

Nach dem Krieg wirkte Mohler – ab 1950 im Stauffenberg'schen Schloss, ab 1951 in der zur Schlossanlage gehörenden herrenhausartigen Oberförsterei in Wilflingen (Oberschwaben) – als Privatsekretär Ernst Jüngers, den er in seiner Jugend bewundert hatte und später rechts überholen wollte; des Weiteren gehörte Mohler auch zu den Adepten Carl Schmitts, dessen Flaschenpostsendungen er und andere ins rechtskonservative Lager beförderten. Die Zuneigung, ja Bewunderung für Jünger und Schmitt, die konservative Juristen genauso wie nonkonforme Feuilletonisten in der *Frankfurter Allgemeinen* über Jahrzehnte pflegten, habe ich nie verstanden. Ich halte beide für schreckliche Autoren, weil ihre antihumanistische Philosophie und antiliberale Jurisprudenz die Westbindung Nachkriegsdeutschlands torpedieren sollten –, einmal ganz abgesehen davon, dass beide ihre intellektuelle Führerschaft im »Dritten Reich« und ihren basalen Antisemitismus nie selbstkritisch infrage gestellt haben. Das verhinderte nicht, dass erklärte Linke wie der Philosoph und Religionsgelehrte Jacob Taubes, der in Berlin auch bei der APO Kultstatus hatte, davon fasziniert waren. Mohler behielt also das Vertrauen seines Jugendfreundes Taubes und war überhaupt, wie ich bald an Postkarten und spätabendlichen Anrufen erkennen durfte, an der Auseinandersetzung mit Linken ausgesprochen interessiert – die Rechten seines Milieus hielt er mit wenigen Ausnahmen für »geistig beschränkt«.

Ein Buch Mohlers, das ich von meiner Schwester Grit geerbt hatte, handelte von der Entstehung der Fünften Republik unter Charles de Gaulle. Für die Schweizer *Tat* und die Hamburger *Zeit* war Mohler in den 50er-Jahren als Korrespondent in Paris tätig. Seither strebten Münchner und auch Bonner Konservative eine etwas andere Allianz der beiden Länder an als Adenauer, dessen katholische Betulichkeit Mohler ebenso verachtete wie den »Gärtnerkonservatismus« der CDU. Dieses Verdikt gegen Adenauer dürfte, ähnlich wie das von Karl Heinz Bohrer gegen Kohl, eine ästhetische Dimension gehabt haben: Mohler war Paris gewöhnt und fand Bonn einfach zu kleinkariert. Nachvollziehbar war das. Kölner betrachteten Bonn als einen langweiligen Vorort, auch wenn es der Sitz der Regierung war und die Villa Hammerschmidt, der blitzweiß getünchte Amts- und Wohnsitz des Bundespräsidenten am Rhein (und weniger der von Sepp Ruf entworfene Kanzlerbungalow), in meiner Erinnerung etwas Mondänes hatte.

Gern hätte Mohler sich, halb Journalist am Ohr der Macht, halb Strippenzieher im Hintergrund, als geistiger Wegbereiter einer Revolution von rechts betätigt, ähnlich wie sein Pariser Adept Alain de Benoist, der unter kräftigen Anleihen bei der linken Theorie die *Nouvelle Droite* zur kulturellen Hegemonie führen wollte. Also wie bei Antonio Gramsci, dem durch Mussolini eingekerkerten italienischen Kommunisten: nicht direkte Attacke auf die Bastionen der Macht, sondern Eroberung der Köpfe und Herzen. Mohler wie de Benoist mussten sich dazu gleichwohl auf Machtpolitiker wie Le Pen und Schönhuber einlassen. Oder auf Franz Josef Strauß. Als Marcel Hepp, der von Mohler an Strauß vermittelte persönliche Referent, mit 34 Jahren früh verstarb, geriet Mohler jedoch aus dem Blickfeld des Großen Vorsitzenden.

»Mit so einem« wie Mohler redete man üblicherweise nicht, seit den 70er-Jahren war er kaum noch im öffentlich-rechtlichen Pressewesen vorgekommen. Er polemisierte gegen die Vergangenheitsbewältigung, sah die Bundesrepublik am Nasenring der Alliierten und publizierte in zunehmend weniger anerkannten Kleinstverlagen der rechten Szene, schrieb als Michel Hintermwald auch in der *Deutschen National-Zeitung* des Münchner Verlegers Gerhard Frey. Mir gegenüber deklarierte sich Mohler selbst als Faschist, und zwar im Sinne der spanischen Falangisten unter José Antonio Primo de Rivera, nicht der Nazis unter Adolf Hitler. Sich so zu outen erschien dem alten Herrn als die ultimative Verschärfung, er imponierte damit aber niemandem mehr. Dumpfbürger stehen mehr auf Sarrazin.

Nun also: Schönhuber. Ebenso einfach, wie Mohler in München in seiner mit Büchern und Kunstbänden überladenen Wohnung in der Liebigstraße 3 aufzusuchen, war es, Schönhuber zu treffen, auf seinen Wunsch hin im Edelhotel Bayerischer Hof an der Maximilianstraße oder in besagtem Franziskanerkeller. Schönhuber machte sich einen Jux daraus, sich mit einem leibhaftigen Professor zu treffen, und charmierte mich, als wollte ich in seine Partei eintreten. Mich erinnerte das an einen französischen Freund aus Aix-en-Provence, der über einen Kumpel, mit dem er dort unter den Platanen ab mittags Rotwein trank, zu sagen pflegte: Er ist ein Fascho, aber sympathisch. Der Grund für Schönhubers Charmeoffensive war leicht zu durchschauen: Er kam von ganz unten, sein Vater und er selbst waren »dabei gewesen«, nun wollten sie zur guten Gesellschaft gehören. Bei fast allen Nationalpopulisten ist dieses politisch-familiäre Muster anzutreffen, dem entspricht auch die Selbstwahrnehmung der Anhänger, die ebenfalls glauben, zu kurz gekommen zu sein und gegen eine »Schweigespirale« in Medien und Politik nicht ankommen zu können.

Wenn man Schönhuber Paroli bieten wollte, ging dies weder durch Nichtbeachtung (mit so einem redet man nicht, verschafft ihm keine Bühne, lässt ihn rechts liegen) noch durch antifaschistische Anrede (Sie Faschist, Sie Verderber Deutschlands), sondern allein durch faktengestützte Gelassenheit in direkter Konfrontation. Dreimal habe ich dies live im Fernsehen exerziert, einmal bei SAT1 (*Einspruch*, moderiert durch Ulrich Meyer), einmal bei VOX (moderiert durch Hellmuth Karasek) und einmal bei einem bayerischen Privatsender. Wenn man auf dem Quivive und gut vorbereitet war, ließ sich Schönhuber in die Defensive bringen, nervös machen und entzaubern. Er brachte Dinge durcheinander, wurde fahrig und weinerlich.

Es hat mir wirklich Spaß gemacht, diesen schon als neuen Hitler an die Wand gemalten Bayernhäuptling zu verunsichern und ein Stück zu entdämonisieren. Natürlich musste man dabei auch mal laut werden und Tricks anwenden – vor der VOX-Sendung hatte ich mir Details über den finanziellen Zustand der Partei und gewisse Unregelmäßigkeiten beim in Ungnade gefallenen Schatzmeister besorgt und diese vor laufender Kamera ausgebreitet.

Apropos Fernsehen: Kollegen, die mich seinerzeit warnten, TV-Auftritte würden meinen Ruf ruinieren, verfolgte ich später mit Zufriedenheit im – Fernsehen. Ihre damalige Kritik an diesem Nullmedium war übrigens berechtigt, politische Urteilsbildung fördert es nur in Glücksfällen, und Aktualität täuscht es außer in Sternstunden nur vor, indem es die (notwendige) Differenz zwischen Ereignis, Bericht und Wahrnehmung in der Live-Schalte aufhebt.

Auf dem Rosenheimer Parteitag der REPs 1990, wo ich Schönhuber noch einmal über den Weg lief, hatte der schon die Lust und die Contenance verloren. Den »Saftladen«, auf Tausende von Mitgliedern angewachsen, verachtete er zutiefst, oft hatte er sich wie Mohler bei mir über das geistige Niveau der REP-Mitglieder und -Funktionäre beklagt. 2005 ist Schönhuber gestorben, persönlich verbittert und mit allen Gesinnungsgenossen zerstritten, ohne in die deutsche Geschichte eingegangen zu sein. Das wäre er nur, wenn er sich rechtzeitig zum Helden des Rückzugs entwickelt hätte.

Schönhuber und reich gewordene Pamphletisten verbindet ihre Lächerlichkeit, die den heiligen Ernst der antifaschistischen Anmache nicht verdient. Auch weit Schlimmere wie Adolf Hitler sind im 20. Jahrhundert so weit gekommen, weil die Welt nicht rechtzeitig über sie gelacht hat, sondern in (Ehr-)Furcht erstarrt ist. Hannah Arendt und Karl Jaspers meinten nicht die aktuelle Comedy-Komik, sie meinten das politische, das befreiende Lachen. Charlie Chaplins und Bertolt Brechts Ratschläge zu Hitler waren, die politischen Verbrecher müssten »durchaus preis-

Resonanz von rechts außen (anonymer Brief)

gegeben werden, und vorzüglich der Lächerlichkeit«. Sie tötet und ist die einzige Form politischen Mordes, der unsereinem normalerweise zusteht. Was sich Schönhuber, Familie Le Pen und andere Maulhelden ausgedacht hatten und ausdenken – das ist nicht weniger als ein gewaltiges Säuberungs- und Deportationsprogramm für Ausländer und der Ruin der Euro-Wirtschaft –, spottet derart jeglicher Realitätskontrolle und Politikfähigkeit, dass man ihre Märchenstunden hell verlachen und nicht düster ausmalen sollte.

Damit meine ich nicht, man solle sie nicht auch auf geeignete (und gewaltlose) Weise konfrontieren und, wenn notwendig, nicht gegen sie aufstehen. Bei erklärten Antifaschisten kam Coolness nicht gut an. Ihren Zorn erfuhr ich auf meiner Lesereise im Juni 1989, die mich durch die linken Buchläden der Republik führte. Johannes »Johnny« Eisenberg, Mitbegründer der *taz* und renommierter Strafverteidiger, resümierte meine Buchvorstellung in der Berliner »Fabrik«, Debatten über einen differenzierten Blick auf die neue Rechte seien mit den Antifa-Bündnissen offenbar »nur noch unter Geschrei möglich«.

Sosehr es mir Vergnügen bereitet hatte, den Vorsitzenden zu grillen, sowenig gefiel mir der Telefonterror, dem ich 1990 in Köln durch sein mediokres Personal ausgesetzt war. In der *Stadt-Revue* hatten wir zur Kommunalwahl ein REP-Dossier veröffentlicht, auf das die Kölner REPs mit zunächst lachhaften (»Wotan, Wotan«), dann doch bedrohlichen Anrufen reagierten. Wir ließen eine Fangschaltung machen und wurden von der Staatsschutzabteilung der Kölner Polizei eingeladen, doch mal etwas über die REPs zu erzählen. Beenden konnte man den Spuk also nur auf komische Art. Gemeinsam mit dem Kölner Kabarettisten Heinrich Pachl und einer jungen Autorin der *Stadt-Revue* gingen wir unangemeldet ins Fraktionsbüro der REPs, die eben ins Kölner Rathaus eingezogen waren, und machten ein wenig verbale Randale. Danach blieb das Telefon still.

Die Wotan-Fans spalteten sich von den REPs ab, gründeten eine »Deutsche Liga für Heimat und Volk« und sind heute als »Pro Köln« und »Pro NRW« unterwegs, wo immer eine ihnen nicht genehme Moschee gebaut werden soll. Pro Deutschland können auch sie damit nicht werden. Markus Beisicht, der ehemalige (»Pro Köln«) beziehungsweise aktuelle (»Pro NRW«) Häuptling der Neugermanen und Rechtsanwalt, blieb allerdings eine Person der Zeitgeschichte. Er verteidigte den bekennenden Hitler-Bewunderer Axel Reitz, 2009 wollten ihn fast fünf Prozent der Wähler zum Oberbürgermeister von Köln machen. Überdies äußerte sich Beisicht einmal bei kreuz.net, einem mittlerweile abgeschalteten Internet-Tummelplatz klerikaler Schwulenhasser, und ist dabei als christlicher Kreuzfahrer das getreue Spiegelbild jener Hassprediger, die er attackiert. Wie bei den antisemitischen Pius-Brüdern hat es lange gedauert, bis sich die katholische Kirche von Hasspredigern distanzierte.

Wenn ich so etwas bräuchte: Beisicht wäre in vielem mein ärgster Feind – aber was man nicht einmal diesem wünscht, ist ihm 2013 zugestoßen: Salafisten planten ein Attentat auf ihn und seine Familie. *Des extrêmes se touchent* im rheinischen Irrenhaus, in das in Gestalt des vormaligen »Antiimperialisten« Bernhard Falk alias Bernhard Uzun oder Muntasir bi-llah auch der zum Salafismus bekehrte Linksterror eingezogen ist.

32. Adenauer-Linke

Eines Tages, es muss 1959 gewesen sein, stand er vor unserer Tür, der berühmte schwarze Mercedes-Benz 300 mit dem Nummernschild des Bundeskanzlers, 0-2, umringt von einer großen Schar Schaulustiger. Konrad Adenauer besuchte die umgewandelte Hutfabrik in der Lotharstraße, wo nun jenes Gymnasium residierte, an dem er selbst vor sehr langer Zeit (1894!) als »guter, unauffälliger Durchschnitt« Abitur gemacht hatte. Begrüßt wurde er von meinem Vater, der da als Oberstudiendirektor wohl einen seiner glücklichsten Tage erlebte. Den Blumenstrauß überreichte Konrad Adenauer jun., der ebendort sein Abitur machen wollte, und auch ich durfte dem alten Mann mit dem zerfurchten, mir indianerhaft wirkenden Gesicht die Hand schütteln. Den genauen Anlass, vermutlich ging es um die 100-Jahr-Feier der 1860 gegründeten Schule, habe ich vergessen. Aber derart geprägt, kann ich mit dem später mir und anderen verliehenen Titel »Adenauer-Linker« durchaus einverstanden sein. Aus der Schmähkritik wurde eher ein Ehrentitel.

Ganz so einfach ist es freilich nicht. Erstens bleibt der Widerspruch zu Adenauers oftmals reaktionärer Innenpolitik beträchtlich, zweitens waren wir eben nicht für die Wiedervereinigung in den Grenzen von 1937. Der Osten war mir fern. Aber war nicht genau das so adenauerisch? Die erste Berlin-Reise unternahm ich nach dem Bau der Mauer als Schüler, wir wurden weit draußen am Nikolassee in einer politischen Bildungseinrichtung gesamtdeutsch unterwiesen und konnten nicht nach drüben. Später konnte man und passierte die unheimliche Grenze halb ehrfürchtig, halb aufmüpfig. Dahinter spielte das Berliner Ensemble *Der gute Mensch von Sezuan* und *Arturo Ui*, ehrfürchtig schaute ich der Truppe der Brecht-Witwe Helene Weigel zu, wenn sich der Vorhang mit der Friedenstaube gehoben hatte, aber das bessere Deutschland war das deutlich andere für mich nicht.

Aus dem familiären Antisowjetismus wurde bei vielen meiner

Generation ein Anti-Antikommunismus, nach dem kontrapho-
bischen Motto: Der Feind meiner Eltern kann nur mein Freund
sein. Ich hingegen wollte kein Antikommunist, sondern der bessere Kommunist sein, und eben deswegen wurde mir der autoritäre Sowjetkommunismus immer suspekter. Die China-Bücher
eines Jan Myrdal und geschönte Berichte über die Kulturre-
volution machten es eine Zeit lang attraktiv, im Bruderstreit
der kommunistischen Parteien und ihrer deutschen Ableger für
Beijing zu sein. Damit trieben naive West-Maoisten den Teufel mit dem Beelzebub aus, nicht wissen wollend, welche Verbrechen der im Westen gar als empfindsamer Dichter gefeierte
Mao angeordnet hatte. Auch dieser Wahn hielt (bei mir) nicht
lange an, während die Abneigung gegen das sowjetisch-russi-
sche Imperium noch wuchs.

Auch weitere Besuche in Ostberlin und spätere in Weimar
oder in der Gedenkstätte Buchenwald, der Trutzburg des DDR-
Antifaschismus, änderten das nicht. Wenn man das Eingangstor
des Konzentrationslagers mit der zynischen Inschrift »Jedem
das Seine« durchschritten hatte, wurde man vor 1989 vornehmlich mit der Ermordung russischer Kriegsgefangener und
des KPD-Vorsitzenden Ernst Thälmann, also mit einem ganz se-
lektiven Aspekt der Nazi-Diktatur, bekannt gemacht. Konzentrationslager aufzusuchen war in den 60er-Jahren noch keine
routinierte, in ein Reiseprogramm passende Übung. Todeslager
in Augenschein zu nehmen, diese materiellen Verdichtungen totalitärer Ideen, löste in mir zwiespältige Reaktionen aus: Das
erwartete Gefühl überwältigenden Schreckens und Mitleids
blieb aus, dafür ergriff mich eine immense Wut auf jene, die
noch angesichts einer Gaskammer in Auschwitz dumme Witze
machen oder lauthals revisionistische Sprüche ablassen konnten. Das passierte mir Anfang der 90er-Jahre, als ich das Museum in Auschwitz-Birkenau besuchte.

*

Einen Gedenkstein für Rudolf Breitscheid, dessen Schicksal den Wahnwitz des 20. Jahrhunderts exemplarisch zum Ausdruck bringt, gab es in Buchenwald auch, und da er fast vergessen ist, möchte ich diesen aus dem liberalen Kölner Bürgertum stammenden Buchhändler und Redakteur etwas hervorheben. Vor dem Ersten Weltkrieg war er von der Freisinnigen Vereinigung in die SPD übergetreten, kritisierte 1914 deren »Burgfrieden«, saß für die USPD im Reichstag der Weimarer Republik, gab deren Organ *Der Sozialist* heraus, kehrte 1922 zur Mehrheits-SPD zurück und wurde Vorsitzender und außenpolitischer Sprecher der Reichstagsfraktion. Breitscheid agierte als »Westler«, das heißt als Unterstützer von Gustav Stresemanns Locarno-Politik, war Mitglied der deutschen Delegation beim Völkerbund und arbeitete mit im Präsidium des »Komitee Pro Palästina«, das für eine jüdische Ansiedlung in Palästina eintrat (und dem auch der Zentrumspolitiker Konrad Adenauer angehörte). Nazis und Völkischen war er aus all diesen Gründen verhasst, 1933 kam er als einer der Ersten auf die Ausbürgerungsliste und übersiedelte nach Frankreich. 1940 floh er vor der heranrückenden Wehrmacht weiter nach Marseille, 1942 lieferte ihn das Vichy-Regime an die Gestapo aus. Am 24. August 1944 kam er in der Sonderbaracke im KZ Buchenwald um, tragischerweise bei einem Luftangriff der Alliierten. In Westdeutschland wurden Straßen und Plätze nach dem Sozialdemokraten benannt, die DDR nahm ihn in ihr antifaschistisches Pantheon auf und druckte sein Konterfei mehrfach auf eine Briefmarke. Jüngeren ist der Name vergessen, in den neuen Bundesländern wurden Straßenbenennungen getilgt.

Um die traurige Geschichte zu Ende zu erzählen: Nach der Befreiung durch die US-Armee hat Buchenwald im sowjetischen Einflussbereich sofort wieder als Konzentrationslager gedient – angeblich für internierte Nazis, in Wirklichkeit überwiegend für Gegner des sowjetischen Unterdrückungssystems jedweder Couleur. Darunter waren Sozialdemokraten, die schon die Gestapo nach Buchenwald verschleppt hatte. Selbst ein Breitscheid hätte also in Gefahr gestanden, mit dem nächsten Regime erneut in Konflikt zu geraten.

*

Auch 1989 hielt ich es noch mit den selbsterklärten Freunden Deutschlands, die unser Land so liebten, dass sie gleich zwei davon behalten wollten. Wie Mitterrand (und Thatcher) hatte ich es also besser gefunden, die DDR würde als eigener Staat weiterbestehen und sich dabei demokratisieren und liberalisieren. Das hielten wir übrigens für die Konsequenz der Westbindung, die Adenauer politisch, militärisch und kulturell vollzogen hatte – ein geeintes Deutschland als neutrale Mittelmacht, wie es das von Adenauer ausgeschlagene Angebot der Stalin-Note 1952 ausmalte und wie es viele Linke in den 50er- und erneut in den 80er-Jahren propagierten, schien uns Westlern eine Gefahr zu sein. Wir waren überzeugt, politisch-kulturell würde diese Mittelmacht die nach 1945 aufgezwungenen Errungenschaften einer liberalen Ordnung aufgeben und politisch-militärisch eventuell Europa wieder bedrohen und gegen sich aufbringen. Oder eben zu nahe bei Breschnew landen.

Wir wollten, wie ich es 1990 in einem Artikel für das *Kursbuch* ausgedrückt habe, Bund bleiben und nicht Reich werden. Dass der Fall der Mauer so nahe lag, konnten wir uns vor dem Oktober 1989 ebenso wenig vorstellen wie den anschließenden Untergang der Sowjetunion. Als mein Freund Bernd Schleich im Mai 1989 seinen Geburtstag feierte und annoncierte, seinen Fünfzigsten würde er mit uns allen »im Osten«, das hieß: ohne Mauer, begehen, war ihm Spott sicher, und die Pointe ist, dass der ungehörte Prophet die unerhörte Begebenheit am Abend des 9. November 1989 in seinem Bett in Berlin sogar verschlafen hat.

Gegen die deutsche Vereinigung war ich allerdings auch nicht. Was ich, zuletzt 1988 am Rande des von der Uni Göttingen betriebenen SPD-SED-Dialogs mit der Universität Jena, erlebte – leere Innenstädte und verlassene Wohnungen –, verschaffte mir die Ahnung, dass hier etwas zu Ende ging. Gerade war ein Lyrikband Jürgen Beckers mit dem ominösen, seherischen Titel *Gedicht von der wiedervereinigten Landschaft* erschienen, der weiter ging als der übliche, von keinem wirklich geglaubte Potentialis von der wiedervereinigten Nation. Es ist damals kaum aufgefallen als poetische Rückahnung aus einer in Thüringen verbrachten Kindheit, dass es nicht so bleiben würde, wie es war. Nicht einmal, dass ich eines dunklen Herbstabends in der Zionsgemeinde in Ostberlin eher zufällig in eine Versammlung des »Friedens- und Umweltkreises«geriet, der – wie ich aus der Zeitung wusste – von Skinheads überfallen worden war und die »Umweltblätter« herausbrachte, machte mich nachdenklicher. Im Gästehaus der Jenaer Uni hatte ich nur schlagartig das Gefühl, die soziale Kontrolle, die IM (inoffizielle Mitarbeiter) und AKP (Auskunftspersonen) ubiquitär ausgeübt hatten, sei einer fast frivolen Endzeitstimmung gewichen.

Sollte Ronald Reagan mit seinem pathetischen Appell an »Mr. Gorbachev« (»Tear down this wall!«) etwa recht behalten? Er hat, wie wir beschämt feststellen mussten, nicht nur recht gehabt (allerdings gehen die *Credits* in meinen Augen eher an Polens Solidarność und an die tschechoslowakische Charta 77 um Vaclav Havel), sondern auch etwas Selbstverständliches ausgesprochen: Diese Mauer musste irgendwann weg (und zwar lange vor unserem Ableben). Bei genauem Hinsehen war die DDR, das vermeintlich siebtstärkste Industrieland der Welt, wie der Rest der Warschauer-Pakt- und Comecon-Länder stehend k.o.

So hatte am guten Ende auch Adenauer recht, dem von rechts und links immer vorgeworfen worden war, die deutsche Nation auf dem Altar von NATO und EG geopfert und damit womöglich seine frühen Neigungen als rheinischer Separatist wahr gemacht zu haben. Westbindung und Wiedervereinigung gingen 1990 sehr wohl zusammen, per Artikel 23 wurden neue Länder angeschlossen. Recht bekommen reicht freilich nicht: Die Kosten waren materiell wie mental sehr hoch, und die europäische Wiedervereinigung bleibt nach wie vor eine Aufgabe, die 25 Jahre nach dem Fall der Mauer schwieriger erscheint denn je.

Konrad Adenauer war, daran besteht kein Zweifel, ein beinharter Konservativer. »Adenauer-Linker«, da haben die Spötter recht, war ein wenig konfus. Wenn ich retrospektiv beschreiben sollte, was wir damit gemeint haben, dann ist das ein ähnliches Oxymoron wie die *Gauche Américaine*, die Frankreich an den größeren Westen (und Amerika) anschließen wollte. Absolute Priorität haben die universalen Menschenrechte, die trotz der kolonialen und totalitären Vergangenheit am ehesten im Westen realisiert waren und sind. Die Bündnisse der Nachkriegszeit – EU und NATO – haben sich ungeachtet ebenso schwerwiegender Fehler bewährt, sodass nach 1990 weniger ihre Abschaffung als ihre Anpassung an die neue Weltlage auf der Tagesordnung stand. Die Totalitarismustheorie ist trotz ihres Missbrauchs im Propagandakrieg des Ost-West-Konflikts eine geeignete Beschreibung der gemeinsamen Züge der braunen und roten (womöglich auch der islamistisch-grünen!) Diktaturen. Worauf das alles hinauslief: Es gibt Wichtigeres als den Frieden – die Freiheit.

33. Heldraer Zipfel: Ende einer Demarkation

Eine der aufregendsten Reisen meines Lebens führte mich am 10. November 1989 durch Deutschland: von Göttingen nach Gießen, zum Teil entlang der innerdeutschen Grenze. Einen Tag zuvor war das noch die bestgesicherte und tödlichste Demarkationslinie Europas, die ich wenige Stunden, nachdem Zentralkomitee-Sprecher Günter Schabowski, ohne es richtig zu wollen und genau zu wissen, die DDR abgeschafft hatte, fast mühelos überwinden konnte. Den Vorabend hatte ich am Fernseher verbracht und ebenso ungläubig wie reserviert die Mauerspechte am Brandenburger Tor und die plötzlich erlaubten Grenzverletzungen an der Bornholmer Straße gesehen. »Wahnsinn!« war das Losungswort für die allgemeine Sprachlosigkeit. Am nächsten Morgen war ich unterwegs von meinem bisherigen Dienstort Göttingen zum künftigen nach Gießen, wo ich am 17. Oktober (es war der Tag des Rücktritts von Erich

Honecker) meine Professur angetreten hatte. Ich hörte im Radio, wie die deutsche Revolution weiterging. An der Bundesstraße 27 bog ich kurz entschlossen nach Osten ab, die Sitzung an der Justus-Liebig-Universität konnte warten. Endlose Trabi- und Wartburg-Kolonnen kamen mir entgegen, es war ein grauer Tag, und es wurde wild gehupt.

Von Kassel aus war ich häufig an der Grenze entlanggefahren und hatte an Abschnitten gehalten, wo man gut nach »drüben« sehen, mit einem Treckerfahrer Blinksignale austauschen oder sich von einer Grenzpatrouille ins Visier nehmen lassen konnte. Besonders nah kam mein Sohn den Grenzanlagen im Jagdrevier des Vaters eines Freundes, wo er Abenteuerwochenenden verbrachte. Wenn sich ein Reh in den Sperrdrähten verfing, zischten Leuchtraketen hoch. Mit ihm unternahm ich gern Ausflüge in die Grenzzone, wo aus den Schienensträngen der 1945 stillgelegten Zugstrecke meterhoch Bäume und Büsche wucherten. Wo Feldwege im Niemandsland endeten, wo vielleicht schon der eine oder andere Fluchtversuch gescheitert war.

Was suchte ich dort? Vaterländische Gefühle hatte ich kaum, aber ich bedauerte den Traktorfahrer und alle, die hinter der Grenze mit Sondergenehmigung unter ständiger Kontrolle leben mussten, auch die jungen Soldaten der Nationalen Volksarmee, die an dieser irren Grenze Dienst schoben in der ständigen Furcht, ein Republikflüchtling würde es ausgerechnet in ihrem Abschnitt probieren.

Und da war auch der Nervenkitzel, der mich schon angesichts vieler hermetischer Grenzen ergriffen hatte: an der Mauer quer durch die geteilte zyprische Hauptstadt Nikosia, an den mehrlagigen Stacheldrahtverhauen zwischen der Kronkolonie Hongkong und der Volksrepublik China, am *good fence* zwischen Israel und dem südlichen Libanon. Von Tadschikistan aus hatten wir in die Täler Afghanistans hineingeschaut, damals unter sowjetischer Besatzung, und im Osten der Türkei in den Irak, damals unter Saddam Hussein. Als Studenten hatten wir uns in der Teilrepublik Mazedonien des damaligen Jugoslawien zu nahe an die albanische Grenze gewagt, wo damals mit Enver Hodscha das kuriioseste kommunistische Regime in Europa herrschte. Offenbar gelangweilte Grenzer feuerten eine MP-Salve ab, die zum Glück weit genug entfernt von uns das Wasser des Grenzflusses aufpeitschte.

Zurück ging der Nervenkitzel bei mir wohl auf die frühen, damals auch noch komplizierten Grenzübertritte nach Belgien und Holland, entlang am einstigen »Westwall«, wo Panzersperren und Bunker noch die Frontlinie Nazideutschlands gegen die Westalliierten erkennen ließen. Den Bau der Mauer im August 1961 hielten unsere Väter für das Fanal zu Weltkrieg III, aber das Gegenteil war der Fall: Die Mauer, die so viel Trennung und Tod verursacht hat, setzte den großen Krieg in Deutschland vom Spielplan ab.

Das spontane Ziel meiner Novemberreise war der *Heldraer Zipfel*, der tief in DDR-Gebiet hineinragte und wo man vom anderen Deutschland gewissermaßen umgeben war. Dort haben wir minutenlang ins Nichts gestarrt, auf der anderen Seite rührte sich kaum jemals etwas. An der Stelle, wo bis zum 10. November 1989 Schluss war, hatte der Grenzschutz, wel-

Am Heldraer Zipfel

cher, erkannte ich nicht, eine Bresche in den Grenzstreifen geschlagen. Provisorische Holzbohlen erlaubten die Überfahrt ins geografisch *westlich* gelegene Großburschla in Thüringen – links und rechts im Todesstreifen dürften noch Tretminen gelegen haben. Schaukelnd passierte meine Alfa Giulia mit seiner starren Hinterachse die deutsch-deutsche Grenze – es war an dem Tag buchstäblich der einzige Wagen, der gen Osten fuhr. Großburschla war leergefegt, wer konnte, war in Richtung Eschwege, Göttingen und Kassel unterwegs, um das Begrüßungsgeld von 100 D-Mark in Empfang zu nehmen und es gleich für lang begehrte Konsumgüter einzutauschen.

Dass sich wohlsituierte Freunde über diese Gier lustig machten und Otto Schily hämisch mit Chiquita-Bananen winken musste, ist typisch für die Begriffsstutzigkeit der West-Grünen, die aus diesem Grund 1990 die Bundestagwahl verloren und erst einmal nur als Bündnis 90/Grüne, also mit Osthilfe, die frühe Berliner Republik mitgestalten konnten. In diesem Gefühl, von der Realgeschichte überholt worden zu sein, durfte ich mich selbst erkennen. Die Ablehnung des »real existierenden Sozialismus« hatte mich für die Bewohner der DDR unempfänglich gemacht – meinesgleichen war Mailand näher als Leipzig, wie Linda Reisch, damals Kulturdezernentin von Frankfurt (am Main), treuherzig bekannte – eine zutreffende Beschreibung westlicher Distanz. Die schlug nun oft in Besserwisserei und Bevormundung um. Im Café der Thomaskantorei in Leipzig musste ich, peinlich berührt, das laute, abschätzige Telefongespräch eines Wessis über seine Erlebnisse mit den blöden Ossis anhören, von denen einige konsterniert in Hörweite saßen. Dieser schätzungsweise Kölner bediente das erste, ziemlich klobige Funktelefon, das ich zu Gesicht bekam; mit dem Mauerfall kam also auch die Handy-Plage.

Sosehr mich das Ereignis des Mauerfalls als Freiheitserlebnis bewegte, so vorsichtig reagierte ich politisch. Ein Beispiel ist die mit Otto Kallscheuer verfasste Empfehlung »Ein Volk – viele Köpfe« zur Hauptstadtdebatte vom Juni 1991, die in der aus dem *Sonntag* hervorgegangenen »Ost-West-Wochenzeitung« *Freitag* unter dem umständlichen Titel »Die Einheit republikanisch verwirklichen heißt teilen können« erschien. Das hieß für die Hauptstadtentscheidung: Berlin *und* Bonn. Und für das größere Deutschland: Einbürgerung nicht nur der 16 Millionen DDR-Bürger, sondern auch von sieben Millionen Einwanderern.

Die Angst vor ethnischem Wahn und dem »Vierten Reich« trieb alle möglichen Bedenkenträger um. Günter Grass war einer von ihnen. Dunkel erinnere ich mich an eine von Lea Rosh moderierte Talkshow kurz nach dem Mauerfall, wo der Nobelpreisträger gegen die Wiedervereinigung vom Leder zog und mir beim Versuch eines Kontras glatt der Ton abgedreht wurde. Frau Rosh hatte mich, wie es in Talkshows oft der Fall ist, vor der Sendung als Warner vor der rechten Gefahr eingeteilt, die sich ihrer Meinung nach durch die Vereinigung potenzieren würde. Andere Meinungen standen mir nicht zu. Beim anschließenden Nachtessen ließ Grass seiner Antipathie freien Lauf gegen den 68er, für den er mich summarisch und an meiner Person selbst völlig desinteressiert hielt. Nie seit Harry »Trotzki« Buckwitz hat mich jemand derart im Kasernenton angebrüllt. Was ich damals nicht wusste: Die Antwort auf seine Anklage »Ihr wart die neue SA!« hätte ich durchaus zutreffend kontern können: »Und Sie die SS!«

Allein schon die Möglichkeit der Renaissance einer deutschen Mittelmacht und einer ethnisch homogenen Volksgemeinschaft bot tatsächlich Anlass zu Sorge. Aber die schlechten Beispiele von Grass und Maggie Thatcher sowie Kreuzberger Betttuchparolen der Art »Polen muss bis Holland reichen, Deutschland von der Karte streichen« brachten mich schnell zur Räson. Da Deutschland von »Freunden umzingelt« war, wie es Verteidigungsminister Volker Rühe auf den Punkt brachte, und als Führungsmacht der Europäischen Gemeinschaft anstand, kamen andere Befürchtungen auf: Dass ein »genscheristisches« Deutschland in seiner proklamierten »Kultur der Zurückhaltung« für Interventionen anderer eventuell zahlen, aber nicht politisch eintreten würde (wie im ersten Golfkrieg 1991). Oder als unbeholfener Neuling auf der Bühne der Weltpolitik Porzellan zerschlagen würde (wie mit der forschen Anerkennung Kroatiens 1992). Damals konnte man wirklich nicht ahnen, dass ein polnischer Außenminister ein Vierteljahrhundert später erklären würde: »Ich habe weniger Angst vor deutscher Macht, als dass ich anfange, mich vor deutscher Inaktivität zu fürchten.«

Dem Grenzübertritt am 10. November folgten weitere Expeditionen in das mir kaum bekannte Vaterland östlich der Elbe. Schluss war mit dem Theater an der Grenze. Einmal hatte ich wegen der Gegenfrage »Muss man das hier?« (auf die blödsinnige Standardfrage, ob ich Schusswaffen bei mir trage) stundenlange Schikanen der Volkspolizei ertragen müssen, ein anderes Mal wegen der illegalen Mitnahme eines Trampers. Kurz vor der ersten Volkskammerwahl im März 1990 lud Heiner Müller als neuer Leiter der (Ostberliner) Akademie der Künste zu einer Podiumsdiskussion ein. Sie demonstrierte, wie weit wir Wessi-Linken (darunter KD Wolff, Christian Semler und Daniel Cohn-Bendit) vom Sound wie von der Substanz der friedlichen Revolution entfernt waren – als tragisch versus ironisch hat Heinz Bude einmal die Grundstimmungen in Ost und West kodiert. Dem Zuruf aus dem Publikum, wir würden nicht zur Sache reden, begegneten wir damit, dass wir bereitwillig unsere Stühle frei machten. Die dann leer blieben.

Besser verstanden habe ich dann vielleicht in Leipzig und Dresden. Der Rotbuch-Verlag, der den in Leipzig sagenhaften Adolf Endler im Programm hatte (*Vorbildlich schleimlösend*, 1990), lud zur alternativen Buchmesse in die zweite deutsche Bücherstadt ein. Die Lesung aus dem *REP*-Buch in einem Jugendzentrum war proppenvoll und kurios, denn sie fand im ehemaligen Verbindungshaus der Alten Leipziger Landsmannschaft Afrania (»pflichtschlagend und farbentragend«) statt. Mittlerweile am Heidelberger Schloss ansässig, war sie nun scharf auf ihren historischen Sitz und stellte nach Gutsherren-art Restitutionsansprüche. In Dresden regierte der von Helmut Kohl gedemütigte Kurt Biedenkopf, erster CDU-Generalsekre-tär und als Ministerpräsidentenanwärter in Düsseldorf geschei-tert, nun, ein Wahnsinns-Comeback, sächsischer Ministerprä-sident. Als ehemaliger Professor und Hochschulrektor hatte er ein Ohr für intellektuelle Anregung und lud einen Kreis »un-abhängiger Denker« in sein Palais gegenüber der damals noch am Boden liegenden Frauenkirche ein. In Erinnerung geblie-ben sind mir das fast höfische Ritual beim Eintritt des körper-lich kleinen Ministerpräsidenten und dann eine anspruchsvolle, allerdings fast ausschließlich von westdeutschen Männern ge-führte Debatte zur Zukunft der deutschen Vereinigung. Als klei-nes Gegenstück (und Dankeschön) gedacht war mein Aufsatz »Warum Deutschland geteilt wurde« in dem von Ulrich Plenz-dorf herausgegebenen und von Klaus Ensikat illustrierten Ju-gendbuch *Ein Land, genannt die* DDR, das 2005 bei S. Fischer erschien. Aber unter Erich Loest, Daniela Dahn et al. blieb ich doch ein Fremdling.

Da ich bis 1990 keine Freundschaften und nur wenige Be-kanntschaften über die deutsche Grenze hinweg gepflegt hatte, suchte ich jetzt das Gespräch mit ostdeutschen Intellektuellen. Friedrich Dieckmann lernte ich 1990 am Wissenschaftskol-leg kennen. Besonders interessiert hatte mich schon immer die Zeitschrift, in der er schrieb: die von Sebastian Kleinschmidt herausgegebene *Sinn und Form*. 1949 von Johannes R. Becher und Paul Wiegler gegründet und bis 1962 von dem großen Lyriker Peter Huchel geleitet, schaffte sie es weit über die Wende hinweg. Redaktionsleiter Kleinschmidt wurde 2013 mit stehendem Applaus in der Berliner Akademie der Künste ver-abschiedet, wo die gute Tradition des Schweriner Pfarrhauses auflebte und sich noch einmal ein Spalt in die Welt der soziali-stischen (abweichenden) Intelligenzija öffnete, deren Untergang man dringend bedauern sollte.

Einen Besuch auf dem Lande stattete ich, als er seinen autobiografischen Bericht *Zeuge in eigener Sache* vorlegte, Gustav Just ab, dem früheren Generalsekretär des DDR-Schriftstellerverbands und stellvertretenden Chefredakteur der Wochenzeitung *Sonntag*, der im Juli 1957 als Mitglied der »Harich-Gruppe« zu vier Jahren Gefängnis verurteilt und aus der SED ausgeschlossen worden war. Die vermeintliche Oppositionstätigkeit (eigentlich war es ihm um die Entstalinisierung und Erneuerung der sozialistischen DDR gegangen) hatte ihm 45 Monate Haft in Bautzen eingebracht, seit den 60er-Jahren hatte er sich als freiberuflicher Übersetzer tschechischer und slowakischer Literatur über Wasser gehalten. Nach der Wende hatte Just den Ortsverein der SDP (dann SPD) an seinem Wohnsitz Prenden ins Leben gerufen. Sein Haus lag nicht weit entfernt von Honeckers Sitz in Wandlitz, den man nun besichtigen konnte und dessen Möblierung auch etwas über die DDR aussagte. 1990 zog Just für die Sozialdemokraten in den brandenburgischen Landtag ein und wurde dessen Alterspräsident, bis zwei Jahre später bekannt wurde, dass er im Zweiten Weltkrieg an Geiselerschießungen in der Ukraine beteiligt gewesen war. Just gab sein Landtagsmandat ab, 2011 starb er. Ein zweiter autobiografischer Bericht, *Deutsch, Jahrgang 1921*, geht auf die Verstrickung des jungen Soldaten leider kaum ein.

Die SED-Nachfolgerin PDS/Die Linke ließ ich (in meinem Verständnis) rechts liegen. Warm wurde ich höchstens mal mit einem wie André Brie, den die PDS bald abservierte (heute ist er Landtagsabgeordneter in Mecklenburg-Vorpommern). Um West-Linke aus dem Hause Lafontaine/Wagenknecht mache ich einen Bogen, weil sie mich fatal an das humorlose DKP-Milieu erinnern. Die Linke hat sich nicht als gesamtdeutsche Partei etablieren können, eher als ständige Vertretung Ostdeutschlands; unter den deutschen Polit-Stämmen nimmt sie damit eine der CSU vergleichbare Rolle als Regionalpartei ein. Um die »innere Einheit« muss man sich ein Vierteljahrhundert deswegen nicht sorgen, die Bedenken von Bürgerrechtlern gegen die Regierung Ramelow in Thüringen (2014) konnte ich nicht nachvollziehen, auch wenn man mit zweierlei Maß misst, sobald man sich über Nazis im Betrieb der frühen Bundesrepublik aufregt und einen aber das Fortwirken ehemaliger SED-Funktionäre und Stasi-Angehöriger in der späten völlig kalt lässt. Dass der Osten anders ist und der Süden auch, wird man im Westen und Norden verstehen müssen. Umgekehrt ist es ja auch nicht leicht.

Konnte man mit Dieckmann, Kleinschmidt und Just die alte und »andere« DDR lebendig werden lassen, wirkten Jüngere schon stärker für die gesamtdeutsche Zukunft. Als Beispiel nehme ich einen wie Thorsten Schilling, geboren 1960 in Dresden, der heute die Multimedia- und IT-Abteilung in der Bundeszentrale für politische Bildung leitet und das Magazin *fluter* herausgibt. Von 1982 bis 1986 hatte er Philosophie und Marxismus-Leninismus in Leipzig studiert, wo ich ihn 1990 anlässlich der alternativen Buchmesse kennenlernte, erst im Juli 1989 war er aus der DDR ausgewiesen worden. Nach der Wende bekleidete er das Amt des Pressesprechers im Magistrat von Berlin (Ost) und bei Thomas Krüger, dem Senator für Jugend und Familie in Berlin, später managte er Projekte der Leipziger Galerie Eigen+Art und organisierte digitale Medienlabore. Unsere gemeinsame Hoffnung war das Internet als demokratisches Forum, und ich fand interessant, wie der Ex-Ossi auf Google- und NSA-Übergriffe reagiert, die diesen Traum zerstören: nämlich mit einem klaren Gespür für den totalitären Grundzug dieser Überwachungs- und Transparenzmaschinen. Er nennt sie »digitalen Stalinismus« und sieht den Einzelnen »in den GULags kommerzieller Clouds« verschwinden; als Gegenmittel sieht er die Renaissance der Subkulturen und in Snowden den Sacharow unserer Zeit.

Nur noch in Spuren kommt eine DDR-Vergangenheit bei einer anderen Person zum Tragen, mit der ich seit 2007 gearbeitet habe: Stephan Muschick (Jahrgang 1969) hatte »nach der Mauer« Skandinavistik studiert und war Kommunikationsberater bei diversen Unternehmen geworden. Ich traf ihn in Essen bei der RWE AG, deren Stiftung er heute leitet, wo ich ihn bei der Organisation einer Sommerakademie im Kulturhauptstadtjahr als hochgescheiten Partner schätzen lernte.

Leicht vergessen werden die »starken« DDR-Frauen, die die Wende vorangetrieben und Enkelinnen vom Format einer Jana Simon (Jahrgang 1972) hervorgebracht haben. Sie studierte nach der Wende in Italien, Berlin und London, arbeitete als Journalistin für diverse Qualitätszeitungen. 2013 veröffentlichte die Enkelin von Christa und Gerhard Wolf, die ich auch nur von Weitem kannte, das Buch *Sei dennoch unverzagt*, das Gespräche mit ihren Großeltern aus mehr als zehn Nach-Wendejahren über Freundschaft und Freiheit enthält.

Diese drei Personen stehen beispielhaft für das Gelingen der am 10. November noch so prekären, von mir und der Mehrheit der Deutschen bis dahin für ausgeschlossen gehaltenen Vereinigung und dafür, dass Deutschland auch als vereintes Land eine der stabilsten Demokratien der Welt blieb. So ist das »Experiment Vereinigung« gelungen. Unter diesem Titel hatten mein Soziologiekollege Bernhard Giesen und ich wenige Tage nach dem Einigungsvertrag im Oktober 1990 zu einem Symposium an der Gießener Universität geladen. Anlass war unsere Verblüffung bei der Lektüre des Programms des ebenfalls kurz zuvor abgehaltenen Soziologentags in Frankfurt, der sich jedwede Reflexion oder Zeitdiagnose ersparen wollte und die unerhörte Begebenheit ignorierte. Zum inoffiziellen Gießener Finale kamen aus dem Osten drei Kollegen der Humboldt-Universität: Frank Ettrich, damals Assistent und Chefredakteur der neu gegründeten Zeitschrift *Berliner Journal für Soziologie*, Artur Meier, ein älterer Bildungssoziologe, der 2002 seine Autobiografie *Liebesglück und Wissenschaftslust. Ein (un)ordentliches Leben in dreieinhalb Deutschland* vorlegte, und Dieter Segert, heute Professor für Transformationsprozesse in Wien.

Auch wenn der institutionelle Umbau der »feudalsozialistischen Organisations- in eine sozialstaatlich verfasste Marktgesellschaft« (so Claus Offe auf dem Gießener Symposium) rasant ging und wenige Monate nach dem Mauerfall bei der ersten freien Volkskammerwahl durch ein Quasi-Plebiszit bestätigt wurde, bleibt eine mentale Differenz. Die Vereinigung war eine sich selbst erfüllende Prophezeiung, aber in fundamentalen Fragen, vom Demokratieverständnis über die Bereitschaft, Asylbewerber zu ertragen, bis zur Wahrnehmung Russlands, unterscheiden sich Ost- und Westdeutsche noch. Die DDR-Bevölkerung hat sich stark verwestlicht, die Republik aber leicht veröstlicht. Über die Stresemannstraße in der Nähe des Potsdamer Platzes symbolisiert das eine kaum sichtbare Erinnerungsschwelle, die den einstigen Verlauf der Mauer nachzeichnet. Ich überschreite sie mit einem leichten Innehalten, wobei ich das Rumpeln der Holzbohlen am Heldraer Zipfel (und das Röhren des Milano-Rohrs) noch ganz entfernt im Ohr habe.

34. Nachgetragenes Mitleid

Die Beiträge zum *Experiment Vereinigung* versammelte mein Lektor Otto Kallscheuer in einem Rotbuch. War das die rationale Antwort auf die Vereinigung, so fehlte die emotionale Reaktion auf das Ende des Kalten Krieges. Eine Bilanz versuchte ich mit dem schmalen, von mir allein verfassten Taschenbuch *Nachgetragenes Mitleid*. Den Titel verdankte ich dem langjährigen Förderer meiner radiofonen Versuche, Hanno Reuther. Mitleiden, *sympatheia*, war die Klammer, unter der drei Fälle gnadenloser Mitleidsverweigerung zu subsumieren waren: die in Russland gefallenen deutschen Soldaten, die erzwungene Kollaboration der Judenräte mit ihren NS-Peinigern, die von Stalin umgebrachten Kommunisten und Wegbegleiter. Drei Fälle also, die in der Schlachtordnung des Ost-West-Antagonismus und aus der dummen Angst vor »Beifall von der falschen Seite« untergegangen und vergessen waren. Meist war die »Aufarbeitung der Vergangenheit« von ganz gegenwärtigen Kämpfen diktiert gewesen, über Stalingrad, Bombennächte und Vertreibung war (bevor Grass die Themen aufgriff) kaum zu reden, alles

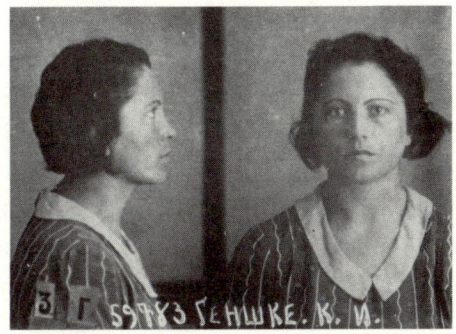

Carola Neher als Schauspielerin (1927) und als Inhaftierte (1936)

schien für sich zu sprechen. Dass auch »Täter« gelitten haben, wie aus Opfern Racheengel wurden und dass sich beide Kategorien selten sauber ermitteln und säuberlich scheiden lassen, war kein Thema. Nicht um »Revision« ging es mir, eher war es an der Zeit für Nachträge, auch wenn das nur Postskripta auf Totenscheinen sein konnten. Einer davon lautete auf den Namen Carola Neher.

Auf dem rechten Bild sieht man Häftling 59783 im Lager Sol-Ilezk an der russisch-kasachischen Grenze. Es handelt sich um die deutsche Schauspielerin Carola Neher, die dort am 26. Juni 1942 an Typhus zugrunde ging. Die beiden Fotos zeigen ein und dieselbe Person: Links sieht man die umjubelte Schauspielerin der Weimarer Republik, die an allen großen Bühnen gefeiert wurde und mit dem 1928 verstorbenen Dichter Alfred Henschke, bekannt als Klabund, verheiratet war. Von Brecht schon als Darstellerin der Polly in der Uraufführung der *Dreigroschenoper* vorgesehen, konnte sie diesen Part auf der Bühne nicht übernehmen, wohl aber in der Filmversion von G.W. Pabst. Sie gehörte zum Brecht-Clan, wurde von ihm auch als Liebhaber umworben.

Der Dirigent und Komponist Hermann Scherchen interessierte Neher damals für den Kommunismus und die Sowjetunion, sie galt fortan als Weggefährtin der KPD. Nach der Heirat mit dem rumänischen Ingenieur Anatol Becker und der Machtübernahme durch die Nazis ging sie nach Moskau ins Exil, ohne eine überzeugte Kommunistin zu sein. Pläne, dort schauspielerische und politische Aktivitäten fortsetzen zu können, zerschlugen sich rasch, vielmehr geriet das Ehepaar wie viele Exilanten und Parteimitglieder in die Stalin'schen Säuberungen. Becker wurde 1936 erschossen, Neher wegen ihrer früheren Kontakte zu den als trotzkistischen Abweichlern verdammten Zenzl Mühsam und Erich Wollenberg in der berüchtigten Lubjanka inhaftiert. Das Urteil lautete: zehn Jahre Arbeitslager. Neher erlitt halb verhungert einen Typhusanfall. In diesem Zustand zeigt sie das Foto rechts.

Mit dem Abschluss des Hitler-Stalin-Pakts hatten sich die beiden totalitären Regime trotz ihrer Todfeindschaft maximal angenähert – auf dem Rücken von Gutgläubigen wie Carola Neher. Sie wurde zur Auslieferung ins Butyrka-Gefängnis verbracht, wo es erstmals warme Kleidung und zu essen gab. Dort kreuzte sich ihr Weg mit dem von Margarethe Buber-Neumann (Häftling 174475, »sozialgefährliches Element, 5 Jahre«). Sie wurde in Brest-Litowsk von der Gestapo in Empfang genommen und – als Kommunistin! – fünf Jahre im KZ Ravensbrück inhaftiert. Dieses Schicksal blieb Carola Neher erspart, ein schlimmeres ereilte sie:

»So mochten zwölf Tage vergangen sein, als eines Vormittags die Klappe herunterfiel: ›Klara Vater, Betty Olberg und Buber-Neumann fertigmachen mit Sachen!‹ Carola war nicht dabei. Wir standen gelähmt, mit gesenkten Köpfen, unfähig, ein Wort zu sagen. Carola ging ein paar Schritte zum Bett und setzte sich langsam nieder. ›Sind Sie schon fertig? Es eilt!‹, rief die Aufseherin, und wir rafften mechanisch unser Zeug zusammen. – Als ich Carola umarmte, schluchzte sie: ›Ich bin verloren…‹ Das war das Letzte, was ich von ihr hörte. Ich sah sie nie wieder, Bert Brecht, ihr Freund und Mitarbeiter, antwortete viele Jahre später, als man ihn nach Carola Nehers Schicksal fragte, sie leite in Leningrad ein Kindertheater, es gehe ihr gut. Von den Jahren ihrer Haft sprach er nicht. Die Wahrheit seiner Antwort ist mehr als zweifelhaft.«

So steht es in Buber-Neumanns 1949 erschienenem Bericht *Als Gefangene bei Stalin und Hitler. Eine Welt im Dunkel*, den Linke ungern zur Kenntnis nahmen. Dem Hinweis auf Brecht ging ich nach. Er bat aus dem dänischen Exil den in Moskau weilenden (und Stalin hofierenden) Lion Feuchtwanger, sich für die Neher einzusetzen: »Übrigens: könnten Sie etwas für die Neher tun, die in M[oskau] sitzen soll, ich weiß allerdings nicht weswegen, aber ich halte sie nicht gerade für eine den Bestand der Union entscheidend gefährdende Person. Vielleicht ist sie durch irgendeine Frauengeschichte in was hineingeschlittert. Immerhin ist sie kein wertloser Mensch, und ich weiß nicht, ob sie das drüben wissen, sie hatte keine Gelegenheit sich zu zeigen.« Wie (sowjet)uniongläubig und chauvinistisch Brecht fortfuhr, raubte mir erst einmal alle Sympathie für den großen deutschen Dichter: »Bei den sehr berechtigten Aktionen, die man den Goebbelsschen Organisationen in der UdSSR entgegensetzt, kann natürlich auch einmal ein Fehlgriff passieren. Wenn die N. sich tatsächlich an verräterischen Umtrieben beteiligt hat, kann man ihr nicht helfen, aber man kann vielleicht durch einen Hinweis auf ihre große künstlerische Begabung erreichen, daß das Verfahren beschleunigt und der Fall besonders geklärt wird.« Und Brecht sicherte sich gleich doppelt ab: »Es wäre mir allerdings recht, wenn Sie diese meine Bitte ganz vertraulich behandelten, da ich weder ein Mißtrauen gegen die Praxis der Union säen, noch irgendwelchen Leuten Gelegenheit geben will, solches zu behaupten.«

Kurz vor seinem Tod habe ich diese Geschichte mit dem wie Brecht ins amerikanische Exil gegangenen Autor Hans Sahl besprochen. Er warf Brecht vor, die »Betrachtung des Menschen von außen, der nun zum bloßen Material der Geschichte wurde«, salonfähig gemacht zu haben, und ermunterte mich zur vergleichenden Betrachtung von Feuchtwangers Stalin-Apologetik (*Moskau 1937. Ein Reisebericht für meine Freunde*) und der Selbstkritik des vermeintlichen Renegaten André Gide, der seine anfangs ebenso gläubigen Berichte aus der UdSSR

(*Zurück aus Sowjetrußland*) widerrufen hatte. Mein Artikel erschien 1992 nicht zufällig in *Sinn und Form*. Sahl beeindruckte mich ob seiner Unbestechlichkeit; ohne Freunde unter bürgerlichen wie unter kommunistischen Flüchtlingen war er im »Exil im Exil« gewesen. Und ob seines Mutes, nach den Anschlägen auf Flüchtlinge 1992 noch in hohem Alter in Asylbewerberheimen aufzutreten.

Erfahren habe ich die mitleiderregende Geschichte der Carola Neher übrigens von ihrem 1936 geborenen und sogleich ins Kinderlager der »Volksfeinde« weggegebenen Sohn Georg Becker, der die Sowjetunion in den 70er-Jahren verlassen hatte und um die vollständige Rehabilitierung seiner Mutter kämpfte. Ein Dokumentarfilm und diverse Bücher erinnern mittlerweile an sie, in München und zuvor in Berlin-Hellersdorf wurden sehr spät Straßen nach ihr benannt. Ausgerechnet in der Straße in Berlin-Hellersdorf, die Carola Neher gewidmet ist und von der wohl kaum jemand weiß, wer die Namensgeberin ist, fanden im Sommer 2013 Demonstrationen der rechtsradikalen Vereinigung »Pro Deutschland« vor einem Asylbewerberheim statt, das einst eine Max-Reinhardt-Schule war.

35. Spitz auf Knopf:
Fremd in Lichtenhagen

Die Ex-DDR geriet nach der Wende rasch in Verdacht, ein Hort für Rechtsextreme zu werden. Ortskundige Sozialforscher und Kriminologen erinnerten daran, dass es schon vor 1989 beachtliche Aufmärsche von rechts eingestellten Hooligans und Aggressionen neonazistischer Gruppen gegeben hatte. Auftrieb bekamen sie in der allgemeinen Verunsicherung der Wendezeit und durch die Unterbringung von Flüchtlingen in ostdeutschen Landstrichen, wo die Menschen an fremdländische Gesichter kaum gewöhnt waren, abgesehen von Vertragsarbeitern aus sozialistischen »Bruderstaaten« (wie Vietnam, Angola und Mosambik), die jedoch meist separiert in Wohnheimen untergebracht waren. Der Makel verstärkte sich, als in der sächsischen Stadt Hoyerswerda der Mob 1991 eine ganze Septemberwoche lang Wohnheime für Vertragsarbeiter und Flüchtlinge angriff. Die Polizei schaute hilflos bis untätig (ich fand damals: komplizenhaft) zu. Die Fernsehbilder von diesem Ereignis wirkten wie ein Fanal, an vielen Orten kam es zu Attacken auf Asylbewerber, auch auf Linke und Liberale, des Weiteren auf Wohnungslose, Behinderte und »Asoziale«.

Höhepunkt war im August 1992 ein regelrechtes Pogrom an einer ZASt (Zentralen Aufnahmestelle) im »Sonnenblumenhaus« im Rostocker Stadtteil Lichtenhagen. Das brennende Haus wirkte wie eine Initialzündung: Gewalttäter bedrohten weitere 40 Wohnheime mit Brandsätzen und Steinen und lieferten sich oftmals tagelange Scharmützel mit der Polizei. Die Zahl der rechtsextremen Gewalttaten stieg im ersten Jahrzehnt nach der Vereinigung rasant an; das konnte ich nur so deuten, dass sich eine rassistische soziale Bewegung formierte, die sich nicht mehr in Parteien und Vereinen organisierte.

Das wurde seinerzeit von Bewegungsforschern zurückgewiesen, die auf die (von ihnen positiv besetzten) neuen sozialen Bewegungen nach 1968 fixiert waren. Dabei waren die formalen Analogien kaum zu übersehen: Auch hier mobilisierten eine Musik-Subkultur und die dazugehörigen Kleidungs- und Verhaltensrituale, erfreuten sich von rechtsradikalen »Bewegungsunternehmern« gruppierte Kerne der Zustimmung und Sympathie der sie umgebenden Milieus. Der Vorschlag, dieses Magma eine »soziale Bewegung« zu nennen, hätte einer auf Organisationen (wie die NPD) ausgerichteten Analyse und Bekämpfung des »Extremismus« ein Licht aufstecken können; im Licht des ein Jahrzehnt später agierenden »Nationalsozialistischen Untergrunds« hätte man Fehldeutungen und Ermittlungsfehler vermeiden können. Noch heute, da Neonazis einige Ortschaften in Mecklenburg-Vorpommern und Sachsen oder Quartiere in Nordrhein-Westfalen in Angst halten, versucht sich der Bundesrat erneut an einem Parteiverbot der NPD, gegen das ich mit einem Koautor, dem Juristen Horst Meier, seit Jahren zu Felde ziehe.

*

Die sich schon über ein Vierteljahrhundert erstreckende Kooperation mit Horst »Ho« Meier, die uns zu einem wunderbar eingespielten Schreibtandem und zu guten Freunden werden ließ, steht unter der großen Überschrift »Republikschutz«. So hieß unser 1995 erschienenes Buch. Damit meinen wir, dass die Berliner Republik nicht durch ein von Beginn an verfehltes (wenn auch bei seiner Gründung 1952 nachvollziehbares) Bundesamt für Verfassungsschutz und heute weitere 16 Landesämter, also einen Geheimdienst, geschützt werden muss. Vielmehr sollen und können sich die staatliche Politik und die Bürgergesellschaft einer selbstbewussten Republik, die aus dem Schatten von Weimar herausgetreten ist, selbst gegen rechte Propaganda zur Wehr setzen. In dem Fall, dass Rechte für ihre politischen Ziele Gewalt anwenden, kann die politische Polizei dem Gewaltmonopol des Staates entsprechenden Nachdruck verleihen. Über die Jahrzehnte hinweg wurde in der Bundesrepublik, finden wir, zu viel Gesinnung geschnüffelt und zu wenig Gewalt verhindert – das fatale Versagen des Verfassungsschutzes gegenüber dem mörderischen Terror des »Nationalsozialistischen Untergrunds« ist der letzte bedauerliche Beleg dafür. Bis zu dieser *Gewalt*grenze setzen wir uns für radikale *Meinungs*freiheit ein, was natürlich auch für Rechtsradikale gelten muss.

Auch das wiederholt geforderte und 2003 in Karlsruhe gescheiterte Verbot der NPD halten wir für ungeeignet im »Kampf gegen rechts«. Viele Kämpfer gegen rechts verstehen das nicht, und wenn sie wüssten, dass uns ein bekennender Neonazi wie Christian Worch brieflich zum »Republikschutz« beglückwünscht hat, würden sie unseren Ansatz noch viel weniger verstehen und als Beihilfe zum Erstarken rechter Parteien und Bewegungen brandmarken. Dabei ist unser Engagement der Versuch, in diesem Kampf (in dem wir sicherlich ganz vorne mitmachen!) nicht das Kind, die freiheitliche Republik, mit dem Bade auszuschütten und die Gefahr von rechts nicht zu dämonisieren. Antifaschisten sind wir sowieso.

Gerne schreibe ich, wie ein Blick in meine Publikationsliste zeigt, im Duett, bei Meier ist es mehr – mit ihm habe ich ein Vierteljahrhundert lang in vielen Zeitungs- und Zeitschriftenartikeln und drei Büchern diese libertäre Linie stark gemacht, die Theoretikern des Extremismus ebenso wenig behagt wie antifaschistischen Tatmenschen. Bei ihm kommt eine grundsolide Ausbildung als Strafverteidiger und Verfassungsjurist zum Tragen, die in der Tradition eines Sebastian Cobler und Jürgen Seifert steht, aber auch Spuren jugendlichen Spontitums in Kassel und Göttingen erkennen lässt. Bei mir ist es wiederum Ausdruck der »amerikanischen Linken« mit der großen, für »mein '68« konstitutiven Tradition des *Free Speech Movement*. Uns eint der Verdacht, viele Linke würden Grundrechte bereitwillig opfern, wenn es nur gegen »die Richtigen/Rechten« geht. Diese Position nannte der amerikanische Verfassungsjurist Ronald Dworkin »Taking Rights seriously«.

*

Was mich in Rostock besonders entsetzte, war nicht nur die Gedanken- und Verantwortungslosigkeit der in dem Bundesland zuständigen Politiker und Behörden, die mir in mancher Hinsicht wie blanke Komplizenschaft vorkamen. Deswegen schrieb ich in dem Buch *Druck von rechts*, die Republik stehe »Spitz auf Knopf«. Mehr noch empörte mich, dass Bundeskanzler Kohl sich strikt weigerte, an den Ort des Geschehens zu fahren und dort klare Worte zu äußern. Und der Gipfel war, dass Bundesinnenminister Rudolf Seiters das Chaos nutzte, um den »Asylkompromiss« mit der in den Ländern vorherrschenden SPD durchzudrücken. Dass Flüchtlinge dort um Leib und Leben fürchten mussten, war ihm Anlass, die Zahl der Asylbewerber zu reduzieren – um die »Bevölkerung« nicht zu überfordern und zu mehr rassistischen Ausfällen zu motivieren. Es spricht einiges dafür, dass man die Dinge in Lichtenhagen laufen ließ, um die SPD – unter Berufung auf Volkes Stimme – zum Einknicken zu bringen, was dann tatsächlich noch während der Exzesse geschah.

Der einzige quasi-offizielle Repräsentant des vereinten

Deutschland, der die Brisanz der Lage erfasste, war Ignatz Bubis, der Vorsitzende des Zentralrats der Juden in Deutschland, der nach Rostock fuhr und dort von einem niveaulosen Provinzpolitiker in eindeutiger Absicht angegangen wurde: »Sie sind deutscher Staatsbürger jüdischen Glaubens, Ihre Heimat ist Israel. Ist das richtig so?« Darauf Bubis: »Sie wollen mit anderen Worten wissen, was ich hier eigentlich zu suchen habe?« Ihm verschlug es fast die Sprache, als er die Brandspuren an den Wänden des »Sonnenblumenhauses« sah, und es ist klar, welche historischen Bilder dies in einem Überlebenden des Holocaust aufrief. Selten habe ich mich für mein Land so geschämt wie angesichts der Einsamkeit von Bubis in Rostock.

Viele missdeuteten die Eskalation rechtsradikaler Gewalt um 1990 als Ausdruck einer Vereinigungskrise im Osten und als Nachwehen der autoritären Erziehung in der DDR, also als »Ostproblem«. Dabei waren Ausländerhass und fremdenfeindliche Gewalt in Westdeutschland noch steigerungsfähig: Dem Brandanschlag von Mölln in der Nacht auf den 23. November 1992 auf zwei von türkischen Familien bewohnte Häuser folgte der Brandanschlag von Solingen am 29. Mai 1993 als trauriger Höhepunkt einer ersten Mordserie. Hier ging es nicht um Flüchtlinge, die eine überforderte Landes- und Stadtverwaltung einer ostdeutschen Stadt aufzwang, hier wurden Menschen attackiert, die schon in der zweiten Generation in Deutschland lebten, arbeiteten und Steuern zahlten. Auslöser war nicht Sozialneid zwangsvereinter Vereinigungsverlierer, das war eine ethnische Säuberung *in nuce*, und das in traditionsreichen Städten wie Solingen, die durch Handel und Gewerbe groß geworden waren. Sosehr sich die Toleranz der Deutschen gegenüber Fremden seit Gründung des Bundesrepublik verbessert hatte, so stark blieb die Kohorte derjenigen, die ebendies zu radikalen Gegenbewegungen motivierte. In Krisenzeiten kann sich Rostock-Lichtenhagen deswegen jederzeit wiederholen.

Höchst beunruhigend war neben der Kapitulation des staatlichen Gewaltmonopols, das den Mob nicht stoppen konnte, die

Neigung der Justiz, die rassistische Motivation der Taten herunterzuspielen, als handelte es sich bei gut vorbereiteten Brandstiftungen um bloße Dummejungenstreiche. Waren Halbwüchsige so oberflächlich, dass sie die Folgen einer Brandstiftung nicht bedachten, oder steckte der Rassismus in ihnen schon so tief, dass sie den Tod türkischer Kinder oder kurdischer Flüchtlinge in Kauf nahmen? Und wenn ja, lag dann gegenüber ihnen nicht ein kapitales Erziehungsversagen vor?

Einen spontanen, in den Folgen von mir kaum bedachten Angriff auf den herrschenden Komment, der sich über Rechtsradikale im Osten und im Westen echauffierte, aber nicht vor der eigenen Tür kehren wollte, leistete ich mir in einer Ausgabe der *Tagesthemen* Ende Februar 1992. Damals kam in Mode, »Experten« anzuhören. Als solcher ging ich an einem grauen Winterabend in ein Frankfurter Studio und wartete auf »Mr. Tagesthemen« Ulrich Wickert, der damals mit populären Wertepredigten an die Öffentlichkeit getreten war. Ohne dass ich mir das vorher so genau überlegt hatte, wollte ich die exkulpierenden Formeln von den Modernisierungsverlierern vermeiden und kam wie von selbst auf das Thema Erziehungsversagen zu sprechen – in Form von nicht viel mehr als ein paar improvisierten, schlecht vorgetragenen Sottisen eines dazu noch schlecht aussehenden Studiogastes, eine Todsünde im Fernsehen, wo es bekanntlich wichtig ist, wie einer aussieht.

Am Tag darauf klingelte am späten Nachmittag das Telefon in meinem Dienstzimmer, am Apparat war der Chefredakteur der *Zeit*, Robert Leicht, der das Ganze noch einmal ausführlich für sein Wochenblatt haben wollte – er finde den Gedanken mangelnder Erziehung neu und wichtig. Und so schrieb ich das »Plädoyer eines Antiautoritären für Autorität«: »Die als Nazis kostümierten Kids, die so schrecklich normale Monster sind, weisen auf Schwächen hin, die jedem Lehrer und Erzieher und allen Eltern geläufig sind: Sie gehören einer verlorenen Generation an, die sich selbst (und der Glotze) überlassen blieb. Die in verdächtiger Eile als ›Nazi-Kids‹ gebrandmarkten Gewalttäter sind Erziehungswaisen, Angehörige einer neuen vaterlosen und fatal auf die (hilflosen) Mütter fixierten Generation. Aber nicht die Schläge der Väter und die Strenge der Mütter, sondern Abwesenheit und Gleichgültigkeit der Älteren bläuten ihnen das ›autoritäre‹ Denken und Handeln ein.«

Das war starker Tobak und in der Tat etwas einseitig. Die *Zeit* bot eine ganze Phalanx von Kritikern auf, die mir vorwarfen, den 68ern jetzt auch noch die Nazis in die Schuhe zu schieben und selbst ein autoritärer Knochen zu sein. (Oskar Negt zum Beispiel zerschnitt das Tischtuch.) Im Kern halte ich die Unterscheidung zwischen Autorität und Autoritarismus aufrecht und damit auch eine implizite Kritik an Fahrlässigkeiten der antiautoritären Revolte und ihrer »Anti-Pädagogen«. Hannah Arendt hat dazu 1956 das Wesentliche gesagt: »In Autoritätsfeindlichkeit kommt eine Art Abdankung der Zeitgenossen zum Ausdruck, die sich als Eltern und Erzieher gewissermaßen weigern, eine der allerelementarsten Funktionen in jedem Gemeinwesen, das Hinleiten derer, die durch Geburt neu in die Welt gekommen und daher in ihr notwendigerweise Fremdlinge sind, zu übernehmen und so die Kontinuität dieser gemeinsamen Welt zu sichern.«

Heute ist vielleicht leichter verständlich, dass man damit nicht der autoritären Erziehung unseligen Angedenkens das Wort redet, die Akten der Dressur und der Brechung der Persönlichkeit von Kindern gleichkam. Dagegen richtete sich zu Recht der antiautoritäre Protest, der seine Berechtigung auch weiter besitzt. Doch Autorität ist weder Macht noch Zwang, sie schlägt den Gebrauch von Letzterem aus, und sobald sie Gewalt braucht, hat sie bereits versagt. Autorität und Freiheit sind keine Gegensätze, sie bedingen sich gegenseitig.

VI.
Professor mit Nebentätigkeiten

»So ließe sich der Möglichkeitssinn
geradezu als die Fähigkeit definieren,
alles, was ebenso gut sein könnte,
zu denken und das, was ist, nicht
wichtiger zu nehmen als das,
was nicht ist.«

Robert Musil, Der Mann ohne Eigenschaften

36. Professor in der Provinz

Die Prophezeiung kam *out of the blue*, als am 27. März 1950 der leitende Arzt des Eickeler Marienhospitals meinem Vater die Geburt eines Sohnes bekannt gab: »Der Professor ist da!« Wir waren ja nicht die Familie Mommsen oder so, in der sich Professuren dynastisch vererben, meines Wissens gab es nie einen Prof in der Familie und nur wenige *Doctores*. Neununddreißig Jahre später lag der »Ruf« aus Wiesbaden auf eine C4-Stelle in Gießen im Postkasten, ausgefertigt vom hessischen Wissenschaftsminister Wolfgang Gerhard. Nimmt man die Möllemann-Professur von 1986 und die 2007 durch den damaligen NRW-Wissenschaftsminister Andreas Pinkwart ausgesprochene Ernennung zum KWI-Direktor hinzu, könnte man auf den irrigen Gedanken kommen, ich hätte die Professorenkarriere in Gänze der FDP zu verdanken.

Das akademische Berufungswesen gibt sich strikt meritokratisch, so als würden Universitätsposten ohne jedes Beziehungsvitamin rein nach Leistung vergeben, womit übrigens bis heute eher die lange Publikationsliste als nachweisliche Lehrfähigkeit gemeint ist. Wer einmal einer Berufungskommission angehört hat, erfährt freilich, dass in aller Regel nicht gerade willkürlich ausgesucht wird, Leistung aber schwer messbar und nur ein Kriterium ist unter eher informellen. Der Platz eins, auf dem ich landete, war ein Kompromiss zweier uneiniger Fraktionen, gestützt auf externe Gutachten und das Votum des Senats der Universität, in dem diverse »Fachfremde« saßen, darunter ein Jurist namens Frank-Walter Steinmeier. Er war ein kritischer

Jurist, Mitarbeiter des Verfassungsrechtlers Helmut Ridder, der nach links neigte und die Jurisprudenz mit der Wissenschaft von der Politik verband. Steinmeiers Dissertation über Obdachlose und ihr Recht auf Wohnung interessierte uns also (und nicht, wie 2013, selbst ernannte Plagiatsjäger auf falscher Fährte). In der Palette der westdeutschen Hochschulen tendierte die Justus-Liebig-Universität jedenfalls zur eher linksliberalen Seite hin.

Mit 39 stürzte ich mich voller Elan in die Aufgaben meiner ersten »echten« Professur (1989–2007). Eine längst aus Gießen abgewanderte Kollegin der Soziologie, Helge Pross, hatte zwei Jahrzehnte zuvor in der Studie *Professoren in der Provinz* das politische Bewusstsein des Personals untersucht, der Titel und das Odium mittelhessischer Provinz hafteten einem nun an. Exzellenz im heutigen Sinne war in Gießen, wie ein vorlauter Kollege bei Sabine Christiansen einmal statuieren wollte, nicht anzutreffen – *so what*? Provinz ist in der deutschen Universitätsgeschichte wahrlich kein Malus, und auch bei uns war es so, dass die relative Randlage anregende Kollegen aus der Soziologie, der Jurisprudenz und aus den vielen Kulturwissenschaften zusammenschmiedete. Die für uns eher fachferne Universitätsleitung wusste das zu nutzen: Der Virologe Heinz Bauer und der Sozialpsychologe Stefan Hormuth initiierten einen (leicht überdimensionierten) Forschungsbereich zu den Erinnerungskulturen, mit dem Linguisten Henning Lobin gründete ich das Zentrum für Medien und Interaktivität. Auch ohne Exzellenzgetue betraten wir so in den *Memory Studies* und im Feld der Social Media wissenschaftliches Neuland.

Politik wird an Hochschulen natürlich auch gemacht, manche ihrer Protagonisten konzentrieren sich sogar auf das Geschacher um Posten und Gelder an den Fachbereichen. Eine Hausmacht sollte ich in Gießen nie wirklich bekommen, meine (natürlich einzig nach ihrem Verdienst ausgesuchten) Favoriten in Berufungsverfahren wurden so gut wie nie meine tatsächlichen Kollegen. »Kolleg*Innen« muss ich korrekter sagen, denn vor allem (sprach)politisch lief alles korrekt ab am Fachbereich 03 Gesellschaftswissenschaften, der einem bisweilen wie ein Ortsverein linker SPD-Menschen vorkommen konnte. Für sie war ich kein ordentlicher Linker, aber in den Augen der Studenten ein ganz ordentlicher Professor, der reizvolle Themen anbot, sich um Studierende kümmerte (sofern sie ihrerseits Einsatz zeigten) und folglich volle Seminare hatte. Dass ich auch Vorlesungen hielt, galt als Rückfall in die hochschulpädagogische Steinzeit, und es fiel auf, dass ich weder Einheitsnoten verteilte noch unvorbereitete Referatsgruppen ungeschoren davonkommen ließ. Manche Sitzungen des Fachbereichs erinnerten an Realsatire, der Soziologiekollege Bernhard Giesen gab gern das »Ekel Bernd« und zog Unmut auf sich. Vor allem wir beide (hier hieß der ältere Bruder wieder mal Bernd) galten als Wiederkehr der Mandarine. Das Schöne war, dass ich alle hochschulpolitischen Aufgeregtheiten in dem Augenblick vergaß, in dem ich das Haus E im Philosophikum II, im Wald gelegen, aber ein ästhetisch geisttötender Zweckbau, nach getaner Arbeit verließ und mich vom Campus entfernte.

Noch schöner war, dass ich am nächsten Morgen gern wiederkam. Ich hielt es für ein großes Geschenk, dass man sich beruflich ein Leben lang mit jungen Leuten und deren neuen Einsichten auseinandersetzen darf. Dazu muss man sie weder duzen noch in Watte packen; nur wer viel verlangt, wird wirklich geschätzt. Als ich in Gießen anfing, lief gerade Peter Weirs Film *Club der toten Dichter* mit Robin Williams als Lehrer Todd Anderson. Zwar sprang ich nicht wie dieser auf Tische und dergleichen, doch sein pädagogischer Impetus beflügelte mich in dem Versuch, ein Professor der etwas anderen Art zu sein, der das Lehren für den schönstmöglichen Beruf hält und andere aus dieser Begeisterung heraus ebenso begeistern will.

Am Ende einer vierzigjährigen Universitätslaufbahn schaue ich auf eine verhältnismäßig kleine Zahl von Schüler(inne)n zurück, von denen ich vier nennen möchte, weil ich ihnen viel verdanke: Mit Sigrid Baringhorst erforschte ich den globalen Multikulturalismus, mit Erik Meyer rekapitulierte ich den Hindernislauf zum Berliner Denkmal für die ermordeten Juden Europas (im Volksmund: Holocaust-Mahnmal), das sich Bundeskanzler Gerhard Schröder ganz passend als »einen Ort, an den man gerne geht«, ausmalte. Mit Christoph Bieber wandte ich mich dem unbekannten Land Internet & Politik zu, zuletzt noch, als er selbst eine Professur hatte, mit einer Studie über die Piraten-Partei, von der wir mehr erwartet hatten. Diese Assistenten und ihre Freunde ermöglichten mir nebenbei ein Quellenstudium der 89er-Generation aus erster Hand und machten mit einem Zitat aus dem Song »Abenteuer und Freiheit« der Band Fehlfarben schmerzlos klar: »Ihr kommt nicht mit bei unsren Änderungen!« Distanzierte Nähe ist der beste Weg, als Midlife-Senior im Kopf einigermaßen jung zu bleiben.

Besonders aufwendig und anregend waren Lehrforschungsprojekte, zum Beispiel das »Politische Bildarchiv« (BiPolAr), das ich mit dem vierten explizit zu nennenden Schüler, Benjamin Drechsel, und einer Schar hochmotivierter Augenmenschen aufbaute. Bilder sind nicht per se politisch, sie werden es je nach ihrer Kontextualisierung, und sie bilden eine Wissensordnung eigener Art. Es ist ein Jammer, dass dieses Projekt, das *toutes proportions gardées* von Aby Warburgs Mnemosyne-Atlas und dem von Martin Warnke geleiteten Forschungskolleg im Warburg-Archiv in Hamburg inspiriert war, nicht weiter gefördert wurde. Erfreut entdeckte ich bei einem späteren Besuch der alten Wirkungsstätte aber, dass die Exponate immer noch im Haus E zu betrachten sind.

Das Bildarchiv blieb nicht die einzige Eskapade im üblichen Betrieb, der im Universitätsalltag von »Lehramtskandidaten« bestimmt ist – jungen Leuten, denen man kein Interesse an Wissenschaft nachsagt und üblicherweise auch keine gute Ausbildung angedeihen lässt. Wenn ich mich eines kollektiven Professorenversagens schuldig gemacht habe, dann dessen, am Elend des Lehrerberufs mitgewirkt zu haben, wobei ich Studenten mit der Schule, wie sie nun einmal ist, durchaus lebensnah bekannt machte und sie an welthaltige Orte führte wie Arbeitsamt, Rep-

tilienshow, Schreberkolonie, Ratssitzung, Klinikum und Not-
aufnahmelager für Flüchtlinge, an denen die meisten noch nie
gewesen waren. Wir gründeten Kulturvereine für Sarajevo und
nach dem Tsunami 2004 für Indonesien, hielten Vorlesungen in
der Fußgängerzone auf dem Gießener Seltersweg.

Professoren sind Einzelgänger, die sich ungern über die Schultern schauen lassen; eine Supervision halten die meisten für unter ihrer Würde, der Besuch einer Kollegin im Seminar macht
ihnen Angst. Viele fanden Uni gut, wenn nur die Studenten nicht
wären … Bei den abendlichen Privatissima, bei denen jeweils ein
Kollege »vortrug« (und die Ehefrauen das Essen auftrugen), ließ
ich mich bald entschuldigen. Doch auch hier möchte ich eine
Kompagnie von Soziologen hervorheben, mit der ich freundschaftlich verbunden war und bis heute geheim gehaltenen situa-
tionistischen Schabernack veranstaltete. Mit Jörg Bergmann betrieb ich Feldforschung darüber, wie Dorfgemeinschaften ihre
durch »Nestbeschmutzer« bedrohte Ehre wiederherstellten:
Zwei Jugendliche hatten ein Asylbewerberheim angegriffen, ein
Bürgermeister, eben noch als der »Löwe von Kriftel« verehrt,
hatte sich bestechen lassen – und die Bewohner machten andere zu Sündenböcken. Mit dem vom Frankfurter Institut für
Sozialforschung gekommenen Helmut Dubiel besprach ich, wie
man soziale und politische Konflikte teilbar machen kann, mit
dem gelernten Theologen Reimer Gronemeyer entwicklungspolitische Themen, mit Bernd Giesen Theorie- und Stilfragen auf
Mikro- und Makroebene. Hinzu kam der mir schon aus alten
SB-Zeiten bekannte Adalbert Evers, der den »dritten Sektor«
jenseits von Staat und Markt erkundete. Fast hätten wir eine
Gießener Schule werden können.

Bei den Kollegen wunderte mich die Stalltreue zu großen
Ziehvätern: Dubiels zu Jürgen Habermas, Giesens zu M. Rainer
Lepsius, Bergmanns zu Thomas Luckmann, und ich fühlte mich
angenehm vaterlos. Die von mir als Jüngstem kollektiv zu älteren Brüdern Erklärten bildeten eine von anderen misstrauisch
beäugte Viererbande, die bei Michele, einem italienischen Ein-

Sterne-Koch, gerne gesehen war. Die Kehrseite dieses männer-bündischen Treibens offenbarte sich, als sich die Gesundgeblie-benen als unfähig erwiesen, mit dem erkrankten Helmut Dubiel dessen neues Leben zu teilen, das er 2006 in dem schonungslo-sen Buch *Tief im Hirn: Mein Leben mit Parkinson* einschließ-lich der riskanten chirurgischen Eingriffe exponiert hatte.

Das hohe Niveau der Justus-Liebig-Universität zeigte sich auch an den Historikern (Helmut Berding, Friedrich Lenger, Dirk van Laak), den Juristen (im Team-Teaching mit Brun-Otto Bryde, dem späteren Bundesverfassungsrichter, und Thomas Gross) und den angewandten Theaterwissenschaftlern (Heiner Goebbels, Miriam Dreysse); auch den stets wie gedruckt formu-lierenden Philosophen Odo Marquardt und den erfrischend von seinem Stoff begeisterten Germanisten Günter Oesterle schätzte ich sehr. Die Energie der (neudeutsch sogenannten) *principal in-vestigators* war beeindruckend, ihre Zahl überschaubar.

Nicht lange vor meinem Abschied nach Essen feierte die Uni-versität 2004 ihr 400-jähriges Bestehen. Ihre Existenz hatte sie der Konkurrenz zwischen Gießener Lutheranern und Marbur-ger Kalvinisten zu verdanken; die beiden Städte lagen damals eine Tagesreise auseinander, heute sind es nur noch 20 Bahn-minuten. Nach dem Zweiten Weltkrieg war die Gießener Uni schon fast tot, die meisten Kommilitonen kamen aus der Agrar-wissenschaft und der Veterinärmedizin, und viele fuhren mit dem sonst bei Mitgliedern des Bauernbunds anzutreffenden grünen Autoaufkleber, »Landwirtschaft dient allen«, durchs Umland. Erst der Studentenberg der 60er-Jahre ließ die JLU als »Volluni« wiederauferstehen. Doch während Marburg eine typische Unistadt ist, merkt man Gießen die Studentenbevöl-kerung wenig an, obwohl sie im Verhältnis zur Gesamtpopula-tion die größte in ganz Deutschland ist und nach dem Wegzug der Industrie und der US-Streitkräfte fast die ganze Stadt von der Uni lebt.

Der Name der Uni deutet auf ihre naturwissenschaftliche Identität hin. Zum Jubiläum steuerte ich eine fiktive Begegnung zwischen dem erfolgsverwöhnten Überflieger-Ordinarius Justus Liebig und dem heftig unter der Provinz leidenden Dichter-Revolutionär und Medizinstudenten Georg Büchner im Jahr 1832/33 bei, die im Hessischen Rundfunk gesendet wurde. Darin malte ich kontrafaktisch aus, wie zwei Weltverbesserer in den winkeligen Fachwerkgassen Mittelhessens aneinander vorbeigelaufen sind: Der eine sollte als Gelehrter und Unternehmer die agrarische Welt durch Kunstdünger revolutionieren, der andere im *Hessischen Landboten* den Palästen den Krieg erklären. Man rate, wer gewonnen hat. *Büchner meets Liebig* antizipierte meine spätere Arbeit im interdisziplinären WBGU. Der eine zog nach München weiter, der andere floh das verhasste Gießen.

Mit meinem Kollegen Peter Schmidt machte ich eine empirische Erhebung zum (distanzierten) Verhältnis zwischen Universität und Stadt, die von einigen als Nestbeschmutzung gesehen wurde. *Professoren in der Provinz* hieß die erwähnte Vorläuferstudie der Soziologin Helge Pross über die politischen Einstellungen der JLU-Belegschaft. Mir blieben die Vorzüge des »Mittelzentrums«, wie Wirtschaftsgeografen einen »zentralen Ort der mittleren Stufe« wie Gießen nennen, in der ersten Zeit verborgen. Zu schlecht war die Gastronomie, zu lieblos die autogerechte Innenstadt, zu ironiefrei die Alltagskommunikation. Es hatte sich gleichwohl nicht als Unglück erwiesen, den Ruf nach Gießen angenommen und die Prophezeiung des Geburtshelfers dort und andernorts erfüllt zu haben. In meinem Hauptberuf habe ich kluge, wissbegierige Studenten, umsichtige Uni-Rektoren, hilfsbereite Verwaltungen und weitsichtige Forschungsförderer kennengelernt. Und das ganze Gegenteil: Pomadigkeit, Kontrollwahn, Eingriffe in Forschung und Lehre. Mich besorgt die in den letzten Jahren gewachsene Neigung, intellektuelle Aufbrüche durch Ökonomisierung wie durch politische Korrektheiten zu ersticken. Übermäßige Verschulung verdirbt den Beruf des Professors, prekäre Jobs und absurde Qualifikationsstandards schrecken den Nachwuchs ab. Es zählt nicht mehr freies Denken, sondern allzu oft Anpassung an den Mainstream.

37. Das Amt

In Gießen begegnete man an der Uni wie in der Fußgängerzone überwiegend Menschen weißer Hautfarbe und deutscher Herkunft, das dortige Aufnahmelager für Flüchtlinge war den meisten Akademikern unbekannt. Frankfurt hingegen, mit einem Viertel nichtdeutscher Staatsangehöriger, war *die* »multikulturelle Metropole« in der näheren Umgebung. In den Jahren um die deutsche Vereinigung war Deutschland eines der größten Einwanderungsländer der Welt geworden, unerklärt und unbegriffen. Dass »zu viele Ausländer« hier lebten, wurde zum Gemeinplatz einer Exklusionsfantasie, die wir umkehrten: Ja, es gab »zu viele Ausländer« in Deutschland, und zwar, weil zu wenige die Chance auf Einbürgerung bekamen oder nutzten.

Spätestens seit den rhetorischen Ausfällen und handgreiflichen Attacken besonders 1992 gegen Flüchtlinge und Asylbewerber war eine profunde Reform des Staatsangehörigkeitsrechts fällig. Allgemeiner: ein nicht mehr auf Abstammung beruhendes Verständnis von Zugehörigkeit zur deutschen Nation und europäischen Gesellschaft. Auch die sozialliberalen Koalitionen hatten das »Gastarbeiterproblem« schleifen lassen und die Inklusionsmängel ignoriert, die sich nach dem Ende der Anwerbung 1973/74 mit dem Familiennachzug aufgetürmt hatten. Anfang der 80er-Jahre war die Stimmung gekippt: Hatten Gastarbeiter im Volksempfinden immerhin fürs Bruttosozialprodukt die Ärmel hochgekrempelt, waren Asylbewerber, zum großen Teil als solche nicht anerkannt oder lediglich geduldet, Zielscheiben des Volkszorns. Denn sie besaßen keine Arbeitserlaubnis und waren nicht so nützlich. Ein gehässiger Wohlstandschauvinismus machte sich breit, Bilder vom »vollen Boot« in *Bild*, *BamS* und Glotze schürten den Unmut.

Die Regierung Kohl schleifte im Blick auf die Konkurrenz von rechts (das Rostocker Pogrom diente als Vorwand) den generösen Artikel 16 des Grundgesetzes und machte ihn durch restriktive Ausführungsbestimmungen praktisch unwirksam, während Aussiedler, ethnische Deutsche aus dem ehemaligen Ostblock, regelrecht eingeladen wurden (was sie übrigens auch nicht vor Diskriminierung schützte). Sie bekamen fast über Nacht den Pass, den ein türkischer Muslim selbst nach langem Aufenthalt in Deutschland nicht erhielt. De facto hatte ich seit Gründung der Bundesrepublik drei große und stets schwierige Einwanderungen erlebt: zuerst die (auch nicht mit offenen Armen empfangenen) Heimatvertriebenen aus den Ostgebieten, dann Arbeitseinwanderer aus dem Mittelmeerraum, nun Zigtausende Asylbewerber. Als vor und nach dem Fall der Mauer noch Spätaussiedler und DDR-Bürger gen Westen strebten, war Deutschland auch in absoluten Zahlen eines der größten Einwanderungsländer der Welt, ohne sich je als solches zu deklarieren und institutionell auszustatten.

Zu den wenigen Politikern, die sich für eine vernünftige Politik geregelter Einwanderung einsetzten, zählten Heiner Geißler, damals schon fast ein christdemokratischer Dissident, und Daniel Cohn-Bendit, der sich provokant als lebender »Bastard« deklarierte. Auch Intellektuelle und Wissenschaftler fremdelten mit den neuen Deutschen. Deshalb bereitete ich mit dem Freund und Lektor Otto Kallscheuer ein Rotbuch vor, das soziologisch ausholen und in Form von Reportagen und Interviews konkret werden sollte. (Wir nannten dieses Genre »Interventionsbücher«.)

*

Mit der »Vielvölkerrepublik«, die manche Kritiker fälschlich für eine Konzession an den Kulturrelativismus hielten, kam ich auf Johann Gottfried Herder zurück. Seine Vorliebe fürs Besondere und Eigene, etwa für die Lieder und Poesie der Völker, die er in Anthologien sammelte, war einer Moral des Menschengeschlechts verpflichtet:

»Ein großer, ungejäteter Garten voll Kraut und Unkraut. Wer wollte sich dieses Sammelplatzes von Torheiten und Fehlern so wie von Vortrefflichkeiten und Tugenden ohne Unterscheidung annehmen und [...] gegen andre Nationen den Speer brechen? [...] Offenbar ist die Anlage der Natur, daß wie Ein Mensch, so auch Ein Geschlecht, also auch Ein Volk

Bei Herder in Weimar

von und mit dem anderen lerne [...] bis alle endlich die schwere Lektion gefaßt haben: kein Volk ist ein von Gott einzig auserwähltes Volk der Erde; die Wahrheit müsse von allen gesucht, der Garten des gemeinen Besten von allen gebauet werden.«

In einem Rundfunkgespräch für den Südwestfunk, das ich 1994 mit dem Philosophen Hans-Georg Gadamer führte, verteidigte er Herder gegen die Auslegung, er sei ein Urheber des Ethno-Nationalismus gewesen, die wesentlich der Rezeption des großen Aufklärers durch Deutschnationale zu verdanken war. Dabei verschwieg Gadamer, dessen Philosophiekarriere im »Dritten Reich« begonnen hatte, seine Zeit in Paris im Rahmen des »Kriegseinsatzes der Geisteswissenschaften« nicht. Herders

Position zu bestimmen war schon damals ein Streitpunkt mit den französischen Kollegen, dessen Aktualität ich in einem anderen Gespräch, mit Dominique Schnapper, der Tochter Raymond Arons, für Arte 1994 in Paris konstatieren konnte: Noch immer versuchte hier eine französische Universalistin mich als den deutschen Partikularisten des Verrats an der Aufklärung zu überführen.

*

Multikulti war anfangs ein Schmusewort, aber bald in allen politischen Lagern verpönt; ein Redakteur des Berliner *Radio Multikulti* meinte einmal, da hätte ich ihnen was Schönes eingebrockt. Denn ich gestehe, *Multikulti* (nicht erfunden, aber) importiert zu haben. 1988 hörte ich den Begriff erstmals bei einem Konzert der Band des Trompeters Don Cherry, die diesen Namen trug, und wählte ihn spontan als Titel für unser »Interventionsbuch«. Darin schrieb Sigrid Baringhorst zur damals brandheißen Rushdie-Affäre und Odo Marquard eine xenologische Betrachtung zum fremden Selbst, der Reporter Alexander Smoltczyk steuerte eine Reportage über die französischen *Beurs* bei und meine Kölner Freunde, die Designer Horstmann & Trautmann & Voggenreiter, die krass inkorrekten Serien »Danke Deutschland« und »Danke Fremder«. Mit Cohn-Bendit führte ich ein Interview, ebenso mit der geschätzten Berliner Ausländerbeauftragten Barbara John, in der CDU eine ähnliche Außenseiterin wie Geißler. Den Band beschloss eine Charta der politischen, sozialen und kulturellen Rechte der Minderheiten und Flüchtlinge in der Europäischen Konföderation, die in ihren Grundzügen heute noch Bestand hat.

Das eigentliche Thema war Deutschland. In einer Zeit, als die zwischen 1989 und 1991 von der Gesellschaft für deutsche Sprache gekürten »Worte des Jahres« »Reisefreiheit«, »neue Bundesländer« und »Besserwessi« lauteten, hießen die parallel erhobenen Unwörter »ausländerfrei«, »ethnische Säuberung« und »Überfremdung«. Die Zielrichtung des Buches hatte ich 1987 in einem *Zeit*-Essay unter dem paradox gemeinten (und später von

Daniel Cohn-Bendit und Thomas Schmid geklauten) Titel »Heimat Babylon« vorgegeben: *Multiculturalism* war keine Utopie und auch keine Staatsideologie (wie es in Australien und Kanada versucht wurde), es war der Versuch einer soziologisch nüchternen Bestandsaufnahme der laufenden kulturellen Pluralisierung (die nicht nur nette Seiten hat) und Wegbereitung einer republikanischen Reform in Richtung des Territorial- und Residenzprinzips (*ius soli*), also weg vom *ius sanguinis* und einer starren Herkunftsreverenz an »unsere Ahnen«. (Vor einem Denkmal mit dieser Aufschrift hatte Franz Josef Strauß im Herbst 1977 mit Pinochet und dem »Deutsch-Chilenischen Freundeskreis« auf den Totoral-Hügeln in Chile Kränze niedergelegt.)

Frankfurt am Main mit 144 000 Menschen ohne deutschen Pass, in den Bankentürmen wie in den »Problemvierteln«, war das ideale Experimentierfeld für eine Real(o)politik inklusiver Einwanderung auf kommunaler Grundlage. Im Stadtmagazin *Pflasterstrand*, dessen Chefredakteur Cohn-Bendit war, forderte er in einem Manifest mit Frank Herterich und Thomas Schmid Frankfurt auf, endlich seinem urbanen Niveau zu entsprechen. Es sollte sich als Bumerang erweisen, dass im Wahlkampf des Frühjahrs 1989 die hessische CDU plakatierte: »Soll Cohn-Bendit jetzt unsere Heimat bestimmen?« Das verwies so viele Angstwähler ans NPD-Original, dass es für die Ablösung des CDU-Oberbürgermeisters Walter Wallmann reichte und unter dem Sozialdemokraten Volker Hauff ein erster rot-grüner Magistrat möglich war. Dem gehörte Cohn-Bendit als ehrenamtlicher Dezernent und Chef des neu gegründeten »Amtes für Multikulturelle Angelegenheiten« an.

Dem »sehr geehrten Herrn Cohn-Bendit« schrieb ich einen Brief mit der Bitte, eine »Implementationsstudie« über das Amt anfertigen zu dürfen. Er antwortete bald darauf, eine solche habe »großes Interesse bei allen Beteiligten, der Amtsleitung und den MitarbeiterInnen« gefunden. Im März 1990 fuhren wir gemeinsam nach Washington ins *American Institute*, wo wir den deutschen Multikulturalismus mit den ganz anderen

Erfahrungen der Einwanderernation abglichen, deren Motto *E pluribus unum* mir gefiel. Das Amt hat sich seither institutionalisiert und normalisiert, seine Bilanz nach 25 Jahren kann sich sehen lassen.

Verhalten-freundlich darf man die Aufnahme des *Multikulti*-Buchs nennen. Dafür, dass es den radikalen Mittelweg ging, also weder plump fremdenfreundlich noch überkritisch-antideutsch war, hat es in drei Auflagen erstaunlich viele Leser gefunden. Wenn ich es 2012, durch drei Texte aktualisiert, erneut herausgebracht habe, wollte ich damit dokumentieren, was wir in einem soziologisch präzisen Sinne mit Multi- oder Interkulturalität meinten und warum Monokulti zum Scheitern verurteilt ist. Den Anstoß hatte die Bundeskanzlerin gegeben: Wir meinten *nicht*, wie sich Angela Merkel seinerzeit vor jauchzendem CDU-Nachwuchs auszudrücken beliebte, »jetzt machen wir hier mal Multikulti und leben so nebeneinander her und freuen uns übernander« (O-Ton). Wer lesen kann, weiß, dass weder Geißler noch Cohn-Bendit noch ich Beliebigkeit oder gar die Einführung der Scharia gefördert, sondern die republikanische Integration der Verschiedenheit gefordert haben. Dazu zählten neben der Abkehr vom antiquierten Staatsangehörigkeitsrecht eine zukunftsfeste Arbeits- und Sozialpolitik, die praktische Gewähr der im Grundgesetz garantierten Religionsfreiheit sowie Bildungsanstrengungen aller Art. Und wir haben Probleme, die heute unter dem Stichwort »Parallelgesellschaft« notiert werden, recht genau vorhergesagt. Nüchtern nachgelesen waren wir die wirklichen Realisten.

Anfang der 90er-Jahre waren die ängstlichen Sozialdemokraten und die im Bundestag durch Abwesenheit glänzenden West-Grünen keine Motoren einer vernünftigeren Einwanderungs- und Asylpolitik. Wissenschaftler verschiedener Disziplinen (vom Historiker Klaus Bade, der die treibende Kraft war, und dem Juristen Otto Kimminich bis zum Demografen Rainer Münz) und politischer Couleur (von Dieter Oberdörfer, CDU, bis Micha Brumlik, Grüne) verfassten im Herbst 1993 ein

»Manifest der 60«, das die öffentliche Debatte beflügelte und auch im Ausland, etwa von Alfred Grosser, als Durchbruch gewertet wurde. Ich schrieb die zusammenfassenden Thesen für ein »Ende der Lebenslügen« und einen entschiedenen Politikwechsel. Die damalige Ausländerbeauftragte Cornelia Schmalz-Jacobsen sympathisierte mit unserem Ansatz, konnte aber in diesem schwach ausgestatteten Ressort Kohls Blockade nicht überwinden; immerhin zeigte sie, wofür eine damals noch linksliberaler ausgerichtete FDP stand. Aus dem lockeren Verbund entwickelten sich der »Rat für Migration«, auf den die Kohl-Regierung nicht hören wollte, später der von diversen Stiftungen betriebene »Sachverständigenrat für Integration und Migration«, auf dessen Ratschläge die Nachfolgeregierungen schon eher eingingen.

Der Versuch wissenschaftlicher Politikberatung ist nur halb gelungen, die Bilanz fällt durchwachsen aus. Das Staatsangehörigkeitsrecht ist bis 2014 nicht konsequent umgestellt worden, der Zwang von Einwanderern der dritten Generation, sich als Erwachsene zu dieser oder jener Nation bekennen zu sollen, wurde ein ethnischer Spaltpilz. Und von einer soliden Sozialpolitik kann weniger denn je die Rede sein, die soziale Kluft betrifft vor allem die wenig qualifizierten Einwanderer, die auf den Arbeitsmärkten die schlechtesten Chancen haben. Auch bei der Einbeziehung und Förderung von Einwandererkindern (seiner größten Ressource!) liegt Deutschland hinten. Schließlich wird die Religionsfreiheit faktisch oft unter einer Welle von Islamophobie begraben.

Nie gehörte ich zu den erklärten Ausländerfreunden. Wir haben immer deutlich gemacht, dass Immigranten, genauer: ihre Verbände, mit einer oftmals reaktionären Weltanschauung und Familienpolitik und mit dem Beharren auf der »eigenen Kultur« zu den Problemen beigetragen und sie noch verschärft haben. Der Kampf fand auch hier stets an zwei Fronten statt: gegen das importierte Patriarchat genauso wie gegen einheimische Xenophobie. Adressat war 1990 die Partei Helmut Kohls (und Teile der ebenso einwanderungsfeindlichen SPD), die praktiziert haben, was Kohls Nachfolgerin *Multikulti* in die Schuhe zu schieben versuchte: mit muttersprachlichem (Koran-)Unterricht, prekären Arbeitsverhältnissen und verweigerten Bürgerrechten »so nebenander herzuleben«, weil man sich einbildete, die Gastarbeiter würden alsbald »nach Hause« fahren und ihre Familien *nicht* nach Deutschland holen. Wir glaubten das nicht, wir waren keine Fantasten. Doch die Kanzlerin ruft »Haltet den Dieb!«, um von maßgeblich durch ihre Partei verschuldeten Versäumnissen abzulenken. Die furchtbare Formel »Wer betrügt, der *fliegt*« (gemeint hatte CSU-Chef Seehofer Roma aus Rumänien und Bulgarien) ist eine unverzeihliche Konzession an Thilo Sarrazin und ein Geburtshelfer für Pegida.

Das Land, das mit ungeregelter Einwanderung eine Zeit lang selbst die Vereinigten Staaten übertraf (und jetzt erneut aufschließt), mutierte zwischenzeitlich schon zum Auswanderungsland – nur konsequent, wenn man die Stimmung eines Landes ermisst, in dem ein Panik-Titel wie *Deutschland schafft sich ab* reüssiert, das seine schlechte Laune ausstellt und Einwanderer regelrecht abschreckt. Nur: Wer füllt dann Hunderttausende freie Ingenieurs- und Facharbeiterstellen aus, wer pflegt die alt gewordenen geifernden Blogger, die zur Hatz auf die Multikulti-Fantasten blasen? Dann gab immerhin Wolfgang Schäuble als Bundesinnenminister und Initiator der Deutschen Islamkonferenz zu Protokoll, was Bundespräsident Christian Wulff wiederholte: Der Islam ist ein Teil Deutschlands.

Derzeit profitiert Deutschland erneut von einer nicht erklärten Einwanderung, wieder aus der südlichen Peripherie, dieses Mal von Fachkräften und Universitätsabgängern, die im kaputt gesparten Süden keine Zukunft sehen. Auch das haben wir schon 1990 postuliert: eine veritable europäische Staatsbürgerschaft, die Einwanderern, Flüchtlingen und Staatenlosen das von Hannah Arendt postulierte »Recht, Rechte zu haben« auf einer kosmopolitanen Grundlage garantiert. Was 1990 als Scheitelpunkt einer einmaligen Welle betrachtet wurde, hat sich als Vorläufer einer Migration erwiesen, die noch kommt. Zu den Ortsbesichtigungen mit meinen Gießener Studenten gehörte die Aufnahmestelle für Flüchtlinge, ein an einem Bahndamm gelegener umzäunter Komplex, der einmal für den Transit von DDR-Flüchtlingen geschaffen worden war. Heute stranden dort Flüchtlinge aus Bürgerkriegsgebieten wie Syrien und Somalia, viele von ihnen traumatisiert und schwer geschädigt. Man sieht, auf welchen Langstreckenlauf wir uns 1990 eingelassen haben.

38. Eine Vorgeschichte des Attentats auf *Charlie Hebdo*

Kinder von Einwanderern auch in Deutschland sind 2013/14 den Propagandavideos des »Islamischen Staates« gefolgt und offenbar bereit (gewesen), zum Halsabschneiden in den Orient zu reisen und an Massenmord und Vergewaltigungen mitzuwirken. Bei solchen schwer fassbaren Geschehnissen denke ich an Khaled Kelkal. Dessen Geschichte ist schon zwanzig Jahre alt und kann als Vorgeschichte der Terroranschläge auf *Charlie Hebdo* und den koscheren Supermarkt in Paris im Januar 2015 gelesen werden.

Im August 1995 wollte Kelkal, 24 Jahre alt, mit einer selbst gebastelten Bombe den TGV-Express Paris–Lyon in die Luft jagen; in andere Anschläge im Vormonat, die tödlich endeten, war er ebenfalls direkt oder indirekt verwickelt: Zunächst wurde Abdelbaki Sahraoui, Mitgründer der Islamischen Heilsfront in Algerien und Imam der Moschee im 18. Pariser Arrondissement (nahe der Rue Goutte d'Or, wo meine Bekanntschaft mit Algerien begonnen hatte), ermordet, weil er angeblich zu moderat auftrat. Dann detonierte in der Metrostation Saint-Michel ein Sprengsatz, der acht Menschen in den Tod schickte und Dutzende traumatisierte.

Kelkal, dessen Fingerabdrücke sich an der entschärften Bombe fanden, wurde im September 1995 von einem Sonderkommando der französischen Polizei bei einem Showdown mit 16 Kugeln niedergestreckt. Das Video, das diese Exekution zeigt, festigte seinen Märtyrerstatus. Anschläge auf Metrozüge und jüdische Einrichtungen gingen weiter, einer sogar zeitgleich zu Kelkals Beerdigung, bis die konspirative Gruppe aufgebracht und festgesetzt wurde.

Wer nach Gründen für Kelkals Radikalisierung sucht, findet sie in der algerischen Stadt Mostaganem, wo Kelkal 1971 geboren wurde. Während eines Besuchs bei seiner dort lebenden Familie wurde er 1993 wohl von Angehörigen der Groupe Islamique Armée (GIA) angeworben, der radikalsten islamistischen Gruppe, die Algerien in den 90er-Jahren in eine Orgie der Gewalt und Gegengewalt stürzte. Dazwischen liegt die Auswanderung der Familie Kelkal nach Vaulx-en-Velin, einer Vorstadt von Lyon. Kelkals Vater war dort als ungelernter Arbeiter seit 1969 tätig, sein Sohn machte eine auch in dieser Vorstadt eher ungewöhnliche Gymnasialkarriere. Beendet wurde sie durch eine dort weniger unübliche Karriere als Kleinkrimineller, die ihm vier Jahre Knast wegen wiederholten Autodiebstahls einbrachte. Im Gefängnis nahm sich ein Islamist seiner an, nach der Entlassung besuchte der Bekehrte regelmäßig die Bilal-Moschee von Vaulx-en-Velin und ging bald darauf in den Untergrund. Eine ebenso typische wie inkommensurable Lebensgeschichte. Tausende von Migrantenkindern haben ähnliche Voraussetzungen, sind aber einen ganz anderen Weg gegangen. Aber ebenso viele haben den Islam, der von ihrem Gegenüber stets als Problem, Gefahr, Drohung wahrgenommen wurde, erstmals von Islamisten als positiv und würdig bewertet erlebt.

Erfahren habe ich von der Geschichte Kelkals, als mich zu nachtschlafender Stunde der Anruf eines *Le-Monde*-Journalisten in New York aufschreckte: Ob ich etwas zu Kelkal sagen könne. Dieser Name wie die Anschläge in Frankreich waren an mir vorübergegangen, auch bei der Erwähnung eines »Monsieur Loch« ging mir noch kein Licht auf, weil der Name so seltsam ausgesprochen worden war. Hellwach wurde ich, als mir der Journalist erklärte, mein Doktorand Dietmar Loch habe 1992 im Rahmen seiner Feldforschung in den Vorstädten von Lyon unter anderen diesen getöteten Terroristen und aktuellen Staatsfeind Nr. 1 interviewt. Das transkribierte Gespräch, ein seltener (und wahrlich unheimlicher!) Scoop der qualitativen Sozialforschung, wurde am 7. Oktober 1995 in *Le Monde* publiziert.

Die Geschichte, die darin aufscheint, ähnelt in vieler Hinsicht den desolaten Hinweisen auf die gescheiterte Integration junger Männer, die 2014 dem IS nahegetreten sind und nun durch die Talkshows geisterten: Schaut auf unser Drogenelend, gebt uns Arbeit, lasst uns am Konsum teilnehmen! Nicht? Gut, dann sind wir ein Pulverfass, zur Gewalt bereit bis zum Mord. *Un grand ras-le-bol* (Schnauze voll). Ihr wacht erst auf, wenn es Unruhen gibt, hier habt ihr sie, selbst in der schicken Vorzeige-Vorstadt Vaulx-en-Velin. Die Reaktion war damals, neben militärischer Härte und viel Ratlosigkeit: Millionen Francs für Integrations-programme an den Zielorten der islamistischen Agitation, um das »Abdriften« weiterer militanter Muslime zu verhindern.

Das mag viele Junge in die französische Gesellschaft inkludiert haben, unterdessen ist jedoch die nächste Generation in den bewaffneten Dschihad eingetreten. Auch mehr junge Frauen sind Kandidatinnen für den Terror. Erhöht hat sich ebenfalls die Entschlossenheit der jungen Männer, Ungläubige zu vertreiben, zu vergewaltigen und zu töten, ihnen auch im sicheren Europa und Nordamerika an den Kragen zu gehen und speziell Juden das Leben zur Hölle zu machen.

Auch wenn die RAF ein radikal anderes Milieu und der Wille zu überleben in ihr stärker war, erinnert diese blitzartige Verwandlung harmloser Außenseiter in Monster, die über Leichen gehen, an ihre Frühgeschichte und den Sog der RAF-Märtyrer auf die zweite und dritte Generation von Unterstützern. Damit werden weder Ziele noch Methoden gleichgesetzt, es soll nur plausibel gemacht werden, wie einige wenige Desperados werden. Vor allem darf man sich nicht vom religiösen Fanatismus der IS-Videos in die Irre führen lassen. Denn hier wie dort herrschten der unbeirrbare Glaube an ein politisch-religiöses Ziel, machistische Präpotenz, ein irrer Heldenkult vor. Und es gibt – hier wie dort – die in einer speziellen Lebensgeschichte auffindbare, kaum verheilte oder wieder aufgerissene Wunde. Hier wie dort fühlen sich die Mörder als Teil eines grenzüberschreitenden Kollektivs.

Das macht die Attraktion des IS plausibel, auch wenn, wie gesagt, der guevaristische Internationalismus der RAF ganz anders gelagert ist als der transnationale Kampf fürs Kalifat. Und während der linksradikale Terror niemals systembedrohlich war und auch die braune Gewalt-Internationale nie genug Brigaden aufstellte, um den Zivilisationskern anzutasten, kann der Islamische Staat (der keiner sein will, sondern ein Gottesreich) sich Zugang zu ABC-Waffen verschaffen und eine Gefahr werden, die am Ende sogar den Welteroberungsplan eines Adolf Hitler in den Schatten stellen könnte – und mit ihm schon jetzt gemein hat, dass Juden erneut als Hauptübel gelten.

39. Bellizist: Persona non grata im Phil II

Einen Dritten Weltkrieg wolle er nicht mehr erleben, hatte mein Vater kurz vor seinem 81. Geburtstag orakelt; wenige Tage vor der (ersten) bewaffneten Intervention der USA im Irak verabschiedete er sich mitten im Kartenspiel bei Freunden für immer. Am 16. Januar 1991 eröffnete dann die von den USA geführte Koalition, gestützt auf Resolution 678 des UN-Sicherheitsrats, die Kampfhandlungen zur Befreiung des von irakischen Truppen eingenommenen Kuwait. Der zweite Golfkrieg hatte begonnen, und auch wenn kein Dritter Weltkrieg daraus wurde, sollte es einer der größten bewaffneten Konflikte nach 1945 werden.

Ich kam gerade aus Kalifornien zurück, wo ich die rhetorischen Vorbereitungen im Fernsehen mitverfolgt hatte, insgesamt aber ein kolossaler Mangel an Informationen über Gründe und Risiken der Intervention herrschte. Warum sollte man Amerikaner unterstützen, die ein von ihrem Präsidenten gestarteter Waffengang keinen Deut interessierte? Ging es nicht wirklich, wie mein Nachbar im Shuttle zum Flugzeug beteuerte, allein um die Sicherheit der Ölzufuhr aus der Golfregion? Und warum sollte der Westen ein Scheichtum retten, das ein junges Mädchen mit falschen Anschuldigungen über Babys, die angeblich von irakischen Soldaten aus den Inkubatoren von Entbindungskliniken gerissen wurden, ins Fernsehen schickte, aber Frauen nicht wählen ließ?

Andererseits waren die Absichten des irakischen Präsidenten unverkennbar, die irakische Küste auszudehnen, der wahre Charakter seines menschenverachtenden Regimes nicht minder. Hans Magnus Enzensberger sah in Saddam Hussein einen Wiedergänger Adolf Hitlers, und die USA bildeten die größte Militärallianz seit der Anti-Hitler-Koalition, unter Einschluss der arabischen Nachbarstaaten und unter dem Dach der Vereinten Nationen. Warum also wurden die Amerikaner in klassischer Manier als erdölgierige Aggressoren attackiert, und warum sollte ein Tyrann bei der nun gesamtdeutschen Linken wieder mal davonkommen?

Es war nicht nur Enzensberger, der im Zweifel für die Beseitigung des Hussein-Regimes plädierte und dessen Attacke auf Kuwait zu den eher noch minderen Sünden zählte. Der Schriftsteller Peter Schneider folgte ihm ebenso wie Micha Brumlik und andere, für die irakische Raketen auf Israel unerträglich und die massiven Angriffe auf die kurdische Bevölkerung Iraks schon Grund genug für einen militärischen Gegenschlag waren. Gemeinsam mit Cora Stephan verfasste ich einen Artikel für die *Zeit*, den ein leitender Redakteur ohne jeden Anflug von Ironie »mit Abscheu und Empörung« zurückwies und der stattdessen im Debattenforum der *Süddeutschen Zeitung* landete. Dafür bekamen wir alle den Schimpfnamen »Bellizisten« als Antonym zum in Deutschland bis in die Regierung hinein verbreiteten Pazifismus. Auch die Bundesregierung beteiligte sich an der Anti-Hussein-Koalition ja nur mit Scheckbuch-Diplomatie.

Die meisten Bellizisten hatten eine militärische Intervention noch gar nicht gefordert, sondern sich an zwei bedenklichen Entwicklungen gestoßen: am pauschalen, auf den Straßen und bei Privatgesprächen deutlich spürbaren Antiamerikanismus, nun durch Postkommunisten verstärkt, und an der Lässigkeit, mit der »antizionistische« Linke auf die manifeste Bedrohung Israels reagierten. Natürlich hatten die USA in der Region geostrategische Interessen, die nicht die Europas sein mussten, und gewiss hatte die israelische Politik durch radikale Siedler und religiöse Fundamentalisten eine gefährliche Schlagseite nach rechts bekommen. Beides hat sich bis heute nicht verändert. Aber auf wessen Seite ein politisch denkender und historisch bewusster Mensch stehen musste, wenn die irakische Armee in Kuwait und Kurdistan einfiel und in Tel Aviv Luftalarm ausgelöst wurde, war doch wohl klar…

Schon beim Eintreten ins Haus E erntete ich seltsame Blicke. Nach dem besagten Zeitungsartikel im Frühjahr 1991 war das Foyer voll von Studenten, die Treppe, die zu meinem Dienstzimmer im zweiten Stock führte, besetzt. Auf einem Transpa-

Gesucht, 1991

rent las ich »Leggewie persona non grata«, weitere Bettlaken propagierten »Kein Blut für Öl«. Ich bahnte mir einen Weg und wusste, dieses Mal war ich ihnen zu weit gegangen. Die Friedenskämpfer funktionierten die Sitzung des Fachbereichs zum Tribunal um, jetzt wusste ich, wer mein (politischer) Freund war und wer lieber Opportunist sein wollte. Die Funktionäre, die mir den Mund verbieten wollten, waren mir egal, nicht aber die Haltung der Studenten zur Politik im Allgemeinen und zum Golfkrieg im Besonderen. Sie sollten sich selbst ein Urteil bilden und sich nicht einem Meinungsdruck »für Frieden, gegen Krieg« ausliefern.

Denn wer war, bitteschön, *nicht* für Frieden? Doch zum Golfkrieg wurden bedenkenswerte Argumente für eine militärische Intervention als *ultima ratio* vorgetragen, die im Getümmel untergingen. Ich erinnere mich an die tobende Menge im Frankfurter Volksbildungsheim, als Dan Diner oder Udo Knapp ihre Gründe vortrugen, der eine kühl rational, der andere hoch emotional. Angesichts dieser Aggressionslust war das Etikett »Bellizist« eher ein Ehrentitel, aber ich frage mich heute, warum ich partout kein Pazifist sein wollte. Hatte das etwas, küchenpsychologisch, mit der kindlichen Schutzbedürftigkeit in meinem Viertel zu tun, wo ich froh war, in Gestalt meines älteren Freundes Bernd einen Bodyguard zu haben? Oder hatte ich das in der Zeit des Vietnamkriegs gelernt, als wir keineswegs abstrakt für Frieden eintraten, sondern den Sieg des Vietkong propagierten? Die generelle Sympathie mit den Zielen des algerischen FLN war bei mir auch nicht geschwunden, als ich dessen terroristische Methoden zur Kenntnis nehmen musste – schiere Gewaltlosigkeit hätte Algerien nicht unabhängig werden lassen. Allergisch reagierte ich auf Parolen wie die von Hans Christian Ströbele, ökopazifistisches Urgestein, Israel sei doch selber schuld, wenn es angegriffen werde, und ich verstand nicht, wie man über den Massenmord an Kurden, die in Deutschland stets als doppelt verfolgte Minderheit betrachtet wurden, zur antiamerikanischen Tagesordnung übergehen konnte.

1991 kamen noch härtere Fälle dazu: Nur zwei Flugstunden vom Haus E entfernt zerfiel Jugoslawien, im Frühjahr nahm in der Krajina die offene Feindschaft zwischen den Teilrepubliken ihren Anfang. Als ich im Juni mit dem befreundeten Wiener Demografen Rainer Münz nach Mürzzuschlag fuhr zu einem Seminar des *Standard*, der liberalen österreichischen Tageszeitung, stiegen über uns die »Draken« auf. Die Flugzeuge der österreichischen Bundesarmee waren nicht im Manöver, sie reagierten auf die Verletzung des Luftraums in der Steiermark durch MiG-29 der jugoslawischen Bundesarmee. Die hatten den Flughafen von Ljubljana beschossen, als Slowenien sich als erste Teilrepublik unabhängig erklärt hatte, und waren offenbar übers Ziel hinausgeschossen. In Slowenien war der Krieg nach zehn Tagen glimpflich beendet, aber in Kroatien und Bosnien stand noch der schlimmste Waffengang in Europa seit 1945 bevor.

Als Außenminister Fischer bei einem grünen Parteitag 1998 von einem Farbbeutel getroffen wurde, als brutale Reaktion auf seine Zustimmung zum Kosovo-Einsatz der Bundeswehr, war das der symbolische Schlusspunkt einer über Jahre gewachsenen Entfremdung der grünen Funktionärsbasis. Fischer wurde schmerzhaft demonstriert, dass er bei Pazifisten *Persona non grata* war. Fischer hat sich zu dieser Intervention regelrecht durchgerungen, und den Wendepunkt stellte für ihn, der selbst als ehemaliger Putztruppen-Anführer im Frankfurter Häuserkampf ein kategorischer Kriegsgegner war, das Massaker von Srebrenica dar. Drei Jahre war die überwiegend von Muslimen bewohnte Stadt von serbischen Truppen und Freischärlern belagert worden, als im Juli 1995 bosnische Serben unter Führung von General Mladić die Stadt eroberten und alle männlichen Personen, die sich nicht durch Flucht entziehen konnten, verschleppten und ermordeten.

Einige Monate zuvor war Fischer, damals noch Sprecher der grünen Bundestagsfraktion, vom Institut für die Wissenschaften vom Menschen (IWM) in Wien zu einem »Mittwochsgespräch«

eingeladen worden. Danach gingen wir mit Karl Schwarzenberg, dem engen Vertrauten von Vaclav Havel und damaligen
Prager Senator, zum Abendessen. Fischer monierte den Wein, so
lud der »Fürst«, wie Schwarzenberg genannt wurde, den pro-
minenten Grünen und mich in den Weinkeller des Palaishotels
Schwarzenberg ein. Wir verkosteten hervorragenden Wein, und
es entspann sich eine hitzige Debatte mit Fischer, dem die Lage
in Bosnien sehr zu denken gegeben hatte, der sich aber, anders
als sein Mentor Cohn-Bendit, noch nicht für eine Militärinter-
vention einsetzen wollte, während Schwarzenberg sich diplo-
matisch zurückhielt und vor überstürzten Aktionen warnte. Als
wir das Palais verließen, war es bereits hell, und Fischer, den
schon Cohn-Bendit in die Mangel genommen hatte, rang sich
zu den Worten durch: »Ihr habt ja recht ...«

Sosehr Fischer ein persönlich »schwieriger« Umgang war, er
bleibt bis hin zu seinem jüngsten Engagement für ein »schwei-
zerisches Europa« eine Ausnahmeerscheinung der Berufspolitik und verkörpert jene Leidenschaft, die man bei den meisten
Politikern der Fischer-Ära (und der heutigen Bundeskanzlerin)
vermissen musste. Fischer provoziert, aber wer sich emotional
von ihm distanziert, will oft wohl nur einen Zwiespalt oder
Zweifel in der eigenen Person abtöten, eine biografische Pas-
sage ungeschehen machen, das Scheitern eines gemeinsamen
Projekts einer Person zuschieben. Fischers Zickzackkurs von
der Putztruppe in die internationale Diplomatie, vom schotti-
schen Hochzeitskaff Gretna Green in die Gala war in meinen
Augen trotz aller abrupt wirkenden Wendungen geradliniger als
alle linke »Konsequenz«. Und sie war im Fall von Srebrenica
politisch-moralisch fundiert.

Bei den Grünen blieb Fischer mit seiner Erkenntnis, dass man
den Mladić und Karadžić nicht freie Hand lassen durfte, ein
krasser Außenseiter, doch Srebrenica, ein Völkermord unter den
Augen holländischer Blauhelm-Einheiten, brachte eine Wende
der grünen Außenpolitik – die Fischer als Außenminister im
Kosovo-Konflikt meines Erachtens in eine Art Übersprungs-

reaktion trieb. Hatte das Axiom »Nie wieder Auschwitz!« den Nachsatz »Nie wieder Krieg!« nach sich gezogen, so galt nun fast dogmatisch die Umkehrung: »Nie wieder Auschwitz! Deshalb: Krieg!« Eine paradoxe Intervention.

Den grünen Fraktionschef habe ich mit sich ringen sehen, ebenso wie Schwarzenberg, den späteren Außenminister der Tschechischen Republik, der mit »München« (dem Appeasement der Westmächte gegenüber Hitler 1938) ganz eigene Assoziationen verband. Der Dritte Weltkrieg hat 1991 nicht begonnen, aber eine Serie asymmetrischer Konflikte zwischen nur auf den ersten Blick machtlosen Terrorgruppen und im Grunde ohnmächtigen Militärmächten ist an seine Stelle getreten. Das macht den Pazifismus, wie wir ihn kannten, obsolet. Ein berühmt gewordenes Wortgefecht zwischen Joschka Fischer und Heiner Geißler von 1983 belegt, wie schief schon damals die Vergleiche waren. Fischer hatte in einem *Spiegel*-Interview geäußert, er wolle »die Einmaligkeit des Verbrechens, das die Nationalsozialisten am jüdischen Volk begangen haben, nicht mit schnellen Analogieschlüssen überdecken. [...] Aber ich finde doch moralisch erschreckend, dass es offensichtlich in der Systemlogik der Moderne, auch nach Auschwitz, noch nicht tabu ist, weiter Massenvernichtung vorzubereiten – diesmal nicht entlang der Rassenideologie, sondern entlang des Ost-West-Konflikts.«

Geißler, CDU-Generalsekretär und Minister für Jugend, Familie und Gesundheit, hielt dies im Bundestag für »eine ganz unglaubliche Verbiegung der Begriffe und der Werte« – um dann selbst zur schiefen Analogie zu greifen: »Der Pazifismus der 30er-Jahre, der sich in seiner gesinnungsethischen Begründung nur wenig von dem unterscheidet, was wir in der Begründung des heutigen Pazifismus zur Kenntnis zu nehmen haben, dieser Pazifismus der 30er-Jahre hat Auschwitz erst möglich gemacht.« Aus dieser polemischen Verwirrung hatte sich auch der sogenannte Bellizismus der 90er-Jahre noch nicht lösen können.

40. Internet & Politik: Noch ein Rückruf

Die »Akademie zum Dritten Jahrtausend« (welch ein Name und Anspruch!) wurde Anfang der 90er-Jahre auf einem Münchner Balkon ausgedacht. Christa Maar, Chefredakteurin des Kunstmagazins *Pan*, Michael Krüger, Geschäftsführer und Kopf des Hanser-Verlags, und ich suchten nach einer Plattform für Millenniums-Ideen, von der Hirnforschung über die Bildwissenschaft bis zur Informatik. Inspiration waren die »neuen Medien«, die gerade erst ins Bewusstsein tretende Digitalisierung von Information, was den *Bunte*-Verleger Hubert Burda (der gerade dabei war, nach der *Super!* als Anti-*Bild*-Zeitung auch den *Focus* als Anti-*Spiegel* auf den Markt zu werfen) dazu bewog, das Vorhaben finanziell zu unterstützen. Burda zeigte stets zwei Gesichter: Das eine war der ungerührt schwerreiche Trash-Verleger, der es als der nie genügende Sohn seinem Vater beweisen wollte, das andere der großzügige Mäzen der Künste und Wissenschaften, der den Petrarca-Preis stiftete und sich mit großen Geistern umgab. Den ersten Preis bekam posthum Rolf Dieter Brinkmann, der 1975 in London von einem Auto überfahren worden war.

Niemand wusste damals, wohin sich die Medienbranche entwickeln würde, ob es weiter Zeitungen und Magazine (und Bücher) geben würde, wie Printmedien und elektronische Medien zusammenwachsen sollten, welche virtuellen Gemeinschaften unabhängig von Ort und Zeit sich bilden könnten. Das Internet, wie dieses noch unklare Konglomerat genannt wurde, erschien uns wie eine große Wissensallmende, wobei die meisten Menschen Computer für sich noch nutzten wie herkömmliche Schreibmaschinen. Die elektronische Post steckte in den Kinderschuhen, ebenso Suchmaschinen, Social Media waren unbekannt. Christa Maar kannte sich am besten aus (wie auch bei der Auswahl guter Restaurants und Hotels, Ausstellungen und Reiseziele). Krüger wurde ein bekennender Hasser der digitalen Medien, ich verteidigte das Netz gegen seine Liebhaber wie gegen seine Verächter.

In den USA lernte ich von 1995 an eine für individualisierte Massenkommunikation aufgeschlossene Gesellschaft, Wirtschaft und Kultur kennen und vernahm mit ungläubigem Staunen Vizepräsident Al Gores Vision, das Netz zur elektronischen Agora auszubauen und den afrikanischen Kontinent breitbandig anzuschließen. Nur als Microsoft-Chef Bill Gates 1995 in der Buchhandlung Barnes & Noble am New Yorker Union Square auftrat und seiner andächtig lauschenden Gemeinde verkündete, er habe »soeben das Internet entdeckt«, schwante mir, dass dieser Liebhaber im *marketplace of ideas* vor allem den Marktplatz erblicken würde. Eine neue »Tragödie der Allmende« durch private Fehlnutzung zeichnete sich ab. Microsoft, Google, Facebook und Co. haben das Netz in den letzten 20 Jahren technisch intelligenter gemacht, aber seine Nutzer, wie mir scheint, dümmer, abhängiger, konformistischer. Dass ich im ersten Band der Akademie zu *Internet @ Politik*, erschienen 1998, zur Enteignung von Bill Gates aufrief (so wie 1968 zu der von Axel Springer), war natürlich hilflose Rhetorik. Das Thema, das heute alles andere überschattet, nämlich Datensicherheit und Cybercrime, schlug seinerzeit Edmund Stoiber als höchst unpassender Eröffnungsredner unserer Tagung im Europäischen Patentamt an, als wir noch ganz andere Pläne hatten und uns kräftig Illusionen machten.

Im »Zentrum für Medien und Interaktivität« an der Gießener Universität wollten wir die konkrete Utopie einer deliberativen Netz-Demokratie mitgestalten. Dabei geht es nicht ums Ganze: Weder würde das Netz per se die elektronische Demokratie fördern noch zwangsläufig eine Arena elektronischen Populismus eröffnen, wie Kulturpessimisten der alten Schule glaubten. Im Netz würde die Menschheit weder geistig verkümmern, noch würden alle Freunde werden – eine mittlere Linie schien geboten zu sein. Man würde jedenfalls politisch aktiv sein können ohne die Türsteher der Parteien und Medien, was durchaus – wie man jetzt besser weiß – auch ein Schaden sein kann. Unter der Minderheit der politisch Aktiven könnten die Online-Aktiven eine noch kleinere Minderheit werden.

Es obsiegte in den ersten Jahren der Hype, die unkritische Feier des Internet – man war dabei, weil man modern sein wollte und weil sowieso alles seinen Gang gehen würde. Doch der Kampf um offenen Zugang und niedrige Urheberrechtsschwellen war verloren, wenn damit keine Kritik der Produktions- und Distributionsmittel seitens der Netzaktivisten einherging. Und wer, wie in libertären Kreisen üblich, vom Moloch Überwachungsstaat sprach, durfte zur freiwilligen Auslieferung an die Strippenzieher im Web 2.0 nicht schweigen – Enteignet Facebook! Heute ist klar (und betonen auch ehemalige Protagonisten der libertären Vision wie Jaron Lanier), dass die Datenkonzerne uns manipulieren, dass sie Märkte beherrschen wollen, dass sie uns in allen Belangen menschlichen Lebens bis in die intimste Privatsphäre ausrechenbar machen. Für einen Libertären, als den ich Lanier Anfang der 90er-Jahre in Berkeley kennengelernt hatte, muss es besonders schmerzhaft sein mitzubekommen, wie das Netz weniger große Persönlichkeiten fördert als idiotisches Rudelverhalten.

Die Partei, die das gehörig hätte politisieren können, die Piraten, verschwanden aus eigenem Verschulden von der Bildfläche, obwohl die NSA-Affäre, 2013 angestoßen durch Chelsea Manning, Julian Assange und Edward Snowden, ihnen ein ideales Thema in die Hand gespielt hatte. Der Kampf um die besagte Wissensallmende (beziehungsweise die Reste, die Gates, Zuckerberg, Murdoch, Burda und andere davon übrig gelassen haben) bleibt aktuell. Ihre Vorzüge zeigen sich namentlich im akademischen Leben, wenn etwa Datenbanken die Resultate von Forschung, die mit öffentlichen Mitteln finanziert wurde, der Öffentlichkeit uneingeschränkt verfügbar machen. Und wenn Autoren und Autorinnen, neben dem legitimen Schutz ihres geistigen Eigentums, über *Creative-Commons*-Lizenzen den Obulus an die viel beschworene »Wissensgesellschaft« entrichten.

Anders als die meisten Hochschullehrer halte ich auch Wikipedia für eine großartige Innovation, da hier eine globale Gemeinschaft uneigennützig zusammenwirkt und das Wissen der

Welt in die Hände einer selbstbestimmten Nutzergemeinschaft legt. Einzelne Einträge mögen schwer zu wünschen übrig lassen, aber viele halten längst dem Vergleich mit etablierten Enzyklopädien stand. Der Grund für das Misstrauen gegen Wiki-Formate in der akademischen Welt ist ein anderer: Auch Wissenschaftler verlieren ihre Rolle als Türsteher bei der Kontrolle, Generierung und Verbreitung von Wissen, wenn sich Laien gleichrangig beteiligen. Ähnlich wie bei Zeitungen und Verlagen ist Wissen nicht mehr durch ein Qualitätssiegel namens *Encyclopedia Britannica* oder den Lehrstuhl für X und Y zertifiziert. Wozu das führen kann, ist bekannt: Obskuranten und Konspirationisten toben sich im Netz aus, Wissen wird zur horizontal angeordneten Information. Es herrschen Zerstreuung und Unterhaltung und bisweilen schwer erträgliche Pöbelei vor und leider nicht Konzentration und Methode; der Wahrheitsanspruch der Wissenschaft kann auf der Strecke bleiben. Aber umgekehrt gilt: Amateure und Dilettanten bringen eine andere Art von Wissen ein und fechten »herrschende Meinungen« an, die zu Unrecht vorherrschen.

Der Vorzug eines Wiki-Formats wurde mir da noch einmal klar, wo davon gar nicht die Rede war: im »Palazzo Enciclopedico« der Venedig-Biennale 2013. Erstaunlicherweise hatten die Kuratoren das Internet völlig außer Betracht gelassen, obwohl die meisten Exponate – ganz im Sinne des aus der Vergessenheit geholten Ideengebers Mario Auriti, der in einem 700 Meter hohen Turm das gesammelte Wissen der Welt aufnehmen wollte – dem (stets vergeblichen) Ziel verpflichtet waren, die gesamte Breite menschlicher Eingebungen und Errungenschaften zu versammeln. Dazu gehören, wie es das Internet weniger beabsichtigt als an den Tag gebracht hat, der idiosynkratische Spleen und das generöse Universallexikon, die Anthologie allerprivatester Vorlieben genauso wie die repräsentativ angelegte Sammlung. Das Internet ist eine Lizenz für Autismus, aber eben auch ein Medium für Universalien. Die Ausstellung im Palazzo oszillierte somit zwischen ALLES (»omniscience«) und MEINES

(»Privattheorie«), Obsessionen (Träume, Kulte, Halluzinationen) wechselten sich ab mit verallgemeinerbaren Taxonomien und Kodierungen, die Nabelschau mit der Welterklärungsformel.

Dieses Chaos spiegelt das World Wide Web. Die digitale Moderne ist eine uferlose Anhäufung von *objets trouvés* und lässt das Eigensinnige ins kollektive Unbewusste übergehen. Enzyklopädisten aller Zeiten haben sich bemüht, dieses Magma nach dem Kriterium von wahr/unwahr zu ordnen, und aus guten Gründen ziehen wir das Bild im Elektronenmikroskop der Weissagung des Schamanen und die Evolutionslehre dem intelligenten Designer vor. Aber so wie die Biennale (und viele Weltausstellungen der Kunst zuvor) die Grenzen eingerissen hat zwischen professionellen Künstlern und sozialen Plastikern, zwischen künstlerischen und anderen Ausdrucksformen, zwischen Kunstbetrieb und Gesellschaft, müssen wohl auch Technik und Wissenschaft ihre herausgehobenen Beobachtungs- und Beratungsposten zur Disposition stellen.

Edmund Stoiber hatte damals in München mehr recht, als wir ihm abnehmen wollten, und anders, als er selber meinte. Die Sammelwut der privaten Dienste und der Kontrollwahn staatlicher Geheimdienste setzen das Internet, wie wir es kennengelernt haben, aufs Spiel und lassen den spontanen Netzkommunismus verdorren. Die Vision des virtuellen »Marktplatzes der Ideen« folgte einer libertären Tradition – als Markt- und Spielplatz, wo Bedürfnisse von Konsum und Unterhaltung hemmungslos im Vordergrund stehen. Aber eben auch als Agora und Arena politischer und sozialer Partizipation, wo viele Aspekte der antiautoritären Revolte aufbewahrt und weiterentwickelt wurden. Radikale Individualisierung und vehemente Gemeinschaftsrhetorik zeigen die Bandbreite eines medial-industriellen Komplexes auf, der dem öffentlichen Diskurs und der Moralisierung der Märkte genau die gleichen Instrumente an die Hand gibt wie dem Mainstreaming des Geschmacks und der Außenlenkung sozialer Präferenzen. Im Prozess der Medienevolution verabschiedete sich die »Internetgeneration« weitgehend von den Unterhaltungs- und Politikformaten des (öffentlich-rechtlichen) Fernsehens klassischer Provenienz und gestaltete, in Affinität zum Unterhaltungsstil und zur Rhetorik des kommerziellen Fernsehens, den Marktplatz der Ideen zu einer Politikarena um, in der Vergemeinschaftung vor allem via Twitter, Facebook und so weiter geschieht. Damit kann ich politisch wenig anfangen, man kann es aber auch nicht ignorieren und soll es nicht bejammern. Denkbar ist nämlich, dass Online-Medien Sternstunden auch des professionellen Journalismus hervorbringen und der gut informierte Bürger im Netz auf seine Kosten kommt.

Die »Akademie zum Dritten Jahrtausend« hat Ende der 90er-Jahre den Betrieb eingestellt. Weder konnte sie gegenüber den Interessen des Burda-Konzerns autonom bleiben, noch war ihre transdisziplinäre Agenda dem Universitäts- und Wissenschaftsbetrieb schmackhaft zu machen. Dazu musste noch ein gutes Jahrzehnt vergehen.

41. Zwei Grad Celsius. Am Ohr der Macht

Eine wichtige Aufgabe der Politischen Wissenschaft ist die Beratung politischer Akteure in Regierungen, Parlamenten, Parteien, auch der Aktivbürger in der Gesellschaft *at large*. Nicht alle Politologen zählen das zu ihrer Bestimmung, weil sie den Feuerwall zum (schmutzigen?) Geschäft hochhalten oder mit Einmischung schlechte Erfahrungen gemacht haben. Denn politische Akteure übernehmen »Evidenz«, die das Wissenschaftssystem liefert, natürlich nicht eins zu eins, sie übersetzen dessen Wahrheitsanspruch wahr/falsch in den Code, der laut Niklas Luhmann den politischen Betrieb bestimmt: Regierung/Opposition respektive Macht/Ohnmacht. In der Politik geht es, wie man im ersten Semester lernt, zuvörderst um den Erwerb und den Erhalt von Macht.

Da kommen gute Ratschläge schon mal etwas unter die

Räder. Ein schon erwähntes Beispiel ist das im Jahr 2000 von der rot-grünen Bundesregierung durchgesetzte Geburtsortmodell (*ius soli*) beim Staatsangehörigkeitsrecht, das durch den Kompromiss mit der Union verwässert wurde, indem sich Einwandererkinder bis zum Alter von 23 Jahren zwischen Herkunftsland (und das heißt faktisch oft dem der Familie) und neuer Heimat entscheiden mussten. Wissenschaftler haben vor dem Loyalitätskonflikt gewarnt, die politische Logik war eine andere; vor allem Roland Kochs Kampagne gegen die doppelte Staatsangehörigkeit war verhängnisvoll. So schmutzig ist das Geschäft manchmal. Der Einsatz hat sich dennoch gelohnt, denn deutscher Staatsbürger wird man heute eben nicht mehr ausschließlich qua Abstammung. Das war der Durchbruch zum echten Einwanderungsland.

Einen zweiten, thematisch anderen Anlauf als Politikberater machte ich im »Wissenschaftlichen Beirat der Bundesregierung Globale Umweltveränderungen« (WBGU), in dessen fünfte Beratungsperiode ich 2008 als Nachrücker von der damaligen Großen Koalition berufen wurde. Auftrag des 1992 gegründeten WBGU sind die »periodische Begutachtung der globalen Umweltveränderungen und ihrer Folgen und die Erleichterung der Urteilsbildung bei allen umweltpolitisch verantwortlichen Instanzen sowie in der Öffentlichkeit«. Bekannt geworden ist der Beirat mit der Statuierung der »Zwei-Grad-Leitplanke«, die er als eine Art Naturgrenze der Politik definiert. Deren Handlungsspielraum endet an physikalischen Gegebenheiten: Zwei Grad Erderwärmung und nicht mehr, dahinter drohen unkalkulierbare Risiken. Seit den 90er-Jahren war wissenschaftlich erhärtet und zunehmend ins Bewusstsein getreten, dass in der Atmosphäre abgelagerte Treibhausgase, namentlich CO_2, verantwortlich sind für Erderwärmung, Meeresspiegelanstieg und Extremwetter. Verursacht werden die Emissionen durch die Verbrennung fossiler Rohstoffe zur Energieproduktion in Betrieben, Fahrzeugen und Wohnungen, also durch Grundaktivitäten moderner Gesellschaften seit der industriellen Revolution.

Was dem globalen Norden Wohlstand und Freiheit verschafft hatte, entpuppte sich als schwere Bedrohung für zukünftige Generationen überall auf dem Globus.

Als der Beirat im Herbst 2008 im Bundespresseamt von den beiden für den WBGU zuständigen Ministern Annette Schavan (Wissenschaft) und Sigmar Gabriel (Umwelt) eingesetzt wurde, konnte ich kaum ahnen, wie spannend die Gemeinschaftsarbeit mit acht Hochkarätern aus diversen natur- und geisteswissenschaftlichen Fachgebieten werden würde. Und welches Aufsehen das 2011 von uns vorgelegte Gutachten *Welt im Wandel. Gesellschaftsvertrag für eine Große Transformation* erregen sollte. Der WBGU forscht nicht selbst, er bereitet die Resultate der Forschung zu einem selbst gewählten und mit der Bundesregierung vereinbarten Thema auf. Daraus leitet er Empfehlungen für politisches Handeln und neue Forschung ab. Die Bundesregierung nimmt das entgegen, die kostenlos verteilten Gutachten erreichen Parlamentarier und Ministerialbeamte, aber auch die interessierte Öffentlichkeit, Nichtregierungsorganisationen und die Medien. Tausende haben sich das dicke Gutachten heruntergeladen, noch mehr die Kurzfassung.

2009 errechneten wir für den Klimagipfel in Kopenhagen ein globales Budget, um die für die Einhaltung der erwähnten »Zwei-Grad-Leitplanke« erforderliche Reduktion der Klimagase so gerecht wie möglich auf die Weltbevölkerung zu verteilen. Und aus dem Schutz des Klimas ging logischerweise die Energiewende hervor, also die Umstellung auf erneuerbare Energien und einen generell sparsameren Verbrauch, was beides schon länger in Gang gekommen war. Die naturwissenschaftliche Ausrichtung, die der WBGU seit seiner Einrichtung durch die Regierung Kohl, namentlich den damaligen Umweltminister Klaus Töpfer und Wissenschaftsminister Heinz Riesenhuber, hatte, war hier der Sache nach zu eng. Da die angestrebte Dekarbonisierung erheblich in Gewohnheiten und Lebensstile der Konsumenten eingreifen würde, war ein einschneidender Wertewandel notwendig und eine Art virtueller Gesellschaftsvertrag

Tornado in Gießen (2008)

zwischen der heutigen Bevölkerung und ihren Nachfahren – am Schicksal von Insel- und Küstenregionen und an den damit ausgelösten Fluchtwellen und Migrationsbewegungen, aber auch an einem Tornado, der durch eine deutsche Kleinstadt fegt, kann man schon heute sehen, wohin *Business as usual* führen würde.

Der Gesellschaftsvertrag im WBGU-Gutachten wurde von Vertretern des Status quo in der Manier Pawlow'scher Hunde als »Ökodiktatur« gebrandmarkt – eine dumme, in vielen Fällen bösartige Verdrehung des Konzepts, bei dem die demokratische Erörterung und (allerdings nicht allein für die privilegierten *Stakeholder* von heute!) freiheitsschonende Verwirklichung ausdrücklich im Zentrum stehen. Noch zwei Jahre nach dem Erscheinen des Gutachtens geiferte ein Leitartikler der *FAZ* über die »apokalyptischen Reiter der Großen Transformation«, und besonders infam waren Artikel in der Sonntagsausgabe derselben Zeitung.

Der Kopenhagener Klimagipfel hat 2009 den Durchbruch bekanntlich nicht gebracht, weil sich eine unheilige Allianz zwischen Barack Obama, der den *American Way of Life* genauso wie seine Vorgänger für unverhandelbar erklärte, und der Kommunistischen Partei Chinas aus der Verantwortung stahl. China ist heute der größte CO_2-Emittent, betätigt sich aber als Anführer (und Geiselnehmer) der Dritten Welt. Mit meinem Kollegen Harald Welzer hatte ich in dem Buch *Das Ende der Welt, wie wir sie kannten* im Blick auf Kopenhagen bereits eine Strategie »von unten« skizziert, die nicht primär auf die Einigung der Staatschefs und auf »von oben« durch Gebote und Verbote verordneten Verzicht setzt. Unsere Vorstellung war, dass Pioniere des Wandels diesen in eigener Regie beginnen und ihren Lebensstil klimaverträglicher gestalten – nicht unbedingt, weil sie die Welt retten wollen, sondern weil sie eine Lebensqualität erreichen möchten, die ihnen die Kehrseiten moderner Mobilität, Ernährung und Raumnutzung erspart und ihnen erlaubt, etwas für sich, die Familie, die Nachbarschaft und die Welt im Ganzen zu tun, Klima und Umwelt sozusagen nebenbei zu schützen. Und nicht mit verkniffener Miene zu verzichten, sondern selbst gewählte Einschränkungen als Gewinn für alle zu verbuchen. Die Freiheit der Heutigen endet an den von uns auferlegten Freiheitsbeschränkungen der Künftigen.

Das Buch wurde zu einem regelrechten Bestseller. Mit Welzer, der das KWI kurz darauf zu meinem Bedauern in Richtung der von ihm gegründeten Stiftung »Futur zwei« verließ, stritt ich mich später freundschaftlich darüber, welche Rolle Politik, also Parteien, gewählte Parlamente und der Staat, bei der Initiierung und Begleitung dieses gesellschaftsweiten Wandels spielen sollten. Unsere divergierenden Meinungen dazu haben wir dann in den jeweiligen Anschlussbüchern *Mut statt Wut* und *Selber denken* dem Publikum vorgelegt. Gepflegter Streit, auch eine Portion Polemik gehören dazu. Von ihm habe ich viel gelernt. Dass dieser wache und unruhige Geist nicht mehr Studenten zugutekommt, spricht erneut nicht für das deutsche Universitätswesen, weil es sich auch den »unbequemen« Welzer vom Hals hielt.

Das *Transformations*-Gutachten kam heraus, kurz nachdem

sich in Fukushima die verheerende Reaktorkatastrophe ereignet hatte. Die schwarz-gelbe Bundesregierung tat, was ihr wohl kaum jemand zugetraut hatte – Merkel verkündete den Ausstieg aus der Atomenergie, nachdem sie eben erst die Verlängerung der Laufzeiten der deutschen Atomkraftwerke durchgepaukt hatte. Damit setzte sich Deutschland unter Druck, noch größere Anstrengungen bei der Minderung der Emissionen zu unternehmen; die im grünen Milieu schon seit den 70er-Jahren ausgerufene Energiewende wurde Regierungsprogramm und Weltmodell. Bekanntlich hat der Schock in Europa nicht gereicht. Ebenso wenig erhob sich Deutschland nicht zur Führungsnation beim Umstieg in erneuerbare Energien. Fukushima war leider nicht ein so bedeutender Einschnitt wie das Ende des Ost-West-Konflikts, das einen unverstellten Blick auf die »Eine Welt« des Blauen Planeten ermöglichte. Weil wir Atomstrom hektisch abgestellt haben, pusten wir noch mehr Emissionen aus der Kohleverstromung in die Atmosphäre.

Was seither versäumt wurde, demonstriert die engen Grenzen der wissenschaftlichen Politikberatung erneut in aller Deutlichkeit. Das ist kein Grund, sie einzustellen: Im Herbst 2015 findet die alles entscheidende UN-Klimakonferenz statt. Kanzleramt und zuständige Minister werden gut vorbereitet sein, die USA und China haben sich bewegt. So kann es den angestrebten Weltklimavertrag geben, der die Zwei-Grad-Leitplanke als verbindliche Richtschnur des globalen Klimaschutzes festschreibt und die Staaten animiert, energie- und umweltpolitisch auf erneuerbare Energien zu setzen. Das wäre das anspruchsvollste Projekt seit der industriellen Revolution, das nicht nur Ingenieure und Unternehmer fasziniert, sondern einer lahmenden Weltwirtschaft Schwung geben und eine friedlichere Weltgesellschaft herstellen kann. Und weil die Konferenz in Paris tagt, kann die deutsch-französische Achse entrostet werden und Europa als Akteur auf die Weltbühne treten.

42. Weit gebracht. Die Ära Merkel

Angela Merkel ist auch ohne Quote die tonangebende europäische Politikerin dieser Zeit. Wie vor ihr Rita Süssmuth ist sie Zielscheibe patriarchaler Selbstherrlichkeit, wenn etwa der unterlegene Gerhard Schröder am Abend der Bundestagswahl 2005 seine Niederlage einfach nicht wahrhaben wollte. Doch die Präsidentin, wie sie (wenn nicht »Mutti«) schon genannt wird, hat eine ganze Riege männlicher Kohl-Nachfolger vom Spielfeld verwiesen. Dass Mann Merkel leicht unterschätzt, ist mir selbst unterlaufen. Die *Stuttgarter Nachrichten* veranstalteten einst Diskussionsabende unter dem seltsamen Titel »Die Großen zum Angreifen«. Merkel war 1993 als Familienministerin für die Jugend zuständig, die damals im Ruf stand, rechtsradikal und gewalttätig zu sein. Nebst zwei Vertretern der »jungen Generation«, einem Kriminalhauptkommissar und einem Streetworker, sollte sie meine Thesen zur Generation der 89er kommentieren. Das Bild von »Kohls Mädchen« im Kopf, nahm ich das Gespräch auf die leichte Schulter. Was ich rasch bereute: Frau Ministerin, dem Anlass gemäß lässig gekleidet, ließ mich gnadenlos auflaufen mit dem ihr eigenen trockenen Humor und einem spöttischen Blick, den man so leicht nicht vergisst.

Versuch, Angela Merkel den Weg zu weisen (1993)

Hinterher wusste ich, was man ihr hätte »reinreiben« sollen… Doch bei Merkel als Kanzlerin kam ich immerhin einmal über den *esprit d'escalier* hinaus, über den berühmten Treppenwitz, der Petenten bei Hofe immer erst einfällt, wenn sie schon verabschiedet worden sind. Es war 2007 bei einer Veranstaltung der Ruhrbarone (und Zigarrenraucher) aus der Energiebranche auf der Essener Zeche Zollverein. Jürgen Rüttgers, damals Ministerpräsident von Nordrhein-Westfalen, führte die Kanzlerin aus dem Saal, ich stand im Spalier am Rande. Rüttgers stellte ihr den »Präsidenten« des KWI vor (mein Vorgänger hatte sich so titulieren lassen), sie gab mir die Hand, und da waren wieder das spöttische Lächeln und der trockene Humor: »Na, da ham Sie's aber weit gebracht!« Die Herren der Wirtschaft lachten schadenfroh, aber ich gab zurück: »Sie aber auch!« Jetzt erschraken die Herren im Anzug, erst als Merkel schmunzelte, brachen sie erneut in etwas zu lautes Gelächter aus. Als »Mutti« fünf Jahre später über Nacht den Ausstieg aus der Atomenergie verkündete, hatten RWE-Chef Jürgen Großmann und Co. nichts mehr zu lachen.

Wie thatcherhaft Merkel sein kann, erlebten wir dann bei der Feier des 20-jährigen Bestehens des auch während ihrer Zeit als Umweltministerin tätigen WBGU. Dessen Vorsitzender Hans Joachim Schellnhuber hatte die Kanzlerin als ihr »Klimaberater« zur Festansprache überreden können. Merkel hatte sich eine halbe Stunde Zeit genommen, in die Berliner Akademie der Künste zu kommen. Sie war sichtlich genervt, weil sie umgehend nach Düsseldorf fliegen musste, um den unbotmäßigen Wahlkämpfer Norbert Röttgen zu unterstützen, damals Umweltminister und CDU-Spitzenkandidat in NRW. Die Kanzlerin zischte ihre Entourage an, überflog fahrig die vorbereitete Rede, wollte den Vorredner am liebsten vom Rednerpult holen lassen. Dort angekommen, legte sie das Redemanuskript weg, extemporierte locker zu Klimawandel und Klimaschutz, merkte trocken an, der WBGU nerve bisweilen – und forderte, mittlerweile völlig entspannt, uns auf, das auch bitte weiter zu tun. Wenig später verlor Röttgen die Landtagswahl im bevölkerungsreichsten Land, noch so ein Nachfolgeaspirant war sein Amt los.

Die »Ära Merkel« (2005 ff.) könnte länger dauern als Adenauers (14-jährige) und Kohls (16-jährige) Kanzlerschaft, aber den erforderlichen Durchbruch zu einer anderen Politik hat auch eine Frau nicht zustande gebracht. Diese mag besser Politik gemacht haben, aber keine bessere. Das gilt vor allem für Europa, dem sie als Geschäftsführerin der *Economie dominante* keine Auswege aus der Krise weist. Die Stärke der Frauen als politische Akteurinnen erweist sich wohl eher auf vor- und außerparlamentarischem Terrain. Bis zum Klischee, aber doch zutreffend rühmt man den guten Einfluss starker Ostfrauen nach 1990, nicht nur im Privat- und Familienleben der Post-Diktatur, sondern auch in der politischen Arena der Familien-, Rechts- und Sozialpolitik. Und sollte in muslimischen Gemeinden in Europa jemals ein westlicher, aufgeklärter Islam entstehen, dann wird auch das ein Verdienst weiblicher Gläubiger sein, die, ganz im Stil der Frauenbewegung, das Recht auf Gleichbehandlung mit der Erfahrung von Differenz zu verbinden wissen.

43. Warchitecture: Hommage an Lebbeus Woods

Die Nachricht vom Tod meines Freundes Lebbeus Woods erreichte mich 2012 in der estnischen Hauptstadt Tallinn. Ein Stadtrundgang hatte mich an den Hafen zur Linnahall geführt, einem brutalen Betonbau der Sowjetära, der zur Olympiade 1980 fertiggestellt, lange als Eishockeystadion und Konzerthalle genutzt wurde und nun vor sich hin verfällt. Woods, der Architekt der Krise, hätte diesen Ort gemocht und vermutlich noch im Hotel mit den Skizzen begonnen, die er bei jeder Gelegenheit in seinen berühmten Notizbüchern anfertigte. Dachte ich gerade, als das Handy klingelte und die traurige Botschaft überbracht wurde.

Tallinn, Linnahall

Lebbeus war 72 Jahre alt geworden. Nie werde ich die Abende vergessen, die wir mit ihm und seiner Frau Aleksandra Wagner verbrachten. Die Barbesuche, die mit dem korpulenten Mann aus dem Mittleren Westen etwas Uramerikanisches bekamen. Und den Helikopterrundflug über Manhattan, den wir uns nach der Doppelhochzeit im unromantischen *Marriage Bureau* der New York City Hall gönnten. Nicht zu vergessen auch die legendäre Hochzeitsparty in der Bond Street, bei der unser sehr englischer Freund Peter virtuos die »singende Säge« betätigte, die Dragqueen Miss Understood die Empfangsdame spielte und jeder Gast, der wollte, die Karten gelegt bekam. Und die Nacht im *Sudamericana* in Montevideo, einem mehrstöckigen Tango-Palast, wo auch die Eintänzer und *Señoras* in die Jahre gekommen waren.

Lebbeus hätte den einen oder anderen Bau der jüngeren estnischen Architekten geschätzt, aber die Hervorbringungen der *Developer*, die über Ostmitteleuropa hergefallen sind, mit dem schneidenden Urteil »Crap!« (Mist) versehen. Selbst gebaut hat Woods ganz selten, er war vor allem Lehrer und Künstler, entwickelte Visionen, führte einen beachteten Blog. Es ging ihm nicht um schöne Häuser oder grüne Stadtviertel, für ihn hatte vor allem der Krieg eine Architektur vorgezeichnet, die man nicht heilen, korrigieren, überbauen, sondern unterstreichen und zum Ausgangspunkt jeder weiteren Gestaltung machen sollte. Architektur soll die primäre Zerstörung und die Erinnerung daran nicht tilgen, sondern aufbewahren und aufheben. Von den Pragmatikern hob er sich genauso ab wie von den Utopisten. Er wollte die Wirklichkeit der Bauwelt im frühen 21. Jahrhundert ebenso wenig akzeptieren wie sich in postmodernen Hypes verirren.

In Vico Morcote am Luganer See, wo er an der Dependance einer Architektenschule aus Los Angeles unterrichtete, imponierte mir, wie vorbildlich er seine Klasse auf eine leise, bestimmte Weise forderte. So richtete er im Berliner Martin-Gropius-Bau (»Civilization«, 1999/2000) und an der Pariser Fondation Cartier (»The Fall«, 2002) auch seine Ausstellungen ein. In Österreich, wo er mit Peter Noever gearbeitet hat, war er bekannter als in Deutschland, für das er eine seltsame Sympathie hatte, ferner deutscher Vorfahren wegen und inspiriert durch Richard Wagner und Heinz von Foerster (auch wenn der eigentlich Österreicher war). In Berlin faszinierte ihn die teilungsbedingte Stadtbrache um den Potsdamer Platz, die heute den meisten nur noch auf Postkarten in Erinnerung gerufen wird. Der Wiederaufbau zeigt nicht, wie ein pulsierender Verkehrsknotenpunkt und beliebter Treffpunkt erst durch die Zerstörung im Bombenkrieg und in den Straßenkämpfen der letzten Monate der »Schlacht um Berlin«, dann durch die Teilung in einen breiten innerstädtischen Todesstreifen verwandelt wurde, wo die Trümmer zum Materiallager aufgetürmt waren. Er folgt immerhin dem alten Straßenmuster von Potsdamer und Leipziger Platz. S- und U-Bahn-Haltestellen, bis 1990 Geisterstationen, werden wieder angefahren, im Weinhaus Huth nehmen Touristen Platz. Ein Strich markiert den Grenzverlauf, aber andere Spuren der Vergangenheit sind getilgt – der Schwarzhandel im Dreizoneneck, die am 17. Juni 1953 in Brand gesetzten Häuser, darunter der HO-Laden im ehemaligen Columbushaus, die Gaststätte im »Haus Vaterland«, der Ödstreifen zwischen der Mauer und den Hundelaufanlagen, Minen und Wachtürmen, Podeste, auf denen man nach drüben schaute, Platzbesetzer im Lenné-Dreieck, Mauerspechte in der Nacht des 9. November. *Berlin Free-Zone* hieß die Serie von Zeichnungen, die Woods 1990 entworfen hat – nicht für die Renovierung des Platzes gedacht, sondern als Denkanstoß für den bewussten Umgang mit dessen Vergangenheit.

Ich sah ihn in seine Notizbücher skribbeln, scheinbar gedankenverloren, doch durchaus wach für die Umgebung, auch für Tochter Victoria im Apartment daheim, für die Besucher des Café Einstein in Berlin, wo er schon auf einem Barhocker auf uns wartete. Woods stand für eine in Gesellschaft und Geschichte verankerte, eine politische und eine partizipative Architektur. Auf das schwere Erdbeben in San Francisco von 1989 hatte er mit dem *San Francisco Bay Project* reagiert, noch intensiver wirkten auf mich die Zeichnungen, die er 1993 im zerstörten Sarajevo angefertigt hatte, und die Modelle des Havanna-Projekts (*Havana, radically reconstructed*), die im Loft in der Bond Street ausgestellt waren.

Architektur solle nicht nur an den Problemen gemessen werden, die sie löse, sondern auch an denen, die sie schaffe, war sein Leitgedanke. Es war übrigens nicht so, dass Woods nicht bauen *wollte* oder nur unrealisierbare Objekte konzipierte. Das mit seinem Kollegen Christoph a. Kumpusch realisierte Projekt *Light Pavilion* im Raffles City Complex befindet sich weit weg von New York im chinesischen Chengdu.

Anlass des Aufenthalts in Tallinn war ein Seminar der dortigen Universität zu den *Memory Studies*. Kurzerhand schrieb ich über Nacht meinen Vortrag um auf eine Hommage an den Freund, der – wie mir hier noch einmal schlagartig klar wurde – die Gemeinde der Erinnerungsforscher bereichert hätte. Ich selbst spielte als Kind in Ruinen und behielt das Faible für urbane Trümmerlandschaften und Industriebrachen –

die verwitterte Tür auf der Außenwand der Brandmauer im zweiten Stock, die beim Öffnen ins Nichts führen würde; der Abdruck eines Giebels; die Reste eines Kellers, die wie eine Ausgrabungsstätte aus der Frühgeschichte menschlicher Zivilisation wirken; der zugeschüttete Gang im Heizungskeller mit der zerborstenen Isolierhülle, der ebenso Klaustrophobie auslöste wie Entdeckerfreude weckte; bizarres, im Gegenlicht des Abendhimmels schwarz aufragendes Gestänge. Die größten Steinhaufen waren schon sortiert und zu künstlichen Hügellandschaften aufgeschüttet worden, der Beethovenpark, mit Gras, Sträuchern und jungen Bäumen bewachsen, diente uns in kalten Wintern als Schlittenhang.

Auch wenn es ungerecht ist, die Generation des Wiederaufbaus der raschen Überbauung zu bezichtigen (schließlich wurden Wohnungen gebraucht), hat Lebbeus Woods recht damit, dass man die vernarbten Wunden hätte zeigen müssen und die Werke des großen Architekten Krieg nicht ignorieren dürfen. Historiker wie Kulturwissenschaftler nehmen sich der Relikte von *warchitecture* zu wenig an, die eloquenten Erinnerungskonstrukte der Überlebenden überdecken die stumme Zeitzeugenschaft gewaltsamer Eingriffe in die Stadtlandschaft, ganz gleich, ob sie durch Bomben und Granaten oder durch Stürme, Überschwemmungen und Erdstöße angegriffen worden ist.

Woods konnte ich mir kaum auf einer Baustelle mit Schutzhelm und Regenstiefeln vorstellen, wie man sich gemeinhin einen Architekten imaginieren mag. Den Beruf wollte ich als Kind selbst ergreifen, wohl dank eines entfernten Onkels, dessen Lässigkeit (weiße Socken, Mercedes Coupé) mich schwer beeindruckte. Ich fing schon an, seine Pläne durchzupausen und nachzuahmen und frage mich, ob und wie ich nach einem entsprechenden Studium heute auch am Design einer Fußgängerzone, einer Shoppingmall oder eines Wellness-Komplexes beteiligt sein könnte. Die meisten dieser Schöpfungen sind furchtbar, und solche Fehlbauten, nicht Woods Dystopien, sollten als unrealisierbar gegolten haben.

Nicht als Architekt habe ich mich zuletzt dann doch dem Thema des öffentlichen urbanen Raums zugewandt, sondern als Gutachter globaler Umweltveränderungen, zu denen Urbanisierung an vorderster Stelle zählt. Da läuft vieles schief, nicht nur ökologisch und klimapolitisch. Urbanität zeichnet sich aus durch soziale Verdichtung, kulturelle Vielfalt, Laborsituationen für offene Dynamiken und ein kreatives Gesamtmilieu. Den Stadt*menschen* wieder ins Zentrum zu rücken heißt, ihm nicht nur Dienstleistungen zur Befriedigung seiner Grundbedürfnisse zur Verfügung zu stellen, sondern urbanen Initiativen Entfaltungsraum für private Vergnügen und politische Versammlungen zu lassen. Die Immobilienbranche muss sich wieder in sozialverträgliche Kreisläufe des städtischen Lebens einbetten, Städte müssen ihr parasitäres Verhältnis zum Hinterland aufgeben und eine an den Grenzen der Belastbarkeit des Erdsystems ausgerichtete Raumplanung vornehmen. Die deutschen Architektenverbände haben 2010 mit dem *Klima-Manifest* reagiert und sich verpflichtet, einen Beitrag zum Klimaschutz zu leisten.

Geschockt stand ich 2012 an der Linnahall, auf deren begehbarem Dach, wo sich riesige Regenpfützen gesammelt hatten. Über Tallinn war nur ein Platzregen gegangen, während der Freund sich in der stürmischen Nacht verabschiedet hatte. Die Erinnerung daran wird mit »Sandy« verbunden bleiben, dem Namen des größten Sturmgebiets, das jemals über dem Atlantik beobachtet worden war. »This thing is bigger than the both of us. / It's gonna put us in our place. / We're gonna see what really matters, / When you see that storm stare us in the face.« (Ray Davies, »Lost and Found«, 1986)

44. Von Schneider zu Schwerte

Die Gefahr der autobiografischen Illusion wurde mir am *ungewöhnlichen Leben eines Mannes, der aus der Geschichte lernen wollte*, klar, die ich 1998 im Hanser-Verlag publizierte. Der schöne Titel kam von Michael Krüger, den Romanplot, eine Hochstapelei im Stil von »Mein Name sei Schwerte«, hatte das Leben selbst geschrieben.

Der Fall elektrisierte mich, als er kurz vor der fünfzigsten Wiederkehr des Kriegsendes durch die Medien ging. Die *Deutsche Universitätszeitung* bat mich um eine Stellungnahme, verbunden mit dem Eingeständnis, man habe Dutzende Hochschullehrer gefragt, aber keiner habe sich getraut. Dabei verkörpert dieses Wende-Leben die ganze unsaubere Entwicklung der Bun-

Eine deutsche Karriere

desrepublik Deutschland von 1945 bis in die 70er-Jahre hinein in einer Person. Schneiderschwerte war ein Modell der realen Selbstentnazifizierung des Nachfolgestaats des »Dritten Reiches«: Er legt seinen Namen ab und durchläuft sukzessive eine christlich-abendländische, eine humanistische, eine existenzialistische und schließlich eine linksliberale Phase. Am Ende dieser windigen Karriere steht eine passable Demokratie, die (dachte ich) einen Auf-Schneider als Spiegelbild ertragen kann.

Da alle *über* Schneider sprachen, aber niemand mit Schwerte, besuchte ich den Pensionär an seinem Alterssitz am Chiemsee. Zu dessen Vita gehörte eben auch, dass er, ein mittelhohes Tier im Reichssicherheitshauptamt, der Studentenbewegung in Aachen aufgeschlossen gegenübergestanden und sich mit seiner Habilitationsschrift, einer kritischen Rezeptionsgeschichte von Goethes *Faust*, in die progressive Ecke geschrieben hatte. Zuvor, im Ahnenerbe der von Himmler gegründeten pseudowissenschaftlichen SS-Abteilung, war er ein eifriger Propagandist des »Dritten Reiches« gewesen. Das war stark: Ein Schreibtischtäter, der als Schneider im Herzen des Terrorapparats tätig war, agiert als Schwerte in Johannes Raus Universitätsbürokratie und engerem Bekanntenkreis.

Schneider war ein »SS-Intellektueller« – kein hochrangiger Vordenker der Vernichtung, aber als völkischer Ideologe doch emsig an ihrer Peripherie tätig. Im »Kriegseinsatz der Geisteswissenschaften« leitete er von 1940 bis 1942 den »germanischen Wissenschaftseinsatz« in Den Haag, der die »germanischen Randländer« unter den Einfluss der Rassenideologie bringen sollte und die Kollaboration weltanschaulich unterfütterte. Noch näher am Herz des Terrors war die Tätigkeit Schneiders in der »Germanischen Freiwilligen Leitstelle«. Er edierte nicht nur *Die Weltliteratur* und den *Hammer*, ein »germanisches Monatsblatt in deutscher, niederländischer und flämischer Sprache«, in Holland und Belgien rekrutierte er damit auch Freiwillige für den »großgermanischen« Kriegseinsatz im Kampf gegen den Bolschewismus. Viele der von ihm rekrutierten Junggermanen dürften an der Ostfront gefallen sein – diese Erkenntnis ist Schwerte aber erst gekommen, als ich ihm seine Schreibtischtat klar vor Augen führte.

Der im April 1945 auf der Flucht zwischen Berlin und Lübeck untergetauchte Schneider hatte unter dem Namen Schwerte und als angeblicher Vetter Schneiders seine Frau noch einmal geehelicht, seine älteste Tochter an Kindes statt angenommen und als Herr Schwerte zwei weitere Kinder gezeugt. Seine Frau und die drei Kinder haben dazu bis heute nichts gesagt, obwohl das Buch ein Versuch war, eine Brücke zu bauen. Aber gerade das Schweigen der Kinder ist natürlich zu respektieren.

Ärger kam von anderer Seite. Als das Buch 1998 druckfertig war, flatterte eine einstweilige Verfügung aus Aachen gegen die Passagen ins Haus, die darlegten, dass es mir höchst unwahrscheinlich schien, dass an der Rheinisch-Westfälischen Technischen Hochschule (RWTH) vor der Enthüllung durch ein holländisches Fernsehteam angeblich keiner etwas gewusst, gesehen und gesagt hatte. Da mir dieses Kapitel weniger wichtig war als die Lebensgeschichte Schwertes nach 1945, nahm ich die Seiten 295 bis 326 im Einverständnis mit dem Verlag heraus und kündigte an, in einer neuen Auflage »Ross und Reiter« nennen zu wollen. Zu einer zweiten Auflage kam es dann nicht, aber Ross und Reiter hatte schon der *Spiegel*-Redakteur Georg Bönisch in dem heute noch ungeschwärzt im Online-Archiv des *Spiegel* abrufbaren Artikel »Stich ins Wespennest« in Heft 38/1998 genannt:

»Attackiert fühlt sich vor allem ein namhafter Hochschullehrer: der Professor Theo Buck, einst Nachfolger Schwertes auf dem Lehrstuhl für Neuere Deutsche Literaturgeschichte. Der Germanist Ludwig Jäger beschreibt in seinem Buch *Seitenwechsel* Schwertes Lebenslauf als eine Karriere, die ›nur in einem breiten Strom diskreter Mitwisserschaft gelingen konnte‹. Konkret: In Kreisen deutscher Nachkriegsgermanisten war die SS-Vergangenheit des Professors sehr wohl bekannt [...]. [1970] wurde Schwerte zum Rektor in Aachen gewählt. [...] Schon zu diesem Zeitpunkt aber sei die ›Doppelidentität‹ Schwertes ›zumindest gerüchteweise‹ einigen Hochschulangehörigen bekannt gewesen, schreibt Leggewie. Ein interner Vermerk enthülle darüber hinaus, dass ein Bibliotheksdirektor 1985 auf die falsche Identität gestoßen sei, mit der Uni-Spitze aber Stillschweigen vereinbart habe. Richtig virulent wurde die Affäre 1992, als der US-Romanistikprofessor Earl Jeffrey Richards im Berliner Document-Center auf die Personalakte Schneiders stieß, die ihm verdächtig vorkam. Er informierte den Kollegen Hugo Dyserinck, der Schwerte seit Jahrzehnten kannte und sofort eine Übereinstimmung zwischen dem Hochschullehrer und dem SS-Mann feststellte. Nach Leggewies Recherchen wurde das NRW-Wissenschaftsministerium bereits im Jahre 1994 auf den Fall des seit 1978 emeritierten Alt-Rektors aufmerksam gemacht. Ein Germanist soll sich hämisch nach dem ›Hans-Schneider-Institut‹ erkundigt haben.

Lange bevor schließlich holländische TV-Journalisten Ende April 1995 Schwerte zur Enttarnung zwangen, sei – so Leggewie – ein Bild Schneiders in SS-Uniform in Aachen herumgereicht worden. Ein Lehrstuhlinhaber habe es ›kichernd‹ anlässlich eines Abendessens einem Kollegen gezeigt. Angeblich soll es sich bei dem amüsierten Akademiker um Buck gehandelt haben. Der bestreitet den Sachverhalt massiv, aber sein Essenspartner bietet in dieser akademischen Kabale an, was sonst in jenen Kreisen eher unüblich ist – die Abgabe einer eidesstattlichen Versicherung.«

Das war es im Kern, wie Schwerte-Schüler, Hochschulleitung und Ex-Kollegen mit dem peinlichen Fall umgegangen sind. Was Ludwig Jäger, der parallel eine Biografie über Schneiders Wirken im Umkreis Himmlers *vor* 1945 vorlegte, seinem einstigen Kollegen vorwarf, war die Beihilfe zu Menschenversuchen im Umkreis der Tötungsmediziner Sigmund Rascher und Ernst Holzlöhner an Gefangenen im KZ Dachau. Kurzzeitig führte die Staatsanwaltschaft deshalb nach Schwertes Enttarnung im Jahre 1995 ein Ermittlungsverfahren gegen den Aachener Gelehrten wegen Beihilfe zum Mord. Beamte des Bayerischen Landeskriminalamts vernahmen den alten Mann und filzten seine Wohnung. Das Verfahren wurde aber eingestellt.

Der zweite Vorwurf betraf nicht die Aachener Mitwisserschaft, sondern die Umstände der Berufung Schwertes an die RWTH. Beides hatte ich in meinem Buch erwähnt. Eine stärkere Verwicklung Schneiders in NS-Verbrechen kann man weder bestätigen noch völlig ausschließen, doch eine regelrechte NS-Seilschaft, die Schwerte nicht trotz, sondern wegen seiner Tätigkeit im »Dritten Reich« favorisiert hätte (im Verdacht stand der Aachener Soziologe Arnold Gehlen, der Schneider im »Kriegseinsatz der Geisteswissenschaften« begegnet sein dürfte), halte ich für unwahrscheinlich. Das wahre Verbrechen des Mannes, der in einer weinerlichen Selbstbezichtigung kundtat: »Ich trug die Uniform von Auschwitz«, habe ich deutlicher benannt als jene, die Verschwörungen ans Licht brachten, als Schwerte längst dekuvriert war. Der unverfrorenste, psychologisch zugleich interessanteste Auftritt des Wendehalses fand nicht im braunen, sondern im linksliberalen Milieu statt und soll in den Worten des *Spiegel* rekapituliert werden:

»Der neue Professor fühlte sich wohl – und sicher. 1965, nur 20 Jahre nach seiner wundersamen Wandlung, nahm Schwerte auch an den ›Nürnberger Gesprächen‹ teil, seinerzeit eine bedeutende Institution des Geisteslebens, deren ›heimlicher Lehrplan‹ […] die ›Präsentation und Popularisierung eines sozial engagierten Linksliberalismus‹ gewesen sei. Prominente Gäste der Veranstaltungen waren NS-Verfolgte wie Jean Améry, der Historiker Fritz Stern oder Fritz Bauer, der legendäre Frankfurter Generalstaatsanwalt und Nazi-Jäger. Schwerte leitete damals einen Arbeitskreis, der ›drei Vormittage lang über die Ursachen der Verfolgung und Vernichtung der Juden diskutierte‹ (Leggewie). Organisator Hermann Glaser, Nürnbergs Schul- und Kulturreferent, schätzte Schwerte als einen der ›ganz wenigen ideologiekritischen, vor allem den Nationalsozialismus dekuvrierenden Germanisten‹. Ein gewendeter Professor Schwerte, so schien es, hatte den Hauptsturmführer Schneider besiegt.«

Das elende Kunststück einer pseudoöffentlichen Selbstbezichtigung ohne persönliche Beichte konnte man nur nachvollziehen, wenn man Schwerte am Couchtisch des Altersheims in Aschau am Chiemsee gegenübersaß und mit ihm über Schneider wie über eine dritte Person sprach, seine »diachrone Schizophrenie« (Klaus Weimar) also von nahem erlebte. Meine Methode war immer, wie schon bei Armin Mohler, Franz Schönhuber und Jörg Haider, den »Bösen« auf die Pelle zu rücken und sie zum unvorsichtigen Sprechen zu bringen. Wie schön war da Ulrich Greiners vergiftetes Kompliment in der *Zeit*, mein Buch sei »dem von Ludwig Jäger (fast muss man sagen: leider) weit überlegen, weil es einen neuen, kalten Blick ermöglicht«.

Zuletzt noch, im Jahre 2012, erschütterte die Entehrung Theodor Eschenburgs durch den Eschenburg-Preisträger Claus Offe die Politikwissenschaft, die sich im Glück der späten Geburt wähnte. Eschenburg, 1952 auf den neuen Lehrstuhl für Wissenschaftliche Politik in Tübingen berufen, war 1934 in die SS eingetreten und 1938 als Geschäftsführer der »Fachuntergruppe Knopf- und Bekleidungsverschlussindustrie« in Arisierungen verstrickt. Nach 1945 war er zum »Lehrmeister der Demokratie« stilisiert worden und als Kolumnist der *Zeit* hochgeachtet. Seine Memoiren schweigen sich über den Großteil der posthum bekannt gewordenen Verstrickungen aus. Dass der Vorstand der Deutschen Vereinigung für Politische Wissenschaft den nach ihrem Gründungsmitglied benannten Preis aufgab, fand ich überkorrekt, aber auch die Verteidigung mancher Eschenburg-Schüler überempathisch. Grauzonen in Lebensgeschichten und Braunzonen in der politischen Vorgeschichte dieses Landes sind offenbar immer noch schwer auszuhalten.

VII.
Heraus aus Deutschland

Was suchen wir andere Länder
unter anderer Sonne?
Entkommt, wer sein Land hinter
sich lässt, sich selber?

Horaz

45. Rückkehr der *Andartes*

Ruth Dießel, meine Lebensgefährtin in den 80er-Jahren, zeigte mir die Welt. Nicht, dass ich nicht vorher unterwegs gewesen wäre, aber nun ging es in die Ferne: Wir entdeckten New York, schipperten den Gelben Fluss hinab und erkundeten die damals noch sowjetischen Republiken Zentralasiens. Dorthin führte eine Zufallsbekanntschaft in Rethimnon, einer kleinen Universitätsstadt an der Nordküste Kretas. Von Yannis Motsios, einem weißhaarigen Dozenten für Neugriechisch (das Ruth gut beherrscht), hörten wir die Geschichte der heimgekehrten *Andartes*. So hießen rund 100 000 kommunistische Partisanen, die Griechenland nach dem Bürgerkrieg 1949 via Albanien verlassen mussten und verstreut in der sowjetischen Hemisphäre Exil gefunden hatten. Motsios gehört zu den rund 35 000 *Prosfigi*, politischen Flüchtlingen, die nach 1974 – als die 1967 errichtete Militärdiktatur zusammenbrach – nach und nach in ein ziemlich verändertes Griechenland heimgekehrt waren.

Der Graben zwischen den Kombattanten von einst war immer noch tief. 1984 hatte der griechisch-amerikanische Romancier Nicholas Gage mit dem verfilmten Roman *Eleni* Öl in das erlöschende Feuer gießen wollen und die sozialistische Regierung von Andreas Papandreou beschuldigt, Kommunisten privilegiert in den Staatsdienst aufzunehmen. Wenn auf der einen Seite die KKE, die Kommunistische Partei, und militante Splittergruppen, auf der anderen Seite die nazistische Morgenröte-Partei heute noch stärker sind als Gesinnungsgenossen in Süd- und Osteuropa, dann ist auch das eine Spätfolge des harten

Bürgerkriegs, der nach dem Zweiten Weltkrieg in Hellas drei Jahre lang tobte. Churchill hatte Stalin das Land auf der Konferenz von Moskau 1944 abgetrotzt und es für die westliche Allianz gesichert, die Kommunisten, vor dem Krieg nur eine Sekte, aber als Partisanen gegen Mussolini und Hitler angesehen, gingen »in die Berge«, Todesschwadronen der Rechten verfolgten sie.

1949 mussten die *Andartes* aufgeben, Frauen und Kinder gelangten nach und nach an ihre Zufluchtsorte in Stalins weitem Imperium. Der größte Teil landete im weit abgelegenen Taschkent, das noch großteils aus Lehmhütten bestand und überwiegend mit Eselskarren befahren wurde. Die Exilgriechen, die ungeachtet ihres Bildungsstands auf Baustellen und in Fabriken arbeiten mussten, wurmte es, dass sie sich dort von einem »türkischen«, will heißen: usbekischen Vorarbeiter kommandieren lassen sollten. Die meisten, berichtete Motsios, schafften es später auf höhere Schulen und Universitäten, erwarben Ingenieurdiplome und Doktorhüte. Daheim in Griechenland, an das viele von ihnen voller Heimweh dachten, standen sie auf schwarzen Listen und waren vogelfrei (die Militärdiktatur von 1967 bis 1974 schürte den Hass auf die *Andartes* noch), in Taschkent blieben sie weitgehend Fremde.

In einem Siedlungsbau, wie er auch in Moskau oder Nowosibirsk gestanden haben könnte, besuchten wir die griechische Gemeinde, erkennbar an einer weiß-blauen Plakette mit dem Parthenon-Tempel. An den Wänden hingen vergilbte Fotos der *Kapetanos*, der Anführer der Partisaneneinheiten, von Theateraufführungen, Rembetiko-Abenden und Ernteeinsätzen auf den Baumwollkolchosen. Die Sowjetunion, 1986 schon auf dem absteigenden Ast und gerade im islamischen Zentralasien angefochten, hatte in diesen Alten ihre loyalsten Verteidiger.

In Athen hatte die KKE Auffangstellen für Heimkehrer eingerichtet. Die Sowjetunion galt hier als gute Mutter, die, ganz anders als die griechische Stiefmutter damals und heute, Arbeit, Wohnungen und ärztliche Versorgung gegeben hatte. Cousins und Nachbarn hatten sich verlassene Häuser und Grundstücke angeeignet, aber sollte man in hohem Alter wirklich wegen eines Ziegenstalls vor Gericht ziehen? Ein Nebenschauplatz war die *Paidomazoma* genannte Verbringung von Kindern aus dem Norden Griechenlands nach Albanien, Ungarn, Polen und Russland. »Kinderverschleppung« nannten das die Gegner der Kommunisten, wie der Autor von *Eleni*, der selbst betroffen gewesen sein will. Das Wort spielt auf die Verschleppung griechischer Kinder in der osmanischen Zeit an, als sie angeblich zu Janitscharen und Haremswächtern abgerichtet wurden. Andere sprachen von humanitärer Familienzusammenführung, Dritte wiederum, wie Michael Ganas, Jahrgang 1944 und Buchhändler in Athen, erkannten in dem Schicksal der Kinder das unausweichliche Chaos in Bürgerkriegen, deren Opfer oft nur zur falschen Zeit an der falschen Stelle sind. Die Größeren nahmen die Partisanen mit, Ganas durfte als Vierjähriger bei seiner Mutter bleiben.

An unserer Geschichte, die ein ganzes Buch hätte füllen können, waren damals der Deutschlandfunk und die *Zeit* interessiert. Solche Tragödien bleiben Lehrstücke im Hinblick darauf, wie schlecht man heute somalische, irakische oder syrische Kinder behandelt, die nach Europa kommen. In der Schlachtordnung des Kalten Krieges wurden sie der einen oder der anderen Seite zugeschlagen, heute geraten sie zwischen alle Fronten. Die zweite und dritte Generation Griechen in Taschkent, mittlerweile eine moderne Metropole mit mehr als zwei Millionen Einwohnern, hat sich assimiliert und Stiefmutter Griechenland weitgehend aus dem Gedächtnis getilgt. Mich würde interessieren, wie sie sich im unabhängigen Usbekistan bewegen, das nicht länger Schaufenster sowjetischer Entwicklung im islamischen Hinterhof ist, sondern eine Gas- und Baumwollautokratie, in der Muslime den Ton angeben.

46. *Ninjas* und Bärtige

Ende März 1992, ein Freitagsgebet in der Sunna-Moschee in Bab El Oued, einem dicht bevölkerten Innenstadtbezirk am Fuße der Kasbah von Algier und ein Siedepunkt islamistischer Agitation. Eine immense Spannung war zu spüren, der Fotoreporter Michael von Graffenried und ich waren auf der Hut. Gemeinsam waren wir vom *Zeit*-Magazin beauftragt worden, deutschen Lesern das algerische Drama zu erklären. Da Graffenried eine spezielle Panoramakamera bediente, die er sich nicht vor die Augen halten musste, weil sie auf Bauchhöhe eine perfekte 180-Grad-Perspektive einfing, fielen wir nicht groß auf. Mein Kompagnon ignorierte sämtliche Vorschläge für Motive, mit denen ich meinen Bericht gern »illustriert« hätte, und ich begriff, dass Fotografieren eine eigene Kunst ist. Graffenried misstraut Schreibern, die Bilder mit Überschriften und Erklärungen einrahmen wollen, ebenso wie der Selbstinszenierung von Leuten, die sich ins Bild setzen möchten. Mit der Panoramaaufnahme konnte er am ehesten zeigen, wie Algerien damals war, das Schwarz-Weiß der Fotos steigert noch ihren dokumentarischen Wert.

Um die Moschee herum, einen dreistöckigen Ziegelbau, war eine Hundertschaft Polizisten aufmarschiert, in vergitterten Mercedes-Bussen hockte die alarmbereite Verstärkung. (Die Bundesrepublik hatte sich im Systemwettbewerb mit der DDR auf die Lieferung von Polizeiausrüstung konzentriert.) Ein dichter Strom von Gläubigen zog mit versteinerten Mienen an Gewehrläufen und Bajonettspitzen vorbei in die Sunna-Moschee. Sie war noch unfertig und inoffiziell, stand also nicht unter der Kontrolle des Staats. Ihr Imam Moghni war angeblich in der Sahara interniert; sein vollbärtiges Konterfei prangte noch auf den Wahlplakaten des FIS, der Islamischen Heilsfront. Diesen Wahlkreis hätte sie bei der Parlamentswahl mühelos gewonnen, doch die hatte das Militär angesichts der sicheren Sieges der Islamisten abgesagt und den schon vom FIS geführten

Straßenkontrolle durch Antiterror-Einheiten in Algier (1992)

Gemeinderat von Algier gleich mit aufgelöst. Nur noch staatlich diplomierte Theologen sollten künftig predigen, aber hier wurde spürbar, wie schwer es dem angeschlagenen Staat fallen würde, sein Gewaltmonopol durchzusetzen. Den Führern der Heilsfront drohte die Todesstrafe, aber auch wenn man dem FIS die Köpfe abschlüge – hier lebte der Körper der Heilsfront.

Der Gebetsruf erfüllte über wattstarke Lautsprecher das gesamte Viertel. Den Gebeten folgte eine aggressive Predigt, die mit den *Moutakallat*, den Internierungslagern im Süden, begann und endete: »Dass unsere gefangenen Brüder leiden, wird sie noch stärker machen!« Der Imam leitete die Gemeinde auf dialektischem Pfad vom ewig gültigen Koran zur Antithese der verderbten Gegenwart und zur Synthese der lichten Zukunft des Gottesstaats. Unterdessen hatten sich junge Männer mit

Gebetsteppichen unterm Arm lässig an Hauswände und parkende Autos gelehnt. Stumm fixierten die *akh* (Bärtigen) die bewaffneten Kräfte vor dem Eingang der Moschee, bereit für das übliche Kräftemessen: Würden sie jetzt wieder, gegen das offizielle Verbot, den Teppich auf dem Boden gen Mekka ausrollen?

Die Provokation wurde zum Glück für uns auf den nächsten Tag verschoben, auf den *Aid el-Fitr*, den Abschluss des Ramadan-Fastens. Da schoss die Polizei in die Menge: Zwei Schwerverletzte blieben auf der Straße liegen, für den FIS ein weiterer Beweis, dass das Regime *kafr* (ungläubig) war – erlaubt der Koran nicht ausdrücklich das Gebet im Freien? »Die Geschichte wiederholt sich«, kommentierte *Minbar El-Djoumana*, die »Freitagstribüne« des FIS, eine verbotene, mit hochmodernem Lasergerät gedruckte Wandzeitung. So wie der FLN seinerzeit die ungläubigen Kolonialherren bekämpft hatte, müsse man nun das ungläubige, korrupte Regime der alten Kämpfer attackieren. Auch für *L'Eveil*, ein Wochenblatt gemäßigter Islamisten, glich das aktuelle Verbot des Freitagsgebets vor der Moschee, so »wie sich zwei Wassertropfen« gleichen, den analogen Anordnungen französischer Besatzer in den 50er-Jahren. Sollte sich die Schlacht um Algier wiederholen – wieder eine Jagd auf »Terroristen« in der Kasbah, wieder steckbrieflich gesuchte Attentäter?

Diese Schande wollten die Bärtigen einer Armee anheften, die im Guerillakampf gegen die Kolonialherren geboren worden war und aus diesem historischen Akt der Befreiung ihre ganze Legitimation bezogen hatte. Fast dreißig Jahre nach der Unabhängigkeit im Juli 1962 hielt sie nun das rebellische Volk in Schach und musste sich deshalb mit Fallschirmjägern, Fremdenlegionären und Folterknechten gleichsetzen lassen. So sah es jedenfalls Jamil Fahassi, ein damals 38-jähriger Journalist und Mitglied des FIS. Ich kann mich nicht mehr genau erinnern, wie wir auf ihn gestoßen waren, und würde mich nicht wundern, wenn ihn uns der Geheimdienst durchgesteckt hätte. (Im Hotel *Georges V.* saßen stets unauffällige Zeitungsleser in der Lobby.)

Fahassi erzählte jedenfalls sehr freimütig von seinem Aufenthalt im Gefangenenlager bei In Salah, das er als KZ bezeichnete und aus dem er mit 400 weiteren Insassen zum Ende des Fastenmonats entlassen worden war. Den Bart hatten sie ihm abrasiert, aber, so versicherte er uns bei sich zu Hause: »Die Moral ist sehr, sehr gut!« Das Lager war 1250 Kilometer Luftlinie von Algier entfernt, im »algerischen Süden«, wo Hitzeweltrekorde gemessen werden. Nach offiziellen Quellen gab es fünf Internierungslager mit rund 1000 Oppositionellen, neun Mann pro Zelt. Der FIS sprach hingegen von 30000 Gefangenen, die im Süden extremer Hitze und Kälte ausgesetzt waren.

Fahassi, der an der Sorbonne studiert hatte, war wegen eines kritischen Artikels im *Forkane*, dem Zentralorgan der Heilsfront, inhaftiert worden und freigekommen dank einer Kampagne algerischer Journalisten für ihren Kollegen, der auch für *Chaine 3*, den französischsprachigen Hörfunksender, arbeitete. Fahassi erklärte uns, warum er für den »wahren Islam« sei: Für ihn bedeutete er erneuerte Tradition, wiedergefundene Gemeinschaft und endlich Gerechtigkeit. Seit den 60er-Jahren seien die Familien auseinandergebrochen – wir sollten uns nur die Live-Sendung *Teléthon* im Fernsehen anschauen, in der Geld gesammelt wurde für alleinstehende Alte und vernachlässigte Kinder, absolute Skandale in islamischen Gesellschaften. Echte, gelebte Solidarität wollte Fahassi im Süden wiedergefunden haben – in der verschworenen Lagergemeinde der Gleichen, unter denen sich auch Bürgermeister, Informatiker und leitende Angestellte der Air Algérie befunden hätten. Auf viele Algerier übt »der Süden« immer schon diese mythische Faszination aus, als Ort der Askese und Quelle moralischer Regeneration.

Aus dem Gespräch, wie immer es auch hinter den Kulissen arrangiert war, wurde klar, was sich nicht wenige von der islamischen Republik erhofften: Sie sollte einfach alles ändern, das tägliche Leben, die Mentalitäten, die Regierungsform. Endlich würden ausreichend Wohnungen gebaut, es gäbe keinen Bakschisch und keine Privilegien mehr, es herrschte vollkommene Konvivialität (ein Wort, das »Zusammenleben« bedeutet und wohl nur einem Soziologiestudenten einfallen konnte). Nur noch einer integristischen Bewegung, die zwischen Politik, Kultur und Religion keinen Unterschied mehr machen würde, traute dieser Mann zu, dreißig Jahre Vettern- und Kommandowirtschaft abzulösen, in einer Art Reinigungskur. Und wenn sich dann auch unter göttlichem Beistand eine neue, korrupte Elite entwickelte, fragten wir. Die würde auch weggefegt, war die Antwort. Hier war der revolutionäre Tiersmondismus eins zu eins in eine islamische Revolution übergegangen.

Die Eigenschaft von Bürgerkriegen ist es, dass die Fronten unübersichtlich sind, und dies galt, wie man heute genauer weiß, gerade für die algerische Konstellation von Islamisten und Militärs, die sich einerseits gegenseitig hassten und andererseits auch gegen ausgleichende Kräfte der nur schwach ausgeprägten Zivilgesellschaft zusammengewirkt haben. Diejenigen, die Algerien vor den Bärtigen schützen sollten, musste man also ebenso fürchten. Das gelb-grüne Peugeot-404-Taxi unserer Fahrerin Djamila, die uns Samuel Schirmbeck, der damalige Korrespondent der ARD in Algier, für Fahrten »ausgeliehen« hatte, wurde ständig angehalten. Auf dem Weg herunter vom *Georges V.*, einem Luxushotel über Algier, das jetzt ziemlich heruntergekommen war, wurden wir oft mehrfach von den *Ninjas* angehalten und kontrolliert. *Ninjas* hießen die mit blauen Wollmasken vermummten, nervös mit ihren MPs herumfuchtelnden Eliteeinheiten, vor denen wir uns breitbeinig und Hände über dem Kopf zur Leibesvisitation aufbauen mussten. Auch wir waren nervös, denn wir wussten, dass Polizei- und Kontrollposten häufig aus dem Hinterhalt attackiert wurden, und ich verfluchte insgeheim schon den Auftrag der *Zeit*.

Abends kurz nach sieben beim Sonnenuntergang leerten sich die Straßen schlagartig, alle wollten an die Suppentöpfe. Denn jetzt wurde die *Chorba*, ein Hammel-Gemüse-Eintopf, ausgeteilt, der nach einem langen Fastentag den Magen öffnet. Unser Mahl bei dem Journalistenpaar Kouthar und Amina war bescheiden, die fetten Jahre, als Algerien im Ölgeld schwamm und sich auch die Mittelschicht rauschende Ramadan-Nächte leisten konnte, waren vorbei. »Islamische Märkte«, auf denen die Heilsfront im Jahr zuvor noch Hammel, Tomaten und Grundnahrungsmittel zum halben Preis angeboten hatte, waren nicht länger erlaubt. Die Regierung von Premier Ghozali, dem mondänen Kettenraucher mit der Samtfliege, hatte sogar die Preise freigegeben, um den Auflagen des Internationalen Währungsfonds nachzukommen und wieder kreditwürdig zu werden. Kouthar war fasziniert von der Glaubenskraft und Bildung seiner Freunde, die zur Heilsfront tendierten. Einer hatte ihm gerade ohne Entgelt die Wohnung geweißelt und dabei vom weltumspannenden Einfluss mächtiger Juden berichtet. Für den beim Parteiorgan *El Moudjahid* – der *Prawda* Algeriens – tätigen Journalisten war die Religion nicht nur die algerische Art, dauernden Mangel zu ertragen, sondern ein Weg, ein bewusstes Leben im Einklang mit Gott und der Natur zu führen. Diese Hoffnung teilte seine Frau Amina nicht, die sich bei einem Parisbesuch eine modische Frisur zugelegt hatte und ob ihres *Minijupe* auf den Straßen von Algier zwar auffiel, aber noch nicht behelligt worden war. »Auch die Islamisten bereichern sich auf Kosten der einfachen Leute«, war ihre Meinung, das Gros der Bärtigen hielt sie für Opportunisten und Heuchler. Ihre Zeitung, der *Soir*, war eines der vielen neuen Blätter, die man nach Einführung weitgehender Pressefreiheit nun täglich am Kiosk fand. Dessen Schlagzeile brachte die algerische Misere auf eine drastische Formel: »Der Koffer oder der Sarg«. Dass sie einmal als die Sarghändler angesehen würden, lasen die Kofferträger von einst sicher nicht gern.

In den nächsten Tagen suchte ich Maître Ali Haroun auf, der nach langen Jahren im Pariser Exil nun dem fünfköpfigen Staatsrat angehörte. Er hatte nicht vergessen, dass wir uns bei den Recherchen zu meinem Buch über die *Kofferträger* begegnet waren. Haroun gehörte zu den Kadern des »siebten Widerstandsbezirks« in Europa, die zwischen 1958 und 1961 von

Bad Godesberg aus die Geheimaktionen des FLN gegen Frankreich dirigierten und aus der deutschen Provinz heraus erfolgreich Geheimdiplomatie trieben. »Wer hätte gedacht, dass ich in Algier nochmals Karriere mache!«, war seine sarkastische Begrüßung, und er betonte gleich entschieden, kein Mann des Regimes, sondern weiterhin Dissident zu sein. Als erster Minister für Menschenrechte eines arabischen Landes hatte er sich nach seiner Rückkehr Respekt erworben. Womöglich hatte er von damals Blut an den Händen, sicherlich von Terrorakten des FLN gewusst und sie gebilligt, wahrscheinlich jetzt im Kampf gegen den islamistischen Terror erneut »harte Entscheidungen« mitzutragen. Er saß da im blauen Anzug mit Krawatte, gealtert, weißhaarig, mit müden Augen und doch immer noch den Charme versprühend, der mich damals für ihn eingenommen hatte.

Haroun saß auf einem Schleudersitz. Der Staatsrat hatte nach seiner Einsetzung im Januar 1992 die Fortsetzung der Demokratisierung und der wirtschaftlichen Sanierung versprochen, doch er blieb ohne Fortüne und Legitimation im Volk. Ich konnte nicht wissen, ob ich hier dem Machthaber einer Junta oder einer Marionette der Armee gegenübersaß – oder doch dem honorigen Mann, als den ich ihn weiterhin sehen wollte. Indirekt jedenfalls war er mitverantwortlich für die unbestreitbare Menschenrechtsverletzung, die es wohl darstellt, wenn Tausende von Islamisten ohne Gerichtsurteil und gesetzliche Grundlage über Wochen bei bisweilen 50 Grad und frostigen Nächten, bei Sandstürmen und salzigem Wasser in Wüstenlagern festgehalten werden. Wären solche Lager irgendwo auf der Welt von radikalen Muslimen gegen christliche oder prowestliche Oppositionelle eingerichtet worden, hätte das gewiss mehr öffentliche Entrüstung und offizielle Proteste zur Folge gehabt als in diesem Fall.

Doch westliche Öffentlichkeit und Politik blieben ungerührt. Ali Haroun wusste, dass er in Europa, speziell in Frankreich, sobald Islamisten Anschläge verübten, auf Verständnis für ein

Bollwerk gegen den islamischen Fundamentalismus rechnen durfte. Er richtete sogar ein »Observatorium für Menschenrechte«, also eine Art Beschwerdestelle über Menschenrechtsverletzungen, ein. Dies hielt sein Anwaltskollege Alia Yahia Abdenour, der internierte und inhaftierte Angehörige der Islamischen Heilsfront vertrat, allerdings für pure Augenwischerei: Ein staatliches Menschenrechtsorgan war für ihn die Vermählung von Feuer und Wasser, ein Ding der Unmöglichkeit. Haroun wollte ich gern abnehmen, dass er einen historischen Kompromiss unterhalb der Parteienebene anstrebte und die friedliebende, schweigende Mehrheit für sich zu gewinnen trachtete. Er verkörpert das Dilemma aller Regimes (bis hin nach Ägypten 2013), die das demokratische Leben um seiner Bewahrung willen vor einer demokratisch legitimierten islamistischen Majorität retten wollen – und sich am Ende am liebsten ein neues Volk wählen möchten.

»Gemäßigte« Islamisten gab es bei Haroun nicht: »Der einzige Unterschied zu den Radikalen ist, dass sie die Macht erst morgen übernehmen und die Demokratie einen Tag später abschaffen werden!« Den Ausnahmezustand würde er aufheben, sobald die öffentliche Ordnung vollständig respektiert würde – darauf hat Algerien noch fast ein Jahrzehnt warten müssen. Der Kleinkrieg von *Ninjas* und Bärtigen sollte sich noch verschärfen, sogenannte »Afghanen«, die im heiligen Krieg gegen Gottlose am Hindukusch Kampferfahrung gesammelt hatten, würden das Land aus ihren Hinterhalten schwer terrorisieren, und die algerische Armee würde ebenso gnadenlos zurückschlagen. Haroun hat zwei Jahre später demissioniert und sich wieder auf anwaltliche Tätigkeiten zurückgezogen. In einem Interview mit *Le Soir de l'Algérie* zog er zehn Jahre später eine bittere, aber zutreffende Bilanz: »Das größte Übel Algeriens ist seine Führung.«

Zum feierlichen Abschluss des Fastenmonats setzte sich in der Zentralmoschee der islamische Staat alten Typs in Szene. Der Hohe Staatsrat, mit dem aus dem marokkanischen Exil heimgekehrten Mohamed Boudiaf an der Spitze, versammelte sich dort zum Gebet, das Staatsfernsehen übertrug das Ritual. Vor der Moschee wimmelte es von Scharfschützen und Geheimpolizisten, jede Kamera war hier verdächtig. Zur alten Furcht der Staatsmacht vor Spionen und zur neuen Angst vor Anschlägen kam das strikte Bilderverbot dieser Gesellschaft, nicht nur die Frauen betreffend: Algerien macht sich kein Bild von sich. Graffenried konnte das mit seiner ingeniösen Kamera überwinden, es entstanden großartige Fotos, die in vielen Ausstellungen und Katalogen zu sehen waren und sind. Nach kurzer Zeremonie raste die Autokolonne des Staatsratsvorsitzenden mit Höchstgeschwindigkeit ins abgeschirmte Regierungsviertel zurück. Wenig später sollte Boudiaf, unterdessen zum Hoffnungsträger eines historischen Kompromisses gereift, durch ein Attentat getötet werden, dessen genaue Hintergründe bis heute nicht geklärt sind. Ali Haroun macht sich immer noch Vorwürfe, ihn aus dem marokkanischen Exil geholt zu haben.

Wir schlenderten anschließend durch das nun ganz friedlich wirkende Algier, wo die traditionellen Familienbesuche und Festtagspromenaden begonnen hatten. Sorgfältig geschnürte Kartons mit selbst gebackenen Zuckerplätzchen wurden kreuz und quer durch die Stadt getragen, Verwandte und Freunde wünschten sich *Saha Aidkoum* und luden sich die leeren Schachteln wieder mit Backwerk voll. Die Älteren besuchten die Friedhöfe, die Kinder, manche in blütenweißem Traditionsgewand, manche in nachgemachten Jeans, gaben das Geld von Onkel und Großmama für Süßigkeiten, Luftballons und andere bescheidene Vergnügen aus.

Abends saßen Graffenried, Schirmbeck und ich (bei Wasser und Salzgebäck) auf der Terrasse des *Georges V.* und schauten über eine Stadt, die in der Abendsonne verführerisch liebenswert aussah und doch zu einem der gefährlichsten Plätze der Erde werden sollte. Wenn ich Telefonnummern von früheren Kollegen und Bekannten in Algerien aus meinem alten Notizbuch wählte, nahm niemand ab, die Wohnungen waren verwaist, die Universität war fast menschenleer. Später erfuhr ich, wie viele ins Exil gegangen und vom Regime verschleppt worden waren oder sogar von Bärtigen die Kehle durchgeschnitten bekommen hatten. Das einzige Mal, wo wir uns aus Algier heraustrauten in Richtung Süden (vermutlich hatte Haroun die Möglichkeit verschafft), wurde die Reise jäh unterbrochen, als wir schon fast in Sichtweite der Lager waren. Polizisten wiesen uns an, sofort zurückzukehren.

Wir traten, weil es brenzlig wurde, am nächsten Tag den Rückflug nach Frankfurt beziehungsweise Genf an. Der Artikel im *Zeit*-Magazin erschien, mit eindrucksvollen Fotos »illustriert«, Reaktionen gab es keine. Niemand wollte von mir wissen, wie es in Algier war, auch später nicht. Der Bürgerkrieg in Algerien ging dabei erst richtig los, mit irrwitzigen Schlächtereien zwischen den *Ninjas* und den Bärtigen der Groupe Islamique Armée (GIA), bei denen man wieder keinen genauen Frontverlauf erkennen konnte. Die dritte Auflage von *Fielding's the World's Most Dangerous Places* von 1998, eine Art Gebrauchsanleitung für Kriegsreporter, listete Algier und die Mitidja-Ebene kaum übertrieben als »triangle of death« und »the most deadly real estate since Cambodia's killing fields«, wo Sänger, Künstler, Journalisten, Soldaten und Polizisten sowie Ausländer nicht mehr sicher waren. Bis zu 200 Personen täglich sollen von Sicherheitskräften, Todesschwadronen oder radikalen Islamisten umgebracht worden sein, darunter junge Mädchen, die sich nicht korrekt verschleiert hatten. Islamisten und deren vermeintliche Komplizen wurden systematisch interniert und gefoltert, viele Tausende sind für immer verschwunden.

Michael von Graffenried zog es noch mehrfach nach Algerien, er hat seine Panoramafotos in dem Band *Algerien. Der unheimliche Krieg* (1998) veröffentlicht und dem mörderischen Jahrzehnt ein schauriges Denkmal gesetzt. Dieses Risiko wäre ich nie eingegangen, aber seiner persönlichen Bilanz zu diesem gefährlichen, einsamen, unglücklichen Land darf ich trotz allem zustimmen: »Es klingt absurd, aber in Algerien habe ich mehr Moral und Herzlichkeit erlebt als bei uns. Trotz Armut, Tod und Terror halten die algerischen Familien zusammen und kämpfen gemeinsam um ein Leben in Würde und Frieden.« Möge ein Generationswechsel Algerien von den alten Kämpfern befreien (vorerst will der zum dritten Mal wiedergewählte, schwerkranke Bouteflika nicht weichen) – und vor allem keine neuen mehr heranzüchten.

47. Einmal muss man ein Idiot sein

Die Idee war ebenso nobel wie naiv gewesen: Nachdem die serbischen Belagerer im August 1992 die bosnische Nationalbibliothek in Sarajevo in Brand geschossen hatten und Zigtausende Bände belletristischer und wissenschaftlicher Literatur in Flammen aufgegangen waren, wollte eine Gruppe deutscher Literaturliebhaber wenigstens die deutschsprachigen Bestände und unverzichtbare Referenzwerke durch Verlagsspenden und Kopien aus slawistischen Seminaren ersetzen und im geeigneten Moment in die bosnische Hauptstadt schaffen. Frieden wäre, wenn die ruinierte Bibliothek wieder stünde, wenn also Franz Kafka, Georg Simmel und serbokroatische Wörterbücher wieder ihren angestammten Platz fänden.

Die unmögliche Mission unternahm ich im April 1994, kurz nachdem ich meine Mutter beerdigt hatte. Sie war 80 Jahre alt geworden und hatte in den ersten Wochen des Ersten Weltkriegs ihren Vater verloren, den sie folglich kaum gekannt hatte (so wie der ebenfalls 1913 geborene Albert Camus den seinen nicht). Ihr Bruder Bernhard war, wie schon erwähnt, als junger Soldat der Wehrmacht in Russland gefallen, er soll in einem Massengrab bei Pskow liegen, das zu besuchen ich nie geschafft habe. Nach dem Verlust beider Eltern schwankte ich zwischen Niedergeschlagenheit und einem seltsamen Gefühl von Unverwundbarkeit, das mich zum nächsten Wahnsinnsvorhaben bewegte. Sarajevo gehörte immerhin nicht mehr zu den allergefährlichsten Plätzen der Welt; nach dem furchtbaren Granatenanschlag auf den gut besuchten Markale-Markt in der Altstadt hatte die UNO eine Art Waffenstillstand durchgesetzt, der auch weitgehend eingehalten wurde.

In Sarajevo waren Rupert Neudeck von Cap Anamur und der Münchner Arzt Kai Schubert, die mir schon bei der Reiseplanung geholfen hatten. Der Retter der *Boat People*, im früheren Leben Jesuit und weiterhin Camus-Leser, war eine Legende, und gegen den häufigen Vorwurf des Gutmenschentums muss man ihn nicht verteidigen: Es zählen seine Begeisterungsfähigkeit in den deprimierendsten Situationen und die Fähigkeit, andere mitzureißen. In Sarajevo galt sein Satz: »Ich möchte nicht, dass Menschen sterben für die Reinheit meiner Philosophie, meines Pazifismus.«

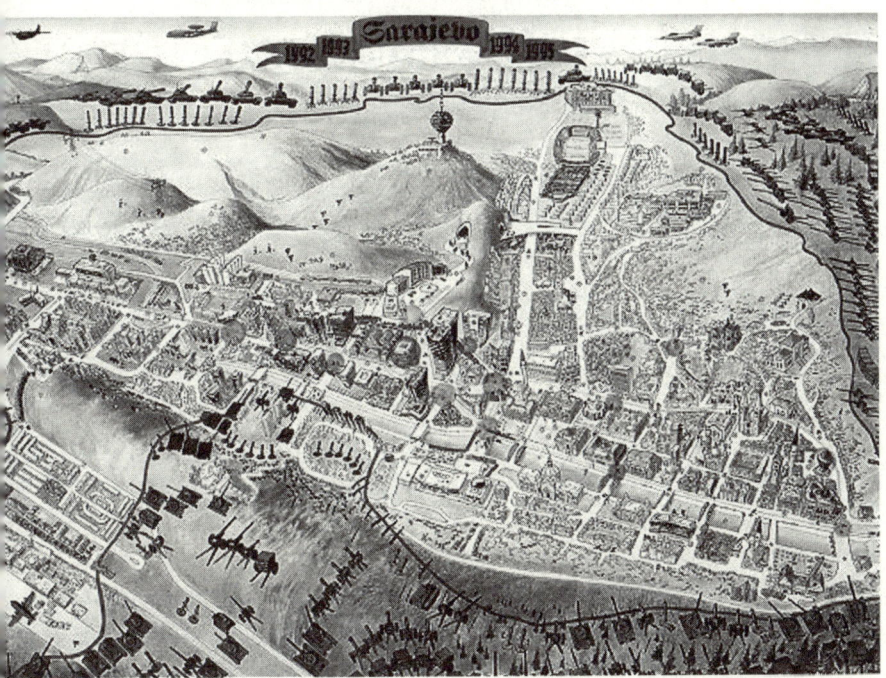

Sarajevo Survival Map 1992–1995

329

Akkreditierung für Sarajevo, 1994

Der Stadt näherte ich mich ganz allmählich. Über Nova Gorica, Triest und Ljubljana fuhr ich mit dem Zug nach Zagreb,
im dortigen UN-Hauptquartier bekam ich eine Presseakkredi-
tierung und – eine schusssichere Weste. Vorsichtsmaßnahme, erklärte der Offizier mir und den französischen und russischen
Personen, die sich auch nach Split aufmachen wollten, um den
Airlift in die besetzte Stadt zu nehmen. Mitnehmen durfte man
»5 cartoons of cigarettes, 5 bottles of alcohol, 5 bags of coffee,
6 private letters, 30 kilos of luggage«. Sarajevo war schon seit
zwei Jahren belagert, ein dichter Ring von Artillerie, Mörsern,
Panzern schnürte die Stadt ein, auf die im Durchschnitt fast
vierhundert Granaten täglich niedergingen. Hinzu kamen feind-
liche Flugzeuge, zusätzlich lag sie im Visier von Heckenschüt-
zen, die mit Vorliebe Zivilpersonen abknallten. Der Kampf
galt nichtmilitärischen Objekten, und das Kriegsziel war auch

330

nicht Eroberung, sondern die Eliminierung der Erinnerung an eine Stadt, in der diverse Ethnien zusammengelebt hatten. Bis zum 29. Februar 1996 sollte dies noch dauern, 1425 Tage summierten sich zur längsten Blockade einer Stadt in der jüngeren Kriegsgeschichte.

Zur Strategie der von Radovan Karadžić und General Mladić geführten serbischen Radikalen, die in Pale oberhalb der Stadt ihr Hauptquartier hatten, zählte eine der größten Bücherverbrennungen aller Zeiten, nämlich die Ausradierung des Orientalischen Instituts im Mai 1992 und die Attacke auf die Universitätsbibliothek im ehemaligen Rathaus mit einem Bestand von 1,5 Millionen Büchern. Das war gleich zu Anfang der Umzingelung, am 25. August 1992, erledigt worden, womit die Prioritäten klar waren. Nicht zum ersten Mal hatten sich Barbaren über eine Bibliothek hergemacht, darunter das deutsche Heer bei seinem Einfall nach Belgien im Ersten Weltkrieg mit der völligen Zerstörung der Universitätsbibliothek von Löwen 1914 oder deutsche Sondertruppen nach dem Warschauer Aufstand 1944 mit der Brandschatzung der polnischen Nationalbibliothek. Mit dem Schweigen der Waffen schien einigen, aus heutiger Sicht Irrsinnigen der Zeitpunkt gekommen, das multikulturelle Erbe der Stadt wiederherzustellen und alsbald eine erste Ladung Ersatz für die verbrannten Bücher nach Sarajevo zu bringen. Ob und wie das zu machen sein würde, sollte jemand vor Ort auskundschaften, und ich hatte mich dazu bereitgefunden.

Das Flugzeug, nach meiner Erinnerung eine Tupolew, startete in Split und ging nach einer knappen Stunde Flug steil im Talkessel von Sarajevo nieder. Die Luftbrücke der UNPROFOR führte über serbisch besetztes Gebiet, und als wir zur Landung ansetzten, positionierte sich ein Blauhelm-Soldat mit einem halbautomatischen Gewehr in einer offenen Kanzel, um eventuelles Feuer zu erwidern. Er wirkte nicht sonderlich aufmerksam, die Luft war rein. Auf den improvisierten Sitzen fläzten sich überwiegend Blauhelm-Offiziere; unvergesslich ist mir, wie sich einer bis zum Stopp auf der Landebahn ohne aufzuschauen seine ohnehin sehr gepflegten Hände manikürte. Der internationale Flughafen Butmir lag mitten im serbischen Teil der Stadt. Nach dem Aussteigen musste man einen hohen Wall aus Sandsäcken zur Passkontrolle durchqueren. Bitte Westen anlegen, hieß es. Auf einem vom Tauwetter durchweichten Platz stand ein weißer Panzerspähwagen, der zum Gebäude der Zentralpost pendelte, wo der bosnische Teil der Stadt begann. Drinnen räkelten sich ägyptische UN-Soldaten, die sich feixend darüber amüsierten, wie ein ungedienter Zivilist sich mühte, aus einer riesigen Pfütze halbwegs trocken durch die Ladeluke in ihr hochbeiniges Gefährt einzusteigen.

Vor dem Postgebäude, in dem UNPROFOR residierte, warteten einige Privatwagen, die als Taxis fungierten. Auf mich wartete Hussein, der mich in rasender Fahrt über *Snipers' Alley* am Rundfunk und dem Straßenbahndepot vorbei ins Holiday Inn brachte. An dessen Ostseite bezog ich Quartier, zu einem sehr stattlichen Preis. Die Vorderfront des Hotels, das einmal als Hauptquartier von Karadžićs Partei SDS gedient hatte, war völlig zerschossen, mein Zimmer im Ostflügel war fensterlos. Auf dem Bett lag eine dünne Decke, die mich in den ziemlich kalten Nächten kaum wärmen würde. Andererseits hatte mir der in Zagreb ausgehändigte *Survival Guide* von »Reportern ohne Grenzen« eingeschärft, die Ausgangssperre von 22 bis 6 Uhr zu respektieren. So hielt ich nach einer Hotelbar Ausschau, die auf der Rückseite der Rezeption lag und gut mit Hochprozentigem bestückt war. Dort hockte schon eine ganze Truppe »Kriegstouristen«, aber auch das CNN-Team. Am nächsten Morgen, als es eine Scheibe Toast und dünnen Kaffee zum Frühstück gab, kam Christiane Amanpour herein, um sich einen extrastarken Espresso reichen zu lassen. Die britisch-iranische Chefkorrespondentin war im Golfkrieg berühmt geworden, jetzt »coverte« sie Bosnien, und sie gab der eingekesselten Stadt Hoffnung, man werde sich draußen in der Welt endlich etwas einfallen lassen, um den unhaltbaren Zustand zu beenden.

Ich sinnierte gerade über die Bedeutung von Kriegsberichterstattung für humanitäre Aktionen und die Bewandtnis der Anwesenheit von Intellektuellen (wie der damals viel gescholtenen Susan Sontag, die in Sarajevo am Theater inszeniert hatte), als Neven auf mich zutrat, mein Dolmetscher und Betreuer. Der groß gewachsene junge Mann, der als Kettenraucher den Spitznamen »Chimney« trug, war der erste Heckenschütze, mit dem ich es zu tun bekommen sollte. Neven gehörte aber zu den rund 50 000 Serben, die Sarajevo nicht verlassen hatten und es verteidigten. Das tat er als Heckenschütze für die »Guten«, mit denen ich sympathisierte, ließ aber keinen Zweifel daran, dass er sich genauso schuldig gemacht hatte wie die *Sniper* der anderen Seite. Seine Geschichte erschien später in Frankreich als Comic, der einem die verzweifelte Lage der Sarajevo-Serben vor Augen führt: Blieben sie in der Stadt, drohte ihnen bei Gefangennahme der Tod als Verräter; im Falle eines Siegs der bosnischen Seite würden sie unter muslimischer Führung ebenso durch den Rost fallen.

Etwas Besseres als den Tod wollte Neven nun jedenfalls erlangen. Er kassierte 100 DM pro Tag, die er nächtens verspielte und versoff; die ersten Stunden des Tages (er war stets ab sechs Uhr im Holiday Inn) verbrachte er meist schlafend auf einem Stuhl, oft mit dem Kopf auf dem Tisch. Als ich ihn fragte, warum er humple, zeigte er mir ein Foto von früher: ein Koloss von einem Mann, und die Einschusswunde, die seinen rechten Oberschenkel zerstört hatte. Ich hatte schlagartig begriffen, dass es in diesem Krieg sehr wohl Ursache und Wirkung gab, aber kein klares Gut und Böse. Oder in den Worten des Historikers Holm Sundhausen: »Die These, ›alle Konfliktparteien‹ waren gleichermaßen schuld, mit der die Untätigkeit der internationalen Gemeinschaft und der ›Unparteiischen‹ gerechtfertigt wurde, ist ebenso beliebig und unakzeptabel, wie die These, dass es auf allen Seiten Schuldige gab, richtig ist.« Diesem Teilschuldigen vertraute ich mich ebenso rückhaltlos an wie Hussein, dessen Audi kaum noch eine intakte Scheibe hatte, die hinteren Fenster waren mit Pappkarton verdeckt. Er wollte auch kein Held sein, sondern war auf Heimaturlaub nur nicht mehr aus dem Kessel herausgekommen; in der Nähe von Ulm wartete seine Familie auf ihn – vielleicht jedenfalls.

Dass ich als Erstes gleich zur Nationalbibliothek wollte, nahm er gleichgültig hin und ließ mich in dem Scherbenhaufen in jener Rotunde herumstapfen, wo einst eine große Tito-Büste gestanden hatte – ich kannte die Szenerie von einem früheren Aufenthalt und auch von dem berühmten Foto, das der Cellist Vedran Smajlović von sich hatte machen lassen, als er dort einmal tagelang aufspielte und zum visuellen Symbol der belagerten Stadt und zum Romanhelden wurde. Dass diese Stadt eine kulturelle Größe gewesen war, vor allem mit Musik- und Film-Festwochen, merkte man ihr noch an. Die Festivals gingen zum Teil auf kleiner Flamme weiter, im *Apollo*-Kino liefen Filme und im *Obala Club* House Music. Im unzerstörten National-theater sollte ich Josip Pejaković aus Travnik treffen, einen im alten Jugoslawien populären Schauspieler und Kabarettisten. Ich nahm auf einem roten Plüschsessel Platz, um mir die Geschichte der Bibliothek erzählen zu lassen, von ihrer Zerstörung und anschließenden Plünderung – einige Bücher mit Etiketten der Bibliothek waren wenig später auf einem Flohmarkt in Budapest aufgetaucht. Und von angeblichen Plänen, sie in einer alten Tabakfabrik wiederaufzubauen.

Da horchte ich auf, aber sämtliche Fäden zu angeblichen Rettern an der Universität oder in Kulturkreisen führten ins Leere. Die meisten waren längst im Exil, andere waren unzuständige Wichtigtuer, genauso wie ich mir jetzt vorkam. Ich hätte wissen müssen, dass man Tabakfabriken in *Sarajevo Marlboro* (so der Titel des Romans von Miljenko Jergović von 1994, den ich im Gepäck hatte) eher nötig hatte als Büchereien, Essbares mehr als geistige Nahrung, Heizmaterial statt Lyrik und Lexika. (Ein großer deutscher Schriftsteller, den ich um Unterstützung gebeten hatte, belehrte mich schmallippig darüber und bot mir Hilfe eventuell für das folgende Jahr an.) Gehobene materielle Bedürfnisse befriedigte eine kriminelle Mafia, die man in den weiterhin gut besuchten Cafés treffen konnte, wo rassige Frauen in Markenklamotten und mit Ray-Ban-Sonnenbrillen stiernackige Typen mit Goldkettchen und offenem Hemd angurrten. Vor der Tür waren nagelneue 3er-BMW geparkt. Deren Fahrer wollten Sarajevo sicher nicht verteidigen, sondern die Stadt ihrerseits erobern und Geschäfte machen, natürlich auch mit den Belagerern, die gewiss ein paar Luxuskarossen für sich abgezweigt hatten und bestimmten, was durch den berühmten Tunnel in die Stadt hineinkam.

Die Hälfte der Vorkriegseinwohner war außer Landes, dem Gros der Dagebliebenen ging es schlecht – der Dauerbeschuss und die ständige Gefahr, auf dem Weg zum Einkaufen oder Brunnen abgeknallt zu werden, auch die einseitige Ernährung, der übermäßige Genuss von Zigaretten und die um sich greifende Hoffnungslosigkeit machten den Waffenstillstand erst recht zur Qual. Überall in der Stadt waren Tomatenbeete und Gemüsegärten angelegt worden, viele Bäume und Sträucher waren abgeholzt und verheizt worden. Eines Morgens hieß es im Frühstücksraum des Holiday Inn, die Serben würden eine gesperrte Brücke über den Fluss Miljacka öffnen, zum humanitären Zweck der Familienzusammenführung. Am Checkpoint versammelten sich Journalisten, und zögerlich kamen die ersten verhärmten Alten mit Einkaufstaschen über den Fluss, unter den boshaften Kommentaren der Soldateska.

Am nächsten Tag hieß es, in der Straßenbahn, die seit Kurzem wieder die *Snipers' Alley* auf und ab fuhr, habe es ein zwölfjähriges Mädchen erwischt. Der Zynismus der Stadt ergriff allmählich von mir Besitz, zumal ich an der jüdischen Synagoge Gespräche deutscher Friedensaktivisten mitgehört hatte, die ihren Gastgebern das pazifistische Einmaleins einbläuen wollten und Patentrezepte für die Wiederherstellung von Multikulti ausgaben. Um gleich einzusehen, dass ich doch kaum weniger naiv gewesen war. Recht war mir auch die Abgebrühtheit der Journalisten im Hotel, die keine Mission hatten, sondern nur ihren Job machten und (jedenfalls die Profis) erzählten, was sie sahen und herausgefunden hatten. Eines Tages fuhren wir im gepanzerten Fahrzeug von Cap Anamur zur Redaktion der Tageszeitung *Oslobodenje*, die den ganzen Krieg über jeden Tag erschien. Das im oberen Teil völlig zerschossene Hochhaus lag direkt an der Demarkationslinie, die Redaktion arbeitete in einem unterirdischen, atombombensicheren Luftschutzbunker, und es hieß, einige hätten den Bau seit 1992 nie verlassen. Ich erinnere mich eher an die vielen Zigaretten, die wir pafften, als an die Themen der Gespräche, zu denen der Wiederaufbau einer Bibliothek wohl nicht zählte. Es war ein Mischmasch aus sarkastischen Sprüchen, Betrachtungen zur journalistischen Ethik und Überlebensgeschichten, das Ganze in einem basalen Englisch. Draußen bestiegen wir schnell unseren Panzer, um aus der Schusslinie zu kommen, doch der Rückwärtsgang klemmte, und wir mussten das tonnenschwere Gefährt mühsam herausschieben.

Amanpour machte im Holiday Inn selbst Politik, CNN-Berichte und vor allem -Bilder machten die öffentliche Meinung in den USA und weltweit 1994 interventionsgeneigt. Mit den Essays, die ich nach der heilen Rückkehr aus Sarajevo veröffentlichte, drang ich auch auf eine klare Parteinahme für Bosnien, die im Falle Sarajevos nicht militärischer Art sein konnte, es im Fall der Enklaven, in denen Milošević und Mladić Völkermord betrieben, aber wohl sein musste. Dagegen sprachen in Deutschland vor allem geschichtliche Argumente (»Nie wieder Krieg, nie wieder Auschwitz!«) oder Verschwörungstheorien, denen zufolge erst die Regierung Kohl/Genscher durch ihre einseitige Parteinahme für ein unabhängiges Kroatien den Krieg mitverursacht habe – als hätte deshalb an den aggressiven Zielen großserbischer Politik und der Gefährlichkeit der Freischärler jemals ein Zweifel bestehen können. Die Trümmer der Bibliothek im alten Rathaus sind heute weggeräumt, aber was aus dem notdürftig renovierten Gebäude werden soll, weiß niemand. Zum 100. Jahrestag des Attentats auf den österreichischen Thronfolger fand dort eine Gedenkfeier statt, der die meisten Eingeladenen fernblieben, vor allem der bosnisch-serbische Teil der Staatsführung. Und wo sich die Bücherspenden befinden, weiß ich auch nicht. Das zu wissen lässt mich heute schwanken zwischen Depression und dem Gefühl, ein ziemlicher Idiot gewesen zu sein.

»Zum gegebenen Zeitpunkt muss man ein Idiot sein!«, tröstete Dževad Karahasan, der Chronist und Stadtschreiber von Sarajevo, den seinerzeit abgeblitzten Emissär aus Deutschland, als ich nach Jahren 2010 wieder einmal in Sarajevo war. Tröstlich war ja, dass im Flugzeug dieses Mal nicht Blauhelm-Offiziere gesessen hatten, sondern erwartungsfrohe Wochenendbesucher sanft einschwebten. Und am Ausgang wartete eine ordentliche Reihe Taxis. Der Rettungstunnel unter der Rollbahn von Dobrinja nach Butmir, der einmal die Lebensader der ausgehungerten Olympiastadt war, kann für fünf *km* (konvertible Mark) besichtigt werden, die einstige *Snipers' Alley* flankieren spiegelnde Neubauten. Zeit, sich aus der Erinnerungsfalle zu befreien. »Man sollte eine grüne Partei gründen, damit man endlich ein anderes Thema hat«, meinten einige junge Leute, die aus allen Landesteilen des ehemaligen Jugoslawien und aus Deutschland zu einer Zukunftswerkstatt im Goethe-Institut geströmt waren. Einer von ihnen, Saša Gavrić, Jahrgang 1984 und Politologe mit Konstanzer Diplom, hatte das *Open Center Sarajevo* mit ins Leben gerufen, um die ethnisch-religiöse Selbstblockade von unten aufzulösen.

Für Mensur Demir lag die Zukunft erst einmal in der Vergangenheit. Er ist ein Architekt am Rande des Nervenzusammenbruchs: Bauherren kommen mit postmodernen Katalogideen zu ihm, die mit dem Genius loci der 400 Jahre alten Stadt nichts zu tun haben. Karahasan hatte mich zur *Svrzina Kuća*, einer Perle der bosnischen Architektur aus der osmanischen Periode, geführt – als Muster angesichts der unterbliebenen Restauration all der verfallenden Häuser der Umgebung und als Kontrast zu den Bausünden, die überall zu sehen waren. Die Narben der

Belagerung mögen heute übertüncht sein, den protzigen Verwaltungsgebäuden und trostlosen Neubauten (Tausende davon ohne Architekt und Genehmigung) steht die Verdrängung in die Fassade geschrieben. Minenfelder wurden zu Golfplätzen, Sportplätze zu Friedhofsarealen, dazwischen wachsen mit saudischem und türkischem Geld bezahlte bleistiftartige Minarette in den Himmel und megalomane Shoppingcenter. Der schräg gewundene Turm des Zeitungstycoons Fahrudin Radončić, der die Stadt wie ein in den Boden gerammter Pfeil überragt, symbolisiert die überstürzte Vergangenheitsbewältigung am Bau. »Der kulturelle Code des Schmelztiegels Bosnien muss bis in die Baumaterialien hinein erkennbar sein«, versucht Mensur Demir seine Kunden zu überzeugen, und am liebsten möchte er an die traditionellen Wohnhäuser anknüpfen, die sich dem heißen Sommer und kalten Winter anpassen und sparsam mit Energie umgehen.

Die kleinen Nachbarschaftsmoscheen haben lokale Handwerker für sich gebaut, und wenn ein Familienangehöriger stirbt, holt man den Totengräber, damit jener in der Nähe seines Hauses die letzte Ruhe finden kann. Doch zwischen 1992 und 1995 sind viel zu viele Menschen gestorben, sodass ganz Sarajevo von weiß getünchten Grabstelen überzogen ist. Der Friedhof in Kovače wird eingerahmt von einem Mausoleum für den ersten Staatspräsidenten Alija Izetbegović und dem Hauptquartier des Großmufti Mustafa Efendi Cerić. Sollten Radovan Karadžić und sein General Ratko Mladić mit der Belagerung Sarajevos jemals im Sinn gehabt haben, den Islam aus der bosnischen Hauptstadt zu vertreiben, so hat der Massenmord das genaue Gegenteil bewirkt – die Moscheen sind zahlreicher geworden, der Ramadan wird stärker befolgt, und Muezzine verkünden unüberhörbar ihr *Allah ou Akhbar*. Man sieht heute weit mehr verschleierte Mädchen und Frauen im Straßenbild von Sarajevo als vor dem Krieg, der Einfluss der türkischen Regierung ist gewachsen, und im Hinterland haben sich hier und dort fundamentalistische Wahhabiten eingenistet, die von den Saudis gesponsert werden.

Die fünfte Nationalwahl nach Kriegsende brachte der islamischen Splitterpartei nur wenige Promille, die Spin-Doctors sahen erfreuliche Anzeichen für lagerübergreifende Persönlichkeiten und Allianzen, aber daraus ist nicht viel geworden. Gewonnen hatten der Populist und Berlusconi-Bewunderer Radončić, die Sezessionisten der serbischen Teilrepublik, die weg von Bosnien, aber nicht nach Europa wollen, und kroatische Nationalisten. »Europa«, das ist für viele Bosnier der Name des Fremdregimes des Hohen Repräsentanten und der Gerichtssaal in Den Haag – und immer noch keine Visumfreiheit für bosnische Bürger, abgesehen von der Kickerelite, die via Osteuropa in die Spitzenteams der Champions League abwandert und multiethnisch zur Fußball-WM nach Brasilien gefahren ist. Im Frühjahr 2014 brachen sich der Frust und die Verzweiflung über die Unfähigkeit der politischen Anführer aus allen ethnisch-religiösen Gruppen in einem Gewaltausbruch in vielen bosnischen Regionen Bahn, auch die serbische Führung ist nicht mehr sakrosankt.

Dževad Karahasan hat ein überraschendes Thema gefunden, das die zerstrittenen Entitäten und Kantone zur Kooperation und die politischen Veto-Spieler zur Vernunft bringen müsste: Man redet über das Wetter, und das kann sehr politisch werden. »Früher konnte man in keiner Sommernacht kurzärmlig im Freien sitzen, jetzt sind Nachttemperaturen von 27 Grad keine Seltenheit.« Wieder kommt man mit einem Gespräch übers Wetter ganz ungelegen in einem Land, in dem über 200 000 Landminen verstreut sein sollen, die offizielle Arbeitslosigkeit bei 44 Prozent liegt und das Durchschnittseinkommen den Armutswert von 3000 Euro pro Kopf und Jahr nur knapp übersteigt. In einem Land also, in dem der Besitz eines Neuwagens und ein Billigflug nach Marokko der größte Traum sind und der Vorschlag, regionale Produkte zu verzehren, sarkastische Kommentare über die frugale Vorgartenkultur der Belagerungszeit hervorruft.

Doch mag es auch schräg klingen – der Themenwechsel ist

überfällig und Bosniens einziger Ausweg. Auch dieses Land (und *jeder* Volksstamm) wird von gefährlichem Klimawandel betroffen sein und könnte doch gemeinsam mit Unterstützung der Europäischen Union das angestrebte Wachstum »postkarbon« vorantreiben: auf der Grundlage von Wasserkraftwerken, deren große Leistung Bosnien bereits heute Strom exportieren lässt, und von zusätzlichen Solaranlagen und Windturbinen, für deren rentierlichen Betrieb es Chancen gäbe. Wegen solcher Ideen stehen die Deutschen in der gesamten Mittelmeerregion unter grünem Imperialismusverdacht, auch eine Erbschaft des Krieges aller gegen alle. Egal: Man müsste also (aber ich habe mich nicht in den Bürokratendschungel getraut, der das sicher verhindern wollte) ein Haus in Kováče renovieren und es für doppelt grüne Zwecke nutzen – als Ort, an dem ein europäischer Islam seine Existenzberechtigung unter Beweis stellen kann, und als Schaustück für die ökologische Modernisierung Sarajevos, das sich auch damit aus seiner Vergangenheitsfixierung befreien könnte. Dževad und ich stimmten überein, dass man zu gegebener Zeit ein Idiot sein muss.

48. Geopolitik eines gewöhnlichen Mannes

Zu einer Mittagsstunde im Jahr 1993 klingelte bei mir das Telefon, während fast gleichzeitig ein Fax aus dem Gerät ratterte. Der Inhalt des Telefongesprächs war für mich ebenso erfreulich wie die Anfrage per Fax: Ohne Kenntnis voneinander luden mich die Goethe-Institute von Buenos Aires und Melbourne zu unterschiedlichen Themen ein. Im Unterschied zu Franz Josef Strauß und Joschka Fischer schätzte ich diese Einrichtungen der auswärtigen Kulturpolitik sehr, ich war mit »Goethe um die Welt« gereist und habe mich der Aufwendungen vor Ort hoffentlich als würdig erwiesen. In San Juan in Argentinien, einer Stadt, deren Häuser fast alle nach dem Erdbeben von 1977 entstanden waren, wurde ich Zeuge einer eben verkündeten Abwicklung und konnte an den Gesichtern der enttäuschten Besucher ermessen, welche Bedeutung die Casa Goethe für sie hatte.

Die Dame aus Buenos Aires hatte offenbar gerade ihren Dienst begonnen, der Faxschreiber in Melbourne den seinen anscheinend spät beendet. Jedenfalls verbanden sich die freudig angenommenen Einladungen an die jeweiligen Enden meiner Weltkarte zu jener Reise um die Erde in achtzig Tagen, die ich immer schon im Sinn gehabt hatte. Das anstehende Forschungsfreisemester kam gerade recht, und das Ticket erlaubte, an beliebigen Stellen haltzumachen. Am Ende hieß die Route Frankfurt, Bombay, Kalkutta, Taipeh, Hongkong, Melbourne, Sydney, Buenos Aires, Montevideo, Santa Cruz, Rosario, Santiago de Chile, Lima, Miami, Frankfurt.

Weder bei dieser Reise noch bei allen anderen, die mir immerhin rund ein Viertel der in der UNO vereinten Nationen erschlossen, habe ich auch nur einen Bruchteil dessen erlebt, was ein Bruce Chatwin und andere Weltensammler in ihre Bücher packten, die ich eifersüchtig las. Während auch Christoph Ransmayr den *Atlas eines ängstlichen Mannes* mit schier unglaublichen Begegnungen füllen kann, summieren sich meine Eindrücke zur Weltreise eines gewöhnlichen Mannes. Aufhebens davon mache ich nur, weil Reisen gleichwohl meine bevorzugte Form der Welterschließung war, vorbelastet durch die Reiselust des weiblichen Teils der Familie (beginnend mit zwei Eickeler Tanten, die in ihrem VW-Cabrio Sommer für Sommer in den Süden brausten) und vorbereitet durch das intensive Studium von Atlanten, Karten und Postkarten, von denen ich einige immer noch in einer Holzkiste aufbewahre. Viele Geistmenschen seit Immanuel Kant haben sich die Welt daheim am Schreibtisch erschlossen, andere wie Georg Forster lange Expeditionen unternommen – ich reise, um zu schreiben, und schrieb oft für Zeilenhonorare, um mir die Reisen halbwegs erlauben zu können. Zwischenzeitlich war es mein Traum gewesen, sämtlichen Besitz aufzugeben und mit leichtem Gepäck von Hotel zu Hotel zu reisen. Wenn auch einmal Luxusunterkünfte wie das legendäre Grand Hotel Oberoi in Kalkutta darunter waren, wo man Zuflucht nehmen konnte vor einer unerhört vollen und lauten Stadt, hatte ich nichts dagegen. Verhaftet und ausgeplündert, verkaffert und verunglückt wurde und war ich immer nur in Frankfurt.

Die Reise im Winter 1993/94 (der auf der südlichen Welthälfte zum verlängerten Sommer wurde) machte mir in rund achtzig Tagen die neue Geopolitik erfahrbar; nach dem Fall der Sowjetunion war alles außer Nordkorea erreichbar und verbunden, das World Wide Web hat die Vernetzung später noch intensiviert. Mathias Grefrath, damals Chefredakteur der *Wochenpost*, des anspruchsvollen, von Gruner + Jahr erworbenen (und bald abgewickelten) DDR-Wochenblatts, gab meinen Eindrücken Platz im Feuilleton, ich musste in diesem noch analogen Zeitalter nur ein Fax finden, das die Texte rechtzeitig übermitteln konnte.

Die fast ganz allein unternommene Weltreise krönte frühere Etappen einer auch noch ganz analogen Weltentdeckung. Mit 16 fuhr ich mit einem miniaturartigen Ticket des »Jugendfahrtendienstes« per Fährschiff nach Dover, mit Abstechern nach London, das damals musikalisch und modisch brummte und Paris in den Schatten stellte. Die Tickets für das *Hammersmith Odeon* waren so teuer, dass wir die Nacht vor Abfahrt des Zuges auf einer Bank der Victoria Station verbringen mussten. England war großartig, obwohl die französischen Austauschschülerinnen mich keines Blickes würdigten und wir das Wembley-Tor verpassten, weil unser Herbergsvater im Fernseher Wrestling anschaltete. Er war gleichwohl fest überzeugt, dass der Ball drin war.

Dem nahen Westen folgte das *Mare Nostrum* im Süden, den man laut einem bösen Aperçu wegen der »fünf S« aufsucht: *Sea, Sun, Sand, Sex, Spirit*. Am Strand von Tel Aviv konnte man ausweislich eines Fotos sogar an Weihnachten bei 24 Grad liegen, in Algerien gab es Badetourismus nicht einmal im Sommer. In Granada, Haifa, Karthago, Dubrovnik und Marseille träumte ich von der Wiedergeburt des antiken Städtenetzwerks, das Phönizier, Griechen und Römer im Mittelmeerraum einmal allen ethnischen Spaltungen zum Trotz und vor allen nationalen Scheidungen gewebt hatten.

Unheimlich war mir, dass an Orten, die ich zu Urlauben oder Tagungen aufsuchte, gelegentlich politische Wirren ausbrachen. Ich nutzte die Gelegenheit, politische Reiseberichte zu verfassen, aber auch dort, wo alles ruhig schien, nach Hintergründen zu fragen wie im geteilten Zypern. Sicher haben wir am Strand von Paphos gefaulenzt und Zyperns antikes und frühchristliches Erbe besichtigt: Aphrodite soll hier dem schäumenden Meer entstiegen sein, Apostel Paulus begann sein Missionswerk, Cicero wirkte als römischer Gouverneur, und fast immer schon florierte die Insel als Drehscheibe zwischen Ost und West. Doch an vielen Stellen fährt man buchstäblich hinein in die Sackgassen, die das Zerbrechen des osmanischen Vielvölkerreichs zwischen Griechen und Türken hinterlassen hat. Die einen setzten auf *Enosis*, den Anschluss ans griechische Mutterland, die anderen auf *Taksim*, die Teilung zur Unabhängigkeit, die 1983 einseitig proklamiert wurde. Im östlichen Mittelmeer entstand hier eine Mauer, die erst vor wenigen Jahren durchlässig geworden ist.

Gespiegelt wurde die mediterrane See durch die Wüste, die ich in der algerischen Oase Timimoun in großer Schönheit, aber einmal auch in größter Verlassenheit erlebte. Im Bus war ich einmal Richtung Süden gefahren, um mir Erdgasfelder anzusehen, die in meiner Forschungsarbeit eine Rolle spielten. Eine riesige Explorationsstätte, die amerikanische und europäische Gesellschaften ausbeuteten, hieß Hassi M'Rel, von wo aus eine Pipeline an die Mittelmeerküste zum Verladeort Arzew geplant war. Verabredet war, dass ich in der Nähe an einem Haltepunkt der Überlandbusse auf der Nord-Süd-Route mit einem Jeep abgeholt werden würde. Dem Busfahrer war es egal, mich an dem auf der Michelin-Karte bezeichneten Punkt herauszulassen, andere Fahrgäste schienen verwundert zu sein, einen Ausländer an diesem menschenleeren Platz aussteigen zu sehen, Kinder winkten mir kichernd zu. Wie desolat der Platz war, wurde mir nach wenigen Minuten klar: Es gab hier nur Wegweiser in alle Richtungen, und zwar mit ehrfurchtgebietenden Entfernungsanzeigen, die auch bei Hassi M'Rel noch im zweistelligen Bereich lagen. Das Wartehäuschen war demoliert und übelriechend, sodass ich ohne Schutz gegen die Sonne war, die man in diesen Breiten sengend nennt. Es ging ein leichter Wind, aber die Temperatur lag sicher weit über 30 Grad Celsius. Meine Schirmmütze musste reichen. In drei Himmelsrichtungen glitzerte ein kerzengerades, leicht welliges Asphaltband, das am Horizont in einem großen Flirren auslief. In die vierte Richtung, durch ein Schild angezeigt, auf dem nur noch unverständliche Koordinaten zu lesen waren, erstreckte sich eine steinige Piste durch die völlig ebene Wüste.

Am Horizont war buchstäblich nichts zu erkennen, und da kein Auto oder Bus verkehrte, war es totenstill, die leichte Brise ergab kein Geräusch. An der Kreuzung waren lediglich ein paar Steine aufeinandergeschichtet und in Gestalt einer reifenlosen Felge Überreste eines Radwechsels zu sehen, den ich, das schöne Brecht-Gedicht im Kopf, noch nachträglich mit Ungeduld verfolgte. Auf der Straße, deren weicher Asphalt einen betörenden Geruch abgab, waren Öl- und Bremsspuren auszumachen. Hier war, wie ich nach einigen Minuten des Auf- und Abgehens fand, die Erde unbewohnbar wie der Mond. Meine Uhr zeigte nun 14 Uhr, die verabredete Zeit für den Ingenieur, der mich dort aufpicken sollte, war längst überschritten. Die Sonne stand ziemlich steil über mir, mein Schatten war klein und rund. Die Brise nahm zu, ich horchte auf den Wind in meinen Ohren und begann mit mir zu sprechen. ER müsste jede Minute kommen, sagte ich mir, und schaute in Richtung Hassi M'Rel.

Nichts. Dort lebten Dutzende von Menschen; falls ER nicht käme, könnte ich hoffentlich andere bitten, mich mitzunehmen. Es würde sicher bald der nächste Bus kommen oder ein privates Fahrzeug. Sollte ich die dann anhalten und bitten, mich ins Gasfeld zu fahren? Sollte ich, falls niemand käme, im Bus weiter gen Süden oder zurück nach Algier fahren? Würde man überhaupt für mich anhalten? Bis zur Nacht, in der es hier bitter kalt werden würde, war noch Zeit, zu trinken hatte ich auch. Aber wozu die Überlegungen, ER würde ja kommen. Ich suchte den Horizont ab, horchte auf Geräusche, hütete mich vor einer Fata Morgana. Bei einer anderen Fahrt in den Süden hatte ich erlebt, was ich für eine hielt: Regen tropfte schwer auf das Dach des Busses, aber die Straße blieb trocken, weil das Wasser über dem Asphalt schon verdunstet war. In Israel hatte ich schon erlebt, wie sich Geröllmassen sturzflutartig auf eine Straße schoben und diese unpassierbar machten. So absurd waren die Warnschilder an den Wadis also nicht.

Ich war ja schon ein alter Wüstenfuchs und beruhigte mich, dass ER ja erst zwanzig Minuten verspätet war. Hier war Afrika, nicht die Bundesbahn. Ich schaute wieder in alle Richtungen und ging auf und ab. Ich nahm dabei meine Reisetasche mit, die ich sonst sogar auf belebten, für Diebstahl prädestinierten Plätzen stehen ließ, wenn ich eine Cola oder eine Fahrkarte kaufte. Ansonsten war ich kein cooler Reisender, oft zu früh am Bahnhof oder Flugplatz, öfter in der Tasche nestelnd, ob Pass und Ticket noch da waren. Ich musste über mich lachen, fing aber erneut an zu rätseln, was ich tun würde, falls NIEMAND aus Hassi M'Rel käme. Es würde bestimmt eine Mitfahrgelegenheit geben, Erdgasarbeiter machten Kurzurlaub in Ghardaia. Ich musste an diesen Hitchcock-Film mit Cary Grant denken, *North by Northwest* (*Der unsichtbare Dritte*). Grant spielt einen zu Unrecht Verdächtigten, der (genau wie ich jetzt!) *in the middle of nowhere* allein an einer Straße steht. Nach sieben endlosen Minuten erscheint ein Flugzeug am Horizont, das keine Rettung bringt, der aus der Luft Verfolgte entgeht knapp dem Mordanschlag, aber es gibt ein glückliches Ende. Am Himmel war, *hamdullilah'*, nichts zu sehen.

Da meinte ich aus Richtung Hassi M'Rel einen Punkt zu erblicken, der sich auf mich zubewegte. Ich hoffte inständig, dass er größer werden würde, und nach einigen Minuten war auch deutlich ein Jeep zu erkennen. ER machte eine große Kehre auf der Kreuzung und hielt direkt von mir an, lachte kurz und sagte: »Monsieur Leggewie, schon da?« Ich stieg ein und behielt meine Reisetasche noch für einige Minuten auf den Knien. In Hassi M'Rel gab es dann wenig zu sehen: beeindruckend gewundene Rohrleitungen, internationale Crews, die einen Batzen Geld verdienten und den Rest des Landes kaum kannten. Bohrlöcher waren für mich nicht zugänglich, ich habe noch den fauligen Geruch in der Nase, über uns fackelte Gas ab. Das hätte ich nachts von der Kreuzung aus sicher gesehen.

Nun also gewissermaßen der Rest der Welt in knapp drei Monaten. Den tiefsten Eindruck auf mich hat gleich als zweite Station Kalkutta – in Indien Kolkata genannt – gemacht. Nach der Lektüre eines horrenden Berichts von Günter Grass musste man das Schlimmste befürchten, und so war ich froh, dass mir eine Studentin aus Bengalen Kontakte mit ihrer Familie und mit Freunden aus der Filmszene der Stadt vermittelte. Kolkata entpuppte sich weniger dank dieser Hilfe als dank eines treuen, wortkargen Sikh-Taxifahrers als vitale Stadt, in der man rasch vergessen konnte, dass man hier und da wirklich fast über Leichen ging. Mein schweigsamer Chauffeur fuhr mich jeden Tag, ohne lange zu erklären, zu einem neuen Anlaufpunkt für Entdeckungen seines Kolkata: zum Geburtshaus von Rabindranath Tagore, in die Filmstudios, in denen angeblich Satyajit Ray gedreht hatte, zu der Schule, in die der Filmmusikkomponist und Sänger Hemant Kumar gegangen sein soll, in Buchhandlungen, wo ich die Bücher von Sri Aurobindo finden sollte und ich mir stattdessen neue bengalische Autoren empfehlen ließ wie die junge Medizinstudentin Mandakranta Sen. Ich kannte nichts davon und kam mir vor wie ein westlicher Analphabet.

Eher unwillig fuhr mich der Fahrer in seinem *Ambassador* ins Kinderhaus der Mutter Teresa. Eine aus Freiburg stammende Schwester führte mich in den Raum mit den Brutkästen, in denen durchsichtige Frühchen und unterernährte Säuglinge

lagen, die vor dem Kinderhaus abgelegt oder gar im Müll gefunden worden waren. Nicht minder beeindruckt war ich vom
stillen Sterbehaus der Mutter Teresa, die den ehrfürchtigen
Gast mit freundlichen Worten höchstselbst einwies. Wie um-
stritten die Häuser der *Missionaries of Charity* in Kolkata und
aller Welt waren, habe ich erst später erfahren. Dass in Kolkata
mehr Harmonien hergestellt wurden als sonst auf der Erde, bekam ich schon dort mit, und in den Musikklubs erkannte ich
Töne wieder, die mir aus East London vertraut waren.

*

Tiger, Tiger… Ein Kollege aus dem Wissenschaftskolleg machte mich im
Jahr des Drachens (2000) auf meine Ähnlichkeit mit dem Autor des berühmten Tiger-Gedichts, William Blake, aufmerksam, die er in der Zeich-
nung »Der Mann, der Blake in seinen Träumen die Malerei lehrte« (1819)
entdeckt haben wollte. Darauf kritzelte er: »But why?« Nun, mein Lieb-
lingstier ist der Tiger, das chinesische Tierkreiszeichen des Jahrgangs
1950 (und weiter im Zwölfjahresabstand dasjenige von 1962, 1974…).
Und als Liebhaber sammle ich Figuren, Bilder, Prospekte und Applika-
tionen von Tigern in jeder Form und Größe und habe rund 200 Exponate
zusammengetragen.

Tiger besuche ich stets als Erste im Zoo, wo man sie, sofern sie art-
gerecht gehalten werden (wie im Bronx Zoo), oft nur kurz vorbeihuschen
sieht. Aufregend nah kam ich einer Gruppe von sechs Raubkatzen des
Dompteurs Gerd Siemoneit. Im Winterlager seines Zirkus erklärte er mir,
der ich als Journalist getarnt war, Grundregeln des Umgangs mit Wild-
katzen. Und dass es keineswegs schädlich sei, sie in Unfreiheit zu halten, wenn sie so viel zu tun bekämen wie bei ihm. Es sei nämlich ein
Irrtum zu glauben, Katzen würden in ihren Revieren freiwillig Hunderte
von Quadratkilometern abgehen; das tun sie nur, weil sie ewig auf Suche
nach rarem Futter sind.

In den Sunderbans, den Mangrovenwäldern im Gangesdelta, wollte
ich Tiger einmal ohne Gitter erleben, doch sie wollten sich in einer ansonsten beeindruckenden Flora und Fauna nicht zeigen. Hindus sind
überzeugt, die Menschheit werde aussterben, wenn der letzte Tiger aus-

gerottet sein wird, eine Meinung, die Forschungen über die zentrale Rolle der *apex predators*, der Tiere ohne natürliche Feinde, im Ökosystem bestätigen. Heute sind nur noch wenige tausend frei lebende Tiger auf der ganzen Welt übrig. Diesen Niedergang hat der »naive« Maler Henri Rousseau bereits 1891 in seinem Bild »Gewitter im Dschungel« antizipiert, in dessen ursprünglicher Version ihm nicht Unwetter zusetzen, sondern Unmenschen, die ihn zu Tode hetzen. Als derart exotisch-bedrohte Tierart wurde das gezähmte Raubtier eine Ikone der Werbung (Esso) und der populären Kultur (Tigger, Shirkan). Je eingeschränkter der Lebensraum der Tiger wurde, desto größer wurde ihre Ausdehnung in der Fantasie der Menschheit.

Da man Tiger schlecht in einer Etagenwohnung halten kann, blieben mir ersatzweise nur eine Katze, die »Rosa« genannt wurde, und eines ihrer Kinder, »Karl« – das waren die 70er-Jahre. Weil diese Rosa ihren Karl durch die Wohnung jagte, muss er sehr erleichtert gewesen sein, als sein Besitzer die WG und er sein »Hotel Mama« endlich verlassen durfte.

*

Die Reise um die Welt führte auch nach Lateinamerika, das ich zuvor kaum kannte. In der Reihe merkwürdiger Plätze darf *La Difunta Correa* in Argentinien nicht fehlen, das ich mit meiner Begleiterin auf der Nationalstraße 141 zwischen Córdoba und San Juan en passant entdeckte. Am Horizont tauchte eine dreieckige Kirche auf, dann kamen viele kleine Kapellen in Sicht und ein riesiger Lkw-Parkplatz bei Vallecito. Eine Frau namens María Antonia Deolinda y Correa war dort 1841 angeblich auf der Suche nach ihrem von spanischen Soldaten verschleppten Mann verdurstet, ihr Kind soll an der Brust der toten Frau überlebt haben. Dieses Wunder machten sich Gauchos zu eigen und errichteten einen Wallfahrtsort, den die katholische Kirche bis heute nicht anerkennt. Correa wurde gleichwohl zur Schutzheiligen der Landfahrer, heute beten *Camionistas* auch an kleineren *Difunta*-Schreinen im ganzen Land um gute Fahrt und Gesundheit. An den Schreinen sind Batterien von Wasserflaschen für mögliche Verdurstende kunstvoll aufgeschichtet, aber es wird auch alles an Lkw-Zubehör befestigt, was nicht mehr zum Fahren benötigt wird: Nummernschilder, Felgen, Lenkräder, Zündkerzen, Kotflügel, selbst Hochzeitskleider und Maradona-Trikots. Der offenbar allzuständigen *Difunta* werden Genesungswünsche und Liebeserklärungen anvertraut und in thematisch separaten Schreinen Gebete um Gesundheit, Kindersegen und Familienglück. Manche Pilger haben Modellhäuser und -garagen mitgebracht, sie zieren die gewundenen Wege im ausgedehnten Gelände treppauf und treppab. An Ostern und Allerheiligen zieht sich eine endlose Fahrzeugkolonne von San Juan nach Vallecito.

49. Haider im Hilton oder: Ein stinknormales Land

Das erste Reiseland ohne meine Eltern (in der katholischen Jugendgruppe) war Vorarlberg gewesen, meine erste Assoziation mit Österreich ist immer noch das Bergwandern. Solo oder in einer Freundesgruppe, beispielsweise mit dem Stefan-Zweig-Kenner Klemens Renoldner um den Ausseer See und auf den Loser hoch oder mit den Künstlern Ursula Hübner und Tobias Urban durchs Tote Gebirge, in wechselnden Schweige- und Gesprächskonstellationen von Hütte zu Hütte zu ziehen ist die ideale »Sommerfrische«, wenn dieses Wort überhaupt noch erlaubt ist.

Den Österreichern, die ich zu kennen meinte wie kein anderes Volk, bin ich schwer auf den Leim gegangen. Als ich mich dort 1994 einige Monate auf Einladung des Wiener Instituts für die Wissenschaften vom Menschen (IWM) aufhielt, ging mir das ständige Klagen diverser Intellektueller auf die Nerven, in diesem Land könne man es nicht aushalten. Niemand ging wirklich ins Exil, und die Lebensqualität der Hauptstadt erschien mir außergewöhnlich hoch. Nicht nur ließ es sich hier bestens speisen und trinken, leben und lieben, auch der Kontakt zu Medien und Politik war, verglichen mit Bonn und Berlin, unkompliziert. Im *Landtmann* konnte man einen Bundeskanzler in spe treffen, im *Engländer* die Edelfedern des Journalismus ausfragen, im *Sperl* oder *Prückl* echte Geistesgrößen und führende »Adabeis« auf eine Melange oder einen Zweigelt treffen. Der wortgewaltige Antipatriotismus kam mir gekünstelt vor, für mich war das Granteln auf hohem Niveau, und ich dachte, dass das in Wien mit zum Wohlfühlen gehört.

Österreich war eine alte Liebe seit den Familienurlauben in den Ötztaler Alpen und diversen Sommerlagern mit dem »Bund Neudeutschland« in Vorarlberger Pfarrhäusern, von denen aus wir Kanisfluh, Mittagsspitze und Widderstein angingen. Die Lektüren von Musil und Schnitzler, der Mythos der Wiener Jahrhundertwende und sogar der »Herr Karl« des bitterbösen Helmut Qualtinger erzeugten eine nachhaltige Austrophilie, der ich nun in einem Artikel für die Zeitschrift *Transit* und in einem Interview mit dem *Falter*, der in meinen Augen besten Stadtzeitung weltweit, Ausdruck verlieh. Ich wollte rhetorisch abrüsten und verstieg mich zu der Aussage, Österreich sei ein »stinknormales Land«, das sich bitte nicht für faschistischer erklären sollte, als es war. Natürlich hatte ich vom Bundespräsidenten Kurt Waldheim gehört, der »nicht bei der SA war, sondern nur sein Pferd« (so der damalige österreichische Bundeskanzler Fred Sinowatz), sicher war mir auch der Name Jörg Haider geläufig, der smarteste unter den Nationalpopulisten Europas, der sich für den künftigen Herrscher der Alpenrepublik hielt, die er mal an Deutschland anschließen und mal aus Europa wegführen wollte. Als ich ihn in seinen Anfängen in einem Wiener Arbeiterbezirk reden hörte, schwante mir, was aus dem Roten Wien geworden war und was aus der Arbeiterbewegung werden könnte.

Als ich 1979 das erste Mal nach Wien eingeladen war, erschien es mir düster, balkanisch, provinziell, nach der Waldheim-Katharsis kam es mir weltstädtisch und kulturell weit vorn vor. Speziell über das 1982 gegründete IWM lernte ich führende Intellektuelle aus Nordamerika kennen wie Tony Judt (der aus

England stammt) und Charles Taylor (der im frankophonen Québec lebt), vor allem aber aus Ost(mittel)europa, angefangen beim Leiter des IWM, Krzysztof Michalski, bis zum Solidarność-Führer Adam Michnik und zum Fürsten Karel Schwarzenberg, einem Vertrauten des bewunderten Vaclav Havel, der auf dem Hradschin in Prag und im Hotelpalais Schwarzenberg in Wien residierte. In das neutrale Österreich reisten vor dem Fall der Mauer »Dissidenten«, die nach Deutschland nicht gedurft hätten oder gewollt hatten; in Wien konnten wir Westler lernen, wie schal unsere Zufriedenheit in und mit einem halbierten Europa war, und begreifen, dass die von Solidarność und Charta 77 erkämpfte Befreiung Ost(mittel)europas *unsere* Freiheit mehren würde.

Im 9. Wiener Bezirk wurden nicht die üblichen Ost-West-Phrasen gedroschen oder Entspannungsübungen friedlicher Koexistenz zwischen den Systemen veranstaltet, sondern der stets auch politisch ergiebige Austausch wissenschaftlicher Positionen gepflegt. Ich möchte das Programm des 2013 verstorbenen IWM-Gründers Krzysztof Michalski zitieren:

»Indem wir die osteuropäischen Intellektuellen zur gemeinsamen Reflexion mit ihren westlichen Kolleginnen und Kollegen einladen, werden wir [...] die westliche Diskussion ein wenig in Richtung Osteuropa öffnen und damit ändern; wir werden mindestens ein kleines Loch in den Eisernen Vorhang bohren, der von einer bloß politischen Spaltung zu einer geistigen wurde. Dass die beiden Teile Europas immer sichtbarer auseinanderdrifteten, konnte jeder sehen. Es war zwar die Zeit der Entspannungspolitik, aber die Entspannung – eine gute Sache, keine Frage – betraf in erster Linie die Regierungen, nicht die Regierten. Universitäten, Schulen, Verlage, Zeitschriften befanden sich weiterhin unter Kontrolle des korrupten, reaktionären Regimes, das für Menschen wie mich vollkommen unverständlicherweise in der westeuropäischen Öffentlichkeit als ›links‹ galt. Im ›Westen‹ verglich man allen Ernstes ›beide Systeme‹ und diskutierte ihre jeweiligen Nach- und Vorteile – im ›Osten‹

gab es noch kaum eine wirklich öffentliche Diskussion; erst allmählich, sehr langsam, fanden sich Wege, auf denen die vielen Gespräche aus den Privatwohnungen, Kirchenkellern oder Briefmarkensammlervereinen in einen breiteren, gesellschaftlichen Raum gelangen könnten, um zu einer echten Öffentlichkeit zu werden.«

Wenn ich an die positiven Seiten Wiens denke, ist auch Rainer Münz, einer der klügsten Köpfe des Landes, zu nennen, ferner der Schriftsteller Robert Menasse und Klaus Nellen von *Transit*, nicht zu vergessen die Equipe des befreundeten *Eurozine*, wohl das anspruchsvollste Online-Magazin derzeit. 1994 bewegte ich mich zwischen der Spittelauer Lände und der Himmelfahrtsgasse, zwischen Museum für Angewandte Kunst und Hochram-Alpe, zwischen den Galerien in der Schleifmühlgasse und meiner Wohnung in der Pfarrgasse im 2. Bezirk, als wäre das schon immer mein Zuhause. ORF 1 kam mir besser vor als sämtliche ARD-Sender, *Presse* und *Standard* hielt ich für gute Zeitungen, die garstige *Krone* störte da nicht, und ihr rechtsradikaler Kolumnist Staberl war Folklore. Das war doch ein ganz normales Land, oder?

Das *Falter*-Interview, mit einem teuflischen Porträtfoto illustriert, brachte mir bei meinen Bekannten Kopfschütteln ein, während der spätere Bundeskanzler Wolfgang Schüssel es für seine Zwecke nutzte, bevor er einige Jahre darauf den liberalen, potenziell schwarz-grünen ÖVP-Flügel absägte und sich mit den Blauen des Jörg Haider verband. Auch wenn ich die EU-»Sanktionen« von 2000 völlig übertrieben fand (Berlusconi wäre, wenn überhaupt, das sinnvollere Ziel gewesen, und heute Orbans Ungarn), war diese Koalition der Sündenfall, der Österreichs mentalen Zustand spiegelte. Stinknormal ja, aber der Akzent lag jetzt auf der ersten Silbe, wie Georg Hoffmann-Ostenhof mir in einer *Profil*-Kolumne gnädig zugeteilt. Es stank gehörig, und schön, dass man das Granteln gelernt hat. Welchen Saustall Haider und seine Adlaten, der »Feschist« Grasser und die »Königskobra« Riess-Passer angerichtet haben, wurde alsbald sichtbar. Die politischen Sitten sind verludert, Wien ist in mancher Hinsicht wieder so balkanisch-provinziell wie 1979. Eine hässliche Bourgeoisie der »g'spritzten« Wohlstandschauvinisten (Marke Opernball) hat sich breitgemacht, leider auch in den Kaffeehäusern und auf dem Naschmarkt, dubiose Immobilienhändler spielen Monopoly und verwandeln zum Beispiel die Tuchlauben in ein Einkaufsparadies für Gas- und Ölscheichs.

Mit Jörg Haider, Jahrgang 1950, war ich diverse Male in Kontakt. Das erste Mal in einer viel zu engen Kammer irgendwo im Taunus, wo deutsche Nationalliberale der Möllemann-FDP ihn eingeladen hatten, um von ihm zu lernen, und mich als kritisches Feigenblatt dazubaten. Gegendemonstranten verhinderten den öffentlichen Teil, im Hinterzimmer entfaltete Haider aber eine Intelligenz- und Charmeoffensive, gegen die Franz Schönhuber sehr norddeutsch aussah. Der Charme verdeckte eine Aggression, die der fesche Jörgl auch in allerhand sexuellen Eskapaden ausgetobt haben soll – es hat mich immer gewundert, dass die Gerüchteküche der Kaffeehäuser sich nie zu einem sorgfältig recherchierten Artikel verdichtet hat, den der Familienvater aus Klagenfurt kaum überstanden hätte. Auch nach Haiders melodramatischem Tod im Phaeton hielten alle den Mund.

Das letzte Mal sahen wir uns im Wiener Hilton-Hotel, mit ihm und seiner Buberl-Partie saß ich dort zum Frühschoppen wie auf dem Präsentierteller und stellte ihm Fragen für ein Porträt im *New York Review of Books*, das dann gar nicht ich schrieb, sondern der vom Antisemitismus im Wien der 90er-Jahre entsetzte Tony Judt. Man kann von Glück reden, dass sich die »Freiheitlichen« im Größenwahn ihres Anführers und im Spießertum und der Geldgier ihrer Funktionäre seither halbwegs selbst zerlegt haben, sonst hätte in Wien die Führerfigur eines modernen Faschismus ihren Durchbruch gehabt. Und da man in Wien gern vom Unbewussten spricht: Für das fast jovial geführte Gespräch im Hilton bedankte ich mich, indem ich ganz versehentlich ein halb volles Bierglas auf Haiders Knien verschüttete. Im Hinausgehen war ich untröstlich.

Zurück in New York, traf ich Peter Sichrovsky wieder, einen Wiener Juden, der sich bei einer Veranstaltung im Deutschen Haus der New York University noch als Haider-Gegner geriert und mit Ignatz Bubis Gespräche geführt und zu einer Biografie zusammengefasst hatte. Jetzt war Sichrovsky geradezu hingerissen von Haider, und ich riet ihm im Spaß, doch gleich der FPÖ beizutreten. Allerdings war ich nicht allzu verblüfft, ihn wenig später tatsächlich auf einem guten, *stink*normalen Listenplatz für die Freiheitlichen im Straßburger Parlament zu finden. Er drückte dort die mediokre Bank der Anti-Europäer. Brüssel ist die Projektionsfläche ihres Ressentiments, und sie werden weiter an den Fundamenten der Europäischen Union sägen.

In Straßburg saß noch ein anderer Bekannter aus Wien, bei dem man die Steigerung des Populismus aus gekränkter Eitelkeit miterleben konnte: Dr. Hans-Peter Martin, ein gänzlich unabhängiger und fraktionsfreier EU-Abgeordneter. Bekannt geworden war der »Aufdecker« und zeitweilige *Spiegel*-Redakteur durch Bestseller wie *Bittere Pillen* und *Die Globalisierungsfalle* – dass er damit eine Weltauflage von über einer Million in 27 Ländern habe, war nach der Begrüßung gleich sein zweiter Satz, als wir uns einmal im Taxi kennenlernten. Ins Straßburger Parlament kam er auf einer Liste der SPÖ, die alsbald genug von ihm hatte. Von der Boulevardzeitung *Krone* unterstützt, wurde er zu einem Michael Kohlhaas der EU, der wahre Dinge über Abgeordnetenprivilegien und übermäßigen Lobbyeinfluss anprangerte, dem aber das Geltungsbewusstsein stets in die Quere kam. Man hatte das Gefühl, er bekämpfte Haider nur, weil er ihm in der Sonne stand. Eine halbe Million Österreicher mochten ihn trotzdem, doch enge Mitarbeiter wandten sich von ihm ab, und 2014 zog er sich aufs Bücherschreiben zurück.

An Leuten wie Haider und Martin erlebt man die Dreistigkeit populistischer Agitation. Sie wettern gegen »die da oben«, konstruieren eine tiefe emotionale Kluft zwischen »dem« Volk und »der« politischen Klasse, oft auch zu den »Großkopfeten«

der Wirtschaft, die auf Kosten des kleinen Mannes protzen. Es reicht ihnen, Durchstechereien des Establishments zu benennen, auszumalen und anzuprangern, sie müssen niemals den Beweis erbringen, dass sie es besser machen können. Und wo sie in Regierungsnähe kommen oder an Regierungen mitwirken, zerfallen sie wie ein missratenes Soufflé. Jörg Haider und seine Mannen haben in Österreich exakt jenes Imperium der Begünstigung, Korruption und Heuchelei errichtet, das sie der angeprangerten Berufspolitik unterstellt hatten. Am milliardenteuren Hypo-Alpe-Adria-Skandal, bei dem der Landeshauptmann eine tragende Rolle spielte, werden die Steuerzahler der Republik noch schwer zu tragen haben.

Die Verbindung von Dominanz und Angst, die Haider verkörperte, ist exakt das, was namentlich junge Männer an Nationalpopulisten schätzen. Sie stellen das getreue Gegenbild zur mehrheitlich weiblichen Anhängerschaft grün-ökologischer Parteien dar. Die grüne Sozialkundelehrerin muss als Zerrbild der Emanzipationsbewegung herhalten, in anderer Hinsicht ist es der virile Jungtürke, der ihnen die Freundin ausspannt und die Arbeit wegnimmt, als Wiederkehr der Türken vor Wien. Sie gieren nach Führung durch starke Typen wie Marine Le Pen und Wladimir Putin, das neue Traumpaar der eurasischen Alternative zum Westen. Und doch war es Österreich, das 2014 eine Conchita Wurst, die Schreckfigur der Homophoben, zum Triumph in den Eurovision Song Contest entsandte…

Du, glückliches Austria, heirate – mit diesem Motto wurde lange Zeit von der europäischen Politik, die ihre Territorialkämpfe üblicherweise über Waffengänge austrug, die Heiratspolitik der Habsburger umschrieben. Ich tat es dem gleich und ging 1998 eine binationale Ehe ein, von der ich, frei nach George Bernard Shaw, sagen darf: Österreicherinnen und Deutsche trennt nur die Sprache. Elke Mühlleitner gehört der kritischen Waldheim-Generation an, die um 1986 herum aktiv wurde; sie hat dem Frieden nie getraut und mir sanft klargemacht, welche netten Kollegen in Österreich mir treu in die Augen geschaut und mich dabei gnadenlos angelogen und ausgenutzt hatten. Aber Wien bleibt Wien: 2006, im glühend heißen Fußball-WM-Sommer, gingen wir ein weiteres Mal ans IWM, und die (Wahl-)Heimat Österreich ist immer eine Reise wert. Normalerweise.

50. Mali. Ein Traum

Wie gern wäre ich nach Timbuktu gefahren! In Dakar standen Elke Mühlleitner und ich einmal an dem gottverlassenen Bahnhof, ein Schnellzug sollte mittwochs und sonnabends über Tambacounda und Kayes in die malische Hauptstadt Bamako verkehren und dafür »zwischen 30 und 35 Stunden« benötigen, mit theoretisch reservierbaren, aber komplett durchgesessenen Sitzen. Die Dakar-Niger-Linie war ein Lebensnerv des *Soudan Français*, des von den Franzosen beherrschten Westafrika. 1995 wurde sie privatisiert, und viele Stationen unterwegs wurden geschlossen. Man erzählte sich, der Zug würde häufig aus den Gleisen springen und dann etwas länger brauchen. Also blieben wir im Senegal, auch das zweitägige Seminar mit Studenten, das ich mir für diesen Zug ausgedacht hatte, blieb reine Fantasie. Tombouctou (wie Timbuktu jetzt offiziell heißt) blieb unerreichbar, und es wurde 2013 noch gefährlicher als Algier und Sarajevo.

Mali (ohne Ort und ohne Jahr) hat mich vor allem über seine Filme, dann über seine Musik und nicht zuletzt als Beweis der Möglichkeit von Demokratie in einem bitterarmen Land fasziniert. Souleymane Cissés *Cinq jours d'une vie* erzählte 1972 die Geschichte eines Jungen, der den Weg der Tugend in der Koranschule verlässt und Straßendieb in der Hauptstadt wird. Cissés *Den muso* handelte von einem stummen Mädchen, das nach einer Vergewaltigung schwanger und von seiner Familie verstoßen wird; für diesen Tabubruch wanderte der Regisseur ins Gefängnis. 1982 folgte Finyé (Wind), die Geschichte eines Jugendaufstands gegen die korrupte Führungsschicht Malis, die Demokratie dann doch unmöglich machte. Eine Generation später drehte Cheick Oumar Sissoko, zwischenzeitlich mit Ministerämtern betraut, *Guimba,* die tragikomische Geschichte eines Dorftyrannen, und *Müllburschen,* ein Film über Straßenkinder aus verschiedenen Stämmen Malis, war ein Appell zur Verständigung zwischen den vielen Ethnien. In Assane Kouyatés *Kandé* (2002) ging es um Dürren und ökologische Katastrophen der Dörfer, in Abderrahmane Sissakos Film *Timbuktu* von 2014 schließlich sind es die Worte einer Frau, die der Gewalt der Barbaren Einhalt zu gebieten verspricht, als diese über die Stadt im Norden des Landes hergefallen sind.

Malis Filme dokumentieren alle schwierigen Verhältnisse in dem Sahel-Land, sie präsentieren die Menschen jedoch voller Sympathie und Respekt, auch mit großem Humor, und man konnte den Eindruck bekommen, das Land ein wenig zu kennen. Erklärt hat mir die afrikanische Filmproduktion im 20. Jahrhundert Manthia Diawara, ein aus Mali stammender Kollege an der New York University und ein Botschafter seines Landes (wie ich des meinen). Noch präsenter wurde Mali mir durch seine musikalische Tradition und Produktion. Ich erspare mir die Aufzählung der vielen Griot-Sänger und erwähne nur einige Frauen: Rokia Traoré, Oumou Sangaré, Fatoumata Diawara, die den Mädchen und Frauen gegen die Patriarchen und Alltagsmachos Mut machen. Westafrikanische Musik hat den Weg in sämtliche Weltmusikregale gefunden und ist in allen Diskos und Radiostationen der Welt präsent. Auslöser des Booms war die Eisenbahngesellschaft Malis, als sie nach der Unabhängigkeit ein Bahnorchester namens »Super Rail Band« gründete, das mit einer Mischung aus Mandinké-Klängen, kongolesischer und kubanischer Tanzmusik und Swing an der Buffetbar des Bahnhofs in Bamako aufspielte. Die späteren Weltstars Salif Keita und Mory Kanté stammen aus dieser Band.

Wie zu erwarten war, haben die Islamisten, die sich im April 2012 der Nordprovinzen Malis bemächtigten, nicht nur Bilder, sondern auch diese Klänge verboten. Per Dekret erklärten sie jede Form von Musik zum Werk des Satans, an ihre Stelle sollte die Rezitation von Koranversen treten. Um dem Nachdruck zu verschaffen, tauchten Milizen in Kidal auf, der Heimat der bekannten Tuareg-Band *Tinariwen*, sie bedrohten die Familien der Bandmitglieder und zerstörten sämtliche Instrumente. Der in Saudi-Arabien zum Salafismus konvertierte Iyad Ag Rhali, Anführer der Tuareg-Revolte von 1990, hatte früher selbst Musik gemacht und komponiert, mit *Tinariwen* abgehangen, geraucht und getrunken. Nun befahlen er und seine Genossen von *Ansar Dine*, die Musik müsse aufhören. Keiner solle mehr auf den Straßen tanzen, es dürfe keine Party mehr stattfinden, niemand solle öffentlich Freude empfinden. Die Zerstörungswut der Milizen, die den Koran genauso banausenhaft auslegen wie die Musik, richtete sich auch gegen die als Welterbe deklarierten Lehmbauten der Moscheen, Bibliotheken und Schulen im Land. Mali sollte zum Erliegen kommen.

Ausfallen muss seit 2013 auch das legendäre, jeweils im Januar bei Timbuktu stattfindende *Festival au Désert*, für dessen Besuch ich mich endlich anmelden wollte. Es wurde nach Ouagadougou, in die Hauptstadt des Nachbarlands Burkina Faso, und nach Marokko verlegt; Bono, der im Jahr davor selbst teilgenommen hatte, wollte Malis Musik auf jedes Festival der Welt bringen, um den militärischen Sieg der Islamisten in eine moralische Niederlage zu verwandeln. Bei den frühen Wüstenfestivals hatten Tuareg-Gruppen ihre Rebellion gegen einen malischen Staat erklärt, von dem sie sich nie einbezogen fühlten und gegen den sie seit den 90er-Jahren mit Unterstützung Ghaddafis zu Felde zogen. Ein wichtiges Medium waren hier Musik und Poesie, die auf Audiokassetten unter die Leute gebracht wurden und kostenlos von einer Hand in die andere wanderten. Nicht zuletzt unter dem (ambivalenten) Label Weltmusik haben sich die Interpreten professionalisiert, heute spielen sie nicht mehr umsonst auf den großen Bühnen der Welt.

Ziel der rebellischen Tuareg war und ist die Gründung eines unabhängigen Tuareg-Staates Azawad, der die von den ehemaligen Kolonialherren wie mit der Aktendeckelkante gezogenen kolonialen Grenzen überwindet und damit die Integrität gleich mehrerer postkolonialer Staaten angreift. Malis Problem, einen legitimen Staat zu erhalten, ist auch ein europäisches Problem. Denn es ist nie gelungen, dem *donor darling* in Westafrika jene nachhaltige Zusammenarbeit und Entwicklung angedeihen zu lassen, die Armut, Ungleichheit und ethnische Spannungen verringern und den Jungen eine Zukunft jenseits von Schmuggel oder Scharia bieten. Nicht nur im abtrünnigen Norden werden die Herrschenden in Bamako, unsere Gesprächspartner nämlich, als eine korrupte Clique wahrgenommen, die ihre Macht missbraucht und die Demokratie als Herrschaftsform in Verruf gebracht hat. Die Reporterin Charlotte Wiedemann, die das verwundete Land seit Jahren bereist und *taz*-Leser auf Exkursion mitgenommen hat, bringt Malis Ringen um Würde auf den Punkt: »Ein Staat, den die Bürger nicht als den ihren betrachten, kann sich weder gegen innere noch äußere Feinde verteidigen.« Demütigend sei vor allem, »sich nicht selber zur Wehr setzen zu können und nun Tausende ausländische Soldaten im Land zu haben – darunter auch deutsche«.

Etwa 80 Ausbilder des Bundeswehr befinden sich derzeit in Bamako. Die von EU- und afrikanischen Nationen geleiteten Trainings- und Interventionsmissionen EUTM und AFISMA im Rahmen der durch den Sicherheitsrat beschlossenen Blauhelm-Operation MINUSMA haben Mali-Nord sicherer und stabiler gemacht. Die Flüchtlinge sind weiterhin in den Lagern, die Islamisten zurück; mit Geiselnahme erpressen sie Lösegelder in Millionenhöhe und verbessern Ausrüstung und Logistik. Unter weitgehendem Ausschluss der Tuareg haben Ende 2013 Wahlen stattgefunden, aber die staatliche Ordnung nur formal wiederhergestellt. Zu viele auswärtige Akteure – außer den Franzosen China, die Golfstaaten und Marokko – mischen sich in der Sahel-Region ein, von wo ein großer Teil der Flüchtlinge stammt, die über das Mittelmeer in den reichen Norden gelangen wollen. Religiöse Kräfte, darunter moderne, oft steinreiche Sufis, haben nach dem Sozialismus auch die verfassungsmäßige

Laizität und Egalität infrage gestellt und behaupten, das Land moralisch erneuern zu können.

Was übrig zu bleiben schien, war eine hilflos wirkende, vielleicht aber doch wirksame Aktion. Über eine internationale Organisation hat unsere Familie Fatou, ein damals vierjähriges Patenkind, angenommen; über ihre Lebensumstände können wir uns ein Bild von einem Dorf im Landesinneren machen und hoffentlich eine kleine Hilfestellung für gute Schulbildung und einen weniger beschwerlichen Lebensweg bieten. Ansonsten, welche Resignation, lese ich von der großen Geschichte des angeblich geschichtslosen Westafrika, des Mali- und des Songhai-Reiches in vorkolonialer Zeit, betrachte in Museen alte und neue Kunst des Kontinents, blättere durch Paul Parins Klassiker *Die Weißen denken zu viel*. Höre die Griots an. Mali wird für mich ein Traum bleiben. Hoffentlich wird meine Tochter ja mal unser Patenkind besuchen können.

Kurz vor Bamako

VIII.
Kontinentalflucht: Amerika

I went back to Ohio
But my city was gone
There was no train station
There was no downtown
South Howard had disappeared
All my favorite places
My city had been pulled down
Reduced to parking spaces
A, o, way to go Ohio

Chrissie Hynde, »My City Was Gone«, 1982
(über ihre Geburtsstadt Akron/Ohio)

51. Lost and Found

Die drei New Yorker Jahre von 1995 bis 1998 waren ein Exil auf Zeit. Niemand hatte mich vertrieben, als ich mit (wenig) Sack und Pack aus der aufgegebenen Frankfurter Wohnung nach New York übersiedelte. In »Mainhattan« war gerade geschehen, was mir alle für Manhattan prophezeit hatten: Meine Wohnung war ausgeraubt worden. Zu holen war nicht viel, aber es ist ein übles Gefühl, in eine Wohnung zurückzukommen, deren Tür weit offen steht, und das Chaos in Augenschein zu nehmen, das beim Durchwühlen aller Schubladen und Schränke entstanden war. Tagelang hängt man der Präsenz unerwünschter Fremder nach und erfährt beim anschließenden Besuch der Versicherungsvertreterin: »Die kommen wieder und holen den Rest.« Der zweite Einbruch, wieder am Tag, war der Tropfen, der das Fass zum Überlaufen brachte. Die Erfahrungen nach 1990 waren strapaziös gewesen, eine gewisse Malaise hatte mich gefangen genommen, unerwartet tief war der Einschnitt des Todes beider Eltern. In dieser Zeit war ich auch für Freunde und Freundinnen nicht angenehm, so kam die Ausschreibung gelegen.

Der *Max Weber Chair* war ein vom Deutschen Akademischen Austauschdienst ausgeschriebener Lehrstuhl an der New York University (NYU). Der Name Weber hatte einschlägige Exegeten angezogen, dabei war die Namenswidmung nur eine Notlösung, wie sich herausstellen sollte. Den Ausschlag gab das Votum der New York University, und als ich nach dem Labour Day 1995 die Professur antrat, kam es mir vor, mein ganzes Leben wäre auf diesen Tag und Ort ausgerichtet gewesen.

Das Abenteuer startete dann nicht ohne Hindernisse. Die Wohnung in TriBeCa, die ich auf Vermittlung eines Wiener Bekannten von ferne gemietet hatte, stellte sich als dauerhaft besetzt heraus. Möbel und Kisten, die ich aus Frankfurt verschiffen hatte lassen, mussten in einem Lagerhaus am anderen Ufer in New Jersey liegen bleiben, während ich Anzeigen in der *Village Voice* studierte und das gerade noch erschwingliche Loft eines älteren Paares ergattern konnte, das den Sommer in Jamaica/Vermont zu verbringen pflegte. Bei einem Telefonat erklärte mir Eugene, mein Vermieter, der eine ganz junge Stimme hatte, er sei 1945 als junger GI an der Rheinbrücke in Remagen gewesen. Das kam mir von meinem Vater irgendwie unheimlich bekannt vor.

Die Wohnung hatte einen prächtigen Ausblick auf die Freiheitsstatue und den Hudson River, und sie lag in einem noch nicht ganz sanierten Viertel am West Side Highway. Mit dem Bagle-Stand und dem *Times*-Verkäufer vor der Tür und dem *Odeon* in der Nähe, wo ich abends *Steak Frites* bekam, an der Bar Gitanes rauchen durfte und *Celebrities* aus dem Fernsehen erklärt bekam (einmal der über alle Maßen unflätige Immobilienhai Donald Trump), hatte ich doch alles, was ich brauchte. Vor allem ein geliehenes Rennrad. Einen sonnigen Tag lang radelte ich den Broadway vom Harlem River bis zur Anlegestation an der Südspitze Manhattans hinunter, auf tückische Schlaglöcher und den damals nicht im Mindesten auf Zweiräder eingestellten Verkehr achtend. Einer der glücklichsten Augenblicke meines Lebens.

Die guten Vibrationen steigerten sich noch, als mir beim Einsteigen in den Lastenaufzug an Canal Street 100 klar wurde, wer da über mir wohnte. Lou Reed fragte mürrisch: »Up or down?« Seine Laune sollte sich in den nächsten Wochen nicht bessern, während mich seine Lebensgefährtin Laurie Anderson zum Tee einlud und über Deutschlands Professoren ausfragte. Der *Transformer* verkörperte die dekadenten Velvet Underground (man höre nur noch einmal post mortem die splatterige

»Sister Ray«), aber er kam mir vor wie Philemon mit Baucis – ein zufrieden auf die Pension zustrebendes älteres Ehepaar, das die Haare kurz trägt und bei Sonnenaufgang auf der Dachterrasse Tai Chi macht. Manchmal spazierten sie Hand in Hand ins Joyce Theatre, wo Tanzgruppen von Rang gastierten. Ich hatte zwar keine Wohnung und, wie sich bald herausstellte, mangels *credit history* auch kein Konto, doch mich überkam schon das typische Amerika-Anfänger-Hochgefühl: *If you can make it here…*

An der NYU wartete niemand auf mich. Mit Mühe schaffte man es, mir ein etwa 15 Quadratmeter kleines, fensterloses Büro freizuräumen. Zur Seite stand mir ein dreiköpfiges Team von *teaching assistants* (danke Anne Marie, Yael und Jan, wo immer ihr seid!), die meine Anfängerfehler in den Klassen ausbügelten. Mit höchstens 16 Studenten hatte ich luxuriöse Bedingungen und achtete darauf, speziell den meist schweigenden, aber erstklassigen asiatischen Studentinnen eine Nasenlänge voraus zu sein. Das Lektürepensum der Klasse war enorm, die Qualität der Hausarbeiten meistens A-plus. Für ein kurzes, ausgefeiltes Gutachten brauchte ich manchmal eine ganze Nacht (und hätte deswegen fast die Frau meines Lebens verpasst).

Nur einen Riesenkurs für *undergraduates* musste ich übernehmen, der allen Ernstes »Europe 1000–1900« hieß. Die unmögliche Aufgabe, 900 Jahre in zwölf Sitzungen plus Klausur »durchzunehmen«, löste ich, indem ich historische Landkarten Europas bis 1990 projizierte und daran anschaulich verdeutlichen konnte, wie variabel Europa in seiner Geschichte war und von außen gesehen wurde. Nach dem Fall der Mauer, von Francis Fukuyama als »Ende der Geschichte« gedeutet, war das Interesse an der Alten Welt für kurze Zeit wieder wach geworden. Die Studenten, die mir extrem jung vorkamen und ungewohnten Respekt zollten, verorteten sich mit ihren jeweiligen Vorfahren zwischen Nordkap und Cabo de São Vicente (Portugal) und waren dankbar, keine Jahreszahlen auswendig lernen zu müssen. Es half, dass man in New York, anders als in Frankreich, nicht den *native speaker* mimen muss, sondern sich wie alle anderen auch »frei nach Schnauze« verständlich machen kann.

Auch meine erste große Konferenz im Januar 1996 widmete sich (einer Idee von Dan Diner folgend) den »Varieties of Europe«. Zu ihrem Erfolg haben Fritz Stern und Lord Dahrendorf beigetragen, Srebren Dizdar aus Sarajevo und Tadeusz Mazowiecki aus Warschau deckten das akute Drama verweigerter Diversität schonungslos auf. Mein Arbeitgeber war zufrieden, die *graduate students* anscheinend auch, und zum ersten Mal in meinem Leben war der Arbeitsplatz nur drei Blocks entfernt und ohne Pendelei erreichbar. Ich befolgte die Maximen von Robert Ezra Park, dem Chicagoer Stadtforscher: »*Go* into the district. *Get* the feeling. Become *acquainted* with people.« Um mich herum war Weltkulturhauptstadt: CBJB & OMFUG (ein Klub auf der Bowery für »Country, Bluegrass, Blues and Other Music For Uplifting Gormandizers«), die Knitting Factory und das Drawing Center, Blue Note und Vanguard, die Buchläden Shakespeare & Co und St Mark's sowie Kim's Video-Shop, in dem Woody Allen Kassetten auslieh. Die Konferenz hätte übrigens fast ohne mich stattfinden müssen – ein Jahrhundertblizzard hatte zwischen Boston und Atlanta alles unter meterhohem Schnee begraben; als ich knapp vor Beginn nach New York zurückkam, lag es in seltener Ruhe da, die Straßenschluchten waren in Skiloipen verwandelt. In der NYU-Sporthalle hatte ich bei einem veritablen Olympiasieger Fechtunterricht begonnen, leider fiel der Kurs flach, und ich spielte Badminton (oder doch eher Federball).

In kurzer Zeit lernte ich enorm viele Leute kennen, die mit mir Mittagessen gehen wollten, war am Abend aber meistens allein. Zum Alter Ego hatte ich mir Frank Bascombe erkoren, die Hauptfigur aus Richard Fords Roman *Sportreporter*, ein abgeklärter Pragmatiker, der ohne viel Empathie in den Tag hineinlebt. Als musikalisches Pendant dazu wählte ich mir den elegischen Bruce Springsteen von »Human Touch«. Im Westbeth Theatre gaben, welche freudiges Wiedersehen, die Gebrüder

Davies ihre *20th Century Man*-Show, und Ray Davies' Ex-Frau Chrissie Hynde, Frontfrau der Pretenders, feierte im Souterrain des *Time Café* irgendeine Release-Party, zu der mich ein Kollege geschleppt hatte. Sie war etwa in meinem Alter und strahlte diese unbändige Lebensfreude aus, wie man sie am häufigsten wohl im Rock'n'Roll antrifft. Den Mund verzog sie so spöttisch, und die Augen waren so tiefschwarz, wie ich das vom Cover der jüngsten Pretenders-LP *Last of the Independents* kannte. Dabei tanzte sie durch den Raum, als wäre sie (wieder) das einfache Mädchen aus Ohio und als wären nicht zwei Gitarristen der Band an Drogen gestorben (»The needle and the damage«), so offen zum (natürlich harmlosen) Flirt einladend. »Here's nobody else here / No one like me / I'm special, so special.«

Die Frage nach solchen Nächten lautete, ob ich allein glücklich oder glücklich, aber allein war. Back to work: In der Antrittsvorlesung ging ich dem Namensgeber zu Ehren auf Max Webers Lebensabschnitt in Amerika ein; der Soziologe hatte 1904 in der Neuen Welt entfernte Cousins besucht und jenseits des Atlantiks eine tiefe Lebenskrise bewältigt, daheim in Heidelberg schrieb er seine *Protestantische Ethik* fertig. Im gehörigen Respektabstand zu dem großen Gelehrten fiel mir gar nicht auf, dass ich aus durchaus verwandten Gründen den Atlantik überquert hatte. Ansonsten hatte der Chair wenig mit seinem Namensgeber zu tun. Ursprünglich sollte er den Namen Willy Brandts tragen, wie die Lehrstühle *Theodor Heuss* an der New School for Social Research und *Konrad Adenauer* an der Georgetown University in Washington. Das war in den Kohl-Jahren nicht durchsetzbar, und so verfiel man auf den großen deutschen Soziologen, der in New York kein *household name* war und gelegentlich mit dem abstrakten Maler gleichen Namens verwechselt wurde. (Das Gleiche kann einem kaum mit Karl Marx passieren: So hieß auch ein Kölner Künstler des 20. Jahrhunderts.) Mir wäre ohnehin ein *Georg Simmel Chair* lieber gewesen.

Nach wenigen Wochen hatte ich die unabdingliche *Social*

Security Number. Die telefonische Kontoeröffnung mit einer Agentin der Citibank dauerte eine Stunde und drehte sich (1995!) nicht zum geringsten Teil um die Frage, ob ich Ost- oder Westdeutscher sei. »Westdeutscher«, antwortete ich spontan, um mich zu korrigieren: »Deutscher, meine ich.« Sie ungeduldig: »Ost oder West?« Ich: »Es gibt nur noch eines, ich meine, die beiden sind ein Germany geworden.« Schweigen, Papierrascheln. Ich, um den Faden nicht abreißen zu lassen: »Geht die Citibank immer noch von zwei deutschen Staaten aus?« Rascheln am anderen Ende. »Nein, Citibank verzeichnet nur ein Deutschland.« Aha. »West Germany.« »Haben Sie schon mal einen Ostdeutschen getroffen?« Sie, wie aus der Pistole geschossen: »Ich habe überhaupt noch keine Deutschen getroffen.« Ich gab es auf und gab zu: »Okay, I am a Western German ...«

In dem *One Bedroom Apartment,* das ich im 32. Stock eines *High-Rise* Ecke Mercer Street und Broadway bezog, schlief ich abends mit dem Blick auf das »Gebirge« ein, wie ich die Hochhausballung rings um die Twin Towers nannte. Aus meinem Hochsitz sah ich in den kristallklaren blauen Him-

Exile on Mercer Street

mel über New York, mit Wasserspeichern und Dachgärten unter mir – und die Herbststürme und Blizzards auf Manhattan zukommen. Ich war *on top of the world* angelangt.

52. Amerikas Welt in meinem Kopf

Überschwängliche Amerikabegeisterung war mir keineswegs in die Wiege gelegt. Im Ohr habe ich immer noch die abfälligen Bemerkungen meines Vaters über »die Amis«, die ihn (eben an der Remagener Rheinbrücke) 1945 »Gras fressen ließen« – Otto und Eugene wären niemals *brothers in arms* geworden. Es folgte das gesellschaftsweite Verdikt gegen Mickey Mouse, Coca-Cola, Blue Jeans und sonstige Ami-Unkultur und Weltmachtarroganz. Von den Vereinigten Staaten fühlte sich in meinen Kreisen niemand befreit, dem von ihnen in allen Belangen geprägten Westen eigentlich auch nicht zugehörig. Natürlich zog uns Junge das umso mehr an, unterstützt durch die Idolisierung des jungen Präsidenten John F. Kennedy, gegen den Charles de Gaulle und Konrad Adenauer noch älter aussahen, als sie ohnehin schon waren. Kennedys Redensammlung *Der Weg zum Frieden*, die auf dem weihnachtlichen Gabentisch lag, habe ich verschlungen, darunter den berühmten Satz aus seiner Antrittsrede: »Frag nicht, was dein Land für dich tun kann. Frage, was du für dein Land tun kannst.« Diese Variante des Patriotismus wich erkennbar ab von der deutschen Vaterlandsliebe, die unsere Väter und Lehrer vermitteln wollten, und sie gefiel mir, da sie inklusiv und offen war. Im Amerika Haus und in der Bibliothek des British Council habe ich mich selbst umerzogen – mit Ernest Hemingway und James Baldwin, John Osborne und Harold Pinter. Beide Gebäude lagen am Neumarkt, sozusagen als Platzhalter des an dieser Stelle zerbombten Apostelgymnasiums, in dessen Ersatzbau ich bis 1968 wohnte. Wichtiger war die Subkultur: Kinks und Doors versetzten uns mit allen Fasern in die angloamerikanische Welt, aus der einen kein Türsteher mehr abweisen konnte. Auch Truffaut und selbst Godard kamen mir irgendwie amerikanisch vor.

In meinem Büro hängt heute ein seltenes, braunstichiges, in Québec erworbenes Bild der Kennedys. Für »Jack« habe ich damals im wahrsten Sinne Blut vergossen. Am 22. November 1963, als er von Lee Harvey Oswald in Dallas erschossen wurde, war ich mit Schnitzarbeiten für ein Weihnachtsgeschenk beschäftigt, als die Nachricht im abendlichen Deutschland eintraf. Ich heulte los und rammte mir das Schnitzmesser in eine Arterie am linken Zeigefinger. Meine Eltern feierten Karneval im Gürzenich, Claus war allein zu Haus. Das Blut schoss, wie ich mit neugierigem Entsetzen beobachtete, fontänenartig heraus, eine hilfreiche Nachbarin band den Finger ab, der Verwundete landete in der Universitätsklinik. Es hatte zu schneien begonnen, und während ich mit hochgestrecktem Zeigefinger auf Behandlung wartete, wurden ständig Opfer weniger glimpflicher Autounfälle an mir vorbeigeschoben. Ein Leben ohne Kennedy, so konnte es scheinen, würde dramatisch werden.

Die Wunde am linken Zeigefinger sieht man heute noch, der Mythos Kennedy ist unterdessen verblasst. So vieles stimmte nicht ganz, was ihn erstrahlen ließ, und vor allem war er der Auslöser des Vietnamkriegs, der fast eine ganze Generation zu US-Kritikern und Amerikahassern machte. Mich nicht. Zwar skandierte auch ich »Ho-Ho-Ho Chi Minh« und spendete 1967 für den Vietkong, aber die Grundsympathie für Amerika ging nie verloren. Die Teach-ins waren schließlich aus den USA importiert, und an Selbstkritik lassen sich Amerikaner bis heute nicht überbieten. Im ersten Heft der SDS-Zeitschrift *neue kritik*, das mir in die Hände fiel, las ich vom *Free Speech Movement* an der University of California in Berkeley. Mir imponierte der Gedanke radikaler Meinungsfreiheit (wovon wir weit entfernt waren) mehr, als mir deren tagtägliche Unterdrückung in den USA missfiel. Und die Missgriffe der amerikanischen Politik wurden dadurch kompensiert, dass sie von einem wie Herbert Marcuse, dem aus Deutschland in die USA emigrierten Mentor, eingeordnet wurden.

Selbstredend habe ich beim ersten Besuch in der US-Hauptstadt Kennedys Grab in Arlington besucht. Und als ich auf der Park Avenue einmal »Jackie« Kennedy aus einer Limousine in einen Hauseingang hineingehen sah, klopfte mein Herz. Nach Dallas zog mich nichts, und wenn, hätte ich um den Dealey Place, wo die tödlichen Kugeln den Kopf des Präsidenten zerfetzten, einen großen Bogen gemacht. An den vielen Verschwörungstheorien über irdische und außerirdische Hintermänner des Attentats interessierte mich eigentlich nur, dass außer denen über UFOs alle wahr sein könnten und dass es so viele gab, die den Präsidenten, den ich verehrte, so abgrundtief hassten.

Mein »Handorakel« zu Amerika war nicht Webers *Protestantische Ethik*, sondern Hannah Arendts *On Revolution* (1963). Das Buch, eine Komparatistik der französischen und amerikanischen Republiken, erlaubte mir eine lebensgeschichtliche Abgleichung der entscheidenden Verwestlichungserfahrungen zwischen Paris und Washington. Unter Freiheit verstand Arendt weniger die Befreiung von Not, Elend oder Furcht als vielmehr die Möglichkeit, frei zu handeln und Neues zu beginnen. Und es schmeichelte den 68ern, dass Arendt in der Mai-Revolte eine solche Möglichkeit erblickt hatte. Frankreich oder Amerika? Frankreich *und* Amerika! In Paris nannten sich Anhänger dieser unmöglichen Fusion *Gauche Américaine*, sie verband amerikanisches Streben nach Freiheit mit kontinentaleuropäischem Gerechtigkeitsgefühl und relativierte den europäischen Glauben an den Staat.

Und ging dabei nicht so weit wie Ronald Reagan, der den Staat nicht als Lösung, sondern als das eigentliche Problem ansah. Seit seiner Machtübernahme war die transatlantische Entfremdung gewachsen, doch in dieser Zeit lernte ich die amerikanische Gesellschaft endlich von innen kennen und den akademischen Betrieb schätzen, zuerst an der Johns Hopkins University an der Massachusetts Avenue in Washington. Der damalige Direktor des American Institute for Contemporary German Studies (AICGS), Robert G. Livingston, ein ehemaliger Secret-Service-Mann und großer Deutschlandkenner, verschaffte Akademikern die Gelegenheit, im Duett mit deutschen Politikern am Dupont Circle Kongressmitarbeiter und Journalisten zu treffen. In diesem Format hatte ich 1987 die Ehre, Joschka Fischers allerersten Besuch in der amerikanischen Hauptstadt zu arrangieren, als die rot-grüne Landesregierung in Hessen am Ende war und der Umweltminister sich neuen Aufgaben zuwandte. Welche das sein sollten, wurde schlagartig klar, als er seine Wunschpartner für ein Gespräch in der US-Hauptstadt nennen sollte. Es war nicht der Sierra Club, den Livingston dem Grünen, den er selbstredend für ökologieinteressiert hielt, als mitgliederstärksten Umweltverband der Welt anpries, sondern das State Department, wo Fischer dann mit einem zweitrangigen Beamten vorliebnehmen musste. Bekanntlich hat sich der begnadete Autodidakt damit später nicht mehr abspeisen lassen. Dass er 2003 zum Gegenspieler Powells avancieren sollte, war ihm gewiss nicht recht.

In den frühen 90ern besuchte ich erstmals die Westküste. Los Angeles eröffneten mir Mike Davis mit seiner Stadtgeschichte *City of Quartz* und auf seinen Spuren stundenlange Autofahrten durch die Megastadt, die Bertolt Brecht als »Tahiti im Großstadtformat« tituliert hatte. Deren soziale und ethnische Spaltungen waren schon offensichtlich, bevor sie im April 1992 nach den auf einem Zufallsvideo festgehaltenen Schlägen auf den schwarzen Rodney King und dem Freispruch der verantwortlichen weißen Polizisten buchstäblich explodierten. Es gab mehr als 50 Tote, eine Milliarde Dollar Sachschaden und den Aufmarsch der Nationalgarde – und bestätigte leider meinen wenige Tage zuvor in der *Frankfurter Rundschau* erschienenen Bericht »Vom Leben und Sterben in L.A.«, den der Chefredakteur für »total übertrieben« hielt, aber trotzdem druckte.

Hätte er nur recht behalten. Los Angeles, die prätentiöse Stadt der Engel und »Hauptstadt der Dritten Welt« (David Rieff), war mir unerklärlich sympathisch: präpotent in die Wüste gebaut, ein Eldorado für Bodenspekulanten, Parasit am Hinterland, politisch reaktionärste Provinz, ein Jahrmarkt religiöser Spinner und esoterischer Selfmade-Gurus, alles in allem: ein voluntaristischer Akt der Selbsterfindung. Dass die FR-Redaktion als Untertitel »Ende des multikulturellen Traums« wählte, fand nun ich übertrieben. Denn nicht davon handelten die *Rodney King Riots*, sondern vom Übergang der Zweispaltung in Schwarze und Weiße in eine typisch multikulturelle Konstellation sich überlagernder ethnisch-religiöser Konflikte, damals zwischen Koreanern, Hispanics und Schwarzen wie Weißen.

Es ist dieser Verlust der Mitte, der Multikulti den Anhängern Huntingtons und Sarrazins so anrüchig macht, weil er sich jeder Leitkultur verweigert und das christlich-weiße Herrenvolk nur dank seiner politisch-ökonomischen Macht am Ruder hält. Was Einwanderung betrifft, so ist die Überlegenheit des American Way unverkennbar, der »Armutszuwanderung« selten verschmäht (L.A. lebt davon), zugleich aber die Besten auf dem Weltarbeitsmarkt zu fischen in der Lage ist. *Transnational America* bietet Teilhabe und wenigstens theoretisch auch Staatsbürgerschaft, die eher auf Zustimmung zur Republik denn auf Abstammung setzen.

Souvenirs zeigen, dass ich in den 80ern in New York vornehmlich Linkes gesucht (und auch historisch gefunden) habe, gestützt durch die Imagination des besseren Amerika in Dokumentarfilmen und Doku-Fictions: 1982 versetzte ich mich, reinkarniert durch Warren Beatty in *Reds*, in John Reed, den »amerikanischen Freund« der Oktoberrevolution. Und 1984 wurde im Film Forum, einer Instanz des unabhängigen Filmverleihs, *The Good Fight* gespielt, die Geschichte der Abraham Lincoln Brigade. Die Veteranen aus dem Spanischen Bürgerkrieg, denen ich einen Besuch abstattete, machten einen quicklebendigen Eindruck, Manhattan konnte einem damals noch vorkommen wie eine der größten Konzentrationen radikaler Linker auf der Erde. 1995 war davon nur noch wenig zu spüren, eher tendierte die Stadt zum Yuppie-Paradies, auch Bowerie, Thomkins Square und Alphabet City waren nachts keine *No-go-Areas* mehr. Gern ging ich mit Freunden ins *Florence* im neu entdeckten *Meatpacking District*. Die Fleischverpacker waren in den 1960er-Jahren ausgezogen, der Uferabschnitt am Hudson verkam zu einer Brache. Ein zogen nun die homo- und die transsexuelle Szene sowie SM-Begeisterte, Bordelle und Drogenhandel unter Kontrolle der Mafia. In der AIDS-Krise schlossen viele Klubs, in den 90ern machten dann alternative Restaurants, Boutiquen und Klubs auf, und bald genoss der Bezirk um das ehemalige Fort Gansevoort den zweifelhaften Ruf als New Yorks »most fashionable neighborhood«. Heute liegt er am Ende des *High Line Park*, einer grünen Fußgängerstrecke auf einer seit Langem stillgelegten Stadtbahntrasse.

53. Ignatz Bubis im Deutschen Haus

Da ich »solo« in New York war, arbeitete ich ansonsten wie ein Besessener, *Max Weber* sollte ein Erfolg werden. Im Deutschen Haus der New York University, einem kleinen Gebäude, das früher einmal als Stallung der Patrizierhäuser am Washington Square gedient hatte, war in Hochzeiten der deutsch-amerikanischen Freundschaft alles von Rang und Namen erschienen. 1995 kam nur noch ein gutes Dutzend Zuhörer, manche mit der Plastiktüte in der Hand und auf das Glas Wein mit Dips hinterher erpicht. Mein deutsches Programm entwickelte wieder größeren Ehrgeiz, mit Schriftstellern wie Ingo Schulze, Hans Magnus Enzensberger und Irene Dische, dem ehemaligen Bundespräsidenten Richard von Weizsäcker und dem Genomforscher Jens Reich, einem der Gründer des Neuen Forums und 1994 von den Bündnis-Grünen als Präsidentschaftsbewerber der ostdeutschen Bürgerbewegung nominiert. Der Außenminister in spe Joschka Fischer parlierte mittlerweile fließend Englisch und vermochte auch gestandene UN-Diplomaten zu beeindrucken. In die Zukunft wies das am New Yorker Goethe-Institut organisierte Jugendtreffen »What's next?«, das ich mit Gesine Schwan leitete, die ihre ganze präsidiale Eleganz an den Tag legte und zeigte, wie im politischen Alltag Intellektualität mit Pragmatismus zu verbinden wäre. Von den illustren *Twentysomethings* beider Länder sind mir der Blogger Tom Vanderbilt, die Autorin Elizabeth Wurtzel (*Prozac Nation*), der Initiator der Love Parade, Jürgen Laarmann, der aus der DDR stammende Autor Marko Martin (*Der Prinz von Berlin*) sowie der damals als erster Deutschtürke in den Bundestag gewählte Cem Özdemir in Erinnerung geblieben – so schlecht können die 90er nicht gewesen sein.

Das meiste Publikum bekam Ignatz Bubis, der Vorsitzende des Zentralrats der Juden in Deutschland. Hautnah erlebte man an diesem Abend die existenzielle Zerreißprobe, der dieser von mir bewunderte Mann ausgesetzt war. Ohne Begleitung spazierte er ins Deutsche Haus und wirkte gelassen, selbst als ihn nicht nur freundlicher Applaus empfing. »Wie können Sie als Jude überhaupt in Deutschland leben?«, fragte einer. »Na, und Sie in Brooklyn?«, gab Bubis schlagfertig zurück. Er war, wie so oft, der wortgewaltige Verteidiger der Bundesrepublik, wie sie nun einmal war – Rostock-Lichtenhagen eingeschlossen, wo ich ihn hatte leiden sehen unter dem nationalistischen Mob, dummdreisten Lokalpolitikern und einem durch Abwesenheit glänzenden Bundeskanzler. Wie Bubis beim anschließenden Abendessen nun fast atemlos berichtete, kam er direkt aus Brasilien nach New York. Dort hatte er erfahren wollen, was aus seinen Verwandten geworden war, die überlebt hatten, und aus denen, die ermordet worden waren. Er zog alte, zerknitterte Fotos aus seiner Brieftasche und verbarg nicht seine tiefe Trauer, da nun nach so vielen Jahren Gewissheit herrschte. Fragen und Schmeicheleien der Anwesenden überhörte er, sein Blick wanderte nach innen. Allein, wie er gekommen war, verließ er das Deutsche Haus. Die »Walser-Bubis-Debatte« stand ihm noch bevor nach der beifallsumtosten Preisrede des Schriftstellers Martin Walser wider die angebliche Instrumentalisierung von Auschwitz als »Moralkeule« (wovon dieser 2014 immerhin ein wenig abgerückt war). Im Viereck des Washington Square entschwand einer der größten deutsch-jüdischen Patrioten, der sich am Ende nicht in seiner Stadt Frankfurt am Main, sondern in Tel Aviv begraben ließ.

Gegenüber dem Deutschen Haus lag die Maison Française. Einmal sprachen wir mit (dem späteren NYU-Gastprofessor) Jacques Derrida im kleinen Kreis, nicht über seine sprachphilosophischen Arbeiten, die mir bis heute ein Buch mit sieben Siegeln sind, sondern über Algerien. Derrida war 1930 als französischer Jude in El Biar, einer Vorstadt von Algier, geboren worden, hatte dort Kindheit und Jugend verbracht und litt nun mit dem Land, das mitten in einem mörderischen Bürgerkrieg steckte. Von 1957 bis 1959 war er als Lehrer in einer Kolonialschule tätig gewesen, und wie so viele seiner Generation – Pierre Bourdieu, Jacques Chirac, Michel Rocard – hatte ihn das ein Leben lang geprägt. Derrida monologisierte nicht, suchte keine überraschende Volte und verzichtete auf jedes Sprachspiel, ganz anders, als ich ihn zum Beispiel bei Vorlesungen in Wien oder Paris erlebt hatte. Er war von der falschen Politik Frankreichs und dem Recht auf Unabhängigkeit für die Algerier überzeugt, hätte sich aber, ähnlich wie Albert Camus, eine binationale Lösung erhofft, eine französisch-arabisch-berberische Koexistenz. Stattdessen musste er erleben, wie die Juden gemeinsam mit den *Pieds-Noirs* das Land verlassen mussten und sich ein arabischer Monokulturalismus breitmachte. Die Koexistenz von Juden und Arabern in *einem* Staat erhoffte er sich auch in Palästina.

Das Interesse des New Yorker Publikums an Europa hat seither wieder gewaltig abgenommen. Auch die Ostküstenuniversität setzt auf den *Pacific Rim* und die hispanische Hemisphäre. Mir war es nicht gelungen, die europäische Position attraktiv zu halten. Die neue Leiterin des Deutschen Hauses, eine Schülerin Derridas, tilgte jedes deutsche Lokalkolorit und verwandelte den Ort in eine beliebige postmoderne Diskurszentrale, mit einer Germanistik ohne deutsche Sprache, Geschichte und

Kultur. Nicht der Prager deutschsprachige Jude Franz Kafka war von Interesse, es wurde ein Text von einem Autor dieses Namens dekonstruiert. Paradoxerweise wurde gerade damit die deutsche Geschichte entsorgt.

Die NYU gab mir Fertigkeiten des amerikanischen Bildungssystems mit – den zugewandten Lehrstil, der lockerer und diskursiver ist, ohne auf diszipliniertes Arbeiten und höchste Qualität zu verzichten, wie man Sponsorengeld für Projekte aller Art besorgt und wissenschaftlichen Nachwuchs durch *tenure track* fördert – vom Aufstieg in eine Professur (bei guter Leistung) träumen Habilitanden und Post-Docs hierzulande immer noch. Die Kehrseite: Gerade die *Ivy League* hängt von volatilen Finanzmärkten ab und stellt Lehrkörper häufig zusammen wie Basketballteams, während das Gros der US-Universitäten hinter jeder beliebigen deutschen Hochschule zurückbleibt. Die lila Fahnen, das Erkennungsmerkmal der NYU an den Hauswänden rund um den Washington Square, lassen ahnen, wie sie in diesem Viertel heute wahrgenommen wird: als Immobilienkrake. Universitäten als Unternehmen: So wusste ich, 1998 zurück in Gießen, auch, was man besser *nicht* ändern sollte. Die Exzellenzinitiative hat eine Zweiklassengesellschaft im Universitätsbetrieb entstehen lassen, die Abhängigkeit von Drittmitteln führte zur Bürokratisierung der Hochschulen, und der Bachelor-Abschluss hat sein Versprechen – sichere Qualitätsjobs auch nach einem anspruchsvollen Kurzstudium – nicht eingehalten.

Genossen habe ich das letzte Jahr am Remarque Center, wo auch Richard Sennett und Jan Gross als Fellows tätig waren. Der eine hatte gerade *Flesh and Stone: The Body and The City In Western Civilization* vollendet, der andere mit *Nachbarn*, der Geschichte des polnischen Antisemitismus nach Auschwitz, in Polen und den USA für erregte Debatten gesorgt. Namensgeber war Erich Maria Remarque, Autor von *Im Westen nichts Neues*, dessen Renommee (und ihr eigenes Vermögen) seine Frau, die Schauspielerin Paulette Goddard, für die Pflege der

Fächer eingesetzt hatte, die sich mit europäischer Gesellschaft und Kultur befassten. Ich nutzte die freie Zeit, um das Buch über die bereits beschriebene Causa Schwerte zu Ende zu bringen – die Verfremdung könnte dem Buch gutgetan haben, da ich den Fall *sine ira et studio* mit nicht-deutschen Kolleginnen und Kollegen durchgehen konnte.

Noch einige Male habe ich die New York University besucht und mich mit Tony Judt angefreundet – der letzte »ältere Bruder«. Er ist bald darauf an Amyotropher Lateralsklerose (ALS, jüngst ins Rampenlicht geraten durch *Ice Bucket Challenges*) erkrankt und war zuletzt an den Rollstuhl gefesselt, aus dem er mit bewundernswerter Energie und Disziplin noch wichtige Bücher diktierte. 2009, als ich das Haus mit dem Campanile betrat, hing dort eine Ankündigung des Vortrags des Gründungsdirektors des Remarque Institute, »What is Living and What is Dead in Social Democracy« – vom Vorabend. Seinen letzten öffentlichen Auftritt hatte ich um wenige Stunden verpasst. Mit Judt ist ein Jahr später ein großer Europäer in Amerika von uns gegangen.

54. Presidential Studies

In den New Yorker Bars und Restaurants saßen oft sehr laute jüngere Herren und Damen, die – es war kaum zu überhören – unablässig von Geld, Immobilien und teuren Scheidungen sprachen. Wall Street stieß peu à peu vor in den Bezirk *beyond* Canal Street, in Richtung Greenwich Village. Banker und Börsianer waren das *Juste Milieu* der Ära Clinton. Die beendete eine lange Durststrecke der Demokraten nach der Amtszeit des unglücklichen, oft verkannten Jimmy Carter, rückte aber über alle Parteien und Milieus hinweg das große Geld in den Mittelpunkt des Lebens. Die Apartmentpreise stiegen rasant, Ausgehen wurde fast schon wieder so unerschwinglich wie in den 80ern, die Galerien in SoHo, Chelsea und schließlich in Williamsburg, durch die am Freitagabend und Samstagfrüh schaulustige Kunstliebhaber schlenderten, wurden zu *meeting points* von Investoren, die Wand- und Dekorationsaktien verscherbeln.

Ein Normalsterblicher bekam da keinen Zugang. Eine deutsche Freundin, die eine pralle Erbschaft zum Erwerb einer unschätzbaren Kunstsammlung verwendet hatte, nahm mich zu einem Fundraising-Abend für den leibhaftig anwesenden William Jefferson Clinton auf der Park Avenue mit. Der Präsident fühlte sich in diesem durch und durch republikanischen Milieu von Big Money sichtlich wohl, seine raumfüllende Präsenz und hypnotische Anziehung durch schöne Frauen sind mir lebhaft in Erinnerung geblieben. Der »Klingelbeutel« füllte sich rasch, ein Political Action Committee (PAC) akquirierte Spenden für *Bill the Comeback Kid* an den (strengen) Regeln der Wahlkampffinanzierung vorbei. Die Illusion der Clinton-Jahre war, nach dem Fall des Sowjetsozialismus werde ein krisenfreier Kapitalismus auf ewig halten, verbunden mit der frivolen Hoff-

Bill und Hillary Clinton in ihren Anfängen

nung, Trillionen Staatsschulden allmählich abzutragen und sich dabei einen *New Deal light* leisten zu können. Was von Clinton blieb, der beide Häuser gegen sich hatte, waren eine gescheiterte Gesundheitsreform und der allmähliche Abschied der »unersetzlichen Nation« aus der Weltpolitik. Unter den Ohnmächtigen im mächtigsten Amt der Welt war er dennoch einer der Erfolgreichsten.

Mir fiel bei der Gelegenheit ein, wann ich den damals noch erheblich schlankeren Clinton zum ersten Mal erlebt hatte. Es war ein heiterer, fast frühlingshafter Wintertag in Washington Ende 1992, die Hauptstadt putzte sich heraus für die Amtseinführung von Bill Clinton und seiner Frau Hillary. »Bitte Ecke Georgia und Florida«, gab ich dem Taxifahrer auf, seiner Kopfbedeckung nach ein Sikh, den wir in der Nähe des Dupont Circle herangewunken hatten. Er drückte nicht aufs Gaspedal, sondern warf den Kopf zurück und fragte, ohne etwas zu sagen: Wohin bitte? Er wollte die nicht sonderlich gut beleumundete Gegend an dieser Ecke meiden und uns, offensichtlich naive Touristen, nicht absetzen, wo man leicht in Schwierigkeiten geraten konnte (»Sie wissen schon«), und man fände nicht leicht ein Taxi zurück in die friedlicheren Teile der Hauptstadt.

Das erinnerte mich wiederum an meinen ersten Besuch in der District Capital, als ich in den heute besseren und für sicher gehaltenen Bezirken den Weg zu Fuß zum Weißen Haus gewählt hatte und ein Streifenwagen langsam neben mir her patrouillierte, als wäre ich bei Rot über die Kreuzung gegangen oder irgendwie verdächtig. Die beiden Polizisten, ein Schwarzer und ein Weißer, starrten mich unverwandt an, ohne mich anzusprechen, ich blieb fragend stehen. Sie auch, um mir mitzuteilen, dass das hier nicht unbedingt ein Viertel zum Spazierengehen sei, dann ließ das Oldsmobile seine acht Zylinder schnattern und zog ab. Was blieb mir übrig, als per pedes weiterzugehen. Europäer, die hier entlangschlendern, sind offenbar nicht ganz richtig im Kopf. *Capital Of Crime* war ja eine häufige Schlagzeile für die Hauptstadt, die auf der berühmten Mall oder an

K Street, im Lobbyistenquartier (wo eher Afroamerikaner auffielen), sauber und sicher wirkte, nicht aber in den nordwestlichen Vierteln der Schwarzen, die in NW die Mehrheit der Bevölkerung stellten und im Ruf standen, Randale zu machen und Passanten auszurauben.

Auf dem Weg, auf dem mir (auch zu Fuß) ganz unverdächtig wirkende Schwarze entgegenkamen, ist nichts passiert, und unseren Turbanträger beruhigte ich 1992: »Don't worry, the President and his wife will be there, too.« Es war im Radio gemeldet und als bemerkenswert herausgestellt worden, dass Bill und Hillary Clinton noch vor der offiziellen Inauguration am White House, an dessen Tribünen schon eifrig gehämmert wurde, eine Art Preview bieten würden. Und zwar an exakt jener übel angesehenen Ecke, die unbescholtene Taxifahrer erschrecken ließ und ohne präsidiale Sicherheitsgarantie weiterhin nicht anzuraten war.

Dort angekommen, suchte der Sikh das Weite, und wir erblickten eine Szenerie wie bei einem Filmset. Gelb-schwarze Absperrgirlanden tänzelten im Wind, kleine Tribünen waren aufgebaut, Kameras zielten auf einen imaginären Punkt, wo die Staatskarosse (oder ein vorpräsidialer Lincoln) zum Stehen kommen und dem jungen Paar Gelegenheit zum Winken und zum Bad in der Menge bieten sollte, mit dem gewohnten Händeschütteln und Fingerzeigen und Ausgelassensein. Die Fernsehcrews verbreiteten geschäftigen Wirbel, legten Kabel, gaben Anweisungen durch Sprechtüten, während sich überwiegend schwarze Bewohner des Viertels in Sonntagsgarderobe, die Kinder mit Zöpfen und weißen Söckchen, auf den Tribünen und hinter den Absperrungen jubelfertig machten. Ganz zufällig hatten sie die Stars & Stripes in den Händen, die jetzt auch im Wind flatterten, auch richtig große Fahnen waren zu sehen für diesen patriotischen Moment, wo der sympathische Präsident und seine (manche sagten ob der im Wahlkampf ruchbar gewordenen Affären des Ehemanns: bewundernswerte) First Lady sich dem Volk zeigen wollten, noch bevor sie am

Weißen Haus dem geladenen Establishment ihre Aufwartung machten. Jenem einfachen Volk, dem Clinton seine Wahl zu verdanken hatte, dem er geraten hatte, mal ins Portemonnaie und nicht nach Kuwait zu schauen. »It's the economy, stupid!« – dank dieses von Wahlkampfmanager Carville erdachten Slogans durfte Bush senior nach einer Amtszeit nicht mehr weitermachen, und die Clintons bekamen das Vertrauen, Amerika mit Gesundheitsreform und Steuern für Superreiche auf einen anderen Kurs zu bringen. Weil Clinton unter Afroamerikanern so beliebt war, nannte ihn die schwarze Schriftstellerin Toni Morrison »The First Black President«, im Süden trug er den Spitznamen »Bubba«.

An allen Ecken standen die weißen Männer in Schwarz, mit Sonnenbrillen und Knopf im Ohr, man wollte kein Sicherheitsrisiko eingehen. An der Kreuzung war über Nacht alles in hellen Pastellfarben an- und nachgemalt worden, was an Fassaden und Firsten seit Jahren vor sich hin gerottet hatte, etwa dreißig Meter in alle Richtungen, wo Verkehrsampeln sinnlos Dienst taten. Dahinter blinkten verrammelte Hauseingänge und angekokelte Ladenlokale, Symbole des Niedergangs, die unser Taxifahrer als *Normal North West* vor Augen hatte. Der spontane Händedruck zwischen den Clintons und ihrer schwarzen Basis war wohlpräpariert, der Ort in rosarotes Licht getaucht wie *Main Street America* oder bei der *Truman Show*. Aber immerhin, *sie* kamen leibhaftig bis an diese Kreuzung, wohin sich der ältere Bush nie getraut hatte. Weil die Ankunft des schwarzen Lincoln noch auf sich warten ließ, sahen wir erst abends im Fernsehen, wie die tatendurstig wirkenden Clintons winkten und Hände schüttelten, mit den Fingern auf Leute zeigten, als kennten sie welche davon wie Nachbarn, und ihre Köpfe ein bisschen zu exaltiert lachend nach hinten warfen.

Einen Wahlkampf später, 1996, erlebte ich den Präsidenten in meinem New Yorker Viertel, als er in Webster Hall einen lässigen Wahlkampfauftritt mit Saxofon hinlegte und skeptische NYU-Studenten um den Finger wickelte. Für mich war er wieder der hinreißend sympathische Ami in Reinkultur und das genaue Kontrastbild zum *Ugly American*, der mein Kindheitsmilieu bestimmt hatte und bei Heimatbesuchen in den 90ern meiner dick aufgetragenen Amerikaphilie entgegenschlug: Vietnam und Nicaragua und Watergate und und und ... Auch nach meiner endgültigen Rückkehr fragte so gut wie niemand nach meinen durchaus zweischneidigen USA-*Erfahrungen*. Vielmehr wurde ich bei privaten Abendessen und öffentlichen Vorträgen belehrt, wie die Amis wirklich sind – von Leuten, die aus Prinzip nie ins ungelobte Land reisten oder ihre Erfahrungen aus drei Tagen Weihnachts-Shopping auf der Fifth Avenue oder einem Strandaufenthalt in Florida bezogen.

William Jefferson Clinton beschäftigte mich auch wissenschaftlich. *Ceteris paribus* gab ja schon nach Mitterrand wieder einer den Sozialdemokraten, den es in der politischen Kultur des Landes nicht geben konnte, und erneut konnte das kein »klassischer« Sozi sein, sondern einer, dem nichts anderes übrig blieb, als Restelemente des Wohlfahrtsstaats in einer aversen, durch den Washington Consensus geprägten neoliberalen Epoche zu verteidigen. Was konnte dieser Präsident, was leistete ein Präsidialsystem? *Presidential Studies* heißt in der amerikanischen Politikwissenschaft ein ganzer Forschungszweig. Meine Studien haben mich von JFK über Ronald Reagan bis Barack Obama in der Meinung bestärkt, eine parlamentarische Parteiendemokratie sei besser geeignet, Gesellschaft und Wirtschaft zu organisieren. Die Konvergenz der politischen Lager, die in Mitteleuropa seit den 60er-Jahren Einzug gehalten hat, ist weit zielführender als der Schaukampf zweier Parteimaschinen, die sich seit der gleichen Zeit aufführen wie Todfeinde und das Land an den Rand des Staatsbankrotts treiben, in Wahrheit aber nur die Wahl lassen zwischen einer rechten und einer ganz rechten Ideologie und beide auf eine Milliardärskaste setzen müssen.

55. Free Money

Zu Big Money habe ich eine Geschichte über Kleingeld aus dem sehr kalten Winter 1996. In der Nähe meines Apartments lag ein kleines italienisches Café, das damals in New York noch nicht so verbreiteten Cappuccino führte und diesen mit einem Croissant servierte. Ich ging früh hin, um die (*New York*) *Times* zu lesen und in den Tag hineinzukommen. An diesem Morgen war nicht viel los, als sich die Tür öffnete und eine Frau mit ungeordnetem Haar in Parka und Jeans hereinkam. Sie setzte sich, etwas schläfrig, an einen Nachbartisch und kramte in allen Taschen, um ein paar Cents auf den Tisch zu befördern. Für einen Cappuccino mit Croissant reichte das nicht. Kurz zuvor (die Eintrittskarte sagt: am 11. Dezember 1995) hatte ich eine Frau in gleichem Outfit auf großer Bühne gesehen, und zwar gemeinsam mit Bob Dylan im Beacon Theatre bei einem legendär gewordenen Live-Konzert. Damals war sie von rechts auf die Bühne gekommen, in Parka und Jeans, unangekündigt. Aber als ein Stiefel über die Bühne flog (»Dancing Barefoot«), wussten alle: Das war Patti Smith. Und es stockte ihnen der Atem, als sie »Piss Factory« zu deklamieren begann: »But I will never faint, I will never faint. / They laugh and they expect me to faint, but I will never faint. / I refuse to lose, I refuse to fall down…« Es wurde ein grandioser Abend, Poeten des Rock beziehungsweise Punk aus verschiedenen Zeiten sangen im Duo »Dark Eyes«.

Patti Smiths ersten Auftritt seit Langem hat sie in ihren Erinnerungen als Wiederauferstehung beschrieben. Nun saß sie einen Tisch weiter, und ich fragte sie, ob man ihr aushelfen könne. »No, it's not what you think«, lächelte sie mich an, als hätte ich sie für eine abgetakelte *Bag Lady* gehalten, die ihren voll bepackten Einkaufswagen vor der Tür geparkt hat und sich aufwärmen will. Sie nestelte weiter Cent um Cent aus ihrer Tasche und war zufrieden, als es endlich für ein Frühstück langte. »It's not that I think what you think I think«, gab ich zurück und bekam noch ein Lächeln. Sie holte sich ihren Cappuccino,

»nice to meet you«, wir plauderten ein wenig über Schneefall in New York und das Beacon Theatre – und weg war sie. Mir blieben der Refrain aus meinem Lieblingssong (»Horses«, 1975) und die Erinnerung an die lange Party der 70er: »Every night before I rest my head / See those dollar bills go swirling 'round my bed. / I know they're stolen, but I don't feel bad. / I take that money, buy you things you never had.«

Free Money konnte vieles sein: der Hippietraum vom Mercedes-Benz, das alternative Geld zum Ausweg aus der Finanzkrise, der Konsumrausch oder die unstillbare Gier der Hedgefonds. Manhattan entschied sich für Letzteres, aus der gefährlichen, heruntergekommenen Stadt der Glanzzeit der Patti Smith wurde eine Hochburg der Reichen. Die aber nicht uptown oder an der Wall Street blieben oder abends über Brücken und Tunnel in die Suburbs verschwanden, sondern sich in *meinen* Cafés und Kneipen um den Washington Square, in der Lower East Side und am Ende sogar in Alphabet City breitmachten. Und dort Abende lang über Geld redeten, laut, vulgär, endlos, dumm.

Vincent Gigante war eher verschwiegen. Das Oberhaupt der Genovese-Familie war 67 Jahre alt und offiziell Schneider von Beruf. Die Staatsanwälte hatten ihn wegen illegalem Waffenbesitz, Hehlerei, Bookmaking (so nennt man nicht immer legale Wettgeschäfte), versuchtem Mord und Heroinhandel am Wickel, konnten ihm aber nichts nachweisen. Deswegen begrenzten sie den Bewegungsradius des Mannes, der sich gern ein wenig gaga gab, um der Strafverfolgung zu entgehen, auf zehn Blocks um den La Guardia Place. Dort wohnte ich, und eines Mittags trat ich in eine Pizzeria ein. Sie war menschenleer, lediglich an einem Tisch saß eine Gruppe von älteren Herren bei Pasta und Mineralwasser und musterte mich misstrauisch. Einer hockte da in Pyjama, Pantoffeln und Bademantel – und damit traf auf ihn exakt die Beschreibung des Clanführers der Genovese zu, die ich einige Tage zuvor in der *Times* gelesen hatte. Dort stand, der Clan hätte in der Müllabfuhr und im

Bauwesen Geld gemacht, unterhalte den größten Wett- und Wucherring in New York und kontrolliere den Fulton-Fischmarkt. Ich hielt es für besser, meine Pizza andernorts zu ordern.

Die amerikanische Gesellschaft beschreibt sich als Meritokratie, als Herrschaft der Leistungseliten, doch ihre Vielfalt übersetzt sich heute weniger denn je in das politische Entscheidungszentrum, weil farbige, ärmere, weniger gebildete und junge Amerikaner immer weniger am politischen Leben teilnehmen. Den Meinungsforschern begründen sie das so: weil es ohnehin keine Wahl gibt, weil Politik uns kalt lässt, aber auch, weil wir im Grunde zufrieden sind. Zu den Nichtwählern gehören viele der 40 und mehr Millionen, die weiterhin keinerlei Versicherungsschutz genießen oder deren Altersversorgung in der Finanzkrise den Bach hinuntergegangen ist, während *Corporate America* bis auf wenige Gangster davonkam. Schon Thomas Jefferson war der Auffassung, Bankiers könnten Amerika gefährlicher werden als stehende Heere. »Je wohlhabender eine Nation ist«, hatte Seymour Martin Lipset in den 50er-Jahren seine Wohlstandstheorie der Demokratie begründet, »desto größere Chancen hat sie, die Demokratie aufrechtzuerhalten.« Das durchkreuzt die heutige Einkommens- und Vermögensverteilung, Lincolns Demokratieformel pervertiert sich: Die US-Demokratie ist, in Abwandlung der Gettysburg-Formel Lincolns, eine von immer weniger Bürgern gewählte Regierung der Großkonzerne durch deren Lobbyisten für die Großkonzerne. Mehr denn je kommt es darauf an, die richtigen Eltern zu haben: Den Kindern der Superreichen stehen alle Türen offen, während der Aufstieg des Tellerwäschers mehr denn je ein Mythos ist.

In den Clinton-Jahren regten sich noch einmal progressive Ansätze in der Gewerkschaftsbewegung, zum Beispiel »Academia meets Union«, ein zweitägiges, überfülltes Teach-in an der New Yorker Columbia University im Herbst 1996, zu dem die Crème de la Crème der Ostküsten-Radikalen erschienen war: Betty Friedan, Cornell West, Richard Rorty trafen den neuen Gewerkschaftsboss von AFL-CIO, John Sweeney, der aus kleinen irisch-amerikanischen Verhältnissen stammte. »Wir brauchen euch, und ihr braucht uns – will you stand with us?«, rief er ins Auditorium. Die im Kalten Krieg und speziell in den Kulturkämpfen der 70er-Jahre gewachsene Kluft zwischen akademischer Intelligenz und Arbeiterorganisationen sollte überwunden werden; auch Friedan und Rorty beklagten, Feministinnen, Vietnam-Opposition und *Cultural Studies* hätten die soziale Frage vernachlässigt. Der Saal war in Fahrt, voller Verdruss dachte ich zurück an ein lahmes Treffen deutscher Intellektueller mit Björn Engholm, bei der ein Teilnehmer allen Ernstes Stellenkürzungen an der Ruhr-Universität Bochum auf die Tagesordnung setzte.

Labor is back – daraus wurde dann doch nichts. Die Linksunion beschränkte sich auf wenige Postleitzahlbezirke der USA. Studenten, denen ich von dem Teach-in berichtete, hatten weder davon noch etwas von ihren Kommilitonen gehört, die Gewerkschaften in den Sweatshops von der Graswurzel her aufbauten. Die kalte Schulter bekam ich erneut, als ich ein paar Tage später von einem großen Auftritt des grünen Ralph Nader in einer Kirche berichtete, wo der frühere »Verbraucheranwalt« als dritte Kraft gegen Dole und Clinton auftrat. Zuflucht fand ich bei der Zeitschrift *Dissent*, geleitet von Michael Walzer und Mitchell Cohen, begründet von Irving Howe, der anders als andere Absolventen des legendären City College nach dem Zweiten Weltkrieg nicht zu den Neocons übergelaufen war, sondern weiter die Tradition des demokratischen Sozialismus in einem diesem wenig günstig gesinnten Land verfocht. Es soll Leute geben, die in Bill de Blasio, dem neuen Bürgermeister von New York, wieder etwas Linkes suchen.

»In New York musst du sehr reich oder sehr arm sein«, sagte mir Sam, der keine Soziologieklassiker und Sozialstatistiken gelesen haben musste, um die Tendenz zu erkennen. Er lebte 1995 in einem windgeschützten Winkel meines Hauses in einem Pappkarton, den er sich jeden Abend sorgfältig als Schlafstätte herrichtete. Er legte es nicht auf den Dollarschein an, den ich ihm hin und wieder gab, er hatte auch keine Bierflasche in der braunen Tüte oder sonst ein Drogenproblem, er war nur, wie so viele *homeless people*, unglücklich gestrandet und dabei todkrank geworden. Den Winter 1996 hat er nicht überstanden, eines Tages waren seine Utensilien entsorgt. Sams Prophezeiung sollte in Erfüllung gehen. Mir ist bis heute schleierhaft, wie Menschen daran Gefallen finden, mit Geld noch mehr Geld zu machen, und sich mittlerweile dem Hochfrequenzhandel per Computer hingeben, der zehn Jahre zuvor auch viele von ihnen ins Verderben zog.

56. Capitol Hill und Castel Gandolfo

Für ein Buch über den Versuch, Bill Clinton durch eine konservative Revolution aus dem Weißen Haus zu jagen, recherchierte ich bei konservativen Kongressleuten der *Class of '94*. So hieß eine nach europäischen Maßstäben fast rechtsradikale Gruppe unter Newt Gingrich, eine Mischung aus Steuer- und Südstaatenrebellen und christlichen Rechten. Manche Washingtoner Gesprächspartner eröffneten das Interview, das sie jeweils kurz hielten, mit dem typischen Bekenntnis, sie besäßen keinen U.S. Passport und gerieten sicher nicht in Versuchung, ihr schönes Land zu verlassen – ein Vorschein der Kampagne gegen die »Frittenfresser« während des Irak-Feldzugs. Wo war Capitol Hill, dessen Hallen ich einst voller Ehrfurcht durchschritten hatte?

Das bei S. Fischer veröffentlichte Taschenbuch bekam den Titel *America first. Der Fall einer konservativen Revolution.* »America first« hieß eine isolationistische Bewegung Ende der 1930er-Jahre, die den Eintritt der Vereinigten Staaten in den Krieg gegen Hitler-Deutschland verhindern und wenn schon, dann eher gegen Stalin Krieg führen wollte. In dieser Tradition stand Pat Buchanan, ein katholischer Rechtspopulist, der dem unbeholfenen Parteimann Bob Dole im Kampf um die Präsi-

In der Höhle des Löwen. Pressekarte
Republican Convention (1996)

dentschaftskandidatur der *Grand Old Party* beinahe gefährlich geworden wäre. Der Mann interessierte mich wie Haider
und Schönhuber zuvor. In den *Primaries* 1996 folgte ich seinem
Tross durch das klirrend kalte New Hampshire, wo er tatsächlich Erfolg hatte, später unterlag er bei der Republican Convention in San Diego dem Establishment.

Einzig der rhetorischen Schwäche und geringen Popularität
des dort gekürten Herausforderers Bob Dole und dem »dritten« Kandidaten, Ross Perot, einem texanischen Milliardär,
verdankte Clinton, dass er im Amt bleiben konnte. Die konservative Revolution war abgesagt, aber vier Jahre später, mit dem
betrügerischen Wahlsieg von Bush junior über Clintons Vize
Al Gore, kamen die wirklich furchtbaren Jahre. Verglichen mit
George W. Bushs Finstermännern Cheney und Rumsfeld war
selbst Pat Buchanan harmlos.

Konservative interessierten mich nicht erst seit meinen *Aus-
flügen in die Denkfabriken der Wende* (*Der Geist steht rechts,*

1987), hier war ich im Auge eines neokonservativen Orkans und einer Bewegung, die mit Bewahrung kaum noch etwas zu tun hatte. Unter »neokonservativ« verstanden Irving Kristol und andere Ex-Linke der 1930er- und 1940er-Jahre radikale Kritik am Wohlfahrtsstaat, Vergötzung des Kommerzes und unverhohlenes Ressentiment gegen Schwarze, die in der Sicht Washingtoner Vorortvillenbesitzer die Sozialkassen plünderten. Kristols Ehefrau Gertrude Himmelfarb hatte über die Frühzeit der Sozialgesetzgebung in Großbritannien gearbeitet, und dieser vermeintlichen Anstiftung zur Verantwortungslosigkeit hielt sie ein puritanisches Ideal der Selbstdisziplin entgegen, das sie gehässig auf sogenannte *welfare queens* der Ära Clinton übertrug.

Mit dem Ehepaar Himmelfarb & Kristol – wahrlich ein Duo infernale – gab es handfesten Streit im Sommersitz des Papstes in Castel Gandolfo in den Albaner Bergen südlich von Rom. Eingeladen hatte mich Krzysztof Michalski, der polnische, mit Karol Wojtyła aus gemeinsamer Zeit in Krakau verbundene Direktor des Wiener IWM. Mit Tony Judt, dem Sozialhistoriker Ira Katznelson und der Ethikprofessorin Jean Bethke Elshtain sollten wir als US-liberales Gegengewicht gegen deutsche Konservative wie Hans Maier, Robert Spaemann und Ernst-Wolfgang Böckenförde auftreten. Und als *Thecons* eben gegen die US-*Neocons*, die kongenial ergänzt wurden durch Rocco Buttiglione, einen aufdringlichen Papisten, der später Minister im Kabinett Berlusconi werden sollte und 2004 nicht zum EU-Justizkommissar gewählt wurde, weil er vor dem Europäischen Parlament Homosexualität als Sünde bezeichnete.

An einem schönen Sonnentag im Spätsommer 1996 trat ich aus dem Postbus und klingelte im Nebengebäude des Palazzo Pontificio, als wäre es eine gewöhnliche Herberge. Auf dem Dach der Residenz entdeckte ich die beiden Kuppeln der vatikanischen Sternwarte, steinerne Zeugen der Tatsache, dass die katholische Kirche sich doch bewegt hatte und Galileis Weltbild anerkannte. Seitlich lag die Pfarrkirche San Tommaso da

Castel Gandolfo, 1996

Villanova, die der Barockkünstler Gian Lorenzo Bernini gestaltet hatte. Das Tagungsthema hieß »Aufklärung heute«, aber es ging um die Zukunft des (Sozial-)Staates, und das Aufregende an den schon öfter in Castel Gandolfo ausgerichteten Gesprächsrunden war die Anwesenheit des Papstes, der, stark von Krankheit gezeichnet, zwei Tage lang im Seminarraum präsent war. Beim Eintritt in die Sommerresidenz, die eine Exklave des Vatikanstaats ist, wurden wir von Angehörigen der Schweizergarde durchgelassen. Zur Eröffnung begrüßte der Papst jeden Einzelnen von uns mit Handschlag, und sein Schlusskommentar zeigte, dass er den Gesprächen geistig gefolgt war, auch wenn er die Augen geschlossen hielt und abwesend wirkte.

Der Heilige Vater musste gestützt werden, polnische Sekretäre und Nonnen umsorgten und dirigierten ihn. Seine Präsenz im Raum war beeindruckend und seine Aura so grandios, wie sie mir von Michalski und anderen beschrieben worden war. Obwohl ich in dieser Runde eher als »Amerikaner« galt (ein seltsames Gefühl), wurde ich der Gruppe katholischer Koryphäen aus Deutschland zugeschlagen und zum Mittagessen gebeten. Es fand statt in den Privatgemächern von Johannes Paul II. und war recht frugal. Aus dem Gespräch – wir Professoren wollten geistreich sein, der Papst rang mühsam nach deutschen Wörtern – erinnere ich nur die nachhaltige Begeisterung des Pontifex maximus darüber, wie er wenige Monate zuvor das Brandenburger Tor durchschritten hatte. (Im darauffolgenden Jahr würde er dann nach Sarajevo reisen, ein Zeichen der Solidarität mit den geschundenen bosnischen Muslimen und gegen eine Ökumene mit den serbisch-orthodoxen und kroatisch-katholischen Christen, die eher auf der Seite der Kriegstreiber gestanden hatten.)

Der Papst bezeichnete den Berlin-Besuch als das größte historische Ereignis seines Lebens – an dessen Zustandekommen er natürlich maßgeblich beteiligt war. Denn auf den Fall des Kommunismus und auf die Wiedervereinigung Europas hat dieser bedeutende Papst ebenso hingearbeitet wie die ihm verbundene Solidarność und Michail Gorbatschow – und mehr als Politiker wie Kohl oder Bush sr. Sowenig ich die katholische Kirche noch schätzte und sosehr sie mir ob ihrer Positionen und Rituale (mit Ausnahme der lateinischen Messe ...) widerstrebte, hier war mir klar, dass ich der bedeutendsten Figur der Zeitgeschichte in meinem Leben persönlich begegnet war. Und durch sein körperliches Leiden blitzte die wache Schalkhaftigkeit durch, die mich an Johannes Paul II. immer erfreut hatte. Mir war, als würde in dieser offensichtlich leidenden Figur der von Velázquez gemalte Papst Innozenz X. (1650) und dessen Zitat im Bild von Francis Bacon (1953) wie in einem Vexierbild changieren. Dass an dem bescheidenen Mittagstisch deutsch geredet und ich meinen Landsleuten zugerechnet wurde, war mir übrigens sehr recht – denn aus seinen (sehr grobschlächtigen) Vorurteilen gegenüber »Amerika« machte der polnische Pontifex maximus keinen Hehl. Für ihn verkörperten die USA eine ganz auf materiellen Konsum und geistlose Geldgier gepolte Moderne, Irving Kristols Apologetik muss ihm ein Graus gewesen sein.

Während Judt und Katznelson beim etwas opulenteren Abendessen Kristols grimmig gezischelte Einwürfe mit Gleichmut übergingen, regte ich mich über seine Sprüche auf. Dessen niveaulosester war: »The Left is rioting, the Right goes shopping!« Obwohl ich durchaus ein Faible für Renegaten habe und den Weg von Kristol und anderen aus dem Trotzkismus zum American Enterprise Institute und in die republikanische Rechte mit Interesse zur Kenntnis nahm – in diesen heiligen Hallen war wohl nur noch der geifernde Konvertit am Werk. Wenn ich mir VRWC, die »riesige Verschwörung der Rechten« *(Vast Right-Wing Conspiracy)*, gegen ihren Mann klarmache, von der Hillary Clinton wiederholt gesprochen hat, muss ich an Kristol und vor allem seine Gattin denken, wie sie in Castel Gandolfo ihre blutigen Steaks traktierten. Ich muss ihnen vorgekommen wie ein 68er-Gottseibeiuns, den ich vermutlich auch ein wenig gegeben habe. Das hätte Johannes Paul II. sicherlich ebenso missfallen.

Er ließ sich vor keinen Karren spannen und deutete Aufklärung, das Tagungsmotto, als *oświecenie*, Erleuchtung oder Geschenk des Lichtes von oben, so, »dass es neben der dem Menschen dank der reinen Vernunft zugänglichen Erkenntnis der Wirklichkeit auch eine Erkenntnis gibt, die der Mensch als vernunftbegabtes und freies Wesen von Gott empfängt«. Karol Wojtyła war dennoch ein Revolutionär im Sinne der *revolutio* (Um- und Rückwälzung) wider die gottlose Zivilisation des Kommunismus – womit er ja gegen alle westliche Realisten der Entspannung recht behalten hat. »Diese haben in ihm einen simplen Reaktionär gesehen; doch er ist ein echter Konservativer, der nie an den rein weltlichen Fortschritt geglaubt hat« (Otto Kallscheuer).

Wer an Amerika nur die militante Intoleranz gegenüber Schwarzen, Schwulen und Muslimen aufspießt, verkennt die Säkularisierung amerikanischen Typs, die die Trennmauer zwischen Religion und Politik höher hält, als dies bei uns üblich ist, ohne auf öffentliche Religion und intensive religiöse Praxis zu verzichten. Schon gleich nach meiner Ankunft in Manhattan, mit seiner hohen Konzentration von erklärten Atheisten, war mir in Little Italy die San-Gennaro-Prozession über den Weg gelaufen, eine Symbiose gemäßigt mafiöser Geschäftsinteressen (man sagt: die Genovese-Familie) mit neapolitanischem (Aber-) Glauben. Die *Figli di San Gennaro Inc.* zeigen, wie Amerikas religiöser Supermarkt funktioniert – als horizontaler Sektenpluralismus der *Nation under God*, der den Wettbewerb um die Seelen am Laufen hält und individuelle Frömmigkeit anreizt. Von daher rührt die globale Anziehungskraft der Evangelikalen und Pfingstler, aber auch die leidenschaftliche Glaubensbereitschaft von Muslimen und Juden in den USA.

Eine glückliche Fügung wollte es, dass ich in New York nicht mehr »solo« blieb und Anfang 1998 im *Marriage Bureau* in der New York City Hall geheiratet habe. Elke Mühlleitner, die unabhängig von mir im Herbst 1995 von Wien nach New York gegangen war, um eine Biografie über den Wiener Psychoanalytiker Otto Fenichel zu verfassen, lernte ich bei der Abschiedsparty von Robert Menasse in New York kennen – der Schriftsteller war der einzige Mensch, den wir beide kannten. Sie verband eigentlich alles, was ich zuvor von Partnerinnen in diversen Lebensabschnitten lernen konnte: emotionale Intelligenz, Kochkunst und Gastfreundschaft, Eleganz und Stil, Weltläufigkeit und Bodenständigkeit. Die Hochzeitsreise führte die Rocky Mountains entlang von Montana bis New Mexico, 4800 Meilen durch grandiose Naturschönheiten und desolate Plätze wie »Show Low«, ein 9000-Seelen-Kaff in Arizona am Highway 60, das jeden Sommer einen Grand Prix für Badewannen auf Rädern austrägt. Entspannte Fahrweise ist nicht das Geringste, was man aus den USA mitbringen kann. Hatte der erste *Max Weber Chairholder* nun außer Manhattan und Kalifornien auch den Wilden Westen, Navajo County, Südstaaten wie Alabama, Georgia und Florida, fast alle Neuenglandstaaten und von den Universitäten nicht nur die erste Liga (Princeton, Harvard, Cornell und Stanford) besucht, konnte er 1997 eine durchwachsene Bilanz ziehen, deren sachlich-symbolischer Teil im Jahre 2000 in dem Buch *Amerikas Welt. Die USA in unseren Köpfen* vorliegt. Das Lehr- und Forschungsprogramm war erfolgreich absolviert, das Lebensgefühl wieder durchweg auf »Yes, we can« ausgerichtet – und das versuchte Exil beendet. In New York bin ich zu einem auch gefühlten Europäer geworden.

57. Nine Eleven: Das ist Krieg!

Im September 1995 notierte ich den mir heute rätselhaften Satz in mein Tagebuch, am World Trade Center hätte ich »einen Moslem fotografiert«. Der weder rassistische noch prophetische Hintergrund des Eintrags ist wohl, dass schon im Februar 1993 ein erster Anschlag von Al-Qaida auf die Twin Towers stattgefunden hat, bei dem zehn Tote und rund tausend Verletzte zu beklagen waren. Geplant war, den Nordturm auf den Südturm kippen zu lassen und eine Megakatastrophe mit Zigtausenden von Opfern auszulösen. Das war 2001 in Vergessenheit geraten, genau wie die Fatwa von 1995, in der Osama bin Laden, der Anstifter der ersten Attacke, den Vereinigten Staaten den Krieg erklärt hatte. Es gab genügend Vorzeichen für *Nine Eleven.*

Die Aktion der österreichischen Künstlergruppe Gelatin (zwischenzeitlich alias Gelitin) im Jahre 2000 wirkt wie ein makabres Menetekel. Tobias Urban, Ali Janka und andere sollen zum Sonnenaufgang am 19. März im 91. Stock des WTC einen kanzelartigen Holzbalkon angebracht haben. Auf einem vom Hubschrauber aufgenommenen Foto ist eine Person zu erkennen, die auf diesem Balkon steht, der nach fünfzehn Minuten Künstlerruhm wieder abgebaut worden sein soll. Der Konjunktiv ist hier angebracht. Während Urban und Janka der *New York Times* erzählten, sie hätten in einem konspirativen Büro in wochenlanger Kleinarbeit ein Glasfenster ausgebaut und tatsächlich den Holzbalkon 367 Meter hoch über Manhattan in-

Installation von Gelitin an den Twin Towers im Jahr 2000

stalliert, verbreitete der New Yorker Galerist von Gelatin die weit harmlosere Version von einem virtuellen Anschlag auf den Turm. Die Aktion, die in dem Buch *The B-Thing* dokumentiert ist, sei purer Fake und der Balkon im Schlitzauge des Kapitals lediglich eine Fotomontage.

Die nicht sehr amüsierte *Times* ließ die Sache prüfen und sich von Experten für digitale Bildbearbeitung bescheinigen, die Fotos seien lupenrein. Fake oder nicht: Eine Herzkammer des globalen Kapitalismus aufzubrechen wirkt ebenso dreist wie die verwegene Tat des jungen Mathias Rust, der einmal mit einem Sportflugzeug die Abwehr der maroden Sowjetunion überwand und auf dem Roten Platz landete. Kunstwissenschaftler hängen die Installation tiefer, als subversiven Kommentar zu den vor dem Gebäude aufgestellten Freiskulpturen, die weniger Kunst am Bau denn getarnte Zufahrtssperren gegen Selbstmordattentäter seien. Die spiegelnde Stahl-Glas-Fassade des japanischen Architekten Minoru Yamasaki, die als Landschaft der Macht jeden Einblick in das Innere verwehrt, sei durchlöchert worden und ein Balkon eine Art Ersatzlandschaft zwischen Innen-

und Außenraum, zwischen Wohnung und Stadt. Und damit eine Veröffentlichung des Privaten, die dann politisch wird, wenn ein Redner auf ihn hinaustritt und zu den Massen spricht. Der Balkon blieb stumm und ephemer, als Metapher dafür, auf welche Residualgröße der Raum des Politischen heute in der globalen Waren- und Geldzirkulation geschrumpft sei.

Mehr wollte Tobias Urban mir nicht erzählen, als wir im Sommer 2001 im Toten Gebirge eine Hüttenwanderung unternahmen. Die Gruppe residierte außer in Wien im New Yorker Vorort Queens und wollte wohl das Einreiseverbot vermeiden, das den Seilkünstler Philippe Petit ereilt hatte, der Ende der 1970er-Jahre ebenfalls ohne Genehmigung zwischen den Türmen balanciert war. Die Installation, über die ich zwei Wochen vor den Anschlägen am 11. September in der *Frankfurter Rundschau* berichtete, steht durch *Nine Eleven* und das brutale Verschwinden der Türme in einem ganz anderen Licht.

Die meisten Menschen wissen noch, wo sie am 11. September 2001 rund eine Viertelstunde nach 8:46 Uhr a. m. New Yorker Zeit waren. Ich befand mich auf dem Weg zur Gießener Universität und hörte mit halbem Ohr im Hessischen Rundfunk einen aufgeregten Reporter von einem brennenden Hochhaus reden, das ich spontan im Frankfurter Bankenviertel vermutete. Wie in Zeitlupe realisierte ich dann, was wirklich geschehen war: Zwei Flugzeuge waren in die Türme des World Trade Center in New York gerast. In Deutschland war es viertel nach drei, und ich rief sofort meine Frau an, von der ich wusste, dass sie sich gerade von der Berliner Staatsbibliothek zum Potsdamer Platz bewegen würde. Da der Weg an der in Berlin-Mitte gelegenen US-Botschaft vorbeiführen würde, bat ich sie inständig, einen großen Bogen um diese Gegend zu schlagen. »Das ist Krieg!«, rief ich ins Mobiltelefon und fürchtete, weltweit würden nun US-Einrichtungen angegriffen.

Im Pentagon hatte sich unterdessen ein weiteres Flugzeug eingerammt, das für das Weiße Haus vorgesehene Geschoss hatten todesmutige Passagiere um den Preis ihres Lebens zum

Absturz gebracht. Ein wahnwitziger Plan war ausgeführt worden, den Geheimdienste hätten verhindern können, wenn sie sich in die Gedankenwelt von Selbstmordattentätern hätten einfühlen können. Die Berliner Botschaft wurde bekanntlich verschont, aber die spontane Einschätzung, hier habe ein lange andauernder Krieg neuen Typs begonnen, hat sich leider bewahrheitet. Bereits aus den Guerillakämpfen seit dem 19. Jahrhundert weiß man, dass militärisch weit unterlegene Aufständische hochgerüstete Armeen niederringen können, mit *Nine Eleven* hat sich das zu einem Muster asymmetrischer Kriegführung verdichtet. Das Al-Qaida-Netzwerk hatte die nach 1990 unbesiegbar scheinende Supermacht herausgefordert und an *Ground Zero* wenigstens für ein paar Tage in die Knie gezwungen. Derart angegriffen zu werden und ein phallisches Symbol nahe Wall Street in sich zusammenfallen zu sehen bleibt für die meisten Amerikaner unfassbar.

Für mich waren die Twin Towers das Symbol noch gewachsener Amerikaliebe, und wie ich in der Endlosschleife der TV-Bilder aus New York während der nächsten Stunden und Tage realisieren musste, wurden sie als Symbole meiner Erinnerung regelrecht ausgelöscht. In mir war, das sei ohne Übertreibung eingestanden, eine ganze Welt zusammengebrochen. Andere hatte 9/11 durchaus erschüttert, aber meine Einschätzung wie vor allem meinen Tonfall hielten sie für gelinde gesagt hysterisch. Weder vorher noch seither hat mich ein öffentliches Ereignis derart aus der Bahn geworfen. Meine Arbeit wie meine Art zu leben hielt ich für obsolet, ohne beides wirklich einzustellen; ich entwickelte die fixe Idee, in die Südsteiermark auszuwandern (wo wir zuvor Urlaub gemacht hatten) und den Rest meiner Tage mit meiner Frau in einem Bauernhaus zu verbringen – ohne weitere Interventionen der Art, die bis dato mein »öffentliches Leben« waren. Zu ironischen Kommentaren traten die sarkastischen: Ein französischer Freund kleidete seine Gefühle in die schnoddrigen Worte »they've got what they deserve«, dabei gehörte er zu jenen seltenen Franzosen, die erfolgreich in den USA gelehrt und gelebt hatten.

Beruhigt nahm ich die Versicherung von Bundeskanzler Schröder zur Kenntnis, Deutschland stehe bedingungslos an Amerikas Seite. Die Bilderschleife drehte sich weiter, aber die Südsteiermark war keine wirkliche Option, und ich wurde wieder normal. Aber was war die Lehre aus 9/11, die man deutschen Studenten nahebringen sollte? Aus dem Essay »Den Krieg denken. Rückbesinnung statt Rückzug: Aufgaben der Universität« für die *Frankfurter Rundschau* möchte ich einige Passagen zitieren, worin ich die Aufgaben der Universität jenseits von Kapazitätsauslastungskoeffizienten und Drittmittelbeschaffung sah:

»So schwer es ist: Auch die Universität muss ›den Krieg denken‹, was wahrlich nicht heißt, den ›ersten Krieg des 21. Jahrhunderts‹ zu verteidigen, zu unterstützen oder gar mit zu planen. Jede denkende Herangehensweise an kriegerische Konflikte ist eine, die den Krieg, wie er gerade geführt wird, analysiert (also zersetzt), dekonstruiert und mithin kritisiert. Universitäten sind ihrer Definition nach dem Frieden und dem kulturellen Austausch verpflichtet. [...] Eine akademische Gemeinschaft, die sich der Auseinandersetzung mit der geistigen Situation dieser Zeit nicht entzieht, darf sich auch um normative Fragen nicht herumdrücken. Sie muss zur Diskussion stellen, welche Werte, Institutionen und Gewohnheiten man aus welchen Gründen zu verteidigen bereit ist. Das Weitermachenkönnen nach Katastrophen ist eine große Leistung des Menschen, die prinzipielle Ächtung des Krieges auch. Aber wir müssen auch bereit sein zur Verteidigung der Zivilgesellschaft, ohne diese damit selbst aufs Spiel zu setzen. Es ist an der Zeit, dass Universitäten sich hörbar und als solche erkennbar an der Debatte beteiligen.«

Der Angriff auf den Irak 2003 war gemessen daran ein grässlicher Denkfehler. Die Verwandlung der Vereinigten Staaten in einen Sicherheitsstaat ungeahnten, ja unamerikanischen Ausmaßes war nicht nur ordnungspolitisch eine Tragödie, sondern auch sicherheitstechnisch ein Debakel. Barack Obama, der sich an der Heimatfront (wie in Guantánamo) in die Tradition seines Vorgängers George W. Bush gestellt hat, verweist darauf, man habe mit einer Totalüberwachung, deren Umfang erst durch die Enthüllungen von Edward Snowden 2013 bekannt geworden ist, »Leben gerettet«, also Anschläge verhindern können. Daran darf man zweifeln angesichts der unüberschaubaren Datenfülle bei gleichzeitiger Unfähigkeit, sie auszuwerten. Vielmehr hat der massive Anschlag auf die Freiheit und Autonomie der Bürger das von den Terroristen angestrebte Ziel unterstützt, die westlichen Gesellschaften im Kern infrage zu stellen und deren moralische Werte auszuhöhlen.

Eine souveräne, zivilgesellschaftliche Reaktion auf das ernste Sicherheitsrisiko ist ausgeblieben. Ein Beispiel gibt es indessen: Als Al-Qaida in London im Juli 2005 U-Bahnen und Busse angriff, um die Bankenmetropole in Panik zu versetzen und lahmzulegen, war die spontane Reaktion vieler Londoner: *We are not afraid!* Klar, wir fürchten auch, Opfer eines Gewaltakts zu werden, aber daraus darf keine Kultur der Angst werden. Wir fürchten uns vor einer so feigen Terrorgruppe wie Al-Qaida, aber wir haben keine Angst, in Freiheit zu leben. So reflexiv reagierte die norwegische Gesellschaft auf den Massenmord, den Anders Breivik im Juli 2011 in und bei Oslo beging, so möge auch die französische Gesellschaft nach den Anschlägen in Paris zu Beginn des Jahres 2015 verfahren.

58. Es war einmal: der Westen?

2003 waren es amerikanische Besucher, darunter ein deutsch-jüdisches Paar, die (jedenfalls rhetorisch) um Exil in Europa baten. Der kathartische Augenblick, der 9/11 hätte werden können, ist ausgeblieben, und der Abend, an dem George W. Bush der Welt verkündete, soeben hätten die Vereinigten Staaten Bagdad angegriffen, war der neue Höhepunkt der transatlantischen Entfremdung. Die von Robert Kagan aufgebrachte und von Donald Rumsfeld gepflegte Idee, Mars (gleich wehrhafte USA) und Venus (gleich naiv friedliebendes Europa) würden auf verschiedenen Umlaufbahnen verkehren, wurde zur selbsterfüllenden Prophezeiung. Wir waren, in Joschka Fischers Worten, »not convinced«, mehr noch: Colin Powell hatte die Vereinten Nationen dreist belogen, als er (unter Rückgriff auf deutsche Quellen!) im Irak Massenvernichtungswaffen entdeckt haben wollte. Mit *Nine Eleven* und endgültig dieser absurden, ja idiotischen Reaktion darauf war die Idee, der Westen könne in der Partnerschaft zwischen den im Kalten Krieg siegreichen USA und einem vereinten Europa eine wohlmeinende politisch-kulturelle Hegemonie ausüben und gemeinsam die Welt zu einem besseren Ort machen, erst einmal krachend gescheitert.

Die weltweite antiamerikanische Allianz, die anders als 1991 nun entstand, wurde durch eine ideenhistorisch seltsame geistige Allianz zwischen Jürgen Habermas und Jacques Derrida unterstützt. Anders als die beiden Denker meinten, hat diese Allianz, die in bestimmter Hinsicht die Illusion des Gaullo-Kommunismus fortsetzte, nicht dazu beigetragen, aus einem Anti-Amerika europäische Identität wachsen zu lassen. Denn ein geeintes Europa ohne oder gar gegen die USA kann es nicht geben, sosehr man sich politisch-kulturell und politisch-ökonomisch gegen bestimmte aus den USA stammende Praktiken stemmen mag. 2014 flammte anhand eines CIA-Reports noch einmal die Debatte über die »folternde Demokratie« USA auf. Einerseits ist sie heuchlerisch, weil auch westeuropäische Staaten von Geheimgefängnissen wussten und wegschauten, andererseits notwendig, weil man einfach nicht hinnehmen kann, dass eine Demokratie foltert. Das gehört vor Gericht.

Immer noch gehöre ich zu denen, die das transatlantische Bündnis erneuern und auf zeitgemäßer Grundlage fortsetzen wollen. Aber selbst die Idee der transatlantischen Freihandelszone scheitert schon an nichttarifären Handelshemmnissen, hinter denen sich kulturelle Differenzen verbergen: Digitale Firewalls werden anders gezogen, technische Sicherheitsrisiken anders bewertet, genetisch behandelte Lebensmittel unterschiedlich toleriert, die Standards ökologischer Zertifizierung weichen erheblich voneinander ab. Wichtiger noch ist die Selbstverzwergung Europas in einer multipolaren Welt. Gegen die grassierende BRICS-Besoffenheit muss es heißen: Europe first! Brasilien droht an seinen inneren Widersprüchen zu ersticken, Russland ist ein autoritär regiertes Gasscheichtum, Indien ist eine Pseudodemokratie, solange die Rechte von Frauen und Angehörigen der unteren Kasten mit Füßen getreten werden, China verfolgt Supermachtträume auf Kosten aller Welt, und Südafrika ist weit entfernt von Mandelas Traum einer friedlichen Entwicklung des Landes.

Wenn ich jetzt gelegentlich nach New York zurückkehre, ist die alte Faszination nicht ganz verraucht, und ich lasse mich gern von meiner Tochter anstecken, die New York gleich am zweiten Tag cool fand. Am ersten fand sie es noch laut, übel riechend und chaotisch, worin ich ihr völlig recht geben muss. Die affektierte Rhetorik, die nach Alleinstellungsmerkmal und Vorreiterei giert und schon bei der Auswahl eines simplen Kaffees heißläuft, kann man mit Ironie übergehen. Nach ein paar Tagen überhört man die Polizei- und Feuerwehrsirenen, die eine Art Dauerhysterie inszenieren. Aber schwer zu ignorieren ist, wie hochpreisige Kindergärten, Schulen und Colleges die Abstiegsängste der Mittelschicht beruhigen sollen, die doch nicht zuletzt durch immense Schulgelder erst akut werden.

Und gänzlich deprimieren Fälle des täglichen Rassismus wie dieser auf der Rückfahrt vom Bronx Zoo: Ein junger Schwarzer, etwa siebzehn, achtzehn Jahre alt, hat im U-Bahn-Waggon seinen MP3-Player sehr laut aufgedreht. Andere Passagiere fühlen sich belästigt, aber niemand bittet ihn, das Gerät leiser zu stellen. Die Blicke wandern in Richtung eines Polizisten am anderen Ende das Waggons, der sich wie in Zeitlupe auf den jungen Mann zubewegt. Die Gespräche im Zug ersterben, nur das Rumpeln und Quietschen übertönen den Rap. Endlich fordert der Polizist ihn auf: »Put that down!« Der Junge stellt leiser, die

Musik ist aber noch zu hören. An der Haltestelle blockiert der Polizist, vermutlich hispanischer Herkunft, die Tür. Er fordert den Jungen auf, herauszukommen. Der weigert sich, die beiden streiten, was »down« bedeuten soll: ausschalten oder leiser machen. Der Junge insistiert, er habe leiser gestellt, der Polizist fordert ihn mehrfach auf, den Waggon zu verlassen. Drei spanischsprechende Frauen beginnen, die Szene zu kommentieren, eine ist offensichtlich nicht einverstanden, eine alte Schwarze mit rotgefärbtem Haar beginnt zu schimpfen. »Warum bringst du dich in Schwierigkeiten, geh' raus!«, beschwört sie den Jungen, der ungerührt sitzen bleibt. »Geben Sie mir einen Grund, warum ich aufstehen soll!« – »Komm raus, du hältst die Leute auf!« – »*Sie* halten mich auf, zu meiner Arbeit zu gehen!« Eine Lautsprecherdurchsage gibt als Grund für die Fahrtunterbrechung einen Stau in Brooklyn an. Eine Italoamerikanerin hält die ganze Zeit die Augen geschlossen und stellt sich schlafend. Schließlich kommen zwei weitere Polizisten vom Bahnsteig und führen den jungen Mann, der sich nicht wehrt, zur Feststellung der Personalien ab. Die rothaarige Schwarze schlüpft aus dem Zug, um sich den Fortgang anzusehen, die Fahrt geht weiter.

New York ist nach allgemeinem Dafürhalten normaler geworden. Wäre ich dort hängen geblieben, hätte mich das Spekulationsfieber womöglich ergriffen. Den an der NYU angesparten Pensionsplan hätte ich zum Beispiel für den Kauf eines kleinen Apartments im Christodora-Haus an der Avenue B verwenden können. Das siebzehnstöckige Gebäude mit Blick auf den East River liegt am damals noch schlecht beleumundeten Thomkins Square in der Lower East Side, in Kenneth T. Jacksons *Encyclopedia of New York City* wird seine jüngste Verwandlung in ein Luxus-Condominium als New Yorker Ironie beschrieben: 1928 als *Settlement House* für sozial schwache Einwanderer aus der Ukraine errichtet, ausgestattet mit Turnhalle, Schwimmbad, Musikschule und Theatersaal, kam es in den 60ern wie das umliegende Viertel herunter. Auch das trug zu seiner Fama bei, die sich weniger an der Qualität der Immo-

bilie als am Glanz konträrer Erinnerungen bemisst. Im Christo-
dora residierten die Black Panther, hier wurden Pornos gedreht
und harte Drogen gedealt. In New York zählt, wo man wohnt:
Der Park, in dem mittlerweile gepflegte Bäume stehen und Ras-
sehunde ausgeführt werden, ist nach der Jazzlegende Charlie
»The Bird« Parker benannt, der 1950 bis 1954 zwei Häuser
weiter gewohnt hat. 1975 kaufte die Stadt das Gebäude für
62 500 Dollar, Cher und Iggy Pop zogen ein und müssten den
Betrag heute für die Besenkammer hinblättern. Mal sehen, wie
es dort in zehn oder zwanzig Jahren aussieht.

IX.
Zwischenstände

Ja, damals war ich der Jüngste,
und wär auch geblieben der Jüngste,
wär niemand gekommen nach mir.
Clemens J. Setz, Schlussstück, *2014*

59. Politische Wissenschaft

»Tief im Westen« ist hierzulande mehr als eine Bochumer Orts-
angabe nach Herbert-Grönemeyer-Art, es ist eine Haltung, eine
politisch-kulturelle Topografie. Als Kinder haben wir noch viel
gedankliche und gefühlte Kontinuität zum Deutschen Reich erlebt. Dagegen war der Westen für meine Generation, auch wenn
wir es zunächst kaum begriffen, eine Erleuchtung. *Ex occidente
lux*, gleich in drei Farben: amerikanische Populärkultur, französischer Esprit, britische Bürgerfreiheit. Die westlichen Besatzer und späteren Verbündeten hatten eine geschlagene und de-
moralisierte Bevölkerung vorgefunden, die 1945 weit entfernt
war von der Demokratie als Lebensform. Aber anders als 1918
setzte sich bei ihnen der Gedanke durch, man solle den Deutschen nicht mit einem zweiten Versailler Vertrag Revanche- und
Revisionsgedanken einpflanzen, sondern sie peu à peu an westliche Errungenschaften, den liberalen Rechtsstaat, den ungehin-
derten Welthandel und die freie Presse heranführen und gewöhnen.

Das ließ klugerweise Raum für ihre eigenen Ideen wie soziale Marktwirtschaft, kommunale Selbstverwaltung und Parteiendemokratie. Und für Welterfahrungen aus dem Exil. Zwar
wurde über Politiker wie Willy Brandt, dessen Geburtsnamen
Herbert Frahm man abschätzig *alias* hinzufügte, und Literaten
wie Bertolt Brecht und Thomas Mann, die aus dem Exil (nach
Europa, nicht Westdeutschland) heimkehrten, zu Hause und in
konservativen Blättern noch als Verräter hergezogen. Dennoch
brachten sie zu den anschlussfähigen Traditionen der Weimarer

Moderne noch einen guten Schuss Weltbürgertum ein. Die Mischung lief auf eine zunehmend selbstbewusste *Bonner Republik* hinaus und einen von Preußen nicht nur geografisch entfernten *Rheinischen Kapitalismus*. Das wurde mein Land.

Eines der verschriebenen Reedukationsmittel, die *Political Science* angloamerikanischer Provenienz, war wie für mich geschaffen. Ihre Protagonisten, häufig wieder emigrierte Deutsche, führten sie als »Demokratiewissenschaft« in Universitäten ein, die 1945 weder für Republik noch für Politologie viel übrighatten. »Politische Wissenschaft«, das klang nach der Überpolitisierung der dem »Führer« ergebenen Hochschullehrer im »Dritten Reich« oder nach einer erneuten Gleichschaltung politischen Denkens wie im »wissenschaftlichen Kommunismus« der SBZ. Doch die »Wissenschaft von der Politik« (ein anderer Titel) untersuchte eher, wie Politik empirisch vonstattengeht und welche Werte und Normen in einem Gemeinwesen aus guten Gründen gelten sollen.

In die Politologie (der dritte Name) bin ich Anfang der 70er-Jahre zu einer Zeit eingestiegen, da sich das Fach an den Universitäten etabliert hatte und eine eigenständige Profession anstrebte, etwa in Gestalt des Diplompolitologen am Berliner Otto-Suhr-Institut. In Köln war man nicht so weit. Ferdinand A. Hermens, dem Direktor des Forschungsinstituts für Politische Wissenschaft, einem ehemaligen Zentrum-Politiker und US-Heimkehrer, ging es vor allem darum, durch die Einführung des Mehrheitswahlrechts eine neue Weimar-Katastrophe zu verhindern – hätte man nicht so viele Extremparteien gehabt, wäre uns Hitler erspart geblieben, so sein Mantra. Was mir nicht recht einleuchtete, außerdem war das Institut tiefschwarz. Und so hatte ich keine Stunde Politikwissenschaft studiert, als ich 1974 in Göttingen Politologe wurde.

Das passte zum frühen Politisieren in unserer Familie. Ich habe noch den Klageruf meiner Mutter im Ohr, wir sollten uns wenigstens an Sonn- und Feiertagen nicht über Politik streiten – wir hörten nicht auf sie. Das leidenschaftliche Diskutieren ging am Gymnasium, in der Studentenbewegung und im SB weiter, in dem sich nicht zufällig viele Politologen tummelten. Politische *Wissenschaft* hieß für mich nie, Leidenschaften zu unterdrücken, sondern sie, ganz klassisch, für einen vernünftigen Entwurf der *Res publica* zu aktivieren.

Ungewöhnlich war es andererseits nicht, wenn in dem Fach Historiker, Soziologen und Staatsrechtler anheuerten. Bei der älteren Generation war das durchweg der Fall, und so konservativ sie zum Teil war, ihr fühlte ich mich verbunden, etwa dem stets rebellischen Wilhelm Hennis, dem *homme de plume* Dolf Sternberger, dem Linkskatholiken Eugen Kogon, der den von ihm erstmals beschriebenen SS-Staat überlebt hatte. Die Grenzen zu anderen Sozial- und Kulturwissenschaften waren nicht so scharf gezogen, wie das seit den 70er-Jahren angeblich sein musste. Geendet habe ich 2007 am KWI als der »Kulturwissenschaftler«, der ich wohl immer sein wollte, aber zuvor ging alles seinen ordentlichen Gang. 1978 wurde ich in Göttingen mit einer Arbeit über das französische Kolonialsystem promoviert, 1986 erhielt ich dort auch die *venia legendi* (allgemeine Lehrbefugnis) im Fach Politikwissenschaft.

Um meinen *Impact* (neudeutsch für den berechenbaren Einfluss von Veröffentlichungen in einer Disziplin) habe ich mich wenig geschert, den *Social Science Citation Index* habe ich weder für mich noch für andere jemals konsultiert. Als ich in den Beirat unserer Standesvertretung, der Deutschen Vereinigung für Politische Wissenschaft (DVPW), gewählt wurde, sollte ich (als häufig in den Medien auftretender Politologe) vermutlich die öffentliche Wirkung des Fachs optimieren, zu seinen Protagonisten zählte ich nie.

Die Gießener Professur trat ich zum Zeitpunkt des Mauerfalls an, als die Bundesrepublik ganz unvorbereitet in eine neue Phase eintrat. 1949 hatte die verordnete Gründung, 1968 die glücklich gescheiterte Umgründung stattgefunden, 1989 schien nun eine Neugründung möglich. Manche, darunter ich, dachten an eine Verfassunggebende Versammlung des gesamtdeutschen

Demos nach Artikel 146 des Grundgesetzes, die den Schwung der ostdeutschen Bürgerbewegung und ihrer geglückten Revolution mitnahm, nicht an den dann ganz pathosfreien Verwaltungsanschluss fünf »neuer Länder« plus Ostberlins am 3. Oktober 1990. Politologie stellte ich mir 1989 erneut, wie schon zur Gründung der Bonner Republik, nicht als Transformationsforschung, sondern als »Demokratiewissenschaft« vor. Mit der deutschen Einheit, aber vor allem auch durch die Macht großer, transnationaler Wirtschaftsunternehmen und weitere globale Herausforderungen stand die liberale Demokratie vor einer neuen Bewährungsprobe.

Wie weit eine »politische Wissenschaft« in ihrer Politisierung gehen darf, hat der Soziologe Norbert Elias vor langer Zeit beantwortet: Distanzierung *und* Engagement müssen sich ausbalancieren. Die Postulate der Wissenschaftsfreiheit und Objektivität gelten, zu Recht! Aber das müsste eben auch für eine Forschung über technische und marktrelevante Probleme gelten, bei denen einschlägige Unternehmen ein faktisches, oft auch formelles Recht auf Mitsprache bei der Verteilung von Forschungsmitteln haben, darunter der »militärisch-industrielle Komplex«, vor dem US-Präsident Eisenhower bereits vor Jahrzehnten gewarnt hat.

Als Beirat im WBGU, von dem häufiger die Rede war, geriet ich in eine erregte Debatte, als wir 2011 die Forderung erhoben, die gut informierte Bürgergesellschaft in die Beratung der Zielsetzungen von Forschung und der Verteilung der zur Verfügung gestellten Milliarden einzubeziehen. Da schrillten die Alarmglocken wie einst beim Bund Freiheit der Wissenschaft, als 2012 auch die »Zivilgesellschaftliche Plattform ForschungsWende«, der Umweltverbände, Kirchen, Gewerkschaften, Verbraucherschützer und entwicklungspolitische Organisationen angehören, zu einer Demokratisierung der Wissenschaftspolitik aufrief, die über die sehr vermittelte Legitimation der Forschungsbudgets in Bundes- und Landtagen hinausreicht. Reinhold Leinfelder, 2008 als Direktor des Berliner Naturkundemuseums in den WBGU berufen, erblickt in den Bürgerinnen und Bürgern Mitforschende, die nicht nur der etablierten Forschung neue Akzente geben können, sondern selbst auch Forschungsergebnisse beisteuern – sein Beispiel war die regelmäßige Zustandsüberprüfung der Korallenriffe durch Amateurtaucher. Auch Uwe Schneidewind, 2012 in den Beirat berufen, plädiert für das »Co-Design«, die gemeinsame Definition von Forschungsfragen mit der Zivilgesellschaft, und für »Co-Production« – die gemeinsame Wissensproduktion mit gesellschaftlichen Akteuren.

Es ist verständlich, wenn traditionelle Wissenschaftsorganisationen da Bedenken tragen; sie wähnen Dilettanten und Interessenvertreter auf dem Vormarsch. »Transformative Forschung«, wie sie der WBGU vorschlägt, muss noch konkretisieren, wie eine solche Koproduktion institutionell vonstattengehen soll. Doch wenn einige Kritiker dann den Vorschlaghammer herausholen und den Verdacht totalitärer Gängelung in den Raum stellen (obwohl wir gerade mehr Partizipation gefordert haben), lenken sie vom bestehenden Einfluss großer Technologieproduzenten ab und ignorieren, wie eine konformistische Wirtschaftswissenschaft eine desaströse Finanzkrise mit herbeigeführt und wie eine kurzsichtige Technikwissenschaft ohne Rücksicht auf planetarische Grenzen schädliche Infrastrukturen in die Welt gesetzt hat. Aus diesen Erfahrungen folgt zwingend, dass sowohl bei der Folgenabschätzung als auch bei der Umwidmung von Mitteln die Öffentlichkeit weit stärker einbezogen werden muss als bisher.

Am liebsten betreibe ich politische Wissenschaft in interdisziplinären Umgebungen, mit Natur- und Ingenieurwissenschaftlern, Medizinern und Therapeuten, mit Architekten und Stadtplanern. Doch am Ende ging es noch einmal zurück ins »Kerngeschäft«. Mein erstes selbstständiges Büchlein, herausgegeben von der niedersächsischen Landeszentrale für politische Bildung, behandelte 1975 den Nord-Süd-Konflikt der internationalen Politik, und darauf kam ich 2012 mit zwei jüngeren

Kollegen, Dirk Messner und Tobias Debiel, im Käte Hamburger Kolleg zu Duisburg zurück. Es liegt im stillgelegten Innenhafen der Stadt an Rhein und Ruhr, die immer noch den größten Binnenhafen Europas beheimatet. Mit Gastwissenschaftlern aus aller Welt analysieren wir dort Mängel globaler Kooperation im 21. Jahrhundert, unter Heranziehung aller Disziplinen, die Aussagen zur »ultra-sozialen Natur« (Michael Tomasello) des Menschen und zu seiner grundsätzlichen Kooperationsfähigkeit jenseits individueller Nutzenmaximierung machen können. Messners unerschrockener Elan, hier das ganz dicke Brett zu bohren und eine weltweit ausstrahlende Lernwerkstatt aufzuziehen, wie auch sein in Wissenschaftlerkreisen unüblich positives Denken haben zur Abwechslung sogar mich begeistert und mitgerissen.

An Stoff mangelt es heutzutage nicht: Es fehlt an globaler Kooperation bei der Klima- und Finanzkrise, aber auch zur Umsetzung der völkerrechtlich verankerten *Responsability to Protect* (R2P), der Verantwortlichkeit, Menschen, die vom eigenen Staat nicht geschützt werden, durch Intervention von außen vor Völkermord und Bürgerkrieg zu bewahren. Die Blaupause dafür sind für mich immer noch die Anti-Hitler-Koalition und nach 1945 die Mischung aus Zwang und Chance auf dem deutschen Weg nach Westen. Jüngere Fellows, die wir ins Kolleg einladen, begnügen sich oft damit, die imperiale Schattenseite dieser Intervention grell auszuleuchten, doch wie man syrische Flüchtlinge oder politisch Verfolgte in China und Kuba besser schützen könnte, ist ihnen oft kein Wort wert. So kritisch sich dieses postkoloniale Denken gibt: Es kann nicht sein, dass im Blick auf Fehler westlicher Kolonial- und Militärmächte der Terror von Dschihadisten oder das Versagen korrupter Staatsklassen beschwiegen oder mit Rücksicht auf die Umzingelungsangst Russlands dessen Aggression auf der Krim und in der Donbass-Region hingenommen wird. »Worlding Beyond the West«, wie eine exemplarische Buchreihe heißt, kann marginalisierte Autoren und verdrängte Ansätze aus dem globalen Süden präsentieren, aber kaum ohne einen normativen Maßstab, der nicht durch die (selbst-)kritischen Denkschulen des Westens hindurchgegangen ist. Mir ist bewusst geworden, wie wenig »der Westen« (und seine liberale Demokratie) heute noch als regulative Idee wirkt und wie hart man für die Wiederherstellung des Konzepts arbeiten muss, in dessen Mitte die zerbrechliche Idee freiheitlicher Demokratie steht.

60. Immer noch APO?

»Postdemokratie« nennen viele den Zustand, in den die westliche Demokratie mittlerweile eingetreten sei. Unbestreitbar ist, dass mächtige Lobbys und weltweit tätige Unternehmen gewählten Regierungen »alternativlose« Entscheidungen aufzwingen können, ohne dafür Rechenschaft ablegen zu müssen. Ähnlich invasiv sind Medienkonglomerate wie Google, Facebook und andere. Viele nehmen diesen deprimierenden Befund einfach hin und richten sich zynisch in postdemokratischen Zuständen ein, doch es darf nicht sein, dass Menschen in Beijing, Timbuktu und Kiew Leib und Leben für ein Stück Volksherrschaft riskieren und wir diese bei uns für tot erklären. Statt den Niedergang der Demokratie lediglich zu registrieren, müssen wir daran arbeiten, ihr durch Experimente und institutionelle Fantasie neuen Elan zu geben.

Viele meinen den Geist der APO in direkter Demokratie zu erkennen. Gegen präzise formulierte Volksentscheide ist nichts einzuwenden, sie können der repräsentativen Demokratie Beine machen. Aber die Kehrseiten von Plebisziten zeigen das Scheitern der kalifornischen *Proposition 34* (für die Aufhebung der Todesstrafe) und die erfolgreiche »Volksinitiative gegen Masseneinwanderung« in der Schweiz. Hier haben betuchte Minderheiten ein Thema okkupiert und populistische Unternehmer sich als Volkes Stimme ausgegeben. Direkte Demokratie kann nur funktionieren nach gründlicher Erörterung der Streitfragen, und die hat in der Regel nicht stattgefunden, wenn das Fallbeil der Mehrheit niedersaust.

Verdeutlicht haben meine Kollegin Patrizia Nanz und ich das an dem derzeit wohl schwersten denkbaren Fall – der Endlagerung von hochradioaktivem Atommüll, der Defizite der repräsentativen wie der direkten Demokratie aufdeckt: Der Bundestag hat sich mit seiner Ad-hoc-Entscheidung in den 50er-Jahren, die »friedliche Nutzung der Kernenergie« und somit AKWs zuzulassen, nicht darum geschert, dass Atommüll über hunderttausend Jahre hinweg eine Gefahr darstellt. Und Volksentscheide an Standorten würden eine Lösung des Entsorgungsproblems ewig vertagen. »Irgendwo muss das Zeugs ja hin«, kommentierte Ministerpräsident Wilfried Kretschmann trocken das Resultat, nämlich den Versuch, den viel beschworenen »künftigen Generationen« die Altlasten einfach vor die Tür zu legen. Die Grenzen der Mehrheitsdemokratie lassen sich also nur durch *mehr* Demokratie relativieren, durch die Etablierung und Verstetigung deliberativer Gremien zu einer vierten Gewalt, die wir Konsultative nennen. Solche Erörterungsgremien (man kann sie Bürgerinnenräte, Zukunftskammern oder anders nennen), die wir für alle Ebenen vom Stadtteil bis hinauf zur Europäischen Union empfehlen, hätten ausdrücklich kein imperatives Mandat gegenüber den Volksvertretungen. Die altbewährte Teilung der drei Gewalten (Gesetzgebung, Regierung und Justiz) heben sie nicht auf, sie unterstützen vielmehr ihre angegriffene Wirksamkeit.

Bislang ist diese vierte Gewalt eine Leerstelle, im Berliner Regierungsviertel kann man das Vakuum besichtigen. Zwischen Parlament und Kanzleramt hatten die Architekten Charlotte Frank und Axel Schultes als Herzstück ihres »Bandes des Bundes« ein Forum der Demokratie vorgesehen. Am geplanten Ort gibt es heute Wasserspiele und Grünflächen. Der Platz vor der Vorderfront des Bundeskanzleramts ist meist ausgestorben, vor dem Paul-Löbe-Haus, dessen gläsern-zylindrische Tagungsräume Transparenz signalisieren, stehen Fahrbereitschaften und

Catering-Lieferwagen. Hin und wieder überqueren Besuchergruppen die Forumsfläche oder postieren sich Kamerateams vor der Kulisse von Kanzleramt und Reichstag, um ein Statement einzufangen. Das Fernsehen füllt die Lücke der vierten Gewalt, Versammlungen großer Menschengruppen zu politischen Zwecken wären in der Bannmeile des Bundestags ohnehin nicht statthaft.

Nehmen wir einen Augenblick lang an, das Forum wäre gebaut worden. Wer wäre dorthin gekommen, welche Rolle hätten die in Berlin noch tonangebenden Parteien gespielt, welche außerhalb des Parlaments agierende Nichtregierungsorganisationen und Protestgruppen? Wären, um mal ganz praktisch zu fragen, die Räume umsonst verfügbar gewesen, oder hätte man sie mieten müssen? Wäre eine Anmeldung erforderlich gewesen, oder hätte man sich spontan versammeln können? Hätten Moderatoren und Mediatorinnen zur Verfügung gestanden?

Die Anschlussfrage ist, wie sich der Souverän normalerweise äußert: Stellt er Streikposten vor zuständigen Ministerien auf, begibt er sich zu Mahnwachen und Sitzblockaden an umkämpfte Standorte, bekommt er für Runde Tische Bürgerhäuser und Ratssäle gestellt (und gilt dies auch für Marxisten-Leninisten und Nazis, Salafisten und Leugner des Klimawandels)? Nutzt das Volk andernfalls Theater und Konzertsäle, Kinos und Lagerhallen, oder diskutiert es unter freiem Himmel? Zieht es ans Hambacher Schloss, eine Wiege der deutschen Demokratie, zur Paulskirche, ihrem Proto-Parlament, in das Weimarer Theater, wo die erste Republik eingerichtet wurde, oder in das Bundeshaus in Bonn, den einstigen Sitz des Bundestags, wo die zweite Republik ihre Form finden konnte? Schlüpft man bei großen Stiftungen in Gütersloh oder Essen, Berlin oder Hamburg unter? Oder auf einem Universitätscampus, in der Aula einer Schule, im Foyer einer Bank, auf dem Campus einer Immobilienfirma oder Wirtschaftsprüfungsagentur?

Viele Berufspolitiker, denen wir die Konsultative vorgestellt haben, sehen darin eher eine Zeitvergeudung, sie träumen weiter vom »Durchregieren« (Angela Merkel) und rufen Bilder von schäumenden Wutbürgern auf, die doch nur Dampf ablassen wollen und für ihre Obstruktion keinerlei Rechenschaft ablegen müssen. Erfahrungen mit öffentlicher Bürgerbeteiligung sind in der Tat nicht immer erfreulich, aber oft liegt das auch daran, dass solche Experimente schlecht vorbereitet und miserabel durchgeführt worden sind. Man »stellt etwas ins Internet« oder auf Facebook und wundert sich hernach, wenn man keine Klicks bekommt oder massenhaft Trolle anlockt. Dabei wird geflissentlich verschwiegen, zu welch schlechten Ergebnissen von oben durchgepaukte Entscheidungen (die besten Beispiele sind wieder die »friedliche Nutzung der Kernenergie« oder »Stuttgart 21«) geführt haben.

Wir werben für mehr Deliberation, weil die Konflikte bei großen Infrastrukturmaßnahmen (wie Windparks und Stromtrassen) zunehmen werden, genauso wie der Sachverstand der Bürgerschaft und die daraus sich hoffentlich ergebende Weisheit der Masse. Dem Präsentismus der Politik kann man nur entgegenwirken, wenn dabei auch die nichtmenschliche Umwelt und künftige Generationen in »Zukunftsräten« eine virtuelle Stimme erhalten. Für »Demokratiewissenschaftler« gibt es heute wieder viel nachzudenken und auszuprobieren.

61. Dr. h. c. Edward Snowden

Sehr geehrter Herr Rektor, Herr Minister, liebe Kommilitoninnen und Kommilitonen, liebe Gäste! Einen Ehrendoktor erhält, wer entweder eine herausragende wissenschaftliche Bilanz aufweisen kann oder in einem besonderen Verhältnis zur Wissenschaft steht. Es geht um Leistungen in der Wissenschaft oder für die Wissenschaft. Edward Snowden, Jahrgang 1983, hat sie erbracht. Wir alle meinen ihn zu kennen. Er entstammt einer Familie US-amerikanischer Staatsdiener, der Vater war bei der Küstenwache tätig, die Mutter im District Court des Bundes-

staats Maryland. Dort studierte Snowden Informatik, unterbrochen durch einen freiwilligen viermonatigen Reservedienst in der Army während des Irakkriegs, den er wegen einer Verletzung abbrechen musste. Snowden arbeitete als Wachmann in einer Einrichtung der National Security Agency (NSA) und trat in den Dienst der CIA; unter anderem in der diplomatischen Vertretung in Genf kam er mit sicherheitssensiblen Daten in Berührung. Als externer Mitarbeiter der NSA arbeitete Snowden anschließend für die Firma Booz Allen Hamilton in Hawaii, wo er die meisten der später stufenweise von Printmedien publik gemachten Informationen sammelte. Barack Obamas Wahl zum Präsidenten der Vereinigten Staaten zögerte die Absicht hinaus, fragwürdige Praktiken der Geheimdienste öffentlich bekannt zu machen. Aber sie wurden nicht beendet. So legte Snowden sein Motiv in einem Guardian-Interview dar: »Ich möchte nicht in einer Welt leben, in der alles, was ich tue und sage, aufgezeichnet wird. Solche Bedingungen bin ich weder bereit zu unterstützen, noch will ich unter solchen leben.« Über das damit verbundene Risiko und die rechtliche Problematik des Whistleblowing war er sich bewusst, hielt aber eine Veröffentlichung aus Gewissensgründen für notwendig.

Snowden ist in unseren Augen ein patriotisch gesonnener Bürger der Vereinigten Staaten von Amerika, der nur gegen Gesetze und Arbeitsregelungen verstoßen hat, weil er dies im Sinne wichtiger Verfassungsgrundsätze der USA und der liberalen Demokratie für notwendig hielt. Dafür hat er erhebliche Nachteile auf sich genommen und aus der Veröffentlichung seines brisanten Wissens keinen kommerziellen Gewinn gezogen. Dass er sich nach seinem Untertauchen im Herrschaftsgebiet der Volksrepublik China (Hongkong) und in der Russischen Föderation aufgehalten hat beziehungsweise aufhält, zwei politischen Systemen also, die weder für Bürgerrechte noch für Informationsfreiheit stehen, ändert an seinen honorigen Motiven nichts, auch nicht die Beantragung von Asyl in weiteren Staaten, deren Position man für problematisch halten kann, wie Ecuador. Auch dass Printmedien Snowdens Informationen nach deren Kriterien (Nachrichtenwert und Gewinn) publizieren, spricht nicht gegen sein eigenes Vorgehen; im Übrigen hat die Presse ihren Auftrag als »vierte Gewalt« einmal durchaus vorbildlich erfüllt.

Was aber, werden Sie fragen, ist Snowdens Leistung für die Wissenschaft? Die Art der Datensammlung und -aufbereitung ist von außerordentlich hohem Wert für die (Neu-)Bewertung relevanter Forschungsobjekte (nicht allein) der Sozialwissenschaften. Denn Snowden fragt: Wie vertragen sich Privatsphäre und Sicherheitsorgane, wie steht es um deren Legitimation? Was sind die demokratiepolitischen Konsequenzen des »War on Terror«, im Lichte dessen massive Eingriffe rund um den Erdball genehmigt, durchgeführt und nachträglich begründet werden? Wie verändern sich globale Kooperation und Staatenbeziehungen durch digitale Informations- und Kommunikationstechnologien? Die Welt »nach Snowden« ist auch in der Wissenschaftslandschaft eine andere geworden. Wir wissen heute, in welchem Umfang private Unternehmen (wie Google und Facebook) in die Privatsphäre ihrer »Nutzer« eingedrungen sind und diese als kostengünstige »freie Mitarbeiter« nutzen.

Es ist, meistens ohne jede Zustimmung oder Einsicht in die Konsequenzen und in der Regel völlig intransparent, ein »gläserner Konsument« entstanden, der für Geschäftsinteressen durchleuchtet wird und in seiner Privatsphäre in einer Weise tangiert ist, die schon die zynisch-sarkastische Parole »Post-Privacy« hat aufkommen lassen. Die vor keiner rechtlichen Grenze, vor keiner nationalen Souveränität und auch vor keinem Kanzlerinnenhandy haltmachende Datensammelei amerikanischer, britischer und deutscher Geheimdienste (von anderen hätte man es erwarten können) zeigt, wie stark die Privatsphäre – ein Eckpfeiler jedes demokratischen Rechtsstaats – erodiert ist und Bürgerfreiheiten schlicht außer Kraft gesetzt sind, ohne dass die Sicherheitsrelevanz der Datensammelei auch nur rudimentär erkennbar und belegbar wird. Im Namen des Kampfes gegen Freiheitsbeschränkungen durch Terrorismus – eine von uns sehr *ernst genommene Bedrohung – sind Freiheiten in einem Maße beschränkt und geopfert worden, wie es terroristische Gruppen, gleich welcher Provenienz, nicht annähernd vermocht haben. Man darf nicht einmal die Hypothese zurückweisen, dass hier mitten in demokratischen Gesellschaften eine totalitäre Gewalt heranwächst, die sich von ihrem ursprünglichen Zweck, der Prävention und Bekämpfung von Sicherheitsdefiziten, löst und selbst zur Bedrohung von Sicherheit und Freiheit mutiert.*

In besonderer Weise wird der Paradigmenwechsel, den Snowdens Erkenntnisse bereits erkennbar ausgelöst haben, die Erforschung und Bewertung des Internet betreffen und neue Akzente setzen. Sein Ansatz unterscheidet sich von WikiLeaks und analogen Projekten, indem er auf konventionelle Medien der Publikation zurückgreift, also nicht dem »Transparenztraum« (Michael Schneider) anhängt, das Netz könne seine Schwächen aus sich selbst heraus kurieren. In der Internetgemeinde hat Snowdens Aktion hoffentlich eine heilsame Selbstreflexion ausgelöst, die das alltägliche Nutzerverhalten (darunter von Universitätsangehörigen) verändern mag und wiederum Stoff für wissenschaftliche Problematisierung bietet.

Wissenschaft, meine Damen und Herren, gedeiht auf der Grundlage selbst gesetzter Restriktionen ethischer und methodologischer Natur nur in freien Gesellschaften. Das Internet brachte eine wichtige Innovation: den offenen Zugang zu Quellen, Daten und Ergebnissen von (öffentlicher) Forschung. Eingriffe des durch Snowden beschriebenen Typs durchkreuzen diese Errungenschaft des Open Access massiv, genauso wie die privat-kommerzielle Steuerung und Beeinflussung von Forschung. Wirtschaftsspionage ist immer auch Wissenschaftsspionage samt der intimen Beziehung zwischen Geheimdiensten und IT-Unternehmen.

Das alles hätte ein Laudator zugunsten des vermutlich abwesenden Dr. h. c. Snowden in spe vorbringen können. Die Philosophische Fakultät der Universität Rostock war 2013 auf die glänzende Idee gekommen, den in Moskau festsitzenden Whistleblower Edward Snowden zu ehren, dessen Enthüllungen die Welt die Erkenntnis ihrer totalitären Abhängigkeit von Big Data zu verdanken hat. Ein ordentliches Verfahren wurde eröffnet, ein Dutzend Gutachter (darunter ich selbst als dortiger Ehrendoktor der Theologie) hielten Snowden unisono für würdig, in der Fakultät und weiteren Teilen der Universität bildete sich eine befürwortende Mehrheit. In der Galerie ihrer Ehrendoktoren stehen nicht nur berühmte Naturwissenschaftler, die in gesellschaftliche und politische Debatten eingegriffen haben, sondern seit 1998 auch der Bürgerrechtler und Bundespräsident Joachim Gauck, der Snowden ebenfalls großen Respekt bezeugt hat.

Die Urkunde könnte längst übergeben sein, hätte sich im Frühjahr 2014 nicht der Rektor der Universität mit juristischen Bedenken quergestellt, die eine politische Aversion kaum kaschieren können. Das war ein Lehrstück zum Verhältnis von Politik und Wissenschaft, in dem das ehrwürdige Postulat der Wertfreiheit zur blanken Ideologie wurde. Akademische Selbstverwaltung ist eine Farce, wenn sich ein Rektor in eine Ehrenpromotion einmischt, die allein der Fakultät obliegt. Verfahrensfehler oder Rechtsbrüche gab es keine; Magnifizenz hat vielmehr gegen alle Gutachten befunden, Herr Snowden habe keine Leistung für die Wissenschaft erbracht. Könnte eine Rechtsaufsicht (das ist in letzter Instanz das Ministerium) auf diese Weise künftig definieren, was eine »wissenschaftliche Leistung« sei, wäre die Freiheit der Wissenschaft gefährdet und die Institution Universität beschädigt.

62. Fröhliche Wissenschaft (zurück im Revier)

Das Kulturwissenschaftliche Institut, kurz KWI, hat mit Friedrich Nietzsche nicht viel am Hut. Aber dessen launige Zeilen aus der *Fröhlichen Wissenschaft* – »Ich wohne in meinem eignen Haus / Hab Niemandem nie nichts nachgemacht / Und – lachte noch jeden Meister aus / Der nicht sich selber ausgelacht« – fielen mir ein, als ich 2007 die unverhoffte Chance bekam, das Essener Institute for Advanced Study in the Humanities zu leiten. Damals war das KWI noch eines der wenigen Häuser dieser Art, in denen verdiente Wissenschaftler und vielversprechender Nachwuchs ohne Zeitdruck Themen finden und Bücher ausarbeiten können.

Historische Vorbilder der Institutes for Advanced Study sind das All Souls College in Oxford und vor allem das Kolleg in Princeton, an dem Exilierte von Einstein bis Ernst Kantorowicz eine Anstellung gefunden hatten. Das Wissenschaftskolleg zu Berlin haben Peter Wapnewski, Wolf Lepenies und Joachim Nettelbeck 1981 in einer politisch günstigen Konstellation unter dem Wissenschaftssenator Peter Glotz in einer Villa im Grunewald angesiedelt. Die luxuriösen Bedingungen dieses Kollegs durfte ich 1999/2000 selbst neun Monate genießen. In dem Jahrgang der knapp 40 Fellows, der sich selbstbewusst »Millenniumsjahrgang« nannte und gern feierte, war ich wieder mal fast der Jüngste, und mit Robert Gernhardt, *poet in residence*, durfte ich mir wieder mal einen älteren Bruder zum Freund machen, seine Frau Almut und Hund Bella nicht zu vergessen.

Fröhliche Wissenschaft passt nicht in eine Wissenschaftslandschaft, die heute mit Vorliebe Exzellenzklumpen bildet, Strukturen fördert und Alleinstellungsmerkmale herauspoliert, als gälte es, Quartalsberichte an der Börse vorzulegen. Wobei das 25 Jahre alte KWI durchaus in der heute gängigen Währung zahlen kann: Es ist »drittmittelstark«, betreibt »Agenda Setting«, hat einen beachtlichen »Output« an Publikationen und verfügt über messbare »Reputation«, in Sachen »Internationalität« und »Interdisziplinarität« kann es sich blicken lassen. Im eigenen Haus wohnt man jedoch nur, wenn man nicht allein dem Kontrollbedürfnis einer Wissenschaftsbürokratie genügt, sondern Fragen bearbeitet, die Menschheitsprobleme in den Blick nehmen.

Eine solche Herausforderung war für mich der Klimawandel.

Zum Glück waren 2007 zwei Fellows am KWI, die das Thema ebenso interessierte: der eher vorsichtige Philosoph Ludger Heidbrink und der erfrischend forsch auftretende Sozialpsychologe Harald Welzer. Sie hatten sich mit Gewalterfahrungen sowie mit individueller und kollektiver Verantwortung befasst, und unter der Überschrift »Klimakultur« war es nun unsere Intuition, Klimawandel als Kulturwandel aufzufassen, also zum einen die Wahrnehmung und symbolische Bedeutung dieses Naturphänomens in verschiedenen Kulturen zu erforschen und zum anderen die Folgen von Klimawandel und Klimaschutz für Gesellschaft, Persönlichkeit und Politik auszuloten. In einem Artikel für die *Zeit* legten wir die Bringschuld der Sozial-, Geistes- und Kulturwissenschaften dar; die Resonanz zeigte, dass wir einen Nerv getroffen hatten. Denn zeitgleich wandte sich nicht nur die staatliche und private Forschungsförderung den lange vernachlässigten Fächern zu, es wuchs auch die Bereitschaft bei Naturwissenschaftlern und Ingenieuren, sich mit Disziplinen auseinanderzusetzen, die sie eben noch als »Laberfächer« abgetan hatten. Ohne uns waren sie mit ihrem Hightech-Latein am Ende.

KlimaKultur, so der Name dieses Projekts, ist eine kleine Erfolgsgeschichte geworden, die in der Wissenschaft und Forschungspolitik Spuren hinterlassen und, indem Goethe-Institute, Kirchentage und private Stiftungen sich das Label anhefteten und zu eigen machten, in die breitere Gesellschaft und hohe Politik ausgestrahlt hat. Gefragt, welche Perspektiven die Kulturhauptstadt Ruhr 2010 entwickeln könnte, antwortete ich 2008 in einem Interview der *FAZ*: Klimahauptstadt. Was ganz utopisch und für viele auch wenig wünschenswert erschien, ist heute offizielle Politik geworden – *Klimametropole 2022* heißt die Parole für das Ruhrgebiet, und der Kultur wird dabei eine wichtige Rolle als Geburtshelfer und Kompass eingeräumt. Heiner Goebbels, ein befreundeter Komponist aus Frankfurt (wo er seine Musikerkarriere im »Sogenannten Linksradikalen Blasorchester« begonnen hatte), führte als Intendant der Ruhr-

Triennale 2012–2014 dann eindrucksvoll vor, wie ein Festival der Künste, bei dem die Sparten kräftig gemischt wurden und Kulissenschieber, Licht- und Tonmeister ebenso wichtig waren wie Sänger und Schauspieler, zu einem neuen Verständnis von Kooperation und Kollaboration beitragen kann. Das war der »Spirit of 2010«.

Was mich an der Institutsleitung zusätzlich reizte, war die Lage des KWI im Ruhrgebiet. Zwar fühle ich mich unverkennbar am ehesten als Kölner, geboren war ich aber in (Wanne-) Eickel. In der Hauptstraße 1 stand mein Geburtshaus. Im Krieg war in einer Bombennacht ein gegenüberliegender Kirchturm auf die vordere Haushälfte gestürzt, auch dort also: Trümmer. In den 70er-Jahren wurde nicht nur das alte Haus der mütterlichen Kaufmannsfamilie Frie abgerissen, es verschwand auch die kleinste deutsche Großstadt mit dem ulkigen Namen (Auto-Kennzeichen: WAN) von der Landkarte, weil sie im Zuge einer Gebietsreform in die (kleinere!) Nachbarstadt Herne eingemeindet wurde. Doch weiter trällern ältere Deutsche den Hit »Nichts ist so schön wie der Mond von Wanne-Eickel« von Friedel Hensch und den Cyprys aus dem Jahre 1962.

Regelmäßig waren wir in meiner Kindheit von Köln (Nordrhein-) nach Eickel (-Westfalen) gefahren, weshalb ich mich als genuiner Nordrhein-Westfale fühlen darf. »eNeRWe« ist eine durch die britischen Besatzer erfundene Tradition. Preußen sollte seine unheilvolle Existenz beenden, aus der Provinz Westfalen und der Rheinprovinz formten sie ein Bundesland, dem zunächst jedes historische Wir-Gefühl fehlte. NRW hieß: Mit dem Auto von einer Stadt in die nächste fahren, rheinischer Kapitalismus mit tonnenschwerer Industrie, geballte Fußballmacht und katholischer Klüngel. 18 Millionen Nordrhein-Westfalen bildeten das Rückgrat der Bonner Republik und eine der größten Metropolregionen der Erde. Zwar gab es dort keine einzige überregionale Qualitätszeitung, aber elektronische Medien um WDR (und RTL), es koexistierte 2000 Jahre römische Tradition mit Pop-Avantgarde. Gesprochen wurden plattdeutsche

Mundarten, die sich für Kabarett (Jürgen von Manger) und TV-Komödien (Willy Millowitsch) eigneten. Eine bodenständige, weltoffene Lebensart paart sich mit rosaroter Spießigkeit und verbreiteter Bierseligkeit. Da mir derart Triviales und der Bindestrich zwischen Gegensätzlichem liegen, konnte ich in dem künstlichen Nachkriegssoziotop Wurzeln schlagen und Heimat finden.

Als Wanne-Eickel noch nicht Herne war, lag millimeterdick schwarzer Staub auf den Fensterbänken, weiße Hemdkragen wurden rasch dreckig – aber gemach, das war schon in den 70ern zu Ende. Die Eickeler Hauptstraße war baumlos, aber um die Ecke breitete sich der Stadtpark aus. Für mich war das Ruhrgebiet immergrün, und bei Gästen des KWI konnte ich stets einiges Erstaunen auslösen, wenn ich sie bei schönem Wetter auf die Aussichtsplattform der Zeche Zollverein führte und sich vor ihnen zwischen dem Gasometer in Oberhausen und dem Dortmunder Fernsehturm eine Landschaft ausbreitet, aus der nicht nur Kohlehalden, Kraftwerke und Fußballarenen hervorstechen, sondern sich dank der dörflichen Prägung der vielgliedrigen Stadtlandschaft an Emscher und Ruhr entlang ein Grünstreifen fast so breit wie das Amazonasbecken ausdehnt.

In Wanne-Eickel hatten wir einen Hühnerstall im Garten des Hauses, in dem meine Tante als Kriegerwitwe einen Zigarrenladen führte und hüstelnde Bergleute, in den 1950ern noch unbestrittene Arbeiteraristokratie, mit Stumpen versorgte. Im obersten Stock des Hauses lag Opa Kiesendahl im weißen Unterhemd im Fenster, früh verrentet wegen Silikoselunge, und schaute zu, wie es sich Tanten und Cousins im Schatten einer hohen Brandmauer bequem machten und dick mit Gelatine belegte Erdbeertorte futterten.

So lebhaft ich die mütterliche Familie aus Westfalen in Erinnerung habe, so verschwommen sind übrigens Bilder von der väterlichen aus dem Mittelrhein; seine beiden Brüder, Bimssteinfabrikant der ältere, Oberstleutnant der andere, suchte mein Vater selten auf. Der Uniformierte wurde im *Spiegel* und im *Neuen Deutschland* mit markigen Ansprachen vor Rekruten zitiert, deren Wachsamkeit gegenüber den Russen mit Bildern vom Hunnensturm motiviert wurde. Mit den zahlreichen Cousins und Cousinen, die nur auf Aufforderung redeten, wurden meine Schwester und ich nie warm.

Aus Eickeler Blickwinkel war Essen eine vornehme Stadt, dort trutzte die Villa Hügel der Familie Krupp, deren hohe, holzgetäfelte Hallen ich als Kind bei einer Besichtigung voller Andacht durchschritt. Dort pochte, mit Krupp, RWE und Ruhrkohle, das industrielle Herz Westdeutschlands. Eine Nenntante arbeitete auf Zeche Zollverein, lange bevor sie stillgelegt und Weltkulturerbe und Wahrzeichen der Kulturhauptstadt Europas wurde. Dem Glanz des Wiederaufbaus folgte das Elend des Strukturwandels.

Heute muss sich die Metropole Ruhr, wie man das Revier verstohlen nennt, ohne Kohle und Stahl radikal neu erfinden. Die beiden letzten Zechen (Prosper Haniel und Auguste Victoria) machen spätestens 2018 zu, und würden sie nicht aus Kostengründen stillgelegt, müsste man sie der Treibhausgase wegen schließen, die sie in den unterdessen blauen Himmel über Ruhr, Emscher und Rhein-Herne-Kanal blasen. Inzwischen weiß es doch jedes Kind: Fossile Energieträger sind kohlenstoffhaltig, bei ihrer Verbrennung entsteht Kohlendioxid, das großteils in der Atmosphäre deponiert wird. Um eine gefährliche Erderwärmung und den Anstieg des Meeresspiegels zu vermeiden, muss der Einsatz kohlenstoffhaltiger Energieträger bis spätestens 2070 weltweit auf null gefahren werden.

Die Kohle muss im Boden bleiben – eine Revolution für die Kohlereviere der Welt! Wer die Dauerausstellung im Ruhrmuseum, das 2010 in die ehemalige Kohlenwäsche der Zeche Zollverein eingezogen ist, durchwandert, der erfährt auch, welchen Respekt die Geschichte von Kohle und Stahl verdient. Und welch tief greifenden Mentalitätswandel einer fordert, der das Klima schützen möchte. Das prächtige Backsteinhaus, in dem das KWI residiert, ist – eine hübsche Volte der Geschichte und in Stein gehauener Beweis des Strukturwandels – das ehemalige Vorstandsgebäude der STEAG (Steinkohlen-Elektrizität AG), heute noch der fünftgrößte deutsche Stromerzeuger. Der KWI-Direktor sitzt im früheren Vorstandszimmer der Ruhrbarone.

Nebenan liegt der lichte Neubau des Museums Folkwang, eines der schönsten Museen der Welt. Der Blick aus dem Fenster stimmt einen allerdings nicht immer froh. Während die deutsche Wirtschaft nach 2010 wieder zu Kräften kam, brachen die Unternehmen an der Ruhr ein, in deren Hochhausschatten wir an der Energiewende arbeiteten. Die einst so mächtige RWE musste ebenso bluten wie Thyssen-Krupp nach blamablen Fehlinvestitionen in Nord- und Südamerika und teuren Korruptionsfällen. Zuvor war Karstadt in die Knie gegangen, nicht zuletzt auch ruiniert vom verurteilten Thomas Middelhoff, nur scheinbar gerettet vom Aufschneider Nicolas Berggruen und demnächst wohl endgültig plattgemacht vom vorbestraften Immobilientycoon René Benko. Das Presseimperium der *Westdeutschen Allgemeinen*, das ein Dutzend roter und schwarzer Lokalzeitungen aufgesogen hat und sich im Besitz zweier zerstrittener Familien befand, ist schwer angeschlagen. Opel in Bochum wurde im Dezember 2014 endgültig dichtgemacht, die Theaterleute der Stadt plakatierten trotzig »This is not Detroit«, der Künstler Jochen Gerz arbeitet unverdrossen am »Platz des europäischen Versprechens« vor der Bochumer Christuskirche. Was den Entlassenen und der gut ausgebildeten Jugend im Ruhrgebiet als Alternative angeboten wurde – Nokia in Bochum und Outukumpu für den Thyssen-Edelstahlzweig in Duisburg –, verschwand rasch von der Bildfläche. Und wo eine Branche blüht, wie die Logistik im Duisburger Hafen, wirft das für die pleitegegangene Stadt so gut wie nichts ab. Totlast.

Verwundert hat mich die unendliche Geduld der Belegschaften, verdankt sich ihre aussichtslose Lage doch kapitalen Böcken des Managements: Die Stahlbranche hatte sich nicht auf Weltmarktdruck und Ressourcenknappheit eingestellt, das Druckereiwesen nicht aufs Internet, der Einzelhandel nicht auf den

Online-Versand, die Stromproduzenten nicht auf die Energiewende. 2007 waren wir im KWI als Fantasten verschrien, wenn wir RWE empfahlen, Geld mit weniger und sauberem Strom zu verdienen, und die Opel-Ingenieure als Protagonisten eines intelligenten Mobilitätskonzepts sahen, bei dem der individuelle Autoverkehr nicht mehr im Zentrum stehen würde. Es hat sich gezeigt, dass wir die Realisten waren. Die Fehlkalkulationen in der Villa Hügel und anderen Nobelhäusern sind Fälle oligarchischer Selbsttäuschung; Vorstände, die auch privat nur mit ihresgleichen verkehren und von einer Armada von Jasagern umgeben sind, haben den Kontakt zur Wirklichkeit verloren. Im Fall des Scheiterns war ihnen stets der goldene Handschlag sicher oder eine Wiedergeburt in neuer Funktion. So etwas nennt man wohl Feudalismus.

Wo bleibt die Empörung, fragte Stéphane Hessel 2012 in der Essener *Lichtburg*, dem zweitgrößten deutschen Uraufführungskino, wenige Monate vor seinem Tod. 1500 Zuhörer spendeten nach einem beeindruckenden Gespräch mit dem weit über 90-Jährigen stehend Applaus und gönnten ihm mehrere Vorhänge. Er hat recht: Verlangt werden darf, die Wirtschaft möge sich vom Kommandositz entfernen und sich wieder ins gesellschaftliche Gesamtgefüge einbetten. Wir mögen in einer kapitalistischen Wirtschaft arbeiten, wollen aber nicht in einer kapitalistischen Gesellschaft leben. Und die Ruhrbarone dürfen dem Ruhrgebiet nicht länger in der Sonne stehen.

Auf der politischen Seite sieht es kaum günstiger aus. Der Strukturkonservatismus im Ruhrgebiet ist stark, das Kirchturmdenken von 53 rivalisierenden Städten und Gemeinden entmutigend, die politische Machtlosigkeit der »Metropole Ruhr« skandalös. Verwaltet wird sie aus (den Regierungsbezirken) Arnsberg, Münster und Düsseldorf und von der Landesregierung oft gegenüber der dynamischeren »Rheinschiene« benachteiligt. Einst mächtige Oberbürgermeister stehen heute Nothaushaltskommunen vor, und das Bürgertum erwartet das Heil allein von staatlichen Zuschüssen, die altindustrielle Hinterzimmer-Herrenklüngel verteilen. Versuche, eine Ruhrstadt mit Gewicht zu gründen, sind an diesem alten Denken gescheitert, der in einigen Großstädten vollzogene Machtwechsel zu Schwarz(-Grün) hat wenig verändert – auch der CDU-Ministerpräsident Jürgen Rüttgers verstand sich ja als Führer einer Arbeiterpartei. Und Ressentiments prallen selbst einem kantigen Vorstandsvorsitzenden entgegen, wenn er einmal vorsichtig zu erkennen gibt, die grünen Zeichen der Zeit erkannt zu haben.

Die Desillusionierung hat die Ikonen der Ruhr angekratzt. Zu Beginn meiner Amtszeit wurde ich von Bertold Beitz eingeladen, dem großen alten Mann des Krupp-Konzerns und Vorsitzenden der Stiftung, die eine prominent besetzte Vorlesungsreihe des KWI mit Eröffnung in der Villa Hügel finanzierte. Beitz respektierte ich sehr, weil er in jungen Jahren mit seiner Frau jüdische Zwangsarbeiter in Ostpolen geschützt und davon später nicht viel Aufhebens gemacht hatte. Erwartungsvoll betrat ich den Seitentrakt der Villa Hügel. Eine Fotogalerie im Arbeitszimmer zeigte Beitz mit den Großen der Welt wie Reza Pahlewi, Richard Nixon und Leonid Breschnew, eine andere ihn vor diversen Segelbooten und Jachten. Der damals 94-Jährige war geistig wach, aber meine Vorschläge, die Krupp-Vorlesungen zu verjüngen und thematisch zu öffnen, lehnte er schroff ab. Das nahm ich sportlich, aber dass er die Personen, die ich dafür vorgeschlagen hatte (herausragende und redebegabte Vertreter ihrer Fächer) erst einmal bei sich antanzen lassen und durchchecken wollte, als Eingriff in die Wissenschaftsfreiheit übel. Als ich Mannesmut vor Herrscherthronen beweisen und die Krupp-Vorlesungen einstellen wollte, warnte man mich eindringlich, dann sei ich erledigt – Beitz sei in Essen Gottvater. Nun, ich blieb unbeanstandet im Amt, und ein früherer Vertrauter des Patriarchen steckte mir, den Sturkopf habe meine Dickschädeligkeit beeindruckt. Auch sonst konnten deutliche Worte, etwa in der *WAZ*, durchaus hilfreich sein. Als ich den RWE-Vorstand wegen seiner ganz auf Atomstrom ausgerichteten Energiepolitik und der Obstruktion des Atomausstiegs anging, bekam ich Zuspruch aus dem mittleren Management des Konzerns, unter Klarnamen. Denn Pläne für eine andere Energieversorgung lagen längst in der Schublade.

Hoffentlich geht die kleine Erfolgsgeschichte des KWI weiter. Zu NRW gehört nämlich auch, dass es sich gern unter Wert verkauft, viele Chancen nicht ergreift, seine Perlen nicht glänzen lässt. Das KWI ist ein Beispiel dafür: Vor 25 Jahren von Johannes Rau mit großem Aplomb ins Leben gerufen, trug damals weder die Kooperation mit dem Wuppertal Institut für Klima, Umwelt, Energie und dem Institut Arbeit und Technik in Gelsenkirchen im Rahmen des Wissenschaftszentrums NRW – eigentlich eine hervorragende Idee und sehr NRW-speziell! – Früchte, noch wussten die Universitäten und Landesministerien mit ihrem Trumpf viel anzufangen. Das Land tief im Westen hat die Wahl, ob es der »neue Osten« sein will, der mit Nothaushalten und Neonazis, Kunstzensur und Misshandlung von Flüchtlingen Schlagzeilen macht, oder ob es dem Westen zu neuem, nunmehr postkarbonem und einladendem Glanz verhelfen will.

63. Die Welt der Griechen und Römer revisited

Die Welt der Griechen und Römer heißt ein immer noch erhältliches Hauptwerk meines Vaters Otto Leggewie. Er hatte in den 30er-Jahren Griechisch und Latein studiert; die Laufbahn als Lehrer, unterbrochen durch Krieg und Gefangenschaft, durchlief er bis zum Oberstudiendirektor in Köln. In seinem altsprachlichen Gymnasium galt er als streng (Spitzname Zeus), aber auch als gerecht (Spitzname Justus); nicht nur im Kleine-Leute-Viertel Sülz suchte er die »Bildungsreserve« fürs Abitur zu gewinnen, ein Gedanke, den ich später bei vielen Sozialdemokraten wieder antraf. Das humanistische Bildungsideal, das dort weniger Anklang fand, verteidigte er dann als Leitender Ministerialrat in der Düsseldorfer Schulverwaltung, bis es unter SPD-Ägide als altmodisch und elitär verschrien war; dass

»seine« Schulform, das (humanistische) Gymnasium, Mitte der 60er-Jahre ins zweite Glied rückte, empfand er als persönliche Niederlage.

In dieser Zeit waren rebellische Söhne alles andere als hilfreich. Dabei war ich nach seinem Abschied auf »sein« Gymnasium gegangen, hatte ebenfalls Latein und Griechisch gelernt, war auf Klassenfahrt in Athen, Kap Sounion und Olympia gewesen und durfte die Abiturrede in Latein halten. Zurück aus Paris, hatte ich mir dafür die Haare schneiden lassen und wäre als braver Sohn durchgegangen, der in den Fußstapfen des Herrn Papa wandelte. Aber erst einmal ging der Sohn eigene Wege, weniger inspiriert durch Hellenen und Römer als durch Pop und Marx. Doch es war ebenjene humanistische Bildung, die uns gegen ihren Verfall opponieren ließ und die uns Marx, der natürlich Latein und Griechisch gelernt hatte, als Humanisten nahelegte. Bei Cicero (*De re publica*) hatte man lesen können, es gebe »für Gute, Tapfere, groß und edel Denkende keinen besseren Grund, sich dem Staat zu widmen, als ebendiesen: ruchlosen Menschen nicht gehorchen zu müssen und nicht zu dulden, dass gerade diese Leute das Gemeinwesen zerfleischen, während sie selbst [als Privatleute] beim besten Willen keine Abhilfe schaffen können«.

Die Antike, die man uns nähergebracht hatte, kannte keine Ekstase, keinen dionysischen Rausch, leblos, ernst und philologisch bereinigt führte sie zur »Hochschulreife«. Und dennoch: Als die Schulleitung zum 150-jährigen Bestehen 2010 einige namhafte Schüler und – was den Absolventen eines noch reinen Jungengymnasiums entzückte – Schüler*innen* zur Gesprächsrunde in der Aula versammelte (die bekannteste war Britta Heidemann, Fecht-Olympiasiegerin von 2008 in Beijing), fühlte ich mich wieder sehr einverstanden mit meinem Vater und war verlegen, im doppelten Sinne als »großer Sohn« angesprochen zu werden. Dem Vater blieb ich charakterlich und in meinen Bildungsinteressen näher, als er es damals und ich es später wahrhaben wollten.

Intellektuellen hat der katholisch-preußische Vollblutpädagoge eher misstraut. Einem solchen begegnete ich gleich im ersten Semester in Gestalt des Althistorikers Christian Meier. Er brachte uns die Welt der Hellenen und Römer in seinen Büchern *Res publica amissa* und *Entstehung des Begriffs »Demokratie«* sowie in rappelvollen, streng geführten Seminaren näher. Nachhaltig begeisterte er mich für das antike Drama, dessen politische Qualitäten mit Peter Stein und Heiner Müller den damals führenden Regisseuren auffielen. In der griechischen Tragödie wurde nicht Tagespolitik gemacht oder abgebildet, aber Fragen, Probleme, Sorgen, Ängste der Bürger Athens im Mythos durchgespielt und für politisches Handeln geordnet, klargestellt, bewusst gemacht. Das Theater unterstützte das »Können-Bewusstsein« der Bürger, für Meier die wichtigste Kraftquelle einer jeden Demokratie. Aristoteles schlug eine Brücke zu Hannah Arendt und ihrem verwandten Begriff des Politischen, weshalb mich Meiers Vorliebe für Carl Schmitt befremdete.

Zu den heute älteren Herren des Abiturjahrgangs '68 der Oberprima A halte ich lockeren Kontakt. Viele sind in Köln und Umgebung geblieben – eine goldene Generation, die es zu etwas gebracht hatte: Ärzte, Notare, Lehrer, Verleger, Wohltäter, Makler, Manager, Professoren. Ein echter 68er war nicht dabei. Manche können noch Hexameter memorieren, andere erinnern sich genau an Themen von Klassenarbeiten und erzählen Anekdoten über Fräulein Rumöller, unsere Klassenlehrerin, die sich mit ihrer piepsigen Stimme an der männerbündischen Einrichtung behauptet hat. Anders als jene, die recht erbarmungslos ausgesiebt und abserviert wurden, habe ich Schule in bester Erinnerung.

Nach Athen bin ich seit der Abiturreise selten gefahren, aber andere Teile des Mittelmeers bereiste ich viel und genoss Sonne, Meer und gutes Leben in vollen Zügen. In Juan-les-Pins und Calvi verliebte ich mich, in Cagliari hielt ich den ersten Vortrag im Ausland, in Dubrovnik und Haifa hatten wir mit Praxis-Intellektuellen hochfahrende Pläne und schlimmste Depressionen. An der Algarve (die wir mal großzügig zum Mittelmeerraum hinzuzählen wollen) schien während der Nelkenrevolution einmal alles möglich, über Aix-en-Provence setzten Abend für Abend Sternschnuppen geheime Wünsche frei. Immer wieder suchte ich Barcelona auf, in Triest, Bodrum und Taormina genossen wir Grandhotels aus einer untergegangenen Ära. In den bergigen Hinterländern Andalusiens, Dalmatiens, der Provence und der Kabylei erfuhr man die Einheit dieser vielfältigen Region, die tatsächlich durch Wein und Oliven symbolisiert wird.

Dabei war das Mittelmeer stets ein Hort der Unsicherheit, ja Kriegsgebiet. Bei den Serben heißt es »Blauer Sarg«, das ruft der Roman *Zone* des polyglotten Franzosen Mathias Énard in Erinnerung, den ich einmal in Essen zu Gast hatte. Der Protagonist lauscht wie ein wütender Achill dem Echo früherer Schlachten und fährt den neuesten Massakern nach. Die Toten vor Lampedusa und in der Ägäis widerlegen alle Mittelmeerromantik und ersticken die Schwärmerei. Die Bootsflüchtlinge sind die Protagonisten moderner Odysseen und bezeugen die Abwesenheit der in den Krieg gezogenen Väter.

Und Algerien natürlich: Albert Camus, der »deutsche Grieche«, hat mich dem frankophonen Mittelmeer zugewandt. Diese Bewegung habe ich im Zuge der sogenannten Euro-Krise noch einmal nachvollzogen, ohne dem Mythos der *Méditerranée* von Fernand Braudel oder, wie Giorgio Agamben, dem Konstrukt einer gegen Deutschland gerichteten Latinität aufzusitzen. Die Neugründung der von Nicolas Sarkozy gewollten und von Angela Merkel gebremsten Mittelmeerunion, die ich in meinem Buch *Zukunft im Süden* skizziert habe, wäre vielmehr der Versuch, die Kräfte um die südliche Peripherie herum zu bündeln, statt die südeuropäischen EU-Länder zu strangulieren und den arabischen Frühling verdorren zu lassen. Wir Nordlichter nehmen den Süden als Gefahrenquelle wahr – als unerwünschte Flüchtlinge, islamische Terroristen und Euro-Parasiten. Dabei läge in einer euro-mediterranen Partnerschaft, die sich nicht als imperiales *Mare Nostrum* missversteht, eine gewaltige Chance für die Wiederbelebung Europas und die Entwicklung der arabisch-islamischen Welt, auch für einen binationalen Staat in Palästina. Keine EU-Kommission und keine Regierung in Paris, Rom oder Berlin traut sich eine solche Vision zu. Hoffnung machten mir aber Beobachtungen und Gespräche, die ich in der tiefsten Krise in Lissabon, Sarajevo, Rom, Córdoba und Athen mit jungen Mediterranen geführt habe. Ich hoffe inständig, dass ihre Projekte zur Stadtplanung, zum Meeresschutz und mit erneuerbaren Energien zum Erfolg führen.

Nach Athen nahm ich 2012 meine Tochter Franka mit. 44 Jahre nach meiner Abiturfahrt badete ich wieder am Kap Sounion und freute mich, wie nahe sie im Akropolis-Museum der Welt der Griechen und Römer war und einem Großvater, den sie nie erlebt hat.

64. Agnostiker wie Du

Es war nur eine hingeworfene Stichelei, aber getroffen war ich doch, als mein Freund Navid Kermani mich einen Ungläubigen nannte und in eine Reihe Gottloser stellte, zu denen ich bestimmt nicht gehöre. Echte Agnostiker sind meist verblüfft oder enttäuscht, wenn ich mich als gläubigen Menschen bezeichne, und ich wundere mich dann, dass sie nicht mehr hören wollen. Denn in der Tat bin ich vor Jahrzehnten aus der römisch-katholischen Kirche ausgetreten, meide ich formelle Gottesdienste aller Art und fühle ich mich unwohl in religiösen Gemeinschaften. Auch studiere ich weder die Bibel noch den Koran und kann mir kein Leben nach dem Tod ausmalen, weder im Paradies noch in der Hölle. Mir ist jeder Glaube suspekt, der sich über einen Katechismus erschließen soll wie in Pastor Schäfers Kommunionsunterricht.

Wieso also *nicht* ungläubig? Meine Gläubigkeit kommt aus der unbelehrten, vagen, durch nichts als mein eigenes Fühlen bestätigten Annahme, es *gebe* einen Gott. Akut wurde er in Situationen auf Leben und Tod: beim Sterben beider Eltern binnen weniger Jahre, bei der Geburt der Tochter oder bei einem Erdbeben der Stärke 6,5, das ich in Los Angeles durchlebte. Nicht im Kessel von Sarajevo, wo mich der blanke Nihilismus anfiel und der Gott abwesend war, der dort von gleich drei Religionsgemeinschaften fanatisch ins Feld geführt wurde. Das hilflose Zuschauen beim Todeskampf der Mutter und die Erkenntnis, von jetzt an allein auf der Welt zu sein, auch der Schauer, den der »Mitspieler Natur« in seiner unmittelbaren Gewalt erzeugte, relativieren die eigene Existenz. Genau da ist Platz für Gott. IHN kannte ich aus frühkindlicher Ergriffenheit beim Beten, IHN spüre ich versunken in einem kirchlichen Gebäude, etwa bei gregorianischen Gesängen der Benediktiner in der Abtei Königsmünster am frühen Morgen. Der angenehmste Ort war mir die dunkle Franziskanerkirche in Wien, in der nichts weiter los war als die imaginierte Anwesenheit Gottes. Aber ich spüre rasch Langeweile und Überdruss, wenn eine Gemeinde einfällt und eine Liturgiefeier beginnt. Die katholische Eucharistiefeier, mit der Transsubstantiation als Höhepunkt, wurde mir zur Qual, und eine Ansammlung sich niederwerfender Menschen löst Fluchtreflexe aus.

Als ich mit acht Jahren Messdiener wurde, gehorchte ich dem kirchlichen Personal und war kreuzbrav. Aufgestiegen in der Hierarchie, langweilte mich irgendwann das Brimborium, an dem ich mitwirkte – ich starrte in den Kirchenraum zurück und glaubte dem *Vaterunser* und *Gegrüßet seist Du, Maria* von unten kein Wort mehr. Besonders allergisch auf Heuchelei und Bigotterie war ich bei Beerdigungen auf dem Kölner Südfriedhof. Ich fixierte die Trauergemeinde und bildete mir ein, sie per Röntgenblick einteilen zu können in solche, die echte Trauer empfanden, und solche, die nur so taten. Die übliche Belohnungs-Mark für Ministranten nahm ich trotzdem gern an.

Mit meinem Mitschüler Tommy Engel ging ich kürzlich durch das Viertel, in dem wir Ende der 50er-Jahre gemeinsamgetrennt aufgewachsen sind. Unsere Kirche im Dorf war St. Nikolaus in Sülz, mit Sakristei, Jugendheim und Spielplatz Mittelpunkt eines Kinderuniversums. Um meinen Namenspatron, den Bischof von Myra, mediterranen Transmigrant und Wohltäter im 3. Jahrhundert, hatte sich ein katholisches Mikromilieu gebildet, das sich aus dem Glockenstuhl regelmäßig meldete. Die Frauen gingen in den »Paramentenverein«, wo des Pastors liturgische Gewänder geflickt wurden, während sich die Familie Engel am Sonntag danebenbenahm: Tommy und seine Mutter, die einer italienischen Mamma alle Ehre gemacht hätte, lagen im Parterrefenster und kicherten über die Kirchgänger, die dem Braten daheim entgegenstrebten. Erst die viel spätere Debatte über den massenhaften Missbrauch von Kindern wie uns, von dem ich »Gott sei Dank« verschont blieb, rief mir die erbarmungslose Härte der Kirchenleute ins Gedächtnis. Tommy Engel bekommt heute noch einen heiligen Zorn über unseren Pastor, der es mit dem Satz »Ich habe geweihte Hände« dem Religionslehrer überließ, ihm Ohrfeigen zu verabreichen.

Der Autor als Ministrant, um 1960

Die katholische Sozialisation ging weiter. Einige Jahre verbrachte ich in den Reihen einer Jungengruppe mit dem Namen »Bund Neudeutschland« (ND), was revanchistischer klingt, als es war. Der ND war eine von Jesuiten geleitete Organisation, die Gymnasiasten an die Kirche binden sollte. Sie konnte sich zugutehalten, in der NS-Zeit verfolgt worden zu sein und Widerstandskämpfer wie Adolf Delp und Willi Graf SJ hervorgebracht zu haben. Trotz einer gewissen Grundbesorgnis über rüde Jungenspiele gefielen mir die Pfingstlager in der Eifel und die Sommerlager im Bregenzer Wald. Wir machten Nachtwanderungen und Bergtouren, sangen zackige Lieder am Lagerfeuer und pafften heimlich österreichische A3-Zigaretten. Dennoch schreckte ich alsbald zurück vor dem gewollten Wir-Gefühl einer Gemeinde, aus der nicht mehr herauszukommen ich fürchtete. Denn »wir« waren uns rasch einig gegen die anderen: die Evangelischen in der Nebenstraße, deren Glöcklein so erbärmlich gegen die machtvollen Glocken unserer Nikolauskirche anbimmelte, die Altkatholischen, die Linkskatholiken wie Heinrich Böll, aber auch gegen den Kaplan, der in den Augen meines Vaters doch Sozi(aldemokrat) war. Ganz zu schweigen von Düsseldorfern und Mohammedanern.

Navid Kermani ist ein viel zu respektvoller Mensch, als dass er mich mit seiner Exkommunizierung aus dem Kreis der Gläubigen hätte treffen wollen – wir hatten uns nur seltsamerweise nie über meinen Glauben unterhalten, während der seine ja ganz publik war. Als er wegen seiner Kritik des Gekreuzigten auf Drängen kirchlicher Stellen den Hessischen Kulturpreis nicht verliehen bekommen sollte, legte ich mich mit »meinem« Kardinal Lehmann an. Was mich an Kermanis, sagen wir: sufistischer Position anzieht, ist die ganz intime Begegnung mit einem je individuellen Gott, was nicht Beliebigkeit heißt: Der Gläubige empfindet Gott eben nicht als ein esoterisches Konstrukt, das man nach Belieben modellieren darf. Ich wäre für eine religionsübergreifende Kongregation von Mystikern aller Couleur, die diesen Glaubensansatz unterstützt.

Der in Köln laxe, im Ruhrgebiet eher prüde Katholizismus hingegen war mir als politische Macht suspekt, in Studentenverbindungen und Altherrenzirkeln ebenso wie in »Vorfeldorganisationen« der Kirchen und informellen Klüngeln. Manche meiner aus demselben Milieu kommenden Freunde sind gar nicht gläubig, schätzen aber ebendies, zumal Caritas und Co. heute sozial progressiv sind, also als Globalisierungskritiker *Fairtrade* und als Sozialpolitiker die »Tafeln« für Bedürftige vorantreiben und sich für nicht registrierte Flüchtlinge einsetzen. Das befürworte ich, aber ich benötige dafür weder Kirchen noch Glauben. Viele sind vom Glauben abgefallen und bleiben an der Kirche hängen, bei mir war es genau umgekehrt.

Den Anruf aus Rostock nahm ich deshalb ungläubig entgegen, als mir ein Kollege der Theologischen Fakultät den Ehrendoktor antrug. Nachdem ich erst an einen Telefonstreich gedacht hatte, war ich gerührt und erfreut, zumal ich bis dahin, außer dem Duisburger Universitätspreis, keinerlei akademische Ehren näherliegender Provenienz verliehen bekommen hatte (und solche auch nicht erwarte). Der Kollege beruhigte mich gleich, den *Doctor honoris causa* sollte ich nicht theologischer Verdienste oder religiöser Virtuosität wegen verliehen bekommen, sondern weil ich als Kulturwissenschaftler innovativ zum Verhältnis von Religion und Politik gearbeitet hätte. Das *Alhambra*-Buch über den Islam im Westen lag schon Jahre zurück, neueren Datums waren Studien zu den Moscheekonflikten, die mich vor allem seit meinem Aufenthalt in den USA auf den Spuren Max Webers bewegten.

»Du bist ja für die Muslime!« ist der andere lobend oder vorwurfsvoll gemeinte Spruch, mit dem ich oft konfrontiert werde und der ebenso danebenliegt wie Kermanis Anfangsverdacht. Bei Muslimen schätze ich die (im Prinzip) nicht durch einen Klerus vermittelte Beziehung zu Allah, nicht jedoch die in dieser Religionsgemeinschaft ausgeprägte Misogynie und Homophobie, nicht die unhistorische Bezugnahme auf den Koran und speziell nicht diese häufig anzutreffende überschnelle Neigung, beleidigt zu sein, wo immer sich ein Fall von Blasphemie ereignet hat oder herbeifantasiert wird. Die Kunst, die einmal aus religiösen Sphären kam, steht wie die Wissenschaft zu Recht im Ruf, Antipode des Heiligen zu sein. Beide siedeln genuin im Raum der Skepsis, der Kritik und, tendenziell, der Obszönität und Blasphemie: *ni Dieu, ni mâitre*. Insofern bin ich Charlie (Hebdo).

Fast könnte ich noch die Stelle auf unserem Hinterhof, jedenfalls das starke Gefühl des Erschreckens aufrufen, als ich nach dem Kommunionsunterricht Gott innerlich durch ein Schimpfwort beleidigte. Mir war das dritte der Zehn Gebote bekannt: »Du sollst den Namen des Herrn, deines Gottes, nicht missbrauchen; denn der Herr lässt den nicht ungestraft, der seinen Namen missbraucht.« Aber der Himmel verfinsterte sich nicht, kein Blitz fuhr in mich ein. Und ich war keineswegs vom Glauben abgefallen. Gott, der alles sah, würde die Beleidigung überstehen. Wenn ich eine Bibelstelle schätze, dann die, wo Jesus selbst vom Teufel versucht wird und am Glauben zu zweifeln beginnt.

Als einige Kommilitonen die »Stunksitzung« als Alternative zum öden Karneval aus der Taufe hoben, störte mich, dass sie mit derben Zoten und Bildern die katholische Kirche in Köln attackierten. Verdient hatte sie es, und viele Sketche trafen ins Mark, aber dieses Abarbeiten ehemaliger Messdiener an einer längst entmachteten Autorität passte mir nicht, genauso wenig wie Jahrzehnte später die »Mohammed-Karikaturen«. Die waren nicht nur eine (notabene in unseren Breitengraden erlaubte) Geschmacksverletzung, die in ihrem Glauben gefestigte Muslime souverän durch Nichtbeachtung strafen, sie zündelten auch am multireligiösen Pulverfass. Man *darf* alles sagen, was unterhalb der Gewaltschwelle angesiedelt ist, aber man *muss* es eben nicht. Man wählt seine Worte nicht nach Gesetzeslage (und spricht also nicht alles aus, was nach lokaler Rechtslage erlaubt ist), besser fragen sich alle Beteiligten in einer multireligiösen Gesellschaft, was im Sinne guten Zusammenlebens verträglich ist. Insofern hatte ich auch Zweifel an Charlie…

Immer noch tut mir eine katholische Kirche leid, die von ihren Mitgliedern massenhaft verlassen wird, weil sie keine Kirchensteuer auf Kapitalerträge zahlen wollen. Und ebenso wenig kann ich verstehen, dass die Gläubigen ziemlich indifferent bleiben, wenn ihre Brüder und Schwestern in allen möglichen Ländern der Welt verfolgt und abgeschlachtet werden. Mit unschuldigen Opfern, etwa den von Priestern missbrauchten Kindern, tut sich die Kirche offenbar schwerer als mit schuldbeladenen Tätern

Was den Islam derzeit in ein schlechtes Licht rückt, ist der Verdacht, dass es nicht die überall vorkommenden Aberrationen sind, welche die bornierte Intoleranz fundamentalistischer Sekten und die schreckliche Mordlust der Dschihadisten antreiben. Die Gewalt könnte ihre geistigen Wurzeln im Kern des religiösen Bekenntnisses haben – »Mord als Gottesdienst« (Friedrich Wilhelm Graf). Nicht nur im einstigen Zweistromland, auch einen im Grunde friedlichen Islam der Sufi-Bruderschaften im Senegal oder in Mali greifen die von ägyptischen Moslembrüdern und aus den Golfstaaten und Saudi-Arabien bezahlten Dschihadisten an, bis hin zur terroristischen Erpressung, die man in Mali, in Nigeria und in Somalia am Werke sieht. Analoges findet man in der Vergangenheit und Gegenwart so gut wie aller »Weltreligionen«.

Es interessiert mich weniger, ob dies eine zwangsläufige Konsequenz des Monotheismus ist, aber es könnte sein, dass der Fanatismus des Glaubens leichter überbordet, wenn jemand meint, den einen Gott und den wahren Glauben verteidigen zu müssen, und dafür Zeichen setzt. Vielgötterei ist für Monotheisten das schlimmste Vergehen. Mich hingegen fasziniert zum Beispiel *Santería*, eine verwirrende Synthese von aus Afrika stammenden Yoruba-Kulten, kolonial-katholischem Heiligenstadel und postkolonialer Populärkultur, die ich einmal in vollen Zügen in Guanabacoa, einem Stadtviertel von Havanna, miterlebt habe. In die Vielgötterei der *Orishas* sind sogar antike Mittelmeergottheiten eingegangen, neuerdings kommen die ekstatischen Rituale der Pfingstler und Wiedergeburtschristen dazu. Trancetänze und Trommelfeste, Opfergaben und Orakelsysteme, Weissagungspriester und geheime Bruderschaften bilden den Kitt des ländlichen und vorstädtischen Kuba.

Dabei gibt es faszinierende Vexierspiele. Aus der Barmherzigen Jungfrau von Cobre, der Nationalheiligen Kubas (und Aphrodite), wird Oshún, die Göttin der Sinnlichkeit und Mutterschaft; sie wird mit Blut, Süßwasser und Gold assoziiert, mit Pfau und Geier symbolisiert, den Farben Gold und Gelb zugeordnet und mit Honig als Aphrodisiakum umgeben. Und neben den vergötterten Sozialisten Che rückt als männlicher Gott Changó, der als Santa Barbara nicht nur Kathedralen und Heiligenwinkel ziert, sondern auch sein Geschlecht wechselt. Die hybride Volksfrömmigkeit prägt die kubanische Musik und ist in bereinigter Form in die Weltmusik eingeflossen.

Wenn ich nun resümieren sollte, was mich persönlich an Religion interessiert, dann ist es wesentlich meine und die Freiheit anderer zu glauben, was sie wollen. Was *ich* glaube, ist ein eklektizistisches Gemisch, bei dem seriöse Gläubige den Ernst vermissen werden und vor allem das Risiko. Muss aber wirklich eines vorhanden sein, darf Glaube nicht leicht sein, und ist er in dieser Leichtigkeit nicht trotzdem ernst?

65. Landleben

Das Heimatdomizil meiner Kleinfamilie liegt, ganz unwahrscheinlich, in der (geografischen) Mitte Deutschlands und fast auf dem Land. Man geht wenige Meter aus dem Haus, und schon tun sich urlaubstaugliche Mittelgebirge auf, die ich mit Freunden in alle Himmelsrichtungen durchstreife. Unwahrscheinlich erscheint das heutige Provinzdasein in der Rückblende auf die Trümmer- und Asphaltkulisse meiner frühen Jugend und die reichlich ausgelebte Leidenschaft für größere und allergrößte Metropolen. Gießen ist immerhin eine Stadt

Professorendämmerung...

(am Fluss) und Frankfurt (am Main) tröstliche vierzig Minuten entfernt, aber das Leben auf einem ehemaligen Brauereigelände am Stadtrand, mit Freunden *next door* im »Mehrgenerationenhof«, kommt mir zunehmend ideal vor.

Eine Tendenz zur Verkafferung der Großstadtbürgerkinder kam schon in der Alternativszene der 70er-Jahre auf. Damals stiegen Mitstreiter aus vorgezeichneten Karrieren aus, siedelten sich in Hofreiten und Kotten an, begannen zu töpfern, zu imkern und zu gärtnern, fuhren sommers mit schrottreifen VW-Bullis oder klapprigen Renaults ins ländliche Andalusien und Apulien. Besuchsweise mochte ich das, und meine Freundin Antje P. wollte mich leidenschaftlich gern verführen, das wahre Leben zu leben. Aber die Aussteiger kamen mir vor wie Verräter am urbanen Leben. Mein Gegenideal wurde das Reisen von Stadt zu Stadt, bei dem man aus einem Koffer und in Kaffeehäusern lebt. Nomadisch, aber urban. Mich wie die Landkommunarden in eine Scholle zu verkrallen kam mir reaktionär vor; mit einem Hausbesitz, gleich, ob im Hintertaunus oder in der Toskana, hätte ich mich angekettet gefühlt. Das Land war für

441

mich Landschaft, die zu erwandern ab etwa 1500 Metern über dem Meeresspiegel reizvoll wurde.

Die Begeisterung für das Nomadisch-Urbane schwand nicht nur, weil Kleinfamilien Stabilität brauchen und Reisen im Alter beschwerlicher wird. Das Sich-Herumtreiben mit Eisenbahnen und Flugzeugen, über Autobahnen ganz zu schweigen, ist zunehmend präfabriziert und öde, Urbanität geht im pseudostädtischen Einerlei unter. Der öffentliche Stadtraum schwindet durch Immobilienspekulation, Fußgängerzonen und Events, das öffentliche Leben verlagert sich an Nicht-Orte wie Shoppingmalls, Public Viewings und Social Media. Die ich allesamt meide. Selbst klassische Kaffeehäuser, exemplarisch das Café Museum in Wien, werden kaputtsaniert, es bleiben nur wenige Passagen, an denen man einfach so flanieren, verweilen und sich zufällig treffen kann. Auch das (halbe) Land, auf dem ich lebe, spielt sich vor der selten abschwellenden Geräuschkulisse eines Autobahnrings ab.

Wie wenig es am Landleben, das eine Mehrheit der Deutschen laut Umfragen anstrebt, zu idealisieren gibt, erfuhr ich, als ich in eine bäuerliche Familie einheiratete und mir praktisch vorgeführt wurde, was schon meine westfälischen Vorfahren betrieben, ich aber nie wirklich erlebt hatte: Agrarökonomie. Von Bauernhöfen hatte ich eine kindlich-romantische Vorstellung mit allerhand Getier im Stall und Obstbäumen im Garten. Der real existierende Vierkanthof mit roten Ziegelwänden liegt in einer touristisch unerschlossenen Gegend im oberösterreichischen Hausruckviertel. Ein paar Apfel- und Marillenbäume stehen noch, aber den Bauern ernährt die Mästung von ein paar hundert Schweinen, deren halbautomatische Abläufe an industrielle Produktion erinnern. Ein einziges Mal habe ich den Stall mit den quiekenden Säuen betreten und mich abgewandt, wobei dort noch gehobene Standards der Massentierhaltung eingehalten werden.

Ungeachtet dessen flößt mir dieses Landleben Respekt ein. Es bedeutet harte Knochenarbeit trotz aller Mechanisierung, es bedarf des Saisonbewusstseins und Wettergefühls, und es erfordert solidarische, manchmal zähneknirschende Zusammenarbeit. Und Familiensinn mit allen Licht- und Schattenseiten. Dutzende Verwandte auf dem Hof, in Schänken und Gasthäusern, das hatte ich in meiner Familie zuletzt vor fünfzig Jahren erlebt und wohl auch vermisst, wie mir trotz schwierigem Dialekt und anschwellender Lautstärke klar wurde. Jetzt war ich mittendrin, wo getratscht und gelacht wurde, auch geweint, als der plötzlich verstorbene Paterfamilias zu Grabe getragen wurde. Der Generationenkonflikt war abgesagt worden, wo Aufruhr gelegentlich angebracht gewesen wäre; hochgehalten wurde dagegen Tradition, auch wo sie brüchig und oftmals drückend war. Besonders bei Übergängen wie Heiraten, Kindstaufe und Begräbnis bricht die überkommene Ordnung der Geschlechter und Generationen durch. Einer meiner Gäste beim Literarischen Salon in Essen, der niederländische Romancier Gerbrand Bakker, hat das Gewicht einer lastenden Vergangenheit auf dem Lande in seinen Land- und Tiergeschichten ohne Beschönigung beschrieben.

Über allem steht, gerade bei Brautschau und Erbschaft, das Diktat bioökonomischer Reproduktion: Haus & Hof müssen erhalten werden. Diese Ordnung ist so patriarchalisch und materialistisch, dass manche nur abhauen können, wie die mittlere Tochter, die als Einzige nicht »in der Landwirtschaft« geblieben ist und die ich ausgerechnet in Manhattan gefunden habe. Aber auch bei der Aussteigerin blieb die Fähigkeit ausgeprägt, eine Familie zusammenzuhalten, Beziehungen zu pflegen, Einladungen mit Gegeneinladungen auszugleichen, Menschen um einen gedeckten Tisch zu beglücken. Was auch bei Weltreisenden eine gewisse Sesshaftigkeit voraussetzte.

Die Lebenswelten von Kleinbürgern und Bauern sind längst nicht mehr so entfernt voneinander wie früher. Der Hofbesitzer fährt selbstverständlich ins Programmkino und unternimmt Urlaubsreisen ins Ausland, das Katholische ist auf Ostern, Weihnachten und Erntedank eingedampft. Oberösterreich wird nicht zufällig von einer schwarz-grünen Koalition regiert, im Verhältnis zur Industrie um Linz und zu den Dienstleistungs- und Tourismusbranchen von Braunau am Inn bis Bad Goisern am Hallstätter See bilden Landwirte die Minderheit.

Apropos Braunau: Auch das einst grassierende und immer wieder aufflackernde Ressentiment gegen Juden und andere Fremde muss sich heute rechtfertigen. Das ändert nichts daran, dass ein Haus am Ortsrand, in dem nach dem Krieg offenbar ein Jude gewohnt hat, beiläufig »Judenvilla« genannt wird. Und der »Dichterstein« oberhalb der Nachbargemeinde, seit 1963 ein Wallfahrtsort der völkischen Rechten, wo auch Horst Mahler einmal gesehen worden sein soll, wurde 1999 behördlich aufgelöst, aber nicht abgerissen. Wenn man sich im Ort nach ihm erkundigt, kann einem noch jedes Kind den Weg weisen. Aus solchen Quellen schöpfte der früher auf einem Hof in der Nähe lebende Thomas Bernhard Gift und Galle.

Die Modernisierung der Landwirtschaft, auf diesem Vierkanthof exemplarisch nachzuvollziehen, wird von Stadtbewohnern gern als Raubbau an der Natur und Vergehen an Tieren kritisiert. Was ich einerseits nachvollziehen kann und mich längst zum Veganer hätte machen sollen, was ich andererseits aber als reichlich theoretische Kritik einstufe, wenn ich mir vor Augen führe, wie schwer der Betrieb in eine ökologische, und das hieße: viel arbeitsintensivere Landwirtschaft umzumodeln wäre. Denn auch unsere Gießener Hofgemeinschaft urbaner Mittelständler, die es leichter hat, ist jämmerlich daran gescheitert, ihr eigenes Zusammenleben nachhaltiger zu gestalten, mit Car-Sharing und Geothermie zum Beispiel, obwohl sie dazu alle Ressourcen und Anreize hätte. Mein Schwager würde auf entsprechende Staatsknete aus Linz, Wien oder Brüssel reagieren, aus sich heraus kann sein Betrieb das kaum schultern. Stadt und Land müssten schon eine bewusstere Partnerschaft eingehen als die, die normale Stadtbewohner über Lebensmittelmärkte erleben.

Auch wenn »Land« und »Natur« nicht notwendig mitein-

ander zu tun haben, sehe ich in unserem Garten gern Salat-
köpfe und Erdbeeren wachsen, fällt mir bei einem Spaziergang
auf der über unserem Haus liegenden Ebene der Wechsel der
Jahreszeiten stärker auf als früher. Am unwahrscheinlichsten
aller Orte bin ich sesshaft geworden. Einstweilen.

66. Many Years From Now: Zurückgeben

»When I get older / Losing my hair / Many years from now«,
sangen die Beatles vor fast fünfzig Jahren, und dann ist man es:
alt. »Yours sincerely wasting away« fühlt sich schlechter an, als
ich mir vor fünfzehn oder selbst fünf Jahren vorstellen konnte,
aber es ist auch nicht so schlimm, wie wir es uns zu Paul Mc-
Cartneys Zeiten ausmalten, als weit drastischere Bilder vom
Alter kursierten: »Hope I die before I get old« sangen The Who,
als sie nicht mal dreißig waren. »What a drag it is gettin' older«
wimmerte Mick Jagger zu Beginn von »Mother's Little Helper«.
Lebenslange Arbeit am Selbst lautete der kategorische Imperativ
der Pop-Generation: »May your hands always be busy, / May
your feet always be swift, / May you have a strong foundation, /
When the winds of changes shift. / May your heart always be
joyful / And may your song always be sung. / May you stay for-
ever young …« (Bob Dylan).

Schon drei Jahre vor Termin wurde mir von meiner Dienst-
stelle der Tag meiner Pensionierung offiziell mitgeteilt. Darauf
kann man sich einstellen und die nächsten Jahre planen: Weitermachen auf kleinerer Flamme, sagt die innere Stimme. Oder
doch noch mal was ganz anderes – Dorfschullehrer in Mücke,
Ehrenamt in Mali, das Opus magnum über Weltmusik, das
ganz andere Doktorandenkolleg, Schöffe werden. Oder eher
Imker? Erdgeschichte studieren! Eine Stiftung ins Leben rufen!
Gemach, erst noch liegen gebliebene Arbeiten erledigen.

Der Publizist Axel Eggebrecht hat, wohl Brechts Geschichte
von der unwürdigen Greisin konterkarierend, die zornigen

alten Männer belobigt, die angeblich die frühe Bundesrepublik geprägt haben. Das hieße: keine Kompromisse mehr, keine taktische Zurückhaltung, sich dem blühenden Unsinn entgegenstellen, die Dinge beim Namen nennen! Die Welt vor weiterem Abstieg retten, wenigstens die Universität gegen die ganz kleinen Karos verteidigen. Den Kritikastern zeigen, dass man der letzte Rock'n'Roller unter den Institutsleitern war.

Besser ist entspannte Altersmilde, Demut wäre die altersgemäße Haltung. Abbitte leisten, eine kaputtgegangene Freundschaft oder Kollegialität reparieren. Jüngeren den Vortritt lassen, ihnen nur Ratschläge erteilen, wenn sie darum gebeten haben. Gelassenheit – der Weltuntergang kommt nicht, und wenn, trifft er einen ohne Furcht: »Si fractus illabatur orbis, impavidum ferient ruinae« (Selbst wenn die zerborstene Welt einstürzt, werden die Trümmer einen Furchtlosen treffen – Horaz). *Nicht* die Zeit nutzen, sie verstreichen lassen. *Nichts* produzieren, eher sortieren und nachholen. Romane lesen, die einmal für später ins Bücherregal eingeschoben wurden, Kunstbände studieren, die Vinylplatten, CDs und alte Kassetten durchhören. Draußen mit kleinem Gepäck zu Fuß gehen und anhalten, wo's einem gefällt, aber bitte nicht den ganzen Jakobsweg, den Frankfurt-Marathon absolvieren oder die Alpen mit dem Fahrrad überqueren. Was ja alles nicht bedeutet, die Vita activa einzustellen.

Den »Lauf der Dinge« nennt man es, wenn etwas, das einem zur guten Gewohnheit wurde, ungewöhnlich wird, und etwas, das einem spontan missfällt, allgemein Gefallen findet. Mit 64 oder so stellt man sich auf solche Diskrepanzen besser ein, doch die Verluste, mit denen man zu leben lernen muss, darf man benennen und die Frage stellen, ob sie allesamt hinnehmbar und unvermeidlich sein sollen. Ich spreche zum Beispiel von so einfachen Dingen wie Zeitungen, die mir schon als Kind vertraut waren und mir ein Leben lang Umwege, Lektürezeit und Abonnementkosten wert waren. Der Lauf der Dinge ist, dass heutige Studenten derartigen Einsatz für Verschwendung halten und das Vergnügen absolut nicht nachvollziehen können, am

Kiosk *Le Monde* und *Libération* zu erwerben, damit ins Café Select oder auf eine Bank im Stadtpark zu gehen und dort mit bisweilen unterbrochener Konzentration Überschriften passieren zu lassen, Artikel querzulesen und bei dem einen oder anderen hängen zu bleiben. Zugang zur Welt in Abschottung davon.

Es geht beim Zeitungslesen ja weniger um Information und außer beim Wetter, dem TV-Programm und der Bundesligatabelle gar nicht um »Daten«. Die Zeitung ist ein Angebot, oberflächlich am Lauf der Welt teilzuhaben und bei Vorgängen und Umständen, die einen speziell interessieren oder bis dato überhaupt noch nicht interessant schienen, zu verweilen und den Horizont zu erweitern. Selten hat mich eine Qualitätszeitung völlig im Stich gelassen, und selbst in einem Anzeigenblatt findet sich eine absurde Alltagsgeschichte. Einige Zeitungen wie *Die Woche* und *Wochenpost* habe ich schon eingehen, die stets unterschätzte *Frankfurter Rundschau* dahinsiechen sehen. In der Branche kursieren düstere Prognosen selbst zu den namhaftesten Blättern, vage bleiben die Hinweise auf angemessenen Online-Ersatz, der das Aufschlagen, das Umblättern, das Ausreißen ohnehin nicht ersetzen könnte.

Man muss mit Verlusten leben, ohne die Welt von gestern schönzureden. Richard Ford hat in seinem jüngsten Erzählband *Let Me Be Frank With You* geschrieben, wie der gute alte Frank Bascombe, mein ständiger New-York-Begleiter in den 90er-Jahren, »Sandy« verarbeitet, den Sturm, der den Südzipfel von Manhattan überschwemmt hat, in einer Nacht, aus der ein Freund nicht mehr aufgewacht ist. Schwerer als die Prognosen zum Zeitungssterben oder überhaupt zum Untergang des Papiers als Träger von Zeichen und Wissen sind die zum Klimawandel und zum Überschreiten anderer planetarischer Grenzen. Da pflanzen manche noch ein Bäumchen und werden zornig, mir schwebt eher vor, mich dem mit Durchwursteln weiter entgegenzustemmen. Ich möchte »da sein« in den vielen Bedeutungen des Wortes über das bloße Vorhandensein hinaus: zur Verfügung stehen, teilnehmen und etwas zurückgeben.

Dazu animiert eine Denkfigur, mit der mich René König in einer seiner launigen Vorlesungen erstmals vertraut gemacht hat. Der Soziologe Marcel Mauss, den er selber noch gekannt haben könnte, veröffentlichte 1923 einen Essay zur *Gabe*, als Resümee seiner ethnologischen Forschungen. Die Gabe geht über eine einfache Wechselwirkung hinaus, weil der Akt des Gebens eine symbolische Beziehung zum anderen aufbaut. Geben erfolgt freiwillig, muss aber mit einer Gegengabe erwidert werden: Geben, Nehmen und Erwidern sind ein Prozess. Nur muss die Erwiderung nicht direkt an den Geber adressiert sein, die Gegengabe kann zwischen verschiedenen Individuen oder Gruppen und über Generationen hinweg zirkulieren.

Mein Beispiel dafür stammt aus der Pariser Zeit, als ich gelegentlich mit Kollegen ins Restaurant ging und eine in Deutschland unübliche Schenkökonomie lernte: Stets übernahm einer die Rechnung, ohne dass sich die anderen groß bedankten. Beim nächsten Mal war jemand anderer dran, auch wenn die Gruppe anders zusammengesetzt war. Und so ging es weiter. Man vertraute schlicht darauf, die eigenen Ausgaben irgendwann kompensiert zu bekommen – und wenn ein Kollege Jahre später ein Spielzeugauto für das Kind mitbrachte. Das war gewöhnungsbedürftig, lehrt aber, großzügig zu sein und Vertrauen zu entwickeln.

Darin liegt der wesentliche Unterschied zum üblichen Tausch, wie man ihn aus der Markt- und Geldwirtschaft kennt – materielle Dinge sind im Gabentausch Medien für die Herstellung und Stabilisierung sozialer Beziehungen. Zu fragen wäre, was das für die heutige Weltgesellschaft heißen könnte. Die globale Bewegung der »Anti-Utilitaristen« um den französischen Soziologen Alain Caillé, deren Manifest Frank Adloff und ich 2014 in deutscher Sprache herausgegeben haben (Das konvivialistische Manifest. Für eine neue Kunst des Zusammenlebens), betrachtet die Gabe im Blick auf eine grenzüberschreitende Vergesellschaftung, die nicht allein auf wirtschaftliche Vorteile setzt. Dazu passt, dass Marcel Mauss sich in der Zwischenkriegszeit für eine freiheitlich-sozialistische Bewegung einsetzte und im Gabentausch eine Matrix für internationale Solidarität sah. Ihn interessierte die Stundung der Reparationen des Deutschen Reiches, heute würde er sich sicherlich für eine andere Politik der EU gegenüber Griechenland oder Portugal einsetzen.

Realisten werden einwenden, der sympathisch-naive Gedanke werde an der traurigen Mechanik der Schuldenkrise zerschellen. Gescheitert oder zum Scheitern verurteilt sind indessen sämtliche Rettungspläne, die dieser Wirklichkeit genügen wollen und Möglichkeiten unbeachtet lassen, die in einem großzügigen Erlass von Schulden liegen. Ein solcher Akt, den speziell die Deutschen im Blick auf ihre jüngste Geschichte zu schätzen wissen müssten, bestünde auch nicht auf unmittelbarer Gegenleistung, etwa dem künftigen Wohlverhalten der Griechen oder Portugiesen. Schuldvergebung wirkte wohl weniger irrational, würde man die *wechselseitige* Verstrickung von Schuldnern und Gläubigern in Rechnung stellen. Also den Verlust an Handlungsfreiheit für diejenigen einrechnen, die im Fall des Zusammenbruchs der Volkswirtschaften des globalen Südens selbst *ad calendas graecas* auf die Zahlung von Zinsen und die Rückzahlung von Schulden warten müssen und mit in den Strudel geraten. Das ist ein ganzes Such- und Forschungsprogramm.

King Lears Familie ist am Gegenprogramm zugrunde gegangen. Er bestand darauf, seine Töchter auf eine Weise zu beerben, die (nur) ihm gefiel. Shakespeare zeigt auch uns Heutigen, wohin das führt, da gerade Billionen Euro vermacht werden und dieser Transfer die soziale und politische Ungleichheit in den reichen Nationen und in der Weltgesellschaft dramatisch verschärfen wird. Gern würde ich mir eine aktuelle Version des *Lear* als Kammerstück aus der Feder einer Yasmina Reza anschauen...

Die um 1950 Spätgeborenen kassierten, gemessen an den miserablen Gewinnprognosen unserer Väter und Großväter, neben großem privaten Reichtum auch noch eine üppige Friedensdividende. Aus dieser Sicherheit heraus habe ich Lust am Denken und politische Leidenschaft gewonnen und mir die

Pflicht auferlegt, alles daranzusetzen, dass meine Kinder und die nachkommenden Generationen keine schlechtere Welt vorfinden. Wer in Trümmern aufgewachsen ist, den verlässt nie die Furcht, Häuser, Brücken und Städte könnten erneut einstürzen – und wer das Monster des Bürger- und Staatenkriegs aufziehen sah (2014 deutlicher denn je) und den Raubbau an den Gemeingütern des Blauen Planeten verfolgt, der wird sich nicht einfach zur Ruhe setzen.

Mit Bernd, um 1956

DANK

Dass derzeit nicht wenige Altersgenossen ihre Lebensgeschichten veröffentlichen, zeigt: Autobiografisches liegt in der Luft. Bei mir kam der Anstoß durch einen Blackout, eine, wie der Fachterminus heißt, transitorische globale Amnesie, die mich vor einiger Zeit etwa eine Stunde lang befallen hatte. Sie kam aus heiterem Himmel, und an das, was in der Stunde geschah, hatte ich tatsächlich nicht die mindeste Erinnerung. Das löste weniger Besorgnis als Neugier aus, wie man das wieder gut arbeitende Gedächtnis, das ohnehin ein Hund ist, zur Rekonstruktion länger zurückliegender Ereignisse animieren könnte. Mit dem Aufschreiben begann ich nach einem Besuch der estnischen Hauptstadt Tallinn. Siobhan Kathago, eine Kollegin aus den Memory Studies, stellte der Runde ihren Plan für ein Handbuch über große Erinnerungsforscher dar, das zugleich eigene Zugänge zum Thema deutlich machen sollte. Als ich an die Reihe kam, benannte ich keinen Kollegen und kein Buch, sondern *the street*. Auf erstaunte Nachfrage erklärte ich, am besten aus eigenem Erleben und bisweilen buchstäblich im Tumult auf der Straße gelernt zu haben, wie Geschichte läuft. Der Untertitel »Beobachtungen von der Seitenlinie« deutet die Position an, in der ich mich dabei überwiegend gesehen habe.

Aus dem geplanten Artikel (pardon, Siobhan) wurde nichts, vielmehr wuchs ein längeres, sozusagen in einem Rutsch heruntergeschriebenes Manuskript heran, das ich alten Freundinnen und Freunden sowie weniger Vertrauten vorlegte. Sie bewahrten mich vor groben Irrtümern und unverständlichen Idiosynkrasien, hoffentlich auch vor der »narzisstischen Dauerwurst« (Michael Krüger) und der autobiografischen Illusion. Sie ermunterten mich dennoch, es einem breiteren Publikum vorzulegen, dem die Verbindung von persönlichem Erlebnis und verallgemeinerbarer Erfahrung meiner Generation gefallen könnte, gerade wenn sie als Jüngere nicht dabei waren.

So habe ich, außer meiner Frau (und stets kritischsten Leserin) Elke Mühlleitner, vielen Weggefährten für kritische Lektüre zu danken, ohne die weniger dieses Buch als ich selbst nicht geworden wäre, was ich bin: Adalbert Evers, Claus Peter Freitag, Otto Kallscheuer, Grit Kunze, Wolfgang Leggewie, Beatrix Novy, Wolfgang Stenke, Jupp Unteregge. Zu großem Dank verpflichtet bin ich ferner Jörg Bergmann, Petra Eggers, Michael Giefer, Frederic Hanusch, Volker Heins, Anne und Jens Kroh, Katrin Kroll, Dirk van Laak, Carl-Wilhelm Macke, Patrizia Nanz, Sibylle Peters, Eckard Schuster und Marcel Siepmann, die sich aus unterschiedlicher Warte in meine Lebensgeschichte vertieft haben. Für wichtige Hinweise danke ich schließlich Detlev Claussen, Daniel Cohn-Bendit, Dan Diner, Diedrich Diederichsen und Navid Kermani. Und bei Franka Leggewie, die sich bislang meist auch eher an der Seitenlinie aufstellt, muss ich mich entschuldigen, dass es wieder kein Kinderbuch geworden ist. Ihre Generation möge unserer, wenn der Mensch dem Menschen wieder ein Helfer sein wird, mit Nachsicht gedenken.

CHRONIK EINES WELTKINDES

Jahr	Weltgesellschaft und Politik	Curriculum Vitae	Deutschland und Europa
	Kalter Krieg und westlicher Wirtschaftsaufschwung	*Jugendjahre 1950–1968*	*Konservative Verwestlichung*
1950	– Koreakrieg	– * 27. März in Wanne-Eickel, ab Mitte 1950 aufgewachsen in Köln (Sülz)	
1951	– Camus: *Der Mensch in der Revolte* – Salinger: *Fänger im Roggen*		– Europäische Gemeinschaft für Kohle und Stahl (Montanunion)
1952		– Tod der Großmutter	– Luxemburger Abkommen zur Entschädigung jüdischer NS-Opfer
1953	– Tod Stalin, Krönung Elisabeth II.		– Volksaufstand in der SBZ – Neue Filmkunst Göttingen (später mit *Lupe*-Kinos)
1954	– Algerienkrieg (bis 1962)	– Erster Familienurlaub im Taunus	– Deutschland Fußball-Weltmeister in Bern

Jahr	Weltgesellschaft und Politik	Curriculum Vitae	Deutschland und Europa
	– Mao Zedong wird chinesischer Staatspräsident (bis 1959) und Parteivorsitzender (bis 1976)		
1955	– Zweiter Indochinakrieg (bis 1975)		– Ende der Besatzungszeit, »Souveränität« der DDR
1956	– Ungarn-Aufstand	– 1956–60 Volksschule Berrenrather Straße (u. a. mit Tommy Engel)	– »Cindy, oh Cindy« auf Platz 1 der deutschen Hitparade
1957	– »Sputnik« umrundet die Erde	– Erster Besuch im Müngersdorfer Stadion des 1. FC Köln	– Römische Verträge, Gründung der Europäischen Wirtschaftsgemeinschaft (EWG) – Untergang des Segelschulschiffes »Pamir«
1958	– Gründung der NASA – Berlin-Ultimatum Chruschtschow	– Messdiener St.-Nikolaus-Kirche	
1959	– Machtübernahme von Fidel Castro und Che Guevara in Kuba	– Familienurlaub in Tirol	– Synagogenschmiererei in Köln – Besuch Charles de Gaulle – Wiederaufbau der Kölner Hohenzollern-Brücke beendet
1960	– »Afrika-Jahr« der Dekolonisation	– 1960–68 Apostelgymnasium	– Eichmann von Israel aus Argentinien entführt

Jahr	Weltgesellschaft und Politik	Curriculum Vitae	Deutschland und Europa
1961	– Friedliche Koexistenz zwischen den Supermächten USA und UdSSR – John F. Kennedy Präsident – Eichmann-Prozess Jerusalem	– Erste Parisreise – Schülerzeitung *Saphir* – Sommerlager im Bregenzer Wald (bis 1963)	– Bau der Mauer
1962	– Beatles: »Love Me Do« – Ben Bella wird Staatspräsident des unabhängigen Algerien	– Schulausflug ins geteilte Berlin	– Deutschlandbesuch de Gaulles – Eröffnung der Nord-Süd-Fahrt in Köln
1963	– Martin Luther King: »I Have a Dream« – Kubakrise – Kennedy in Berlin – Ermordung Kennedy – Ende der lateinischen Messe	– Sommerlager in den Dolomiten (1963 bis 1965)	– Deutsch-Französischer Vertrag – Auschwitz-Prozesse in Frankfurt/Main (bis 1966) – 1. FC Köln Bundesliga-Meister – Rücktritt Konrad Adenauer
1964	– Ende der Rassentrennung in USA – Kinks: »You Really Got Me« – LP *The Rolling Stones*	– Der millionste Gastarbeiter wird in Köln begrüßt – Zechensterben im Ruhrgebiet	– Passierscheinabkommen mit der DDR in Kraft
1965	– »Pillenknick«, »Sexwelle« – *Free Speech Movement* in Berkeley/USA – Beginn der Bombardierungen Nordvietnams	– Tanzschule – Julie Christie in *Doktor Schiwago*	– *Lupe*-Kino Köln

Jahr	Weltgesellschaft und Politik	Curriculum Vitae	Deutschland und Europa
1966	– Weltweite Studentenproteste – Große Proletarische Kulturrevolution in China	– Beitritt Junge Union – Ferien in England, London-Besuch – Fahrpreisdemonstration Kölner Neumarkt	– Große Koalition, Proteste gegen die Notstandsgesetzgebung – Fußball-WM in England
1967	– Arabisch-israelischer Krieg – Ermordung Che Guevara in Bolivien – Beatles: LP *Sergeant Pepper*	– Kinks-Konzert Sporthalle Köln – Erster Besuch in Ostberlin – Abiturreise nach Griechenland	– 2. Juni: Anti-Schah-Demonstrationen, Tod Benno Ohnesorg

	Tumulte im Norden, Aufstände im Süden	*Studienzeit und Einstieg in den Lehrberuf*	*Fundamentalliberalisierung*
1968	– Massaker der US-Armee in My Lai/Vietnam, Tet-Offensive des Vietkong – Pariser Mai-Revolte – Attentat auf Martin Luther King	– Abitur und Führerschein (Ford P4) – Reisen nach Paris (4. Mai) und Moskau (21. August) – Studium Geschichte/Germanistik – Umzug nach Düsseldorf (bis 1971)	– Attentat auf Rudi Dutschke – Arbeitslosenquote 0,8 %
1969	– Erste Mondlandung – Woodstock-Festival	– Begegnung mit Konstanze Lohmer und Wolfgang (2 Jahre) – Fassbinder: *Liebe ist kälter als der Tod*	– Sozialliberale Koalition unter Kanzler Willy Brandt, Beginn der neuen Ostpolitik

Jahr	Weltgesellschaft und Politik	Curriculum Vitae	Deutschland und Europa
1970	– Erster *Earth Day* – Nobelpreis Alexander Solschenizyn – Antrittsvorlesung Michel Foucault	– Studium der Soziologie – Uraufführung *Trotzki im Exil* von Peter Weiss in Düsseldorf	– Gefangenenbefreiung Andreas Baader, Geburtsstunde der RAF – Burgos-Prozess gegen ETA
1971	– Wahl Salvador Allendes zum Regierungschef der Unidad Popular in Chile	– Hospitation *Kölnische Rundschau*, Lokalredaktion, freie Mitarbeit bei *Frankfurter Rundschau* und WDR (1971/72)	– Absetzung Walter Ulbrichts
1972	– UN-Umweltkonferenz von Rio – Bericht des Club of Rome – Watergate-Affäre	– Stipendium in Paris – Erste Publikationen in *Die Dritte Welt*	– Bundestagswahl (nicht teilgenommen), SPD-Mehrheit unter Willy Brandt – Verhängung der Berufsverbote – Olympiade und »Schwarzer September« in München
1973	– Jom-Kippur-Krieg – Waffenstillstand in Vietnam – Pinochet putscht gegen Allende – Erste Ölkrise	– Begegnung mit André Gorz – Mitglied im Sozialistischen Büro – Kirchenaustritt	– Autofreie Sonntage
1974	– Weltwirtschaftskrise – Nelken-Revolution in Portugal	– Eheschließung Konstanze Lohmer – Assistent in Göttingen (bis 1979) – Lebensmittelpunkt Kassel – Besuch Rudi Dutschke, Århus	– Arbeitslosenzahlen steigen – Rücktritt Willy Brandt

Jahr	Weltgesellschaft und Politik	Curriculum Vitae	Deutschland und Europa
1975	– UN-Weltfrauen-konferenz – Tod General Franco in Spanien – Westsahara-Konflikt	– Adoption Wolfgang Leggewie	– Alice Schwarzer: *Der kleine Unterschied*
1976	– Ende der Kultur-revolution in China	– Pfingstkongress des Sozialistischen Büros in Frankfurt/Main	– Ausbürgerung Wolf Biermann
1977	– Aufstieg des Eurokommunismus	– Erste Algerienreise (auch 1978/79) – Strafanzeige nach § 88a – Gründung einer WG	– Mordanschläge der RAF
1978	– Karol Wojtyła wird Papst Johannes Paul II.	– Buch *Der Wa(h)lfisch* zur französischen Ökologiebewegung	– Wahlerfolge der Grünen in Frankreich, Linksunion – Gründung der *tageszeitung (taz)*

	Multipolare Welt-gesellschaft	Der Ernst des Lebens und Reisejahre	Ende der Reformära
1979	– Aufstieg Ronald Reagan – Iranische Revolution, Erster Golfkrieg – Weltklimakonferenz – Zweiter Ölschock	– Promotion in Göttingen – Hochschulassistent (bis 1986) – Freie Mitarbeit *Die Zeit* und *taz* – Reisen nach New York und Israel – Vertretungsprofessur Duisburg – Auszug aus der WG	– Direktwahl Europäisches Parlament – Beginn der Thatcher-Revolution – NATO-Doppelbeschluss

Jahr	Weltgesellschaft und Politik	Curriculum Vitae	Deutschland und Europa
1980	– Afghanistan-Intervention UdSSR – Gründung Solidarność		– Gründung der Grünen – Oktoberfest-Anschlag in München
1981	– Bekanntwerden der Immunschwäche-Krankheit AIDS		– Wahlsieg François Mitterrand – Anti-AKW-Demonstrationen
1982	– Massendemonstrationen der Friedensbewegungen	– Interview André Gorz für SB-Friedenskongress	– Machtwechsel, Kanzlerschaft Helmut Kohls (bis 1998)
1983	– Prototypen Personal Computer und Internet – Festnahme Klaus Barbie in Bolivien	– Tod Rolf Stommelen (Formel 1)	– Flick-Skandal – Proteste gegen NATO-Doppelbeschluss
1984	– Zweiter Wahlsieg Ronald Reagan	– Forschungsstipendium in Paris (EHESS) – Publikation *Die Kofferträger* – Prozess gegen Klaus Barbie	– Waldschadensbericht konstatiert massives Waldsterben – Start Privatfernsehen
1985	– Gorbatschow wird Parteichef und Staatsoberhaupt der UdSSR		– Historische Rede Bundespräsident Weizsäcker zum 8. Mai
1986	– Glasnost und Perestroika – Süderweiterung EU – Reaktorkatastrophe in Tschernobyl	– Eheschließung mit Ruth Dießel – Publikation *Der König ist nackt* – Habilitation und Assistenzprofessur in Göttingen – Reise nach Zentralasien	– Jörg Haider FPÖ-Vorsitzender – Gründung der deutschen »Republikaner«

459

Jahr	Weltgesellschaft und Politik	Curriculum Vitae	Deutschland und Europa
1987	– Abrüstungs- und Entspannungsinitiativen	– Publikation *Der Geist steht rechts*	– Besuch Honecker in der Bundesrepublik – Attentat der Roten Zellen auf Richter Korbmacher
1988		– Lange Reise durch China – Teilnahme am SPD-SED-Dialog an der Universität Jena	
1989	– Ende des Ost-West-Konflikts – Repression am Platz des himmlischen Friedens in Beijing	– Professur für Politikwissenschaft in Gießen – Publikation *Multi Kulti*, Festschrift Gorz	– Fall der Mauer – Dezernat für multikulturelle Angelegenheiten in Frankfurt
	Ende des Ost-West-Konflikts	*Ordentlicher Professor auf Weltreise*	*Vereintes Deutschland*
1990		– Publikationen *Die Republikaner*, *Nachgetragenes Mitleid* – Aufenthalt in Kalifornien	– Wahlerfolge der »Republikaner« in Berlin und zum Europaparlament
1991	– Erster Irakkrieg – Zerfall der Sowjetunion	– Tod des Vaters – Mitwirkung »Akademie zum Dritten Jahrtausend« – Israelreise	– Friedensbewegung »Kein Blut für Öl«

Jahr	Weltgesellschaft und Politik	Curriculum Vitae	Deutschland und Europa
1992	– Vertrag von Maastricht – Bill Clinton wird US-Präsident	– Aufenthalt in Algerien – Tod René König	– Ausländerfeindliches Pogrom in Rostock-Lichtenhagen
1993	– Bombenanschlag auf das World Trade Center	– Publikationen *Druck von rechts*, *Alhambra* – Freie Mitarbeit *FAZ* und *SZ* – Gastprofessur Paris-Nanterre – Reise um die Welt in 80 Tagen	
1994	– Cohn-Bendit wird MdEP (bis 2014)	– Tod der Mutter – Aufenthalt in Sarajevo – Fellow am Institut für die Wissenschaften vom Menschen (IWM) in Wien – Mitherausgeber *Blätter* und *Transit* – Publikationen »Manifest der 60«, »Plädoyer eines Antiautoritären« – Reise um die Welt	
1995	– Anschlag von Al-Qaida auf das World Trade Center	– Publikationen *Die 89er, Republikschutz* (mit Horst Meier) – Übersiedlung in die USA, *Max Weber Chair* an der New York University (bis 1997/98)	– Anschlag auf den TGV Paris–Lyon

Jahr	Weltgesellschaft und Politik	Curriculum Vitae	Deutschland und Europa
1996		– Papstbesuch in Castel Gandolfo – Gäste im Deutschen Haus in New York	
1997		– Israelreise – Publikation *America first*	
1998		– Heirat Elke Mühlleitner in New York – Publikationen *Internet @ Politik*, *Von Schneider zu Schwerte* – Schieder-»Tribunal« auf dem Historikertag	– Gerhard Schröder wird Bundeskanzler, Joschka Fischer Außenminister und Vizekanzler – Militärintervention im Kosovo
1999		– Fellow am Wissenschaftskolleg zu Berlin (bis 2000)	– Umzug der Regierung nach Berlin

	Millenniumswende	*Rückkehr nach Deutschland und zweites Familienleben*	*Das Ende der Welt, wie wir sie kannten*
2000	– Wladimir Putin wird Präsident der Russischen Föderation	– Publikation *Amerikas Welt* – Zweitwohnsitz Berlin (bis 2003) – Leitung Zentrum für Medien und Interaktivität in Gießen	– ÖVP-FPÖ-Koalition in Österreich
2001	– Nine Eleven: Anschlag auf World Trade Center und Pentagon	– Ferien in der Südsteiermark	

Jahr	Weltgesellschaft und Politik	Curriculum Vitae	Deutschland und Europa
2002	– Beginn Afghanistan-krieg	– Reise in den Senegal	– Einführung des Bargeld-Euro – Jean-Marie LePen gelangt in die Stich-wahl bei den fran-zösischen Präsident-schaftswahlen – NPD-Verbotsver-fahren beim Bundesverfassungs-gericht in Karlsruhe
2003	– Zweiter Irakkrieg	– Geburt Tochter Franka	– Hitzewelle in Europa
2004	– Osterweiterung EU – Tsunami Südost-asien	– Publikation (mit Barbara Sichter-mann) *Das Wunschkind*	– Hartz-Reformen
2005	– Tod Johannes Paul II.	– Publikation *Ein Ort, an den man gerne geht* – Reise nach Tokio	– Hitzewelle in Europa – Angela Merkel wird Bundeskanzlerin
2006	– Abtritt Fidel Castro	– Fellow am IWM in Wien – Tod Robert Gernhardt	– Fünf Millionen Arbeitslose in Deutschland
2007		– Ernennung zum Direktor des KWI Essen – Duisburger Universitätspreis – Tod André und Dorine Gorz	– Unwetter in Europa – Sarkozy wird französischer Staatspräsident
2008	– »Lehman-Krise« – Wahlsieg Barack Obama	– Mitglied im WBGU – Ehrendoktorat Universität Rostock, theologische Fakultät	

Jahr	Weltgesellschaft und Politik	Curriculum Vitae	Deutschland und Europa
2009	– UN-Klimagipfel Kopenhagen	– Publikation *Moscheen in Deutschland* – Konferenz »The Great Transformation«, Essen – Publikation (mit Harald Welzer) *Das Ende der Welt, wie wir sie kannten* – Reise nach Mexiko-Stadt	– Einsturz Kölner Stadtarchiv
2010	– »Naturkatastrophen« in Haiti, China und Chile, weite Teile Pakistans überflutet, Brände in Russland – Beginn »Arabischer Frühling«	– Tod Tony Judt – Reise nach Sarajevo	– Hochwasser im Ostteil Deutschlands – Ruhr2010 Europäische Kulturhauptstadt – Proteste gegen Stuttgart 21
2011	– Erdbeben in Japan, Explosion des AKWs in Fukushima – Tod Osama bin Laden	– Publikationen *Kampf um die europäische Erinnerung, Mut statt Wut*	– »Ausstieg aus der Atomenergie« und »Energiewende« – Breivik-Massenmord in Norwegen
2012	– Hurrikan »Sandy« verwüstet die amerikanische Ostküste	– Zweite Amtsperiode am KWI – Ko-Direktor Centre for Global Cooperation Research, Duisburg – Publikation *Zukunft im Süden* – Reisen im Mittelmeerraum	– Joachim Gauck wird Bundespräsident – Stéphane Hessel: *Empört Euch!*
2013	– Enthüllungen Edward Snowden		

Jahr	Weltgesellschaft und Politik	Curriculum Vitae	Deutschland und Europa
2014	– Russische Aggression gegen die Ukraine – Expansion des Islamischen Staates im Zweistromland		

REGISTER

Kursive Seitenangaben verweisen auf Abbildungen.

BILDNACHWEIS